典藏房龙

（美）房龙 著

房龙地理

姜鸿舒　郝彩虹　译

Van Loon

北京出版集团公司
北京出版社

图书在版编目(CIP)数据

房龙地理/(美)房龙(Van Loon, H. W.)著;姜鸿舒,郝彩虹译. —北京:北京出版社,2010.6
(典藏房龙)
ISBN 978 - 7 - 200 - 08288 - 3

Ⅰ.①房… Ⅱ.①房… ②姜… ③郝… Ⅲ.①地理—世界—通俗读物 Ⅳ.①K91 - 49

中国版本图书馆 CIP 数据核字(2010)第 115460 号

典藏房龙

房龙地理

FANGLONG DILI

(美)房龙 著

姜鸿舒 郝彩虹 译

*

北 京 出 版 集 团 公 司
北 京 出 版 社 出版
(北京北三环中路6号)
邮政编码:100120

网 址:www.bph.com.cn
北京出版集团公司总发行
新 华 书 店 经 销
北京同文印刷有限责任公司印刷

*

890×1240 32 开本 14.375 印张 385 千字
2011 年 1 月第 1 版 2011 年 1 月第 1 次印刷
ISBN 978 - 7 - 200 - 08288 - 3/K·841
定价:32.90 元

质量监督电话:010 - 58572393

房龙的书——美国历史写家的中国经典

朱子仪

对亨德里克·威廉·房龙（1882—1944）无须多加介绍，他的书的中译本早已铺天盖地。关于他的生平，在这里只需要简要说说以下五点。

第一，房龙是移民作家。出生于荷兰的他求学美国康奈尔大学，在慕尼黑大学获历史学博士学位，后加入美国国籍，娶了一位美国上层社会的小姐为妻。英语并非他的母语，他说英语始终带着浓重的荷兰口音，但他却用英文写作并成为著名作家。他在美国成名，但骨子里仍是欧洲人。只是当纳粹瘟疫横扫欧洲，隔绝了他与欧洲的联系之后，他才明确地称自己是美国人。

第二，房龙是多产作家，自处女作《荷兰共和国的衰亡》到去世后出版的《未完成的自传》，他连写带编带画完成了40多本书。如此之高产，授予他"写家"的称号当之无愧。从书的内容看，房龙主要是"历史写家"。

第三，房龙是畅销书作家。做畅销书本来就不易，把历史做成畅销书在当时的出版界堪称奇迹。房龙的书名列畅销书榜的有《人类的故事》、《房龙地理》、《艺术》等，其中《人类的故事》

1

共印了 32 版。

第四，房龙是坚定的人文主义者。正像欧美文学专家钱满素女士所概括的，贯穿房龙著作的精神是"理性、宽容和进步"，"他的目标是向人类的无知与偏执挑战"，"他采取的方式是普及知识与真理，使它们成为人所皆知的常识"。他以一本《我们的奋斗》向希特勒公开宣战，历史学家的预见和责任感促使他成为反纳粹的斗士。

第五，房龙讲究文化品位和生活情趣。知识修养自不必说，他颇有画瘾，会拉小提琴，喜欢社交宴饮活动，谈吐风趣，交友广泛。个人的品位和情趣，决定了他的书通俗但不媚俗的文化层次和耐人寻味的文化意义。

写历史书的美国作家肯定不少，美国读者为何选择了房龙？因为当时的美国人需要在情感上拉近与旧大陆（欧洲大陆）的关系。尽管他们时常为大洋隔绝开那个大陆而感到庆幸——那里的麻烦不会蔓延到"独立"的美国，但由于第一次世界大战爆发后，美国在全球的地位正因它积极参与国际事务而进行着重塑，美国人自觉或不自觉地想重新找回与旧大陆的精神联系。读书界迫切需要一位甚至多位称职的沟通者和引导者脱颖而出。于是他们选中了房龙——一个有深厚欧洲背景的美国作家，一个能把欧洲历史文化讲述得生动活泼、趣味盎然的学者。

房龙的使命并不轻松，大题材、大信息量、以青少年读者为对象（其实大批成年读者都在读他的书）、图文结合、语言风趣是读者给他作品的基本定位。符合这个基本定位的书就畅销，如《人类的故事》、《房龙地理》、《艺术》。偏离这个定位的房龙作品往往受到读者的怠慢。作为精力充沛的多产作家，他一而再地去尝试拓展新的空间，从传记小说、寓言漫画书到政论著作，却一次又一次被迫回到原先的定位上。表面上是出版商的销量问题，但就房龙这样的历史写家而言，销量多少倒是真切地折射出读者对其作品的认可程度。他内心既要装着读者的需求，又要装着自我表现的欲望；不顾前者他的书就没了畅销的前提，缺乏后者他的书就丧失了生命力。他那几部名作的诞生都是在两者之间找准平衡点的范例。

时隔 40 年，中国读者为何仍选择房龙？因为从 20 世纪 80 年代一直到今天，中国处于跟当时美国相似的境况之中。中国要摆脱长期与西方世界隔绝的状态，努力要在经济和文化方面融入世界。以往对西方文化关注的缺乏就凸显了出来，政治风向标下的片面阐释严重妨碍了中国与外部世界进行实质性的沟通。尽管以时尚内容为代表的欧美表层文化在中国"抢滩"，表面上热热闹闹，实际传达的文化内容却支离破碎，无法在中国人面前拼凑出西方文化比较完整的图景。正是在这种环境下，中国读者很偶然地重新发现了房龙。

第一次对房龙的发现是 20 世纪的二三十年代，几乎每一部房龙较重要的书问世，都能在当时的中国听到反响。郁达夫为《古代的人》（即《文明的开端》）中译本作序，认为房龙文笔的魔力在于将文学家的手法拿来用于讲述科学。曹聚仁多次强调《人类的故事》对他的吸引力，除了《儒林外史》和《红楼梦》，再没有别的书这么吸引他了。《万能的人》（即《奇迹与人》）中译本序言中指出房龙的这本书是"我国人民的暮鼓晨钟"，"在不注意发明的中国，把这本书译过来是对症下药，特别相宜的"。徐懋庸在《申报》发表杂感热情推荐《房龙地理》，称他是把这部书当小说来读的。这部大书竟有三种中译本几乎同时问世。《圣经的故事》中译本特地刊登房龙给译者的回信。当时已 54 岁的房龙在回答"为什么写作"这个问题时指出："主要是因为我痛恨虚度时光和徒劳无益的暴虐。由于这两种令人不快的品性都产生于愚昧无知，我便想写书给普通男女读者和孩子们看，他们会从中学到他们所处世界的历史、地理和艺术方面的背景知识。我并非一门心思要把历史通俗化，我更注重的是使历史'人性化'……"

房龙的书在 20 世纪二三十年代的大量译介，到了 80 年代现成地拿来是再自然不过了。选择房龙而不是外国别的历史作家有其一定的偶然性。但这种"拿来"不是仅供一时的怀旧或临时的将就，而是"热读"和"热销"了近 30 年，这样一来偶然中就有其必然了。房龙的作品浅显而不肤浅，坦诚而不偏执，生动风趣而不故弄玄虚。人们从房龙书中体味到的文化情感和历史感受，学究式作家同样大部头的作品根本无法企及。因此，中国读者对房龙的青睐，恰好证明他的书提供了不可多得的通向西方历史文化的入门渠道。他将各个时代各个民族的历史地理以"人类的故事"、"人类的家园"为线索来贯穿，异常开阔的眼界令习惯于闭门思考的中国读者深受感动，因为在这个线索之中，中国的历史文化天然地纳入了人类发展的脉络。他对宽容的呼吁，凝聚了他对西方漫长的不宽容历史的反思，这种呼吁在中国读者对历史和惨痛经历的回眸中更是赢得了强烈的共鸣。一家美国报纸在刊登房龙去世消息时，用的标题是"历史成就了他的名声"；而在中国读书界，历史成就房龙的书成为长盛不衰的经典。

尽管房龙一生都处于出版商的追捧之中，但这位作家的价值不只是商业方面的。正是他让无数的人走进了原先他们不敢奢望走进的高雅文化和异域文化的殿堂。他甘心充当热心的向导，你从他嘴里听到的不是预先背出来的干巴巴的解说词，而是一个接一个生动的故事。说到兴头上，他就边讲边画，寥寥几笔，就足以激活你的想象力，启迪你深层次的思考。原来历史也有如此活泼的个性！房龙作品的许多读者都这么惊叹过。几乎所有的作家都希望能拉近自己与读者的距离，让读者信任自己，彼此视为亲密的朋友。但他们中的大多数只能视这种愿望为奢望。他们无法做到的，房龙却做到了。凡读过房龙作品的，都会对他那一见如故、亲和坦诚的姿态留下深刻的印象。

1999 年至 2001 年，北京出版社分两批推出共 14 册（收入 17 种著作）的《房龙文集》，在房龙著作出版史上是前所未有的大手笔，为读者摆下了一桌房龙原汁原味的人文主义盛宴。如今他们又对房龙的作品进行重新整合和精心挑选，补入慷慨激昂的政论《我们的奋斗》和情趣盎然的房龙手绘画集，推出一套能体现作家完整著述人生和人格特征的《典藏房龙》。这次对房龙著作的重新整合走的是容易读、喜欢读、值得读的"亲民"路线，把厚书变薄书，把丛书变精致，使之更加符合如今读者的阅读习惯。这无疑是中国众多"房龙迷"的一大幸事，也是近 30 年中国房龙著作出版的一座新里程碑。房龙会很高兴，因为这恰恰是要把房龙一贯的做书理念发扬光大。

作为《典藏房龙》丛书热心的推荐者，笔者自认为跟房龙缘分不浅。

首先，是"房龙"这个名字引领我迈进了文学翻译的门槛。我翻译的第一本书是房龙创作的传记小说《伦勃朗的人生苦旅》，接着又译了房龙未完成的自传和房龙之子写的《房龙传》，还编译了《房龙精选集》，从此在译书的路上一发而不可收，梭罗、库切、卡波特、多丽丝·莱辛……这一连串文学界闪光的名字，成为我艰辛"译路"上的一个个驿站。

其次，是房龙启发了我做书的理念，是房龙示范了一种品味历史文化的方式。虽然我画不出房龙那样生动活泼的插图，但我编写了一系列图文并茂的品味西方文化的书。像房龙那样，这些书力求能循循善诱地为读者引路，而不是板起学者权威的长脸一味灌输。

再次，由房龙引出了我对这位也许是"不入三教九流"的通俗历史写家的一通学术追索。我认真地研究起专写非虚构畅销书的房龙。于是就有了《房龙与二三十年代的中国出版界》、《品尝老房龙的人文主义盛宴》、《房龙四题》、《房龙：大象风格的历史写家》一系列文章在报刊上发表。

没想到从《房龙文集》到《典藏房龙》，十年构成了一个循环。随着《典藏房龙》进入北京出版集团公司的议事日程，我在协助策划这套丛书的同时，还受命翻译《我们的奋斗》和编写《房龙手绘画》。我感觉又回到"初识"房龙的那个时候，仿佛找回了当时"初生牛犊"的激情。尽管向希特勒宣战的房龙没有心思为《我们的奋斗》画一张插图，但我却不由自主地要做出一本充满图片、历史感、可掬可捧的《我们的奋斗》。把房龙的书做成意味隽永的经典……也许这是我发自内心地对房龙的感恩吧。

（朱子仪 1962 年出生于上海，资深文化品评作家和实力派翻译家，现在北京语言大学任教。近期著作有《西方的节日》、《纽约老房子的故事》、《欧洲大教堂》，译作有《房龙传》、《梭罗日记》、《蒙田随笔》、《我们的奋斗》、《达利的骗局》、《幸存者回忆录》等。）

历史是地理的第四维
它赋予地理时间与意义

生存的意志

目　录

1　人类与家园 / 1

2　什么是"地理学"? / 7

3　我们的地球:特点、规律和状况 / 10

4　地图:万水千山探路难 / 43

5　地球有四季 / 61

6　海洋中的大陆 / 64

7　欧洲的发现 / 73

8　希腊:连接古老亚洲和新兴欧洲的纽带 / 79

9　意大利:地理造就的海上霸主或陆上强国 / 91

10　西班牙:非洲与欧洲交锋的地方 / 110

11　法国:应有尽有的国家 / 123

12　比利时:几页文件决定的国家 / 138

13　卢森堡:历史的捉弄 / 145

14　瑞士:四个语言不同的民族和睦相处 / 146

15　德国:建国太晚的国家 / 154

16 奥地利:无人喝彩的国家 / 163

17 丹麦:小国在某些方面超过大国的实例 / 167

18 冰岛:北冰洋上一个有趣的政治实验室 / 171

19 斯堪的纳维亚半岛:瑞典王国和挪威王
　　 国的领地 / 175

20 荷兰:沼泽上的帝国 / 186

21 英国:人满为患的小岛 / 193

22 俄国:欧洲还是亚洲? / 214

23 波兰:别人的走廊 / 231

24 捷克斯洛伐克:凡尔赛和约的产物 / 235

25 南斯拉夫:凡尔赛和约的另一件作品 / 238

26 保加利亚:最正统的巴尔干国家 / 242

27 罗马尼亚:一个拥有石油和王室的
　　 国家 / 246

28 匈牙利:或者匈牙利的残存部分 / 248

29 芬兰:勤劳与智慧战胜恶劣环境的又一
明证 / 251

30 亚洲的发现 / 253

31 亚洲与世界 / 257

32 亚洲中部高原 / 260

33 亚洲西部高原 / 267

34 阿拉伯 / 282

35 印度:人与自然互促增长 / 286

36 亚洲南部半岛的主人 / 296

37 中国:东亚大半岛 / 301

38 朝鲜与蒙古:前途未卜 / 315

39 日本帝国 / 320

40 菲律宾:原墨西哥的领地 / 333

41 荷属东印度群岛:小人物掌大权 / 336

42 澳大利亚:造物主的不经意之作 / 342

43 新西兰 / 354

44 太平洋群岛:居民不耕不织却照样
生活 / 357

45 非洲:一块充满矛盾和对比的大陆／359

46 美洲:最幸运的大陆／400

47 一个新世界／439

1 人类与家园

关于人类，我们不妨做一个大胆的设想：如果人类的每个成员都是6英尺高，1.5英尺宽，1英尺厚（很多人还达不到这个尺码），那么，全体人类（根据最近统计资料，地球上大约生活着20亿人类成员）都可以像沙丁鱼那样被塞进一个长、宽、高各半英里的大箱子。这听起来有点荒诞无稽，但只要你自己计算一下，就会发现这是一个精确的答案。

北美洲的科罗拉多大峡谷是永恒之手于静默之中创造出来的自然奇境。我们选择这里作为人类最后的安息之所。为了避免人类被大峡谷雄壮的美景惊呆而望断了脖颈，我们将那个塞满沙丁人类的大箱子巧妙地搭在较低的石崖边上，然后，请一条非常听话、非常聪明的德国小猎犬，用它那棕色的小软鼻子轻轻地拱一下这个人类最后的巨殿，只听得轰隆隆、咔嚓嚓，人类的大箱一路碾石砸树，从山崖直落谷底，随着最后的訇然巨响，溅落在科罗拉多河的怀抱中。

一切终归沉寂，诸事过眼成空。

墓穴之中的沙丁人类很快就会被世界遗忘，仿佛一切从未发生，而永远的大峡谷将一如既往地与风霜雨雪游戏，任日圆月缺。

这个星球将继续沿着其既定的轨道在神秘的宇宙间穿行。

星际间的远居近邻，那些外星球上的天文学家，即使天天观察太空都不会注意到地球上发生的这一变化。

一个世纪以后，那个小小的、被绿色植被层层覆盖着的青冢也许就是人类曾经存在过的唯一标识。

　　人类的故事到此落下帷幕。

　　我知道，当读者看到不可一世的人类被贬低到这种微若尘芥的地步，他们中的大多数人都会愤愤不平，为了人类的自尊受到伤害而厌恶这个故事。

　　当然，我和这些读者看问题的角度是不同的。能够使数量微小、身体羸弱的人类产生深刻而毫不矫饰的自豪是需要另一种角度的。

　　我是从生物学的角度来看待人类问题的。那么，人类只不过是一群卑微而无助的哺乳动物罢了。人类出现伊始，就被不计其数的其他物种包围着，它们比我们更适应这个物竞天择的生存环境。在我们的邻居中，有100英尺长、像小火车那么重的庞然大物，也有长着像圆锯那样锋利牙齿的猛兽，还有身披像中世纪骑士盔甲那样的外壳、四处吃喝玩乐的家伙。有些生物虽然是人类的肉眼无法看到的，却在以惊人的速度繁殖着。感谢它们的天敌，能够以同样惊人的速度消灭它们，否则，一年之后，我们的地球就将是这些生灵的天下了。我们的邻居从不惧怕山峰之高寒与海洋之深邃，它们显然具备在任何自然条件下生存的能力与雄心。而人类在这些邻居面前就相形见绌了。我们只能生活在最适宜的环境中，在高山与大海之间那些小块的干燥陆地上择地栖息。

　　人们通过权威的研究发现，有些昆虫能够在石油中欢快地嬉戏，有些则能在极大的温度变化条件下存活，而同样的温差却能在几分钟之内将人类冻僵。更令人吃惊的是，那些讨厌的棕色小甲虫（这种小东西似乎非常热爱文学，因为它们总是在人类的书橱中跑个不停）即使失去了两只、三只甚至四只腿，仍能够继续它们生生不息的历程。而人类的一根尊贵的脚趾被刺扎了一下，都可能会举步艰难，甚至卧床不起。于是，人类开始意识到，为了避免有一天消亡在这个冷漠宇宙间某个黑暗的角落中，从诞生的第一天起，他们就不得不为了生存而进行不懈的斗争。

　　对于麻木不仁的现代人，我们祖先当年丢弃树枝、手杖，努力练习用后腿走路的姿势一定显得滑稽可笑。然而，恰恰在这笨拙的行走中，人类从原始迈向了文明。

　　而过去那些凭借野蛮暴力和阴险狡狯对地球上两亿平方公里大陆和海洋进行至高无上统治的主宰者的命运又如何呢？

　　它们中的大部分已经永远地从地球上绝灭了，今天的人们只能在自然博物馆中看到它们曾称雄一世的蛛丝马迹。还有一部分，为了生存，不得不降驾屈尊，做了家畜，为了取悦人类主子，贡献出自己的皮毛、蛋、奶，以及肋间的肌肉，甚至还要为懒惰的人类拖拉一些他们认为自己力所不逮的重物。另有许多动物干脆自我放逐到远离人类的地方，而人类也认为那些地方暂时还不值得去争夺，就允许这些可怜的生灵在那里繁衍、生息。

简言之，人类仅用了2000个世纪（在时间的长河中，这只是短短的一瞬）就使自己成为这个星球上每一块土地不容置疑的主人。而且，目前他们又要将大气和海洋也纳入自己的版图。几亿人类成员创下了这样的赫赫业绩，但除了神圣的理性之外，他们并不比竞争对手具有更多的优势。

即使这样，我还是有些夸大其词。事实上，以最高贵的形式出现的神授理智和为自己利益着想的能力也只是一小撮人类成员的特权，其他人并不被允许具有这种权力。于是，这一小撮人理所当然地成了其他人的主子。那些被领导者不论对这一现状如何不满，也只能屈从。

人类的进步就这样变成了一个奇怪而踯躅的进程。不管人们是多么地努力斗争，在成千上万的芸芸众生中只能出现一位真正的先锋。

谁也无法预料，人类前进的步伐会将自己引向何方。虽然我们从始祖那里继承下来的野蛮使人与人之间的杀戮比人类对动物或者树木还要残暴（这种野蛮行径使人类文明的进程偏离了正常的轨道），但是，在过去4000年文明之光的引导下，我们还是能够在未来创造出更多的辉煌。

地球的每一块土地上几乎都留下了人类的足迹，地球的每一份资源几乎都掌握在人类的手中。即使还有旷野洪荒，我们也会凭借卓越的智慧、深远的见地和手中的枪炮申请对这世间万物的使用权。

地球是人类美好的家园，大自然是我们的母亲。她生产充足的食物，供我们果腹充饥；她奉献丰富的土石和森林，供我们建房造屋；那牧场上温驯的羊群、开满兰花的亚麻田和中国桑树养育的蚕茧编织出衣物，供我们遮蔽风寒酷暑。我们的家园是美好的。大自然供养着人类一代又一代的子孙，只需他们稍做投入，就可以在未来的岁月中坐享其成。

但是，大自然也有她自己的法则。这些法则既公正又无情，没有任何讨价还价的余地。

大自然对人类的关爱是无私的，同时，她也要求人类遵从她的法则，服从她的意旨。

在一块只能容纳 50 头牛的牧场上放养 100 头牛就将导致灾难，这是每个牧场主都清楚的常识。那么，在一片只够生活 10 万人的土地上居住着 100 万人就意味着人满为患，将给这一地区带来贫困和痛苦。这一事实却显然被那些主宰人类命运的领袖们忽视了。

而且，这还不是人类犯下的诸多错误中最严重的。我们还在以另一种方式违忤着自然法则：人类是现存物种中唯一敌视同类的动物。狗不会吃狗，虎不会食虎，甚至最凶残的鬣狗也能够和它们的同类和平共处。可是，人却仇恨人，人却杀害人。今日世界，每个国家的头等大事就是为屠杀邻国做出快速反应。

大自然的首要法则就是同类之间的和平共处，友善相待。人类对此公然违抗，使我们不得不担忧，我们有可能面临种族灭绝的厄运。因为我们生存竞争中的敌人在时刻觊觎着时机。如果人类不愿意或者不能够继续做这个世界的主宰，那么，将有成千上万的候选者等待推翻人类，登上地球之王的宝座。一个由猫、狗或者大象或者其他什么高级物种统治的星球总比被战舰和重炮层层密布的星球更有价值。

由于人类祖先的愚昧无知，我们误入歧途，陷入悲惨危险的境地。人类将何去何从？我们如何走出这可悲可耻的困境？这本小书试图指点迷津，探求人类光明的前途。

寻找真正自救的出路需要假以时日，需要上百年的时间，需要循序渐进、痛苦而缓慢的教育过程。人类将由此觉悟到：大家都是这同一星球上的同路人，是旅伴，是邻居，更是朋友。当我们发现地球是人类唯一的、共同的家园，舍此而外，别无栖身之所时，我们就会像火车或者轮船上的旅客，学会彼此尊重。

我们是同一星球上的旅伴，我们应该荣辱与共，同甘共苦。

叫我梦想家吧，叫我幻想家吧，或者干脆就叫我白痴。你可以请警察把我抓走，或者叫一辆救护车将我送进疯人院，使我不再传播这不受欢迎的异端邪说。但是，请记住我的话，在人类最终的大毁灭来临之际，请记起我的话。人类将被迫收起他们发动战争的玩意儿，将幸福的钥匙交给更有资格的地球新主人。人类获救的唯一希望在下面这句话中：

我们拥有同一星球，我们是伙伴和朋友，我们所有人都应对人类世界的幸福美满担负起共同的责任。

2 什么是"地理学"?

　　旅客在出游前总要清楚自己此行的目的地和路线,同样,读者在开卷之际也应对阅读方法和阅读目的有所了解。就本书而言,"地理学"的概念是不可或缺的。

　　我手头上刚好有一本《简明牛津词典》,这本 1912 年版的词典在第344 页解释了什么是"地理学":

　　　　研究地球的地貌、结构、自然地物、自然区域与政治区域、气候、物产及人口状况的科学即地理学。

　　虽然本书名为"地理",但是,我并不奢求像地理学教材一样面面俱到。地貌、自然地物、自然与政治区域的分布都不是本书的重点。我所关注的是人类的活动——为了自己和家人的生存,人类是如何觅食造屋、休憩娱乐的?为了获得与自身有限的能力相当的舒适、满足和幸福,人类又是怎样改造自己去适应环境,或者改造环境来满足自己的?这些才是本书所研究的核心问题。

　　中国人说,"龙生九子,九子不同",此言甚是。我们地球上生活的亿万人类成员可谓形形色色,形态万千。20 亿人类成员!即使将他们塞入巨箱时显得卑贱可怜,微不足道,但是,这仍是一个非常可观的数字。芸芸众生中包容着林林总总的经济、社会和文化特征。我认为,这些人文特征最应该受到重视。一座大山,在被人发现、涉足之前,在被一代

7

又一代饥饿的人类占领、掠夺和开发之前，充其量不过就是一座大山。

大西洋亘古不变，辽阔、深邃、潮湿而咸苦，但是，13 世纪初人类的那次横渡却能够使它成为一座沟通美洲新大陆和欧洲旧大陆的桥梁，一条连接东方与西方贸易的通道。

千百年来，俄罗斯广袤的大平原静静地等待着将其丰富的物产奉献给第一个不畏艰辛来此耕耘播种的人，但是，如果是日耳曼人或者法兰克人，而不是斯拉夫人，在这片土地上犁出第一道垄沟，这个国家将呈现出另一种面貌。

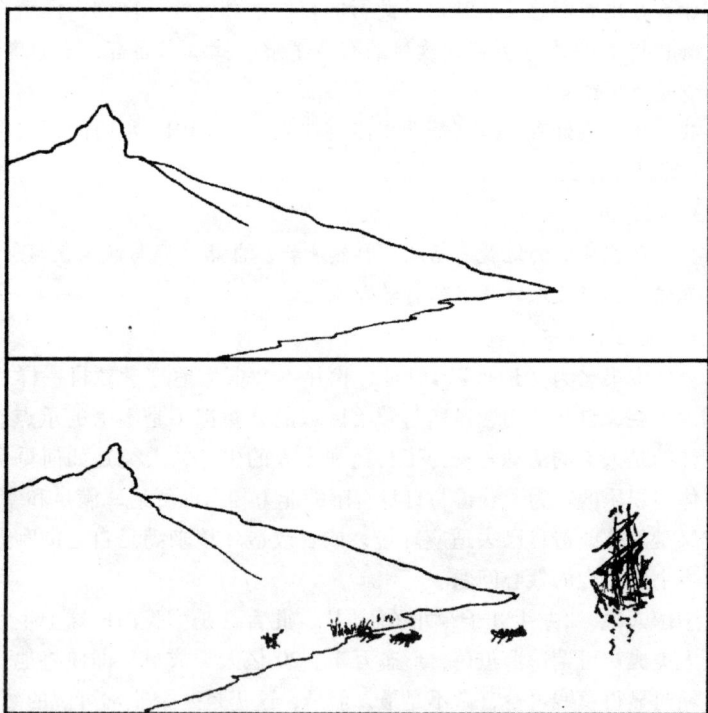

人类的痕迹

生活在日本诸岛上的不论是日本本土人，还是已绝种的塔斯马尼亚人，都改变不了这里频繁地震的状况。当然，如果是塔斯马尼亚人居住在这些岛上，他们很可能会使这里的 6000 万人口面临饥馑。英伦诸岛如果不是由好战成性的北欧人统治，而是被那不勒斯人或者北非的柏柏尔人占有，这个国家就永远也不可能成为一个大帝国的中心，统领着世界六分之一的人口，管辖着比其本土大 150 倍的疆域。

总而言之，我更关注地理学的人文意义，而不是其贸易问题。后者已经被这个完全陶醉于大生产的时代赋予了过多的内涵。

经验告诉我，无论你如何夸耀进出口贸易量、煤与石油的产量，以及银行存款额的重要性，你的读者仍是不能逐页地记住这些数字；而且，如果读者真的需要这样的数据，他会自己去动手查阅相关的工具书（不过，许多统计手册提供的数据是相互矛盾的）。

这本地理书首先是关于人类的；

其次是关于人类生存的自然环境和历史背景的；

如果篇幅允许，其他方面也会有所涉及。

3 我们的地球：特点、规律和状况

在古代，人们深信："地球是孤悬在宇宙间的一个小小的黑色物体。"

事实上，地球不是严格意义上的"圆球"，而是一个"椭圆球"，它与圆球形状相似，只是两极稍扁而已。何谓"两极"？将一根毛衣针笔直地从橘子或者苹果的中间穿过，毛衣针穿出的地方即该物体的"两极"。地球的两极，一个位于深海之渊（北极），另一个位于高原之巅（南极）。

关于椭圆球两极部位的"扁平"问题，你大可忽略不计，因为地球两极间的轴线长度只比其赤道直径短三百分之一。如果你有幸拥有一个直径为三英尺的大地球仪（这样巨大的地球仪在商店中是买不到的，只能在博物馆中才能找到），你会发现，它的轴线长度只比它的赤道直径短八分之一英寸，除非其做工超乎寻常地精良，否则，这样小的差距几乎是看不出来的。

当然，这个差距对于那些极地探险家和地理学家是不容忽视的，但对于本书的读者，知道这些就足够了。在你物理老师的实验室里也许有个装置会向你展示，哪怕是一粒微尘在自转，它的两极也会自然扁平。去请教你的老师吧，这样会使你省却去两极做实地考察的麻烦。

众所周知，地球是行星（planet）。"planet"这个词是我们从希腊人那里学来的。希腊人很早就观察到（或者以为自己观察到）有些星星不

停地在天空中运转，而有的则静止不动，于是，他们称前者为"行星"（planets），或者"流浪星"（wanderers），称后者为"恒星"（fixed stars），这是由于当时希腊人没有望远镜，不可能观察到恒星的运行。"星星"（star）这个词的来源现已无从考证，它也许与梵语词根"撒、播、点缀"有关：点点繁星就像是撒满天空的小火苗。这是一个相当美丽而贴切的比喻。

宇　宙

地球围绕太阳运转，摄取着太阳的光与热。由于太阳的体积是其所有行星体积总和的 700 多倍，其表面温度达到摄氏 6000°，所以，给予地球这一点点光和热实在是微不足道，地球也不必为了获得的这点微乎其微的恩惠而惴惴不安。

那几个小点就是我们所知的宇宙的全部

在古代，人们认为地球就是宇宙的中心，是被汪洋大海包围着的一小块干燥陆地，并像穆罕默德的木棺和断线的风筝一样，完全悬浮在空中。对于这种理论，只有少数几个先知先觉的希腊天文学家和数学家（他们是第一批不先向教士请示就自己去思考问题的人）敢于提出质疑。经过几个世纪艰难而执著的探索，这些先驱得出结论：我们脚下的这块土地不是扁平的圆盘，而是一个球体，它不是静止地孤悬于空中，更不是整个宇宙的中心；相反，它以相当快的速度围绕着一个更大的球体在不停地运转。这个更大的球体就是太阳。

同时，他们还指出，那些与所谓静止的恒星相对而言在运动着的星星并不是在围绕地球运转，实际上，这些发光的小天体和地球一样，是共同围绕太阳运转的行星。它们与地球同属太阳系家族，遵循着同一种运行规律（这种规律决定着我们的日常作息，包括何时起床、何时入睡），沿着各自既定的轨道运行，如有偏差，必将毁灭。

在罗马帝国的后 200 年里，知识阶层已经能够接受这一假说，因为它是令人信服的。但是教会在 4 世纪初执掌大权之后，再有这样的思想就极端危险了。如果有谁胆敢宣称地球是圆形的，他将有性命之忧。但是，我们不应该为此而苛责教会，因为那些最早皈依基督教的人都是来自当时社会最蒙昧的阶层，他们被灌输了这样的思想：世界末日已经逼近，届时，耶稣为了自己的子民将在荣光之中重返他的受难地，审判人间善恶。这些基督徒确信这是世界唯一的真理，对此坚定不移。如果耶稣的二次君临是真，那么，除此而外的事情就都是假的，人类脚下的大地自然就像教会所说——是扁平的，否则，耶稣就得做两次君临，一次到西半球，一次到东半球。这样的事情简直荒诞无稽，亵渎神灵。因此，地球也就完全不可能是个圆球。教会不遗余力地用了近千年的时间向它的信徒灌输——地球是个扁平的圆盘，是整个宇宙的中心。当时的知识分子，一些修道院里的学者和新兴城市中的天文学家并没有放弃古希腊的地圆学说，但是，他们不敢公开谈论这个话题。他们清楚地知道，公开讨论这个问题只会打破成千上万蒙昧市民的平静生活，却无济于事。

但是，基督徒们还是逐渐地、不得不接受了地圆学说。到了 15 世纪末，古希腊的这个观点已经获得了社会的普遍认同。地圆学说是建立在古往今来一系列的观察基础之上的：

只有圆球形的物体才会有圆形的阴影

首先，当我们在接近一座大山或者一条大船时，我们总是先看到它们的顶部，然后才逐渐看到它们的全貌。这是无可争辩的事实。

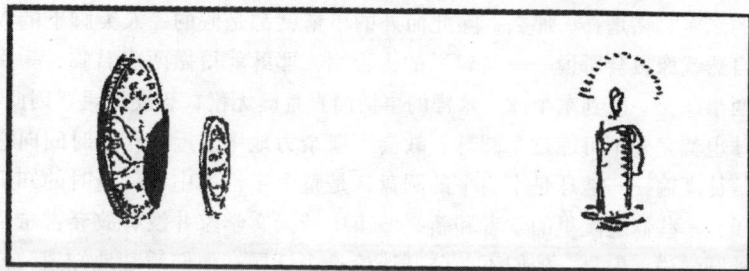

月　食

14

第二，不管我们置身何处，我们的视野范围总是圆形的。无论是观察陆地还是海洋，我们双眼的视线总是在平行地移动，当我们乘坐热气球升到空中或者站在高塔上时，我们的视野开阔了，那个圆圈的范围也就扩大了。如果地球是圆形的，我们就会发现自己置身于一个椭圆的视野圈的中心，如果它是方形或者三角形的，地平线也应呈现出方形或者三角形。

第三，当月偏食发生时，反映在月球上的地球阴影是圆形的。只有圆球形的物体才会有圆形的阴影。

第四，既然其他行星和恒星都是圆球体，为什么在成千上万的天体中独有地球会是个例外？

第五，麦哲伦①的船队向西航行了很久以后终于回到了他们的出发地，而库克船长②也有同样的经历，他的探险队从西向东航行，最后的幸存者也终于回到了他们的祖国。

最后，当我们向北部极地前进时，我们所熟悉的星座（古代的黄道十二宫星座）就会一个接一个地从地平线上消失，而当我们向赤道地区进发时，这些星座又会越升越高。

这些无可辩驳的事实充分证明——我们脚下的地球是一个圆球体。

我当然可以罗列出一大堆科学数据来证实这一点，但是它们对于普通人是没有意义的。以光为例：光的运行速度为每秒18.6万英里，在你弹指之间，它已经围绕地球运行七圈。太阳光用八分钟就可以到达地球，而木星只需三分钟就可以将它的光送到我们这里。距离太阳系最近的恒星（比邻星）的光要在四年零三个月后才能照到我们的世界，而在航海中发挥重要作用的北极星的光则是在 40 年前从那里出发前往地

---

① 麦哲伦（约 1480—1521）：葡萄牙航海家。1519 年奉西班牙政府之命率船队进行环球航行，本人死于途中。1522 年 9 月船队中的"维多利亚"号回到西班牙，完成人类第一次环绕地球的航行。
② 库克（1728—1779）：英国海军军官、探险家。曾发现夏威夷群岛。

球的。

去想象一下这个距离吧，想象一下一光年有多长，想像一下一束光线在一年中所走过的距离，或者想象一下 365×24×60×60×186000 英里是个什么概念！我想，大多数人都会被这个天文数字搞得头脑发昏，索性不去管它。

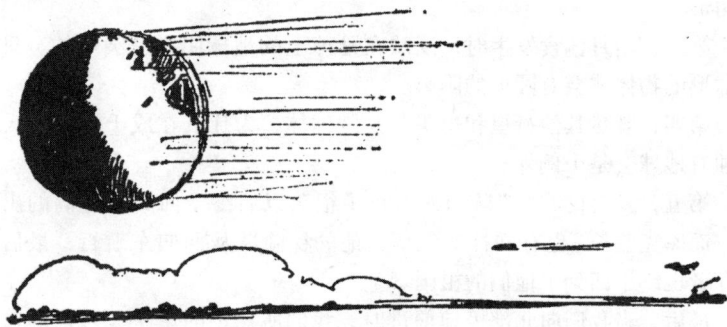

我们地球在宇宙中的运行速度比最快的炮弹还快

我还是以大家都熟悉的火车为例来说明问题：

一列普通旅客列车日夜不停地运行，将需要 260 天才能到达月球，而前往太阳的时间就更长了。如果列车从现在（1932 年）出发，它将在2232 年到达目的地。这列火车到达海王星需要 8300 年，与地球到太阳系外最近的恒星所需要的 7500 万年相比实在是微不足道，而从地球到北极星则需 7 亿年时间。这的确称得上是一次漫长的旅行。如果以人类平均寿命 70 年（这有点自我高估）作为标准，7 亿年意味着 1000 万代人类繁衍生息之后，这列火车才会抵达终点。

而且，我们现在谈论的只是我们所观察到的这一部分宇宙。伽利略时代的天文学家利用一种简陋的装置观测天空，做出了一系列重大发现。今天的望远镜比当时有了很大的改进，但是，仍然有许多不尽如人意的地方，直到我们将镜头扩大了 1000 倍，我们才在天文学研究中取得了长足进展。由是可见，我们所指的宇宙实乃"人类用肉眼或者借助感光胶片观察到的那浩瀚宇宙中的一小部分而已"。至于宇宙的其他部分，尚未观察到的世界，我们还全然不知，甚至，想都不敢去想。

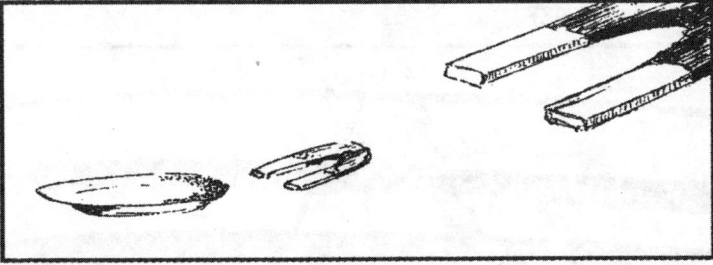

潮 汐

　　茫茫星海中，我们的地球有两个紧邻，它们都在以显而易见、直截了当的方式影响着人类的生存，那就是——太阳和月亮。太阳每24小时就向地球上二分之一的生命提供一次光与热。距离我们最近的月球则影响着海洋的运动，使海洋产生一种奇异的水流现象，人们称之为"潮汐"。

　　虽然月球的体积远远小于太阳的体积（如果我们将太阳比做一个直径为3英尺的圆球，那么，地球就是一粒青豆，而月球就只能算是个针尖），但是，由于它距离地球十分近，所以，月球对地球的引力要比太阳对地球的引力大得多。

　　如果地球全部是由固体物质构成，月球的引力就难以觉察。然而，地球四分之三的表面被海洋覆盖着，就像纸上的铁屑会跟随着桌上的一块磁铁左右移动一样，海水也会追随着围绕地球运转的月球，潮起潮落。

　　日日夜夜，一条宽几百英里的水带在月光的引导下奔腾不息。当它涌入海湾、港口或者河口时，就像被缚的猛兽，更加狂暴不已，激起20、30，甚至40英尺高的巨浪。在这样的地方航行是十分危险的。当月球与太阳恰好在地球的同一方向时，对海水的引力就会更加强大，产生所谓的"大潮"。在许多地方，大潮就如同一次小洪灾。

地球被一层大约 300 英里厚的氮气和氧气围裹着，这层氮氧混合物构成的大气层就是"空气"。空气与地球共同运转，就像橙皮与它保护着的橙肉，密不可分。

大气层

大约一年前（1931 年），一位瑞士教授乘坐一只特制的热气球升上 10 英里高的高空，人类首次进入大气层的这部分。虽然这是一次伟大的创举，但是地球尚有 290 英里厚的大气层等待着我们去探索。

大气与地表及海洋构成了一个实验室，各种各样的气候，风、暴雨、暴风雪、干旱均在这里产生。既然天气在时时刻刻影响着人类的生活，我们就应该对此进行一次详细的讨论。

影响气候（climate）变化的三要素是土壤的温度、盛行风和空气的湿度。"climate"的原意是指"地表的倾斜度"。古希腊人很早就注意到地球表面越靠近极点就越"倾斜"，其温度和湿度也在发生变化，后来，"climate"这个词的含义就从特指一个地区而延伸到指示任何地区的气象条件。

今天我们谈到一个国家或地区的"气候"时，我们是指在一年四季中这里盛行的平均天气状况。

首先，我要讲一讲奇特的风（wind）。风在人类文明的进程中发挥着重要的作用。如果没有热带海洋盛行的信风，美洲大陆的发现就得等待蒸汽船的发明了；如果没有湿润的和风，加利福尼亚和地中海沿岸的国家就绝不可能产生现在的繁荣，把它们东部和北部的邻居远远地甩在了后面。更不要说那随风而来的飞沙走石，它们就像一张巨大的无形的砂纸，几百万年之后，可以把地球上最雄伟的山峰磨平。

"wind"原意是指"蜿蜒、盘旋、迂曲"地前进，而风就是一股从一地"迂曲"前进到另一地的气流。那么，气流为什么要从一地迂曲前进到另一地呢？这是因为一些地方的空气温度较高，因此，比其他地区的空气轻，所以它就会不断地向上升。由于温度高且轻的空气上升，就会在下面产生一个真空带，这时，较冷较重的空气就会乘虚而入，占领这个真空带。2000年前希腊人就说过"自然憎恶真空"，空气就像水和人类一样，都不喜欢真空。

我们都知道如何在房间里产生热空气——生一只火炉就行了。而在茫茫宇宙之中，太阳就是一只火炉，它的行星就是等待取暖的房间。地球上最热的地方当然是最靠近"火炉"的地区，那就是赤道，而最冷的地方则是距离"火炉"最远的南北两极。

"火炉"使"房间"里的空气剧烈振荡，产生一种环形运动。空气受热后不断上升，一直升到"天花板"（大气层的顶部），但同时也逐渐远离热源，因此温度也在不断地下降。冷却的气流渐渐变重，又重新回落到地面。随着冷空气接近地面，它又离"火炉"越来越近了，于是，它再次变得又热又轻，重新向上升去。如此周而复始，直至"火炉"熄灭。但是"房间的墙壁"在火炉燃烧时吸收了大量的热量，可以保持"房间"的温度，保温时间的长短主要取决于"墙体"的材料。

这些"墙壁"就是我们赖以生存的大地。沙石与积满雨水的沼泽相比，吸热较快，散热也快。因此，太阳落山后的沙漠很快就会寒气逼人，而森林则在夜幕降临后几小时内仍然温和舒适。

水是名副其实的蓄热池。因此，近海国家和岛国的气候要比内陆国的气候更温和、更均衡。

风

我们的"火炉"——太阳，在夏天向地球发送热量的时间比冬天长得多，而且夏天的阳光也更炙热，所以，夏天要比冬天热。然而，还有其他因素在影响太阳的作用。寒冷的季节，你如果想在浴室里用小电热器加热，你就会发现浴室的温度主要取决于那个小电热器摆放的角度。太阳也同样如此。热带地区的阳光差不多是直射在地球表面的。100英里宽的阳光可以均匀地照射在100英里宽的非洲森林或者南美荒原上，并且是把它所有的热量全部释放在这里，没有丝毫浪费。而两极地区的阳光是斜射在地球表面的。一束100英里宽的阳光将覆盖200英里宽的硬土或者冰壳（图示将比长篇大论更能说明这个问题），因此，两极地区获得的阳光热量就打了折扣，少了一半。这就像一个可以为6个房间供暖的油炉要为12个房间供暖，肯定会力不从心，无法达到相同的效果一样。

它们就像很多条毛毯一样为我们保暖

事实上，太阳这个太空火炉的工作程序更为复杂，因为，它还要使地球周围的大气层保持恒温。这项工作并不是太阳直接来完成，而是借助于地球。

当阳光穿透大气层照耀大地时，它并没有直接影响地球的这层保护衣的温度。是地球将太阳的热量储存起来，再一点点向大气层输送。这就是为什么山峰的顶部会如此寒冷。因为我们攀登得越高，所获得的地表热量就越少。如果是阳光直接加热大气层，大气层再加热地表，那么山顶就不会出现皑皑白雪了。

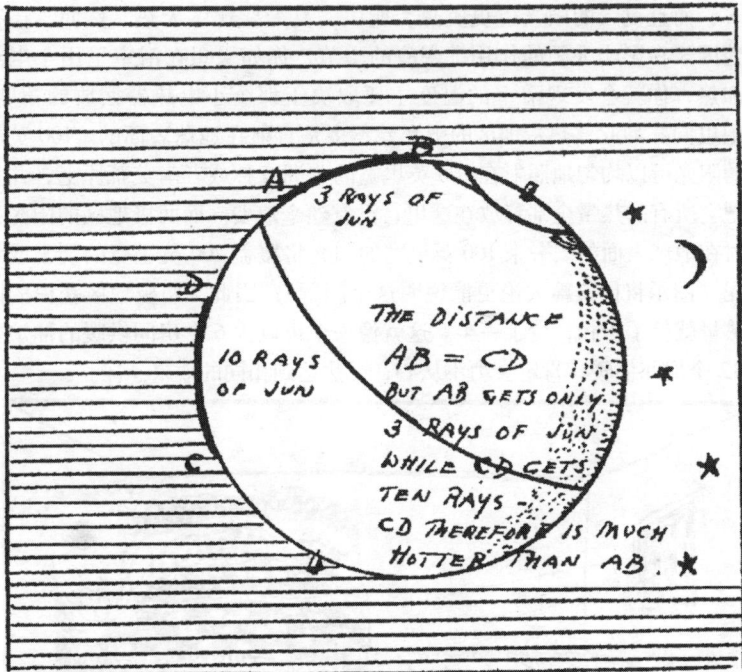

太阳为地球提供热量

现在让我们再深入到这个问题的难点中。空气并不是"空"的，它是由许多物质构成的，并且有重量，因此大气层底部的空气就比顶部的空气承受着更大的压力。如果你想压扁一片叶子或者一朵花，你会将它夹在一本书里，然后在这本书上再摞上 20 本书，你知道，只有这样才能使最下面的书获得最大的压力。同样道理，我们周围空气中的压力要比我们想象的更大，每平方英寸 15 磅。如果我们体内没有相同压强的空气，我们就会被压扁的。即使这样，平均每个人所承受的压力也达到了 3 万磅。3 万磅是个很可观的重量，如果你对此表示怀疑，请去举一举小货车吧。

22

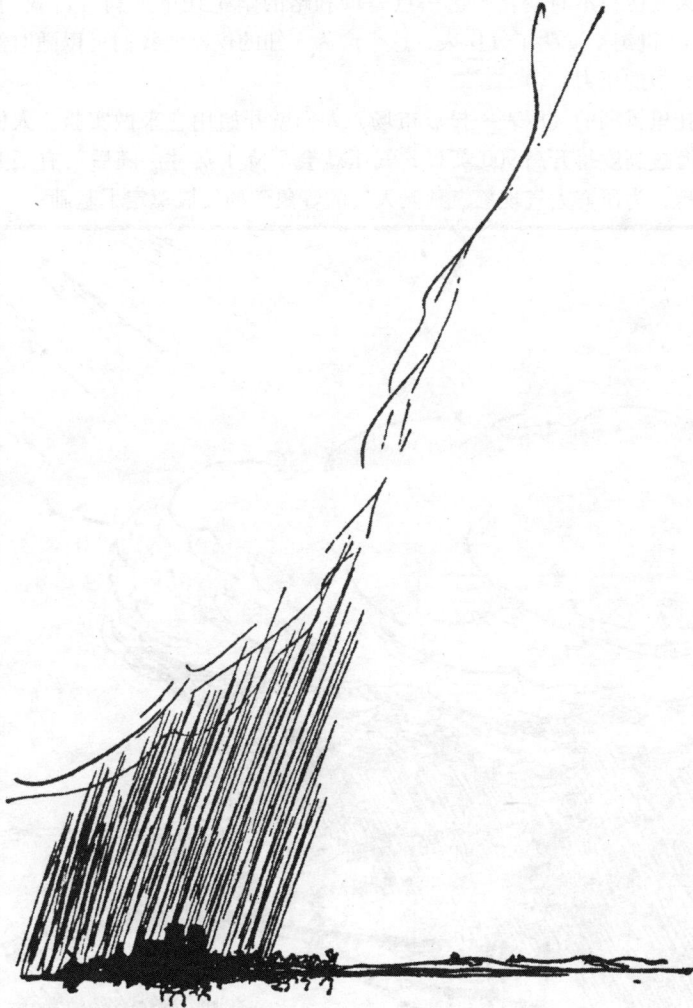

降 雨

　　大气压在不断变化。这一点是伽利略的学生托里拆利告诉我们的。他在 17 世纪初发明了气压表,这个广为人知的仪器使我们可以随时测量出空气中的压力。

　　托里拆利的气压表一投放市场,人们就开始用它来做实验。人们发现,海拔高度每升高 900 英尺,气压就会下降 1 英寸。随后又有了其他新发现,为研究大气现象、预测天气的气象学的发展奠定了基础。

暴风雨毕竟只是局部地区的现象

一些物理学家和地理学家开始怀疑气压的高低与盛行风的方向有某种必然的联系。为了发现这些盛行风的运行原理，人类花了几个世纪的时间去搜集数据，总结规律，最终才得出结论。研究表明，地球上一部分地区的气压高于海平面平均气压，另一部分地区的气压则低于海平面平均气压。这就形成了高气压区和低气压区。而风总是从高气压区吹向低气压区，它的速度和强度取决于这两个气压区的气压对比度。如果高气压区的气压非常高，而低气压区的气压非常低，风力就将十分强劲，会出现暴风、飓风或者龙卷风。

风不仅使我们的地球家园空气循环，通风良好，它还起到了另一个重要作用——给我们带来降水。没有雨水，动植物就不可能正常成长。

大洋、内陆海和内陆雪原的水量受热蒸发，在空中形成水蒸气。热空气可以轻而易举地携带大量水蒸气运动，直到它的温度逐渐下降，变为冷空气。于是，部分水蒸气遇冷凝结，形成雨、雪或者雹，降落到地表。

一个地区的降水几乎完全取决于这一地区的风。如果沿海地区与内陆被山脉隔开（这是常见的地貌），沿海地区就会十分湿润，因为风在这里被迫升高（高山地区气压较低），离海平面越高，它的温度越低，水蒸气就会变成雨雪重返地面。当风吹到山的另一面，它就变成了没有一滴雨水的干风。

热带地区的降雨稳定而丰沛，因为这一地区地表巨大的热量使空气升到很高的高空，水蒸气遇冷凝结，就会形成暴雨。由于太阳不是永远固定在赤道之上，它会时而偏北，时而偏南，所以，赤道地区也有四季之别。两个季节暴雨连绵，两个季节滴雨不下。

那些常年处于从寒冷地区吹向温暖地区的气流控制下的地方最倒霉。这是因为，当风从寒冷地区吹向温暖地区时，它们吸收水分的能力逐渐增加，空气中的水蒸气不会遇冷凝结化成雨水，所以，这样的地区10年都下不了一两场雨，成为干燥的沙漠。

关于风及降雨就介绍到这里。它们的具体情况将在下面章节中继续讨论。

地　震

接着，我要简单地介绍一下地球本身的状况，以及我们脚下这层坚硬的岩石地壳。

地球的表面就像一块多孔的海绵

关于地球的内部结构曾有多种说法，直到现在，还没有一种说法能够完全站得住脚。

让我们正视现实：人类曾经上天有多高？入地有多深？

在一个直径为 3 英尺的地球仪上，世界最高峰埃佛勒斯峰①只有一张纸那么厚，而海洋的最深处（在菲律宾群岛东侧）看上去就像一张邮票的齿孔。人类从未探看过深海之渊，也从未攀上过埃佛勒斯峰之巅。

---

① 埃佛勒斯峰：即珠穆朗玛峰。

人类曾乘坐热气球和飞行器飞上高空，那高度也只比喜马拉雅山高一点，但是，仍有三十分之二十九的大气层在等待人类的探索。至于海洋，我们从未到达太平洋四十分之一深的地方。而且，如果将各大洲的最高峰都倾入海洋的最深处，埃佛勒斯峰的峰顶还要低于海平面几千英尺。可见，山峰之最高尚不及海洋之最深。这是为什么？人类还无法解答。

现代科学知识对这些令人困惑的事实无法做出解释。人类对地壳的过去和将来一无所知。我们也不必再去研究火山，希望从中找到地球内部构造的证据（我们的祖先曾抱有这样的幻想），因为我们已经知道，火山并不是那些被认为是地球内部的热物质的喷发口。如果我的比喻不是特别令人讨厌，我愿意将火山比做地球表面的脓肿，虽然腐烂疼痛，但只是局部的问题，而不是身体内部的毛病①。

目前，世界上大概还有 320 座活火山。原来有 400 座，但是，随着时间的推移，有一部分活火山渐渐失去活力，后来干脆养老退休，进入普通山峰的行列。

绝大部分火山位于沿海地区。事实上，大部分地壳活动频繁的地区都临近海洋，例如日本（据地震仪检测，这个国家每天发生四次轻微火山震动，每年发生 1447 次地震）就是一个海上孤岛，马提尼克和喀拉喀托也是在大洋中央，这两个地方是最近火山爆发最惨痛的牺牲品。

由于大多数火山与海洋的距离很近，人们就想当然地认为，火山喷发是由于海水渗入地球内部，引起强烈爆炸，使熔岩、蒸汽之类的东西喷发四溢，造成灾难。可是，后来我们发现，还有一些相当活跃的火山却与海洋相隔万里，于是，上述理论就不攻自破了。

另外，关于地球的表面，我们又知道些什么呢？过去，我们总是夸夸其谈亘古不变的事物坚如磐石。然而，现代科学对此并不认同，它告诉人们，岩石是在不断成长的，也在持续变化之中。由于风摧雨残，高

---

① 这是作者局限于当时的科学发展水平所得出的错误认识。事实上，火山正是由于地球内部岩浆等高温物质喷出地面而形成的。

山在以每千年减少3英寸的速度变矮，如果没有反作用力在抵消这种侵蚀，所有的山峦在很久以前就已经消失了。甚至喜马拉雅山脉也会在11600万年中被夷为平地。所以，反作用力是存在的，而且力量巨大。

山脉的隆起和销蚀

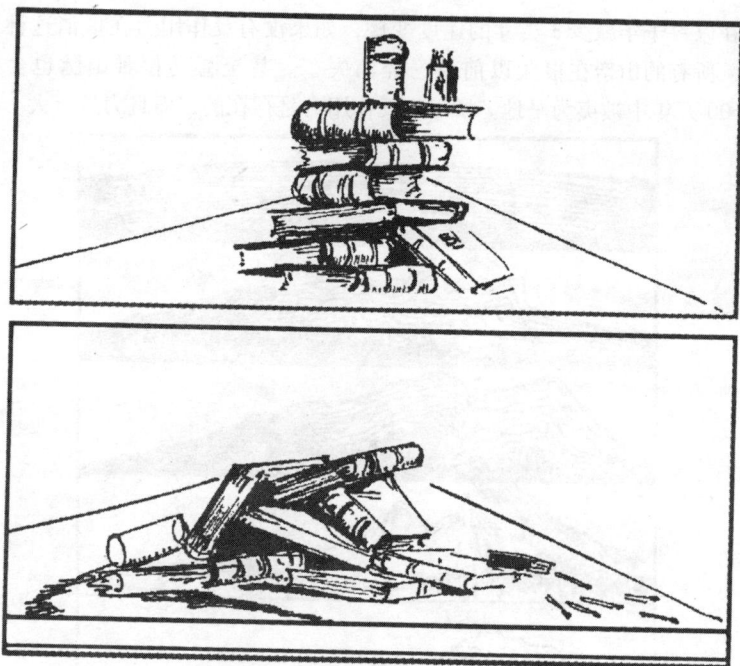

为什么不自己去模拟一次地震呢？

　　为了对地表运动有个大概的认识，请你拿出半打干净的手帕，将它们平整地摆放在桌上，然后用手从两边向中间慢慢地推这打手帕。你会发现，这堆手帕上出现了一大堆奇形怪状的褶皱，有的凸如山峰，有的凹似低谷，有的叠若丘陵。这些手帕上的褶曲就像我们的地表。地壳是地球这个庞大组织的一部分，在太空中高速运转，它也在不断地散失热量，随着热量的散失，就会缓慢地紧缩，由此引起褶曲变形，就像被挤成一堆的手帕。

　　据当前最权威的猜想（只是猜想而已），地球的直径自其形成之日起已经皱缩了大约 30 英里。也许你认为 30 英里作为直线距离并不算太长，但是，请记住，我们面对的是一个巨大的曲面。地球的表面积为

1.9695 亿平方英里，如果它的直径突然缩小了几码，就将导致一场巨大的灾难，足以毁灭全体人类。

欧洲的冰川

　　幸好，自然界是在一点一点地创造着她的奇迹，她会精巧地保持着整个世界的平衡。如果她要使一片海洋干涸（我们美国的盐湖就在迅速地枯干，而瑞士的康斯坦丁湖将在 10 万年后消失得无影无踪），她会在另一个地方创造一片新的海洋；当她要磨平一段山脉（位于欧洲中心的阿尔卑斯山将在 6000 万年之后变得像美国大平原一样平坦），她会在地球的另一个角落再起一座高山。这至少是我们的一厢情愿。当然，地壳的运动是如此缓慢而悠长，我们无法观察到正在进行中的细微变化。

公元前 5000 万年

不过，情况也并不总是这样。大自然本身虽然是个慢性子，但是，在人的推动和怂恿下，她有时也快得可怕。既然人已经进化得如此文明，发明出蒸汽机和炸药这些玩意儿，于是，地表在转瞬间就发生了翻天覆地的变化。如果我们的曾祖能够回家与我们共度佳节，我相信，他们肯定认不出这就是他们过去的牧场和花园了。由于对木材的贪婪需求，人类无情地剥光了一片又一片山区的绿衣，将森林和灌木砍伐殆尽，将连绵青山化为太古蛮荒。一旦森林消失，原来牢牢固定在岩石表层的肥沃土壤就会被雨水冲刷得一干二净，露出狰狞的山脊，并对周边地区构成巨大威胁。没有了草皮和树根，雨水无处托身，便会化为汹涌的洪流，从山顶直冲向山谷和平原，所到之处，生灵涂炭。

这一切绝非危言耸听。我们不必回到冰川期去看那神秘力量在北欧和北美大陆铺上的厚厚的冰雪以及在各个山区中留下的危崖。我们只需回顾一下罗马时代，去看看那些第一流的拓荒者（难道他们不是古代"最讲究实际的人"吗？）是怎样用了不足五代人的力量就毁了所有可以保持均衡气温的条件，彻底"改造"了他们那个半岛的气候。南美洲勤恳而卑微的印第安人世世代代耕耘着的肥沃梯田在西班牙人的铁蹄下，终于化为荒原。这是近在眼前的事实，毋庸多言。

公元 1932 年

如果将最高的山峰倾入海洋最深处

插图说明①：

如果我们将世界最高的山峰都倾入位于菲律宾和日本之间的海洋最深处（34210 英尺），即使是埃佛勒斯峰的峰顶也还在水下 5000 英尺处，其他的就差得更多了。世界最高的 12 座山峰依次为：

1. 埃佛勒斯峰（29141 英尺）；2. 干城章嘉峰（28225 英尺），亚洲尼泊尔；3. 阿空加瓜山（22834 英尺），阿根廷；4. 钦博拉索山（20702 英尺），厄瓜多尔；5. 麦金利山（20300 英尺），美国阿拉斯加州，北美最高峰；6. 乞力马扎罗山（19710 英尺），非洲；7. 洛根山（19850 英尺），加拿大；8. 厄尔布鲁士山（18465 英尺），高加索，欧洲最高峰；9. 波波卡特佩特山（17543 英尺），墨西哥；10. 阿拉加茨山（17090 英尺），亚美尼亚，当年挪亚方舟搁浅的地方；11. 勃朗峰（15781 英尺），法国阿尔卑斯山脉；12. 富士山（12395 英尺），日本。（在亚洲的喜马拉雅山脉中还有 12 座山峰比阿空加瓜山海拔高，但是由于它们鲜为人知，故在此不提。）

人类常年居住的最高点分别是：13. 海拔最高的村庄：中国西藏的嘎托（14518 英尺）；14. 最高的湖泊：秘鲁的的喀喀湖（12545 英尺）；15. 最高的城市：基多（9343 英尺），16. 波哥大（8563 英尺），均位于南美洲；17. 瑞士圣伯纳山口的修道院（8111 英尺），这里是欧洲海拔最高的人类常年居住点；18. 墨西哥城（7415 英尺），北美洲海拔最高的城市；19. 巴勒斯坦的死海，低于海平面 1290 英尺。

① 经过半个多世纪的科学探索，证明这些 1932 年的统计资料不尽准确。

当然，对土著人进行剥削、奴役最简单的办法就是断绝他们的食物来源。我们的美国政府就在这方面做出了"表率"。他们杀绝了美洲野牛，于是，轻而易举地就将勇敢无畏的印第安战士变成肮脏、懒惰的保留地教化居民。然而，殖民者的这些残酷愚蠢的措施最终将回过头来惩罚他们自己。如果有人了解美国大平原和安第斯山脉的情况，就会明白这是美国政府咎由自取。

值得庆幸的是，当权者终于意识到了这一问题的严重性。现在，各国政府都不再姑息这种对土地的无耻侵害了，因为，土地是人类生命的源泉。人类对地表的整体运动无能为力，但是，我们能够在有限的范围内对地表的局部进行微小的改造，使大地多承甘露，使绿洲不裹黄沙。我们也许对地壳的深处茫然无知，但我们至少了解大地的外表。我们能够应用这日积月累的知识去创造全人类的幸福。

美洲的冰川

时至今日，我们的星球尚有四分之三的地表是人类无法居住、更无力改造的，那就是——海洋世界。这一层覆盖地球的海水深浅不一。最浅处只有 2 英尺，而菲律宾群岛以东，世界上最深的海沟则深达 3.5 万英尺。

亿万年前的大陆与今天的大陆迥然不同

这些海水被人类划分成三部分。最广阔的水域被称作太平洋，足有 6850 万平方英里，另外还有大西洋和印度洋，面积分别为 4100 万平方英里和 2900 万平方英里。除了海洋，内陆海还有 2000 万平方英里，而河流湖泊的总面积也达到了 1000 万平方英里。这些水域无论是过去、将来还是现在，都不是人类的居所，除非我们也能像几百万年前的祖先那样，再长出鳃来。

在人类可支配的土地资源中还有 500 万平方英里的沙漠和 1900 万平方英里像西伯利亚那样没有多少利用价值的荒原，还有相当广袤的地区，由于海拔太高（如喜马拉雅山和阿尔卑斯山）或者温度太低（如两极地

区）或者湿度太大（如南美洲沼泽地区）或者森林过密（如非洲中部的
森林地区），都无法开发利用，只好从算作"土地"的 5751 万平方英里
的面积中扣除。这种土地的危机感使人们相信，如果上帝再赐予我们土
地，我们会加倍珍惜利用。因此，浩渺无垠的海洋，乍一看，似乎是对
其覆盖的土地资源的一种巨大浪费，似乎人类应该为此感到懊恼。

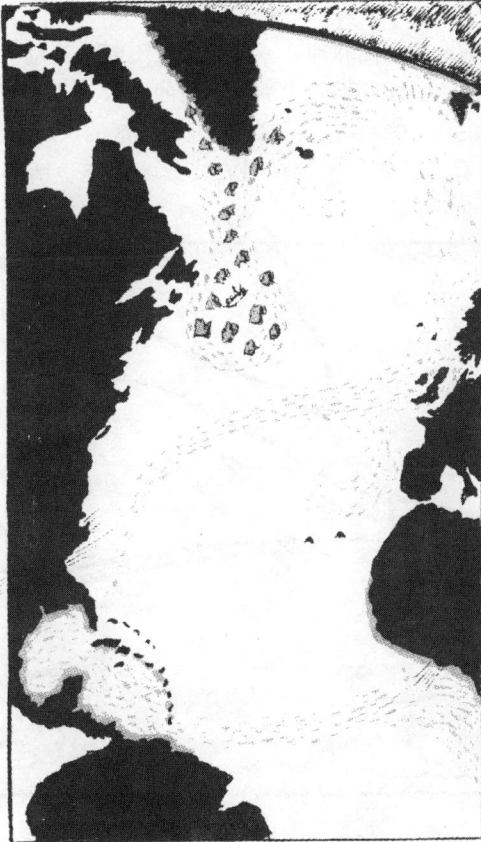

墨西哥湾流

然而，如果没有浩瀚的海洋作为蓄热池，人类的生存就是一件非常值得怀疑的事情了。史前时代的地质遗迹告诉我们，地球曾一度有相当大面积的陆地，但是，海洋面积却比现在小得多，因此，那时的地球非常寒冷。目前地球上陆地与海洋的比例为1：4，这是一个很理想的分配比例。只要这个比例不发生变化，目前的气候就能够长久地持续下去，人类就可以永居乐土了。

环绕整个地球的海洋和地壳一样，也在不断地运动着。月球与太阳的引力吸引着海水，使其不断上涨，升高的海水又有一部分在白天热量的作用下，蒸发转化为水蒸气，然后，北极地区的寒冷又将其化为严冰。从实用的角度看，气流（风）是最直接影响人类生活的自然因素，因为，它们影响着海洋。

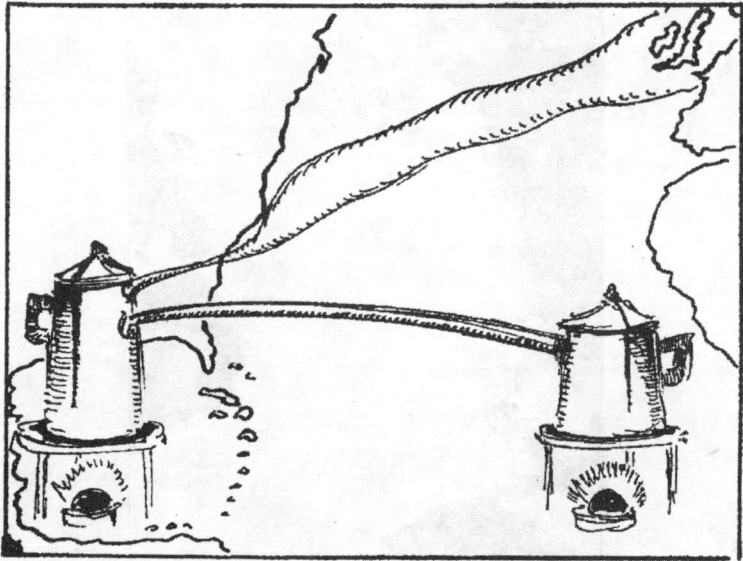

厨房里的"墨西哥湾暖流"

宇宙中的邻居

当你对一盆汤吹气时，汤会从你的嘴边荡开。同样道理，当一股气流经年累月地不断吹向大洋表面，海水就会顺着气流的方向向前"漂流"。如果几股气流从几个方向同时吹向洋面，这些水流就会相互抵消。但是，当风向比较固定时，就像赤道两边吹来的风，它们所产生的漂流就会成为真正的海流。这些海流为人类创造出一片又一片宜人的乐土，对人类历史产生过重要影响。如果没有海流，一些地方也许还像格陵兰岛那样，是一个冰天雪地的严寒世界。

这张海洋河流图（许多海流确实像河流一样）标出了它们的分布位置。太平洋中最重要的海流是日本海流（蓝色盐海流），它是由一股从北向东吹来的信风引起的。这条海流完成了在日本海的使命之后，横跨北太平洋，给阿拉斯加送去它的祝福，使那里的寒冷减弱，更加适合人类居住，然后，它又掉头南下，创造出加利福尼亚的宜人气候。

谈到海流，我们就不能不讲到墨西哥湾流。这条神秘的海流有 50 英里宽，2000 英尺深，它不仅在漫长的岁月里不断地为北欧提供着墨西哥湾的温暖，还给英格兰、爱尔兰和所有北海沿岸国家带来富庶繁荣。

墨西哥湾流颇具传奇色彩。它发源于北大西洋涡流。北大西洋涡流更像一种漂流，而不是海流。它是一个巨大的漩涡，在大西洋的中部不断地旋转，将裹带着成千上万条小鱼和浮游生物的半凝滞的海水卷入漩流中心，就像一片藻海。这股涡流在人类早期航海史上扮演过一个重要的角色。中世纪的水手们坚信，一旦航船被信风（北半球的东风）吹入这片藻海，就有去无回了：陷入藻海的航船迷失了方向，船上的水手慢慢地饥渴而死，无云的晴空下阴森的死船在永远地上下飘浮，就像是一个无言的警告，恐吓着那些胆敢冒犯神灵的人。

当哥伦布①的船队安然穿过这片沉寂的海水时，这个关于无边藻海的故事就显得太离谱了。但是，时至今日，藻海对许多人仍是一个神秘

① 哥伦布（1451—1506）：意大利航海家。出生于寄居热那亚的西班牙犹太织布工家庭。一生四次远航。发现美洲大陆，为欧洲开拓了新殖民地。

而恐怖的名字，它的故事大有中世纪的古韵遗风，很像但丁的地狱之旅。可是，实际上，它远不如纽约中央公园的那个天鹅池令人神往。

再谈墨西哥湾流。北大西洋的涡流有一部分最后进入加勒比海，并加入到从非洲海岸西行而来的一股海流之中。这两道巨流汇合一处，便溢出了加勒比海，汹涌澎湃地奔向墨西哥湾。

墨西哥湾也无法盛下这么多海水，它将佛罗里达与古巴之间的海峡当做水龙头，将这股热流（华氏80°）从"水龙头"里喷泻而出，形成了墨西哥湾流。冲出水龙的海流以每小时5英里的速度奔腾前行，这就是古代航船对它敬而远之的原因之一。航船宁可绕道而行，也不愿意在此逆流而上，严重影响航速。

墨西哥湾流从墨西哥湾出发，沿美国东海岸一路北上，直到受阻，便向东折去，穿过北大西洋。在纽芬兰的大浅滩附近，它与自己的支流拉布拉多海流汇合。拉布拉多海流刚从格陵兰岛的冰山区南下，水温冰冷，而墨西哥湾流则温暖而热情洋溢，这两股巨流的突然遭遇顿时产生了茫茫大雾，使这一片水域因此而恶名远扬。另外，这片洋面上还漂浮着大量的冰山，在过去50年的航运史上，它们也是臭名昭著。这些冰山是被夏日的骄阳从格陵兰岛坚硬的冰川上割下来的（这个岛90%的土地还被冰川覆盖着），巨大的冰山缓缓向南飘去，最后卷入了墨西哥湾流和拉布拉多海流汇合所形成的巨大涡流之中。

这些冰山在海面上缓慢地旋转着，并开始一点点地溶化。但是，溶化中的冰山也是最危险的冰山，因为，人们只能看到残存在水面的冰山顶部，却看不见深藏在水下的那些狼牙状的冰山底部，就像一把利刃切黄油一样简单，这些狼牙可以轻而易举地将航船的铁壳刺穿。现在，这部分海域已成为禁地，各国海船都避开这里，而美国巡逻舰队（专门侦察冰山，费用由各国共同承担）则在此负责观察望，炸毁小冰山，向过往船只发送大冰山出现的警告。然而，渔船却对这一片海域情有独钟，因为这片海水里有来自北冰洋的鱼群。这些鱼群习惯了拉布拉多海流的低温，乍一遇到墨西哥湾流带来的温水就非常不悦，当它们还在犹豫，是重返北极还是留下来适应温暖的墨西哥湾流时，法国渔夫已经将这些迟钝的鱼儿收进了自己的网中。这些法国渔夫的祖先比其他人早好几百年就光临过美洲大浅滩。离加拿大海岸不远的两个小岛，圣皮埃尔岛和密克隆岛不仅是 200 年前占领了北美大陆相当大地盘的庞大法兰西帝国的最后两块领地，而且，它们还见证了诺曼底渔民的勇敢。这些人早在哥伦布出生前 150 年就探访过美洲海岸。

墨西哥湾流在离开"冷墙"（由墨西哥湾流和拉布拉多海流的温差造成的）之后又继续北上，悠闲地跨过大西洋，在西欧海岸呈扇形散开。它拍打着西班牙、葡萄牙、法国、英国、爱尔兰、荷兰、比利时、丹麦和斯堪的纳维亚半岛的海岸，给所有这些国家和地区带去无比温和的气候。在完成了它的人道主义使命之后，这股奇异的海流裹挟着比世界上所有大河水量都多的海水消失在北冰洋的怀抱之中。北冰洋自然也消化不了这么多海水，于是，它也倾倒出自己的海流，这就是格陵兰海流，而我提到过的拉布拉多海流就是诞生于格陵兰海流之中的。

这是一个有趣的故事。

我非常想再讲下去，但这一章的篇幅已经不允许了。

这章仅是背景而已——关于气象学、海洋学和天文学的背景，在这些背景下，我们这场剧中的角色各自登台亮相。

现在让我们暂时落幕。

当幕布再次升起时，新的一幕剧就开始了。

下一幕将告诉你，人类是如何学会在山川、海洋、荒漠中寻找道路的。在我们将这个世界称之为"人类的家园"之前，这里的一切都尚待征服。

现在，幕升起来了。

第二幕：地图与航海技术。

4　地图：万水千山探路难

地图在我们的日常生活中必不可少，惯常使用地图的现代人几乎不能想象那些没有地图的年代。但是，古代人的确不知道出行要依据地图，就像今天的人们不明白测量宇宙要依据数学公式一样。

精通几何学的古巴比伦人曾对整个巴比伦王国的地籍进行过一次测绘（测绘时间约在公元前 3800 年，即摩西诞生前 2400 年）。在那些地区发现的陶片，上面所绘制的图画大约就是当年巴比伦疆域的轮廓。但它们还算不上我们所谓的地图。古埃及统治者为了从辛勤劳动的臣民身上榨取每一分税款，也测量了全国的土地。后人从中发现，当年的埃及人已经掌握了丰富的应用数学知识，所以才完成了这项艰巨的工作。但是，迄今为止，在古埃及的那些法老墓穴中，仍未找到任何现代意义上的地图。

求知欲最旺盛的古希腊人曾就地理问题撰写了无数论著，但我们却对他们的地图一无所知。在一些发达的商业城市中，似乎曾出现过雕刻了最佳航行路线的青铜板，告诉商人们如何到达东地中海诸岛。但是，这些青铜板至今还埋在地下某处，没有重见天日，对于今天的人们仍是一个谜。前无古人后无来者的亚历山大大帝在他那个不知疲倦地去寻找黄金的马其顿军团中安排了一个专司领路的特殊队伍，这些人走在队伍的最前面，能够准确地报告出他们距印度的黄金还有多远。由此可见，征服过那么广阔地域的亚历山大大帝肯定具有某种"地理意识"。但是，我们仍然不能从一段遗迹、一张残片或者一条路线中发现我们所能理解的地图。

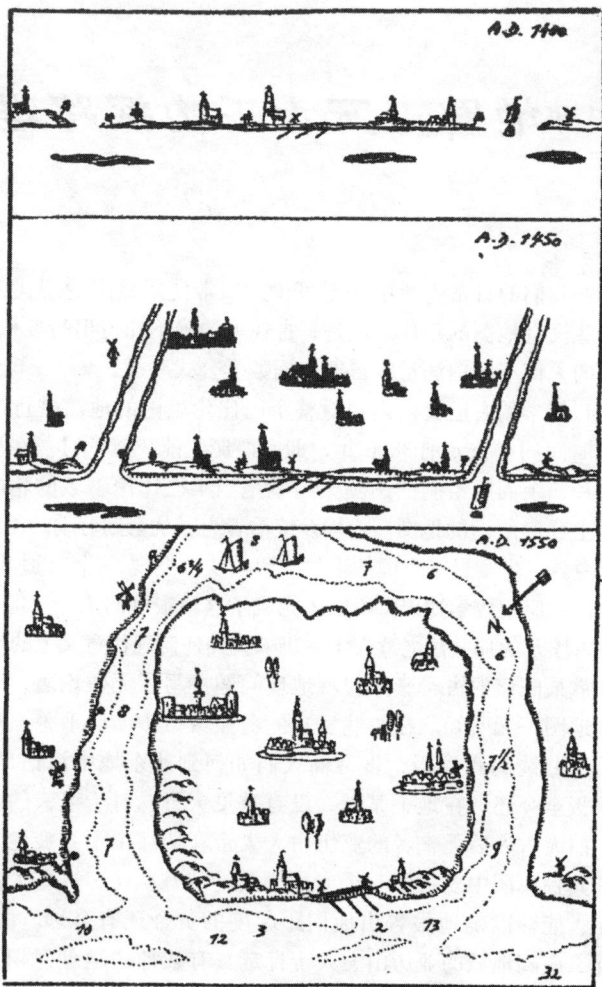

地图的形成

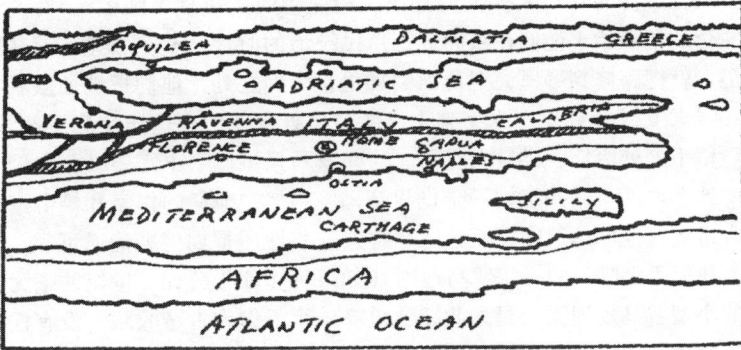

当年的罗马地图

中世纪的地图

　　劫掠成性的罗马人（他们是组织最完善的"正规军强盗"，有关他们罪行的记录始于他们在欧洲进行殖民统治的时代）走到哪里，就住到哪里，就把路修到哪里，把税征到哪里，所到之处，他们把被征服者绞死在绳索上或者钉死在十字架上，所过之处，他们建造庙宇和游泳池，然后留下处处废墟，供后人凭吊。这些罗马强盗似乎不需要一张名副其实的地图就能慑服并统辖一个世界帝国。当然，他们的作家和雄辩家确实常常提及他们的地图，而且还夸耀过这些地图是如何准确而可靠。但是，我们手上唯一的一张罗马地图（如果不算那张公元 2 世纪的毫无价值的小型罗马规划图）是如此简陋粗糙，除了作为古董收藏，没有任何实际价值。

　　历史学家都知道有一张坡廷格尔古地图，它是以康拉德·坡廷格尔的名字命名的。这个奥格斯堡市的执事是第一个想利用斯特拉斯堡的约翰·葛登堡发明的印刷机来大量印刷罗马地图的人。遗憾的是，坡廷格尔没有可以用于复制的原件。他所采用的底稿是一张 3 世纪地图的 13 世纪复制品，由于这张 1000 岁的地图中许多重要的细节都被老鼠和蛀虫破坏了，所以它的复制品也并不完整。

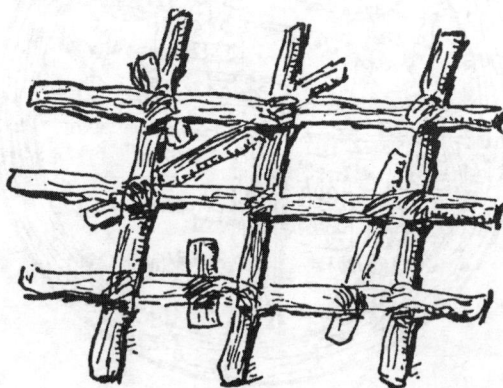

波利尼西亚人的编织地图

尽管如此，坡廷格尔地图总的轮廓无疑是与原件一样的。如果那张3世纪的原件就是罗马人的压卷之作，那么，他们的地理知识还尚待进一步充实完善。我在此临摹了这幅古老的罗马地图，你可以自己评判一下。在仔细研究过这张图后，你就能够了解到当年罗马地理学家的水平了。这个与意大利面条颇为近似的世界就是当年那些要打到英格兰或者进军到黑海的罗马将军们所能找到的最佳依据。从那时到现在，人类已经取得了多么巨大的进步！

至于中世纪的地图，简直不值一提。教会憎恶一切"无用的科学探索"。知道通往天堂之路要比知道从莱茵河口到多瑙河口的最短路线更加重要。于是，地图变成了滑稽的图画，画满了无头的魔鬼（这个别出心裁的形象来源于那些常把头缩在毛皮大衣里的可怜而的爱斯基摩人）、打着响鼻的独角兽、喷水的巨鲸、长着翅膀的半鹰半马怪兽、海妖、美人鱼、长着翅膀的半鹰半狮怪兽，以及所有因恐惧和迷信而幻生出来的怪物。耶路撒冷理所当然地被安排在世界的中心，印度和西班牙于是被推到了世界的边缘，苏格兰变成一个孤悬的小岛，而巴别塔（通天塔）则有巴黎全城10倍那么大。

和中世纪制图员的这些作品相比，波利尼西亚人的编织地图（它们看起来就像幼儿园里孩子们做的小玩意儿，可是，实际上，它们却十分实用，十分精确）确实称得上是航海家的天才杰作。至于当时阿拉伯人和中国人的地理学成就，就更不用说了，只是他们一向被当做可耻的异教徒，被排斥在以欧洲为中心的世界之外。就这样，直到15世纪末，航海业最终发展成为一门科学之后，地图的绘制才取得了实质性进步。

当时，土耳其人攻克了连接欧洲与亚洲的桥头堡，导致欧洲通往东方的陆路交通长期中断，于是，寻找一条通往印度的海上通道就成为当务之急。人们必须告别那种依靠寻找陆上教堂尖顶或分辨沿岸的犬吠来掌握方向的传统航行方法，去习惯除了碧海青天不见一物的漫长航行。正是这种打开海上通道的迫切需求带动了当时航海业的巨大进步。

古埃及人最远似乎到达过希腊的克里特岛，而且，他们的那次造访不像是精心策划的航海探险，倒更像是被风吹离了航线后的一次偶遇。腓尼基人和希腊人虽然也曾干过几次惊天动地的大事，甚至把船开到了刚果河和锡利群岛①那边，可是，他们也是一群打心眼儿里宁可贴着教堂边航行一辈子的水手。即使是在前往刚果河和锡利群岛的途中，他们也是逢岸必上，每到夜里，一定要把船拖到岸边干地上，害怕他们的船被风吹到看不见陆地的大海中央。至于中世纪的商人，他们的航线虽然遍布地中海、北海和波罗的海，他们却从不让岸上的山脉离开自己的视野超过几天。

这些商人如果在大海上迷失了方向，他们有一个方法可以找到最近的陆地，那就是——鸽子。他们知道，鸽子可以找到到达陆地最近的路线，所以，他们总是带着鸽子航行。当他们无法辨清方向时，他们就放飞一只鸽子，然后跟随着鸽子的方向，直到看见岸上的山尖。他们将船只驶入最近的港口，再去打听自己到了什么地方。

在中世纪，即使是一个普通人也比现代人更了解天空中星星的分布。他们必须掌握这些知识，因为他们那个时代无法提供今天的人们所拥有的印刷年历和日历。当时稍微有点知识的船长都能够通过观察星星来辨别方位，也能够根据北极星和其他星座的位置制定航线。但是在北方，常常是多云天气，观察星星的办法就不大可行了。如果没有那件在 13 世纪下半叶传到欧洲的外国发明，航海就将继续它那付出高昂代价的痛苦历程，完全靠运气和猜测（多半是后者）惶恐前行。关于指南针的起源和发展，迄今仍是一个谜。我在这里讲的只是推测而已②。

13 世纪上半叶，欧亚大陆出现了一个疆域空前广阔的大帝国（东起黄海，西抵波罗的海，在俄罗斯的统治一直持续到 1480 年），这个帝国的统治者是一个五短身材、眼睛斜视的蒙古人——成吉思汗。当他横跨

---

① 锡利群岛位于英国西南部康沃尔半岛以西 58 公里的海面上，由 50 多个小岛组成，面积 21.5 平方公里。

② 指南针是中国古代四大发明之一。作者由于受到西方对东方传统偏见的影响，导致错误的认识。

亚洲中部的茫茫荒漠，前往欧洲寻欢作乐时，手中肯定是拿了一种类似指南针的东西。我们现在很难说清楚地中海的水手们到底是什么时候第一次看到指南针的，但是，我们可以肯定，这种被教会称为"魔鬼撒旦亵渎上帝的发明"很快就带领着地中海的船队去探访这个世界的天涯海角了。

　　大凡这种具有世界意义的重要发明，其来历都有些朦朦胧胧。当时去过巴基斯坦的雅法或者法马古斯塔①的人可能在返回欧洲时带回了一只指南针。他是从波斯商人手上买来的，而波斯商人则是从一个刚从印度回来的人那儿得到的这东西。这个消息很快就在港口的啤酒屋里传开了，人们都想争先目睹这个被撒旦施了魔法的奇妙小针。据说，无论你走到哪儿，这小针总能告诉你哪儿朝北。当然，人们不能相信这是真的。可是，不管怎样，很多人还是托朋友下次去东方时也给自己带回一个指南针，他们还先付了钱，于是，六个月之后，这些人也有了自己的指南针。撒旦的魔力果然灵验！从那以后，人人都想有一个指南针，他们急切地要求大马士革和士麦那②的商人从东方带回更多的指南针。于是，威尼斯和热那亚的仪表制造商也开始制作这东西了。几年之内，这个带玻璃盖的小金属盒便普及开了，人们已经把它当做一件稀松平常的玩意儿，没人想到它的存在实在值得大书特书。

　　关于指南针的来历，就到此为止吧，还是让它回到它那神秘世界中去吧！自从这根灵敏的小针带领第一批威尼斯人从他们的浅海峡来到尼罗河三角洲，我们对指南针的认识有了很大的提高。例如，人们发现除了在某些地点外，它并不总是指向正北的，有时偏东，有时偏西——这种差别就是专业术语所指的"磁差"。磁差的产生是由于南北磁极与地球的南北两极不在同一地点，而是相差数百英里。北磁极位于加拿大北

---

①　法马古斯塔：塞浦路斯一地区。
②　士麦那：今土耳其西部沿海的伊兹密尔港。

部的布西亚岛（1831 年詹姆士·罗斯①爵士首次登上这个岛）。南磁极则在南纬 73°，东经 156°的交叉点上。

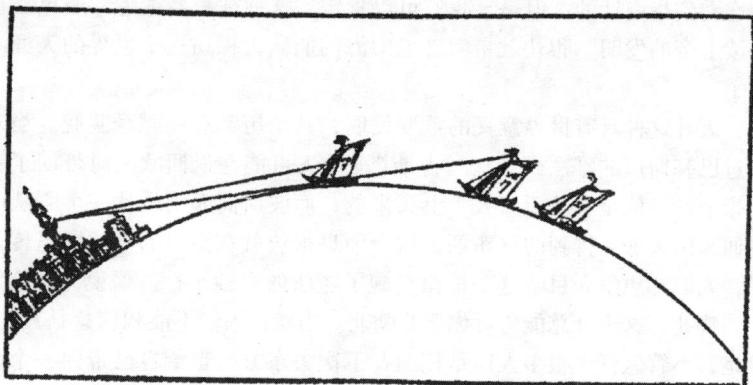

"教堂尖顶"航行年代

由于磁差的存在，一个船长仅有罗盘是不够的，他还需要海图，以便告诉他世界各地的不同磁差。这就涉及航海学了，而航海学是一门极复杂极高深的学问，绝非寥寥数语就可讲清楚的。本书不是航海手册，我只希望你能够记住——指南针是 13 世纪和 14 世纪传入欧洲的，它促使航海成为一门有据可循的科学，不必再依赖侥幸的猜测和痛苦而复杂的计算。

而这仅仅是一个开始。

现在人们能够清楚地知道自己的航向了，或者是向北，或者是北偏东，或者北—北偏东，或者北—东偏北……或者是罗盘上所指示的 32 个方向中的任何一个。而中世纪的船长则只有两件工具来帮助他在茫茫大海中辨别方位。

首先是测深绳。测深绳几乎是与航船同时诞生的。它可以在海洋的

---

① 詹姆士·罗斯（1800—1862）：英国海军军官。曾在北极和南极洲进行过磁力测量。

任何一点测量深度。如果船长有一张标明他们目前航行的这片海洋的不同深度的海图，测深绳就能告诉他附近水域的情况，并据此确定航船方向。

另外还有测速器。最早的测速器是一块木片，船员将它从船头抛入水中，然后仔细观察船尾要用多长时间才能通过这块木片，由于船头到船尾的距离是已知的，船员就很容易计算出船经过某一个固定点的时间长度，并由此推算出航船的速度。

后来，木片逐渐被绳子取代。这是一种很长很细但很结实的绳子，预先按照固定的相等长度打上了一个一个的绳结，并在它的一端系了一块三角形的木片。在一个船员将绳子投入水中的同时，另一个船员将沙漏打开。沙子从瓶中漏干之后（人们当然要预先知道沙漏的时间长度，一般是三两分钟），船员就将绳子从水中拉出，并数一数在沙子从一个瓶漏到另一个瓶中的这段时间，有多少绳结下到了水中。每一个绳结代表一海里，于是，船员就可以知道船在这段时间里航行了多少海里，从而计算出航速。

然而，船长只清楚航速和航向是不够的，因为海流、潮汐和风随时都会打乱他最精确的计算。所以，即使在罗盘引进了很久之后，任何一次普通的航海旅行都可能是一次最冒险的经历。于是，那些想从理论上解决这一问题的人意识到，要改变现状，就必须为航船寻找到一个教堂尖顶的替代物。

此言绝非玩笑。那些教堂尖顶、海滩沙丘上的树冠、堤坝上的风车以及沿岸的犬吠都曾经在航海史上扮演过重要角色，因为它们是固定点，是参照物，无论发生什么，它们总是在那儿。有了这些参照物，水手们就可以推算出自己的方位。他会告诉自己："我必须继续向东。"因为他记起，自己上次曾来过这里。当时的数学家（这是一些天才，虽然他们掌握的信息不充足，使用的仪器不精确，但是他们却能够在数学领域取得和前人一样出色的成就）十分清楚这个问题的关键，他们要寻找到一个本质"参照物"来代替那些人工"参照物"。

这项工作从哥伦布横渡大西洋之前 200 年就开始了，但是，时至今日仍未完成。今日的航运已经具有了无线报时系统、水下通信系统和机械操舵装置，这些工业时代的巨作几乎将老舵手们扫进了历史的垃圾堆。

如果你站在一个高塔脚下，而这个高塔是建立在一个巨大的球体表面，高塔顶部正飘扬着一面旗帜，你会发现，只要你原地不动，这面旗子就在你的头顶正上方。如果你离开高塔，你看旗子的视线就会出现不同的角度，正如图所示，这个角度要取决于你与高塔之间的距离。

一旦人们找到了这个"固定点"作为参照物，问题就简单多了。这不过就是一个计算角度的问题，而早在古希腊时期，人们就已经谙熟此技了。古希腊人熟练掌握了三角形的边角关系，为三角学的发展奠定了坚实基础。

角度问题将我们引入这一章中最艰深的部分，确切地说，是本书中最深奥的一段——关于经度和纬度的确定。确定纬度比确定经度早好几百年。表面看来，确定经度似乎要比确定纬度简单，可是，对于没有计时仪器的古人，确定经度的确势比登天。至于纬度，只需仔细的观察和细心的计算便可以确定，所以，人类在较早的时候就已经解决了这一问题。以上是基本概况，下面我将尽可能简要地解释一下经纬度的问题。

在这幅图中，你会看到几个平面和角。在 D 点，你发现自己处在塔的正下方，就像你在赤道线上中午 12 点时正处于太阳的正下方。当你移到 E 点，情况就会发生一定变化。由于你脚下的大地是个圆球，所以，在计算角度时，你需要画一个平面。你从地球的假想中心点 A 画一根直线，经过你的身体，直达天顶（zenith——这是天文学中的正式名称，专指观察者正上方的天空一点；观察者正下方的天空一点则称为天底——nadir）。

这个复杂的问题需要实验来说明。将一根毛衣针穿过苹果的中心，假设你是在这个苹果的一个侧面上，背靠着毛衣针。毛衣针的上端是天顶，下端是天底。然后，假定有一个平面是与你所处的位置以及毛衣针的方向呈垂直角度，如果你站在 E 点，这个平面就是 FGKH，而直线 BC

就是你进行观察的这个平面上的一条线。为了使问题简单明了，请再假设你的眼睛是长在脚趾上的，恰好是你双脚踩踏直线 BC 上的一点。然后你抬眼看塔顶的旗杆，计算一下旗杆的顶端（L），你所处的位置（E），和直线 BC 与平面 FGKH 的交叉点之间的角度（该平面与天顶到地心的直线呈垂直状态），如果你懂得三角学，你就会通过这个角度计算出你与高塔之间的距离。如果你移到 W 点，那么再如此法计算。W 是你在直线 MN 上的位置，该线是平面 OPRQ 上的一条直线，与地心到当前天顶（天顶自然随观察者移动）的直线成直角。只要计算出角 LWM 的角度，你就会知道你离高塔有多远。

"地心说"时代的世界

你看，即使用最简单的方式讲解，问题看上去仍很复杂。因此，关于现代航海学的基础理论，我只给你讲个大概。如果你想成为一名水手，你得上一所专业学校，花上几年时间学习如何做这些必要的计算，然后，再经过二三十年的磨炼，当你谙熟所有的工具、表格和海图，具有驾驭船员、纵横四海的能力之后，你的船主也许才会选你当船长。当然，如果你没有这个雄心壮志，你就不必去懂得所有这些复杂繁琐的计算，所以，请别介意这一章的简短，我只是介绍一些概况而已。

由于航海学几乎完全是一种计算角度的学问，所以，直到欧洲人重新发现了三角学，航海理论才取得了巨大的突破。虽然古希腊人曾为这门科学打下了坚实基础，但是在托勒密（埃及亚历山大城的著名地理学家）死后，三角学就被当成一件精密而又复杂、过分奢侈的学问，人们将这门不易掌握的科学抛到一边，渐渐遗忘。然而，印度人和后来北非和西班牙的阿拉伯人并没有这些顾虑，他们正大光明地将这份没人要的古希腊遗产保存了下来，并继续发扬光大。"zenith"和"nadir"这两个出自阿拉伯语的专业术语就充分说明，当欧洲学校再次将三角学列入课程表时（约在13世纪），它不再是基督教的遗产，而变成了伊斯兰的财富。但是，在此后的300年中，欧洲人奋起直追，后来居上。这时，他们虽然再次学会了如何计算角度，如何解决三角形的问题，他们却又意识到自己所面临的另一个难题——如何找到一个远离地球的固定点，能够代替教堂尖顶作参照物。

北极星接受了这个崇高的荣誉，成为最值得信赖的航海参照物。由于北极星距离我们如此遥远，所以，它看上去几乎是静止不动的；另外，它极易辨认，即使是最笨的捕虾人也能在迷失了方向之后，辨别出北极星的位置。他只要沿着北斗七星最右边两颗星的直线方向去寻找，北极星就不会逃过他的眼睛。当然，太阳也是亘古不变的一个参照物，可是，太阳的运行轨迹从未被科学地测算出来，所以，只有最博学的航海者才有资格借助太阳的帮助。

在人们被迫接受"地球是扁平的"这一理论的年代，所有的计算都必然无可奈何地与客观事实背道而驰。16世纪初，这种尴尬局面终于结束了，圆盘理论被圆球理论取而代之。地理学家也终于得以伸张真理，还地理以本来面目。

他们首先以一个平面（该平面与连接南北极的轴线垂直）为界，将地球均分为南北两个部分，分界线就称作赤道，赤道到南北两极的距离均等。接下来，地理学家又将赤道与两极之间划分为90等份，90条平行线（由于地球是圆形的，所以，这些平行线就是一个又一个圆圈）平均地分布在赤道与两极之间，每条线之间的距离为69英里，是极点到赤道距离的九十分之一。

接着，地理学家给这些圆圈编了号，从赤道开始，直到极点，赤道为0°，极点为90°。这就是纬度（如图所示）。

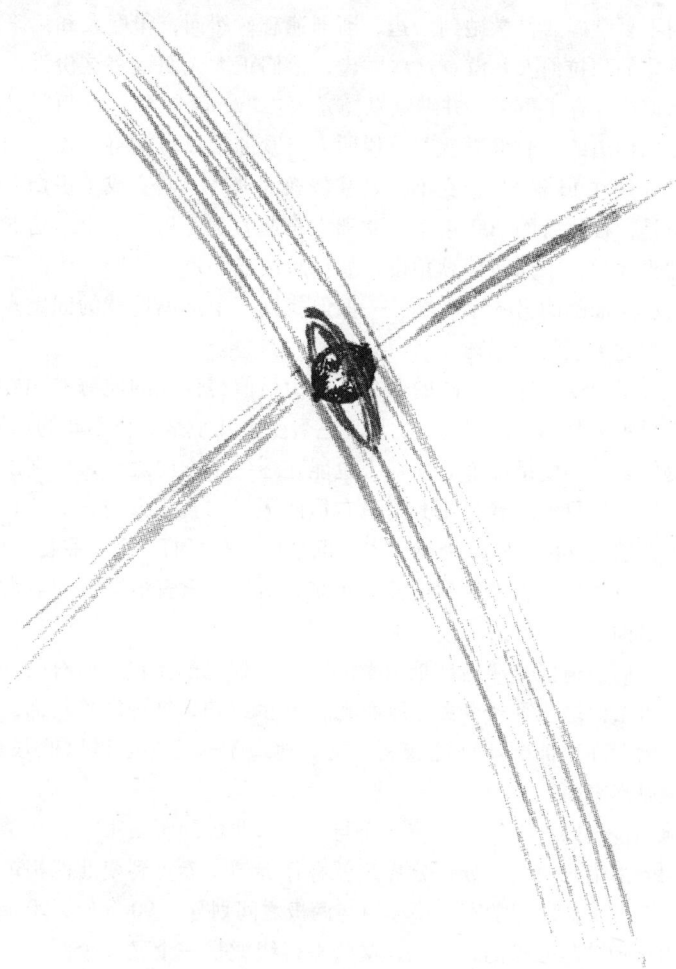

对宇宙的新认识

　　纬度的确立标志着地理学的一大进步。不过，即使如此，航海仍是一件十分危险的工作。在所有船长都学会计算纬度之前，一代又一代的数学家和航海者为了搜集有关太阳运行的数据，为了将太阳在每个地点每年每月每天的确切方位记录下来而倾尽心血。

　　最终，任何一位比较聪明的航海者，只要会读书识字，就能在极短的时间内判断出自己距离极点和赤道有多远，用术语讲，就是他的位置在北纬几度（赤道以北的纬度称北纬，以南称南纬）或者南纬几度。过去，海船越过赤道到南半球航行绝非易事，因为南半球看不到北极星，船便失去了导航的参照物。科学终于解决了这一问题。到了 16 世纪末，航海的人们再不必为纬度问题感到困惑了。

　　然而，经度还是一个悬而未决的问题（你该知道，经线是与纬线垂直的）。人类又用了两个多世纪的时间才成功地解开了这个谜团。在确定纬度时，科学家们是以两个固定点——南极点和北极点为基准的。他们说："这里就是我们的'教堂尖顶'，它们将永远固定不变。"

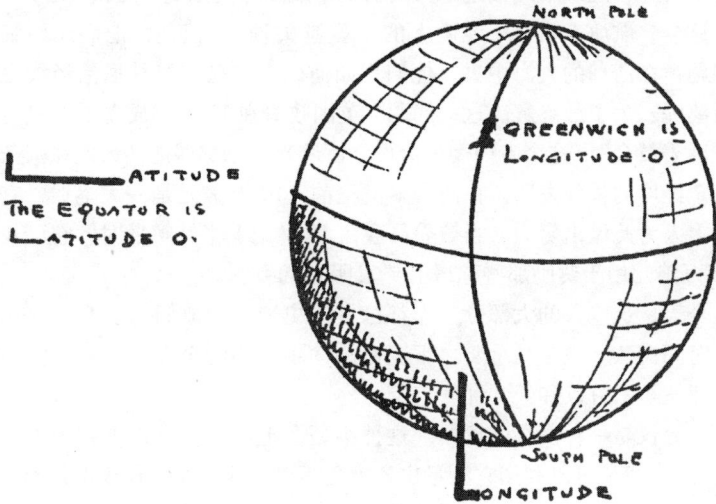

经纬度

但是，地球既没有东极点也没有西极点，地轴也不在那个方向。当然，人们可以画出无数条子午线，即穿过两个极点，环绕整个地球南北方向的圆圈。但是，哪一条子午线可以被称为"本初子午线"，作为划分东西半球的分界线呢？因为有了这条线，水手们就可以说："我目前在本初子午线以东（或以西）100英里。"耶路撒冷作为世界中心的传统观念在许多人心目中根深蒂固，他们要求将经过耶路撒冷的经线定为本初子午线，即纵向的"赤道"，东西半球的分界线。但是，民族自尊使这个计划破产，因为，每个国家都想将本初子午线据为己有，让世界从自己的首都开始。即使在当代，我们自以为人类的胸襟在这方面已经开阔了许多，仍然有一些德国、法国和美国的地图分别将本初子午线定位在柏林、巴黎和华盛顿。结果，由于英格兰在17世纪（经度确定的年代）对航海学的发展所作出的突出贡献，又由于当时的航海业都是在1675年建立于伦敦附近格林尼治的英国皇家天文台的监管之下，所以，经过格林尼治的那条经线最终被选定为本初子午线，作为东西半球的分界线。

这样，航海者就有了经度上的"教堂尖顶"，但是，他们还面临一个问题：在浩瀚的大海中央，他们将如何确定自己与格林尼治经线之间的距离呢？为了最终解决这一问题，英国政府在1713年成立了"确定海上经度委员会"。这个专门委员会设立巨奖来奖励那些能使人们在茫茫海上确定经度的最佳发明。在两个多世纪前，10万美元是一大笔钱，它促使许多人为此做出努力。当该委员会在19世纪上半叶解散时，它花了50多万美元用于奖励那些称得上"发明"的发明。

今天，这些人的大部分工作都已被历史遗忘，他们的发明成果也渐渐被时间淘汰。但是在重奖之下诞生的两项发明时至今日仍有其使用价值。那就是六分仪和天文钟。

六分仪是一种复杂的仪器（这种小型海上观察仪可以夹在臂下，随身携带），海员可以利用它测量出各种角距离。这个发明直接来源于中世纪简陋的观象仪、直角仪和16世纪的象限仪（四分仪）。就像全世界在同一时间里探求同一个问题时经常发生的那样，有三个人宣称自己是六分仪的最早发明人，并为这个荣誉苦苦争斗。

航海界对六分仪的问世所表现出的兴奋与他们对天文钟的兴趣相比，就显得太温和了。这种精确可靠的计时装置诞生于 1735 年，比六分仪晚四年。它的发明者约翰·哈里森是一个制造钟表的天才（做钟表匠之前他还当过木匠）。他发明的天文钟计时如此准确，能够以任何一种形式在世界任何一个地方准确报出格林尼治时间，而且不受天气变化的影响。这是因为哈里森在天文钟里加了一个叫做"补偿弧"的装置，它可以调整平衡簧的长度，来适应因温度变化引起的热胀冷缩，所以，天文钟完全不受温湿度变化的影响。

经过漫长且不体面的讨价还价，哈里森终于在他去世前三年（1773 年）得到了 10 万美元。今天，一艘海船无论走到哪里，只要它带有一只天文钟，它就能准确地知道格林尼治时间。由于太阳每 24 小时围绕地球运行一圈（其公转方向与地球自转方向恰好相反，但为方便起见，我用了同样的表述方式），每一小时经过 15°经线，所以，我们只要知道航船的当地时间和格林尼治时间，就可以通过二者的时差计算出航船与本初子午线的距离了。

举例说明：如果我们知道航船所在位置的当地时间是 12 点，而此时，格林尼治时间是下午 2 点，我们又知道，太阳每小时要经过 15°经线，那么，我们的航船与格林尼治的距离就是 $2 \times 15° = 30°$。于是，我们就可以在航海日志上记录如下：某年某月某日中午，航船到达西经 30°。

时至今日，1735 年的这件惊世骇俗的发明已渐渐失去了其原有的重要地位。现在，格林尼治天文台每天中午都向全世界准点报时，于是，天文钟便很快成为一件奢侈品了。事实上，如果我们不怀疑领航员的能力，无线通讯就将毫不客气地将所有繁琐复杂的表格和费力耗神的计算抛进大海。人类历史辉煌的一章将就此翻过，所有关于勇气、耐心和智慧的航海传奇将告一段落。再也没有未经勘测的茫茫海洋，那种面对惊涛骇浪，即使是最优秀的水手也会在片刻之间就迷失方向、不知所措的日子一去不复返了。那个仪表堂堂手持六分仪的人将从驾驶室里消失，他将坐在船舱里，头戴耳机，问道："喂，楠塔基特岛（或者，"喂，瑟堡岛"），我目前的位置是多少？"那些地方的领航员就会报出他目前所在的方位。事情就是这样简单。

为了能够平安、愉快而颇有收获地横跨地球表面，人类已经努力了20多个世纪，这20多个世纪的光阴并没有虚掷。这是人类历史上第一次国际合作成功的经验。中国人、阿拉伯人、印度人、腓尼基人、希腊人、英国人、法国人、荷兰人、西班牙人、葡萄牙人、意大利人、挪威人、瑞典人、丹麦人、德国人，他们所有人都曾为这项有益的工作作出过自己的贡献。

人类合作史上特殊的一章就要结束了。但是，下面还有许多别的内容足以使我们忙碌一段时间的。

5　地球有四季

"季节"（season）这个词源于拉丁语动词"serere"，意思是"播种"。由此可见，"season"应该只用于表示春天——"播种的季节"。但是在中世纪初，"season"失去了原有的专一含义，其他三个季节加入到它的词义中，来代表一年中的四个时段：冬季（winter），或者叫"湿季"（wet season）；秋季（autumn），或者叫增长时期（与"增长""augmentation"或者"尊严""august"是同一词根，即指"增长时期"和"有尊严的人物"）；夏季（summer），是古代梵语对整个一年的称谓。

四季影响着人类的日常生活和浪漫情怀，除此之外，它们还具有最乏味的天文背景。因为四季的循环往复是地球围绕太阳做年度旅行的直接结果。

地球每 24 小时自转一周，每 356.25 天围绕太阳公转一周。为了使历法整齐，我们将每年的 0.25 天叠加起来，这样每四年就有一次 366 天，即闰年。但是，以两个"零"结尾的年份没有闰年；可是，那些能够被 400 整除的年份都可以有闰年。上一次的特例是公元 1600 年，下一次则是公元 2000 年。

地球围绕太阳运行的轨迹并不是正圆形的，而是椭圆形的。虽然它还不算完全的椭圆形，但是，已经给人类研究地球运行的工作增加了许多复杂因素。

另外，地球的轴与太阳同地球之间的平面不是一个直角，而是一个 66.5° 的倾角。

　　当地球围绕太阳运行时，它的轴始终保持着这个角度，这就是形成世界各地季节交替的直接原因。

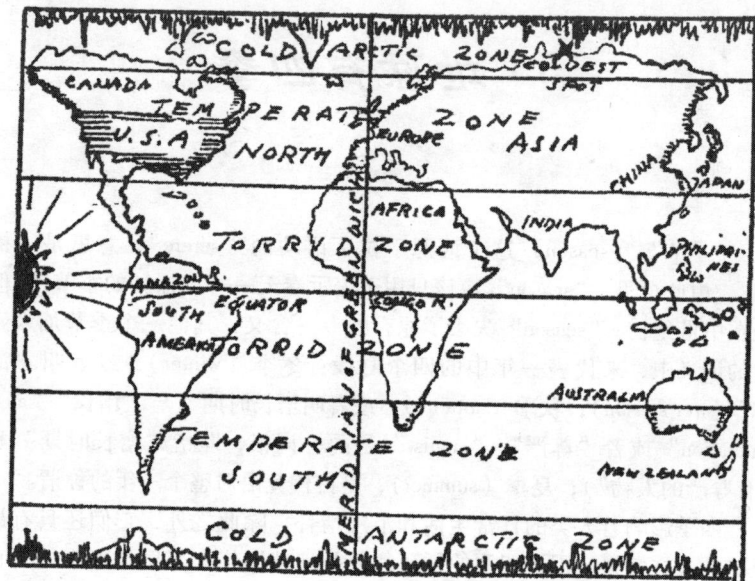

气候带

　　3 月 21 日，太阳光刚好均匀地照射着地球表面的一半，于是，在这一天，世界各地的昼夜长短均等。三个月后，当地球到达其公转行程的四分之一处时，北极地区完全转向了太阳，而南极地区则完全背向太阳，于是北极开始了长达六个月的白昼，而南极则进入了长达六个月的黑夜。当北半球阳光灿烂的夏季开始时，南半球的人们就要在火炉旁一边读书，一边消磨着漫漫冬夜。但是，当北半球的人们在圣诞节滑冰时，阿根廷、智利却正在忍受着夏季炎炎烈日的煎熬，而当滚滚热浪袭击我们美国时，他们又在打磨自己的滑冰刀了。

　　四季更替的第二个重要日期是 9 月 23 日，这是一年中第二次全球各处昼夜长短均等的日子。然后，在 12 月 21 日，南极转向了太阳，而北极则与这个大热源挥手告别，这时，北半球岁值严冬，而南半球正当盛夏。

然而，地轴独特的倾斜和地球自身的旋转并不是形成四季循环的全部原因。地轴 66.5°的倾角还将地球划分为五个区。赤道两侧是热带区，在那里，阳光几乎是垂直地照射着大地。热带区与两极地区之间是南北温带区，在那里，太阳光线不是垂直的，所以，它可以温暖比热带区更广阔的高山平原与江河湖海。而两极地区的太阳光线，角度更小，即使在夏季，一束阳光所照射到的地表面积也要比其自身面积大一倍。

单凭文字解释这一切，并不能使你全部明白。你可以去参观天文馆，那里的一切能比书本更快地帮助你理解有关地球的问题。但是，认为有必要修建一个天文馆的城市少得可怜。请你到市政厅去找那些老爷们，告诉他们，你要一个天文馆——作为圣诞礼物。当他们到字典里费劲儿地去查什么叫天文馆时（也许他们得花上 20 或 30 年时间才能找到答案），你最好去找些橘子、苹果、蜡烛和用来划分区域的墨水，自己来演示四季的交替。用一根火柴点燃蜡烛，就可以给"南极"和"北极"带去白昼，或者长夜。如果有一只苍蝇驻足在你自制的地球上，你千万不要这样联想："假设——只是假设——我们人类不过也是这样一只小飞虫，在一只硕大的橘子表面盲目地乱爬，一只更硕大的蜡烛在照耀着橘子和飞虫，而这一切都不过是一个巨人在饭后消遣时掌中把玩的小东西而已。"

丰富的想象是有益的。

但是，千万不要用在天文学领域。

6 海洋中的大陆

我们全体人类，无一例外，都是居住在岛上的。只是，有些岛的面积远远超出其他岛，我们就将这些大岛归为一类，称之为"大陆"。顾名思义，大陆就是比其他小块陆地，如英格兰、马达加斯加或者曼哈顿岛这样的小岛"拥有"或者"结合"陆地更多的大块陆地。

但是，划分标准却并不严格一致。美洲、亚洲和非洲，地球上三块最大的陆地，可以当之无愧地被称为大陆。可是，欧洲，对于火星上的天文学家，不过就是亚洲大陆伸出的一个半岛而已（它也许比印度稍大一点，仅此而已），却总是自称为大陆。至于澳洲，如果有人胆敢说这个岛面积不够大，人口不够多，不足以称之为大陆，它的居民无疑会为了他们亲爱的小岛去拼命。与之相反，格陵兰岛的面积虽然是地球上最大的两个岛屿——新几内亚岛和婆罗洲①——面积总和的两倍，它的居民却仍然心甘情愿地做平凡普通的爱斯基摩人。而南极的企鹅如果不是这么温驯谦卑，它们完全可以宣称自己是生活在大陆上的，因为南极地区的陆地面积的确和那块位于北冰洋与地中海之间的陆地面积一样大。

我不知道这些混乱是怎么造成的，但是，地理学的发展确实曾经经历了许多世纪的偏见和蒙昧。在那个时期，错误的观点在地理学资料中随处可见，就像废船身上附着的那些藤壶②。年深日久（愚昧无知的黑

---

① 婆罗洲：即加里曼丹岛。
② 贝类动物，附着于船体之上。

暗时期长达 1400 年），藤壶不断增生，最终竟可能被认为是船体的一部分。

但是，为了不增加新的混乱，我还是按照普遍流行的观点来划分五块大陆：亚洲、美洲、非洲、欧洲和澳洲。其中，亚洲面积是欧洲的 4.5 倍，美洲是欧洲的 4 倍，非洲是 3 倍，而澳洲则比欧洲小数十万平方英里。在地理手册中，亚洲、美洲和非洲应当排在欧洲的前面，但是，如果我们不只考虑面积，还考虑一个地区对整个世界历史发展所产生的影响，我们就必须将欧洲列在第一位。

让我们首先看地图。我们应该多看地图，而不是多读文字。地图之于地理，就像乐器之于音乐，水之于游泳一样，都是不可或缺的。当你仔细观察地图，当然，最好是一个地球仪，你会发现欧洲半岛躺在北冰洋、大西洋和地中海三片海洋的怀抱之中，正处于拥有最多陆地的北半球的中心；无独有偶，孤苦伶仃的澳洲占据着它那个半球的心脏部位，正好在拥有最广阔海面的南半球的中心。

罗克奥尔——大西洋北部一块沉浮的大陆的顶部

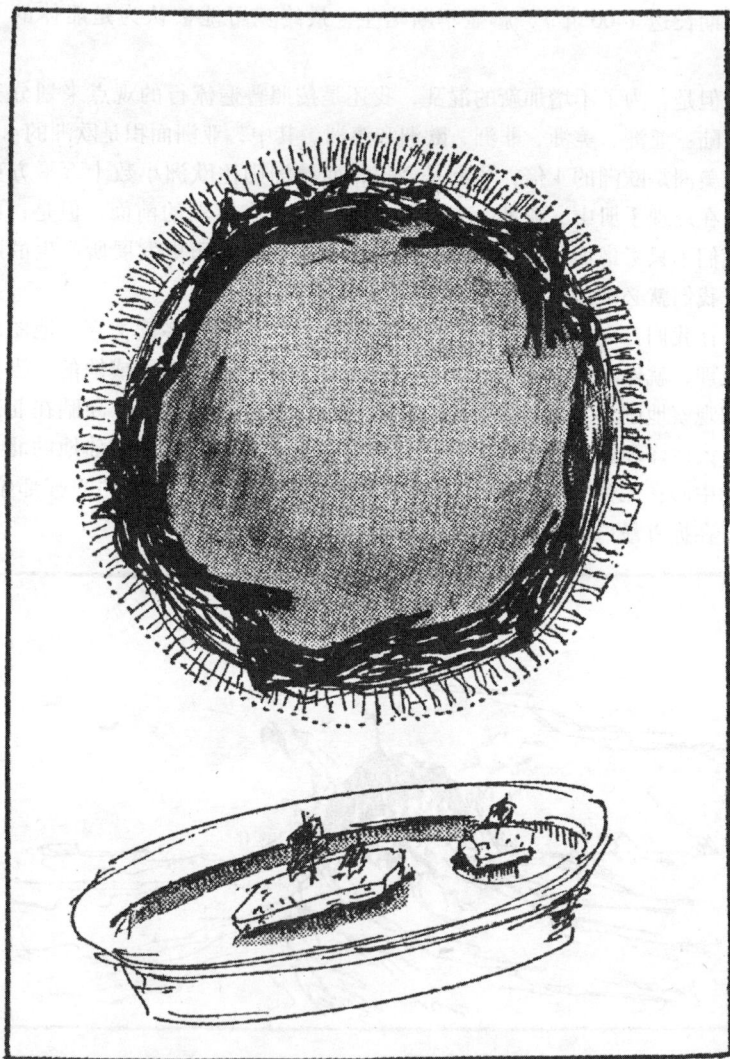

我们引以为荣的大陆难道就像这些漂浮在水盆中的软木吗？

　　拥有如此多的海水是欧洲的最大优势，而且还不止于此。亚洲虽然
有欧洲四五倍那么大，但其四分之一的陆地过于炎热，还有四分之一的
陆地处于北极地区，那里除了驯鹿和北极熊，再不会有永久居住者。

山脉与海洋自然分界

　　而在这方面，欧洲又得天独厚了。意大利的脚趾尖——欧洲的最南
端，虽然很炎热，但与热带地区还有 800 英里的距离。欧洲北部的瑞典
和挪威虽然有大片领土在北极圈以内，但受益于墨西哥湾暖流的爱抚，
其沿海地区气候长年温和，而处于同一纬度的拉布拉多岛则是一片冰原
雪野。

　　不仅如此，欧洲还有更多的半岛和进入内陆的海洋。想一想西班牙、
意大利、希腊、丹麦、斯堪的纳维亚半岛、波罗的海、北海、地中海、
爱琴海、马尔马拉海、比斯开湾和黑海，再想想诸如非洲和南美洲那些

最缺乏这些东西的大陆。在欧洲，几乎每一部分大陆都能拥抱到海洋，于是，就形成了这样温暖宜人的气候——冬天不冷，夏天不热，日子不轻松可也不艰难，老百姓既不像非洲人那样游手好闲，也不像亚洲人那样不堪重负，这里的人们比任何地方的居民都更能恰如其分地将工作与娱乐有效地结合在一起。

然而，气候并不是使欧洲人成为世界主宰（经过 1914—1918 年这场不幸的内战①，他们已经扼杀了自己这个世界主宰的地位）的唯一因素，地理环境在欧洲的崛起过程中扮演了一个重要角色。当然，地理的形成纯系偶然，绝非任何个人的功劳，但这并不影响欧洲人从中渔利。凶猛的火山喷发、大规模的冰川入侵和可怕的山洪泛滥塑造成今日欧洲的山山水水，使国家自然以山为凭，立为国界；使内地自然以水为路，走向海洋，并由此繁荣了商业与贸易，直到铁路与汽车强行取而代之的时代。

比利牛斯山脉将伊比利亚半岛从欧洲大陆断然分开，同时也成为西班牙和葡萄牙的天然屏障；阿尔卑斯山对于意大利也起着相同的作用；而法国西部的大平原则躲在塞文山脉、侏罗山脉和孚日山脉三座大山的后面。喀尔巴阡山脉也像一座堡垒，面向着广袤的俄罗斯大平原，保护着身后的匈牙利。在过去的 800 年历史中扮演重要角色的奥地利帝国充其量不过是一个圆形的平原，但是它四周的崇山峻岭可以将它的邻居拒之门外，如果没有这道围墙，也许压根儿就不会有奥地利这个国家。德国也一样不单纯是政治的产物。它辽阔的领土依托在阿尔卑斯山和波希米亚山的山脊之上，一直延伸到波罗的海的岸边。而那些岛屿——诸如英格兰或者古希腊爱琴海上的那些小国以及荷兰、威尼斯这样的水上城邦——所有这些天然要塞，似乎都是造物主的匠心安排，以便让它们发展成为独立的政治实体。

甚至俄国也不例外。我们常听说这个国家是个人集权的产物（例如，罗曼诺夫王朝的彼得大帝），可是，事实上，它更是自然力发展的必然结

① 指第一次世界大战。

果。广阔的俄罗斯大平原处于周边北冰洋、乌拉尔山脉、黑海、里海、喀尔巴阡山脉和波罗的海的保护之中，恰好适宜发展成为一个高度集权的帝国。在罗曼诺夫王朝崩溃后建立起来的苏维埃共和国能够顺利保全，便是明证。

欧洲河流的走向，正如前面所言，还对这块大陆的经济发展发挥着最重要、最实惠的作用。从马德里到莫斯科，这之间的河流无一例外的都是南北走向，每一片内陆地区都能够直通大海。文明的产生往往取决于水而非陆地。正是这些天赐之水给欧洲带来了繁荣与昌盛，成就了这块陆地的世界霸主地位，直到1914—1918年那场自杀性的灾难发生，它才失去了这个令人羡慕的王冠。让地图来证明我的话吧。

与欧洲相比，北美洲的东西海岸各有一列高大雄伟的山脉沿海岸线平行伸展，两列山脉之间是那莽莽空廓的中西部大平原，这一地区唯一的入海通道是密西西比河及其支流，而它们的归宿则是既远离大西洋又与太平洋相隔遥遥的墨西哥湾（它只能算是内海）。再看亚洲——那里乱七八糟的地表结构和山系随心所欲的走向使江河无序地流向四面八方。这些水系中最重要的几条河流横贯广袤的西伯利亚大平原，注入北冰洋中，除了能给当地渔民造福，并没有给亚洲带去什么实惠。至于澳洲，与欧洲相比，几乎算不上有河流。而在非洲，辽阔的中部大平原将河流挤到沿海的崇山峻岭之中，逼迫河水在悬崖峭壁间左冲右突，曲折蜿蜒，使海运难以通过这些河流抵达内陆。相形之下，欧洲具备适宜的山形地势、有利的江河水系，其崎岖的沿海地貌还给它带来比齐整的海岸（像非洲和澳洲那样）长九倍的海岸线。另外，它还拥有温暖宜人的气候和处于大陆群中心的有利位置。所有这一切都注定这一块大陆势必成为世界的领袖。

但是，先天条件并不能决定一切，人的才智在欧洲霸业中也发挥着重要作用。这并不难办到。北欧的气候清爽舒适，非常有利于人的脑力活动。此地既非太冷而影响休闲安乐，又非太热而影响日常工作，这种气候能够恰到好处地促使人去干点事情。正因如此，北欧的居民一俟国事安定、法规建立（法律秩序是从事脑力活动的基本保障），便立即投身于科学探索之中，并最终以此得以奴役和剥削其他四大洲。

我们只能在高山与深海之间那一小块陆地上生存

对数学、天文学和三角学知识的精通使他们能够自信地驰骋在七大洋中，不必担心找不到返航的路线；对化学的兴趣使他们发明了一种可以在内部点火的机器（这种奇异的东西叫做"枪"），利用这个工具，他们便可以比世界上任何其他民族或部落更快、更准确地杀死人和动物了；对医药学的钻研使他们可以少遭受那些经常造成世界各地人口数量骤减的病魔的袭击。而土地贫瘠（与恒河平原和爪哇山区相对而言）和对生活质量永不知足的追求逐渐滋生并养成一种根深蒂固的节俭贪婪习性，促使他们常常为了财富而不择手段。因为，如果没有财富，他们就会受到邻人的轻视，被看作是不幸的失败者。

那个神奇的指南针的引进使欧洲人摆脱了教堂尖顶和熟悉的海岸线的羁绊，开始了在茫茫大海上的自由驰骋；将船舵从船舷移至船尾的改进（这项 14 世纪上半叶的革新是人类有史以来最重要的一项创举，它使人享受到前所未有的掌握航向的乐趣）将欧洲人带出了他们那些狭窄的内陆海，离开地中海、北海和波罗的海，他们从此便以浩瀚的大西洋为通道，开始了更遥远的商业和军事征服。他们终于得以充分利用这种幸运的地理安排——恰好在这个星球的大陆群中央。

500 年来欧洲人一直保持着这个优势。蒸汽船取代了帆船，由于贸易永远青睐廉价的交通方式，所以，欧洲仍然能够继续保持其领先地位。古代军事家认为，哪个国家能够拥有最强大的海军，哪个国家就能够以其意志支配全世界。他们是正确的，历史证实了这一规律。首先，挪威被威尼斯和热那亚取而代之，而威尼斯和热那亚又成为葡萄牙的手下败将，后来，西班牙又将葡萄牙的世界王冠夺走，接着，荷兰成为下一任海上霸主，最后英国人又将荷兰人赶下台。每一个曾操纵世界的国家都一度拥有当时世界上最庞大的海军舰队。然而，时至今日，海洋已失去了昔日的辉煌，广阔的天空已迅速地发展成为第二个商业高速路。也许，使欧洲降级为二流大陆的原因并不完全是由于世界大战，那种比空气重却能在空气中飞行的机器一旦发明，就开始对欧洲的命运发挥其不容忽视的影响。

热那亚一位羊毛商的儿子①发现了海洋的无限作用，由此改变了人类历史的进程。

美国俄亥俄州代顿市市郊一个简陋的自行车修理店的主人②则发现了天空的无限价值。也许，今后的孩子们可能会不知道哥伦布是何许人，但是他们不会不熟悉威尔伯·莱特和奥维尔·莱特的名字。因为，正是他们兄弟俩的耐心与天赋使世界文明的中心从旧世界逐渐转移到了新世界。

---

① 指哥伦布。

② 指莱特兄弟，飞机的发明者，航空先驱。1903 年成功地飞行了第一架可操纵的动力飞机，从而开辟了人类的飞行时代。

7 欧洲的发现

在欧洲大陆上生活着 5.5 亿人，比美洲、非洲和澳洲人口总数加起来还多，是南北美洲的两倍，仅次于亚洲的 9.5 亿。这些数字应该是比较准确的，因为这是由与国际联盟相关的国际统计学会统计出来的数字，这个学会由许多学者组成，他们能够用比较客观冷静的眼光来看待事物，绝不会为了取悦哪一个国家的民族自尊而歪曲事实。

根据这个博学的统计学会的统计，地球上的人口在以每年 3000 万的速度递增。这是一个很严峻的问题。如果这个速度一直持续下去，那么地球上的人口将在 60 年内翻一番。而在千百万年后，在 19320 年或者 193200 年或者 1932000 年，人类的前景将不堪设想。在地铁站里"只有站位"已经是件很可怕的事情了，而如果在地球上"只有站位"将绝对无法忍受。

除非我们敢于面对现实并及时地采取措施，否则，人类的未来命运将比"只有站位"更糟。

当然，这个问题是属于政治经济学范畴的，而我们现在的问题是——欧洲大陆的早期居民，那些在历史上曾扮演过重要角色的人们，是从哪里来的？在他们之前，欧洲大陆上还有其他居民吗？我非常遗憾地告诉你，问题的答案肯定是非常含糊不清。这批人可能是从亚洲长途跋涉而来，他们穿过乌拉尔山和里海之间的那条狭窄的通道，进入欧洲大陆。在这里，他们可能还发现了更早的移民，只不过，那些先行者还仍然处在较为原始的社会阶段。在人类学家收集到更多的资料之前，

这些只是虚无缥缈的故事而已，我们还不应该将这些"故事"加进这本
地理书中，所以，我们重点谈论的是这些后来的移民。

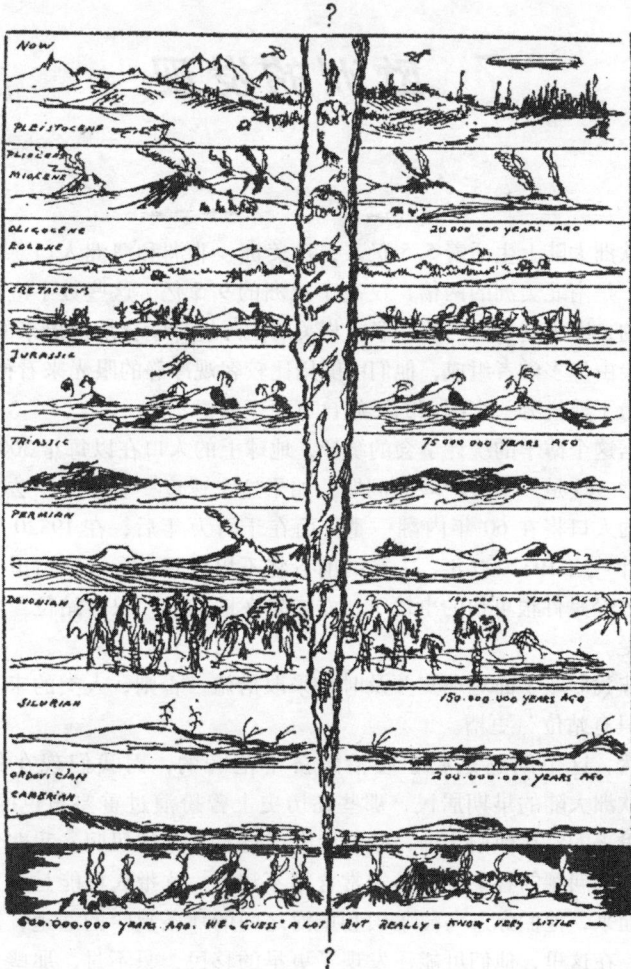

从动物到人

这些人的迁移动机是什么？他们为什么不远万里、不畏旅途艰辛，从亚洲来到欧洲呢？正如成千上万的人在过去二三百年中从欧洲这块旧大陆移民到美洲新大陆一样，人们为了西方无垠的土地，为了生存的良机，为了不再挨饿，而不断地迁移。

从亚洲来的移民匆匆涌向欧洲各地，就像后来的欧洲移民遍及整个美洲大平原一样。在对土地和湖泊的疯狂抢占过程中（在人类早期，湖泊比土地更为珍贵），一切"纯血统种族"的痕迹都在迅速地消失。而在大西洋沿岸一些难以进入的地区和某些大山深处的幽谷里，仍然还有少数弱小的民族在自生自灭，并为自己保持了种族的纯正血统而自豪，但是，他们却无法弥补与世隔绝的缺憾。今天，当我们说到"民族"这个词时，已经没有人种纯正的意思了。

我们使用这样的说法来描述某个较大的人群：他们讲同一种语言（或多或少）；他们有相同的历史渊源（或多或少）；在过去有史册记载的2000年中，他们拥有相同的民族性格、思维方式及社会行为。这一切使他们具有一种民族归属感，我们使用种群（racial group）这个词来称呼他们。

根据"民族"的概念，今天的欧洲人可以被划分为三个大民族和六七个较小的民族。

首先是日耳曼民族，包括英格兰人、瑞典人、挪威人、丹麦人、荷兰人、佛兰芒人和部分瑞士人。然后是拉丁民族，有法兰西人、意大利人、西班牙人、葡萄牙人以及罗马尼亚人。最后是斯拉夫民族，俄罗斯人、波兰人、捷克人、塞尔维亚人和保加利亚人都属于这个民族。这三大民族占整个欧洲人口的93%。

其他民族包括200万的马扎尔人或者叫匈牙利人，近200万芬兰人，大约100万土耳其人后裔（他们居住在昔日土耳其帝国在君士坦丁堡①周围的残存地区）以及300万犹太人。另外还有希腊人，他们已经快被

―――――――――
① 君士坦丁堡：即今土耳其城市伊斯坦布尔。

其他民族同化了，我们只能靠猜测才能判断出他们是否是希腊人，但是，他们在血缘关系上要比其他人更接近日耳曼民族。阿尔巴尼亚人可能也有日耳曼血统，但是他们现在已落后于时代1000年了，虽然他们在欧洲大陆上安居乐业的时间比古罗马人和古希腊人出现在欧洲大陆的时间还早五六百年。最后还有爱尔兰的凯尔特人、波罗的海的利特人和立陶宛人，以及吉卜赛人。后者人数不详，来历不明，他们的出现颇耐人寻味，他们的命运仿佛是一个历史警告：对于那些迟到者，那些在最后一块土地也被别人瓜分完了之后才来的人，他们的下场将和吉卜赛人一样。

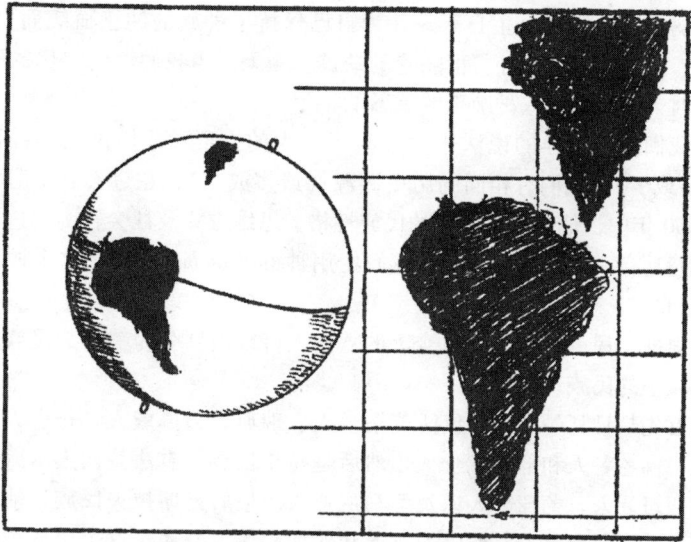

比较一下地球仪上的格陵兰和南美洲同平面图上的格陵兰和南美洲，看看有多大的差别。

　　以上就是生活在这块旧大陆山山水水之间的人们。下面，我们将看到地理环境是如何造就了他们，反过来，他们又是如何改造地理环境的。正是在与环境的斗争中，人类创造了文明。如果没有这种斗争，我们可能仍在茹毛饮血。

关于如何使用本书

参考地图是阅读本书的关键。许多地图册都制作得精良准确，随便哪一本都可以帮助你更好地理解本书。

你很快会发现，这本书中有大量的图，但是，你不要以为它们就可以替代地图册。我画这些图的目的是为了提供更多的方法来帮助你理解本书要讨论的问题，同时，我还希望这些图能培养你画图的兴趣，使你能够根据已经掌握的地理知识，自己画图。你可以看到，平面图虽然制作巧妙，但仍与实际情况有些出入。地球仪上的地图是比较接近实际情况的，但也不是尽善尽美，因为，它不是椭圆形的。实际上，人们制作地球仪只是为了方便，而不是为了更接近真实。地球的真实情况是，在接近两极的地区稍微扁平，而这种差异只有十分巨大的地球仪才能显现出来，所以，我们不必将这些小问题放在心上。你应该有个地球仪（我写作本书时就是借助一个地球仪，它是那种花10美分就可以买到的、装在铅笔刀上的小地球仪），并能充分利用它，但是切记，它只是"近似"于地球，而不是"完全符合"地球的真实情况。如果你想获取船长资格证书，你可以在实际生活中领略地球的真貌。如果你真有此意，你将花费很多年的时间去掌握这门艰深的学问，而本书并非专业书籍，这只是一本帮助生活在地球上的普通居民了解地球概况的大众出版物而已。

现在，请听我一句箴言：学习地理最有效、最简便的方法就是在图中重新认识一切。不要模仿我的图画，或者任何别人的。如果你感兴趣，你可以参考我的那些图，但是，你只可以把它们看成是一种"开胃菜"，一个让你充分享受自己所做饭菜的礼貌建议而已。

我给你们做出了榜样，根据自己的地理知识画出一些样图。其中有平面图，也有立体图。习惯这些立体图需要一定时间，不过，一旦你理解了它们，你就不会再喜欢那些平面图了。这里还有一些像是从山顶俯瞰大地，从不同角度画出的图，它们可以使你更全面地观察地貌。另外还有一些像是在飞机或者齐柏林飞艇①上画出的图，以及一些似乎只有大海干涸才能看到的景象。还有一些图只是很漂亮，像装饰画一样，而另一些则像几何图形。你自己选择吧，然后根据你对事物的认识，自己动手画图。

画图……你得有一只地球仪，大小皆可，还要有一本地图册，然后，再准备好笔和纸，然后，你就可以画了。

学习地理只有一种方法可以使你永远不忘，那就是——动手画图。

---

① 齐柏林是德国航空界先驱，第一位硬式飞艇的大规模制造者。齐柏林飞艇是齐柏林公司制作的硬式飞艇。在第一次世界大战中，许多齐柏林飞艇执行了巡逻和战略轰炸的任务。两次世界大战之间，齐柏林飞艇多次作跨越大西洋的商业航班飞行，取得成功。

8 希腊：连接古老亚洲和新兴欧洲的纽带

希腊半岛位于巴尔干半岛的最南端，北依多瑙河；西临亚得里亚海，与意大利一衣带水；东濒黑海、马尔马拉海、博斯普鲁斯海峡和爱琴海，与亚洲比邻而居；南向地中海，与非洲隔海相望。

我从未在空中俯瞰过巴尔干半岛，但是，在我的想象中，从高空看巴尔干半岛，它的轮廓肯定像一只手掌，从欧洲伸向亚洲与非洲。希腊就是这只手掌的拇指，色雷斯是小指，而君士坦丁堡则是小指上的指甲，至于那些从马其顿和帖撒利亚连绵到小亚细亚的重峦叠嶂就构成了这只手掌的其他手指。这些山脉从北到南一路绵亘，一直伸展到爱琴海的碧波之中，如果从高空中观察，它们的踪迹无疑会清晰得如半浸在清水盆中的手指。

这只手掌的骨骼就是那一列列雄伟高大的山脉，它们呈对角线从西北延伸向东南。这些山脉的名称也形形色色，有保加利亚语的、黑山语的、塞尔维亚语的、土耳其语的，还有阿尔巴尼亚语和希腊语的。有几条山脉在这一地区起着举足轻重的作用。

其中之一就是狄那里克阿尔卑斯山，它从瑞士阿尔卑斯山一直伸展到科林斯湾。这个宽阔的海湾将希腊半岛一分为二，半岛的南部近似于一个三角形，古希腊人曾误认为它是一个独立的岛屿（这不足为奇，因为连接半岛南北方的科林斯地峡只有 3.5 英里宽），他们称这个"岛屿"为伯罗奔尼撒半岛或者珀罗普斯岛（the Island of Pelops）。这个珀罗普斯就是古希腊传说中的主神宙斯之孙，坦塔罗斯①之子，在奥林匹亚，他被尊崇为运动健将之父。

希 腊

---

① 坦塔罗斯：古希腊传说中宙斯的儿子。由于他向人类泄露天上的秘密，并杀死自己的儿子珀罗普斯，将其做成菜肴给诸神吃以试验他们的观察力，从而触怒诸神，罚他在冥界受苦：他站在齐颈深的水里，口渴想喝水时，水就退去；他头上还悬着果子，可是，当他饥饿想吃水果时，风就把果子吹开。

中世纪，那些将希腊据为己有的威尼斯人只是一群毫无想象力的商人，他们对于这个曾被父亲做成一道菜用来招待客人的年轻人丝毫不感兴趣，他们发现，从地图上看，伯罗奔尼撒半岛就像一片桑树叶，于是，他们给它起了一个新名字——摩里亚半岛（Morea）。现代地图册仍在沿用这个名字。

这里还有两座互不相连的山脉，一个是北部的巴尔干山脉，整个半岛就是以它命名的，巴尔干山脉只是一个半环形山系的南端，这个山系的北端就是喀尔巴阡山脉。两座山脉被"铁门"截然断开，这个"铁门"就是多瑙河突破重山留下的一条峡谷，在这里，多瑙河受山势挤压，突然掉头东去，直奔黑海，转变了从匈牙利平原流向爱琴海的"初衷"。

遗憾的是，这堵竖在希腊半岛与罗马尼亚之间的"墙"不像阿尔卑斯山那样高，无法阻挡从俄罗斯平原吹向巴尔干地区的凛冽寒风，因此，半岛的北部常年雨雪霏霏。不过，当俄罗斯的阴云抵达希腊时，它们就被第二堵"墙"挡在了外面，这就是罗多彼山（Rhodope Mountains）。它的名字含义是"玫瑰满山"，你可以在其他词中找到相同的词根，如 rho-dodendron（玫瑰树）、爱琴海上的 Rhodes（罗德岛），意思是"开满玫瑰花的岛"，这充分说明希腊气候的温暖宜人。

罗多彼山高达 9000 英尺，而巴尔干山脉的最高峰才不过 8000 英尺（它邻近著名的希普卡关，1877 年，俄国军队曾为通过这个关隘损失惨重）。罗多彼山为它身后半岛的气候做出了重要的贡献。另外，高达10000 英尺、常年积雪的奥林匹斯山也在时刻保卫着帖撒利亚平原。当年，正是在这块平原上，诞生了希腊民族。

富饶的帖撒利亚平原曾经是一片内陆海，后来，皮尼奥斯河（现在的萨拉米比亚河）从著名的腾比河谷中间为自己开辟了一条河道，使帖撒利亚湖的湖水全部倾入了塞萨洛尼基湾，从此，这里就变成了一片陆地。帖撒利亚，这个古希腊的鱼米之乡，土耳其侵略者却对它视而不见，他们一贯的漫不经心与其说是出于内心的邪恶，还不如说是出于穆斯林生性的懒惰。对于所有近在眼前的现实关键问题，他们的回答却总是耸一耸肩，问一句："有什么用?"一俟土耳其人被赶出这块土地，希腊的放债人就将农民攥在了手心里，继续从前的横征暴敛。现在，帖撒利亚主要出产烟草。这里有一个港口——沃洛，昔年亚尔古英雄就是从这里出发去寻找金羊毛的①，他们的英雄事迹早在特洛伊英雄出生前就已经家喻户晓了。帖撒利亚还有一个工业城市，同时也是铁路枢纽——拉里萨。

有件趣事可以说明，在古代，人们是如何被莫名其妙地混杂在一起的。在拉里萨这个帖撒利亚的中心城市，有一个黑人居住区。他们是当年战争的纪念品。为了镇压1821—1829希腊人的起义，土耳其从他们在非洲的领地苏丹调来了几个军团，这些统治者并不在乎是什么人在为他们流血牺牲。拉里萨就是那场战争的土耳其大本营。战争结束后，可怜的苏丹人就被遗弃在这里，困顿他乡，直到今天仍不知何去何从。

不过，这本书中还有比这更莫名其妙的事情。你将了解到北非有红种印第安人，中国东部有犹太人，而在大西洋无人居住的荒岛上还出现了马儿。那些鼓吹"纯正血统"的狂热分子最应该读一读这些奇闻趣事了。

从帖撒利亚跨过品都斯山就进入了埃皮鲁斯地区。品都斯山和巴尔干山一样雄伟高大，是埃皮鲁斯与希腊其他地区之间的一道天然屏障。为什么当年亚里士多德认为这一地区是人类的发祥地，至今仍是一个谜，因为这里民生凋敝，没有港口，没有像样的公路，只有连绵不尽的高山和无精打采的牛群，甚至当地的早期居民也所剩无几，因为罗马人在一次战役之后将15万埃皮鲁斯人卖为奴隶（这是罗马人建立法律秩序臭名昭著的手段之一）。但是，这里还有两个地方值得一提，一个是伊萨卡岛，另一个是克基拉岛，它们被伊奥尼亚狭长的水道与大陆隔开了。伊萨卡岛是神话英雄，饱尝千辛万苦的奥德修斯的故乡。克基拉岛则是淮

---

① 源出荷马时代前的希腊神话，是关于伊奥尔科斯城王子伊阿宋与希腊众英雄经历重重磨难去科尔基斯王国抢夺神奇公羊的金羊毛的故事。

阿喀亚人的诞生地，他们的国王阿尔喀诺俄斯就是瑙西卡的父亲。这位瑙西卡在古典文学作品中是最可爱的妇女，一直是优雅热情的典型。克基拉岛属伊奥尼亚群岛，最早被威尼斯人占领，后来又归法国人所有，接着英国人又成为这里的主人，直到 1869 年，它才回归到希腊人的手中。这个岛由于在 1916 年曾做过溃败的塞尔维亚部队的撤退藏身之所，并且，几年前还挨过法西斯海军几下漫不经心的炮轰，现在已名扬天下了。将来，这里也许会发展成为一个冬季疗养胜地，只是它的位置恰恰处在欧洲著名的地震带上。

狄那里克阿尔卑斯山作为地震的罪魁祸首留下了一个声名狼藉的记录。它附近的扎金索斯岛在 1893 年就曾遭受过一次最严重的地震灾害。可是，灾害并未阻止人们去那些有地震危险但却风景秀丽的地方。如果你曾周游世界，你会发现在许多火山舒缓的山坡上都住满了人，其人口密度甚至会超过地球脆弱的地表上其他不易发怒的地区。管它呢！我要从埃皮鲁斯继续向南前行，到维奥蒂亚去瞧一瞧。

这个地区就像一只巨大的空汤盘，躺在阿提卡向南伸展的丘陵、帖撒利亚和埃皮鲁斯向北伸展的山区之间。我讲这一地区最主要的原因是，它作为一个经典范例充分说明了我曾在本书开头提及的自然对人所产生的影响。对于黄金时代的普通希腊老百姓，一个维奥蒂亚人，尽管他来自帕纳萨斯山，来自诗神缪斯的灵地，来自特尔斐①神谕立庙的圣地，仍是一个乡巴佬，一个反应迟钝的大老粗，一个小丑，一个笨蛋，一个蠢货，一个呆子，一个傻头傻脑的傻瓜，一个命中注定要在古希腊一切粗俗闹剧中被人当成笑料的人。

当然，维奥蒂亚人的天生素质并不比其他希腊人差。古希腊军事家

_____

① 特尔斐：希腊古城。古希腊最重要的朝圣地，建有著名的阿波罗神庙和圆形神庙。

伊巴密浓达①和古希腊传记作家普卢塔克②都是维奥蒂亚人，不过，他们都在很小的时候就离开了故乡。那些一直生活在维奥蒂亚的人常年受到科皮斯湖沼泽地带瘴气的毒害，从现代医学角度看，他们大概都是疟疾的牺牲品，这种疾病当然不会造就出聪明人。

13世纪，法国十字军骑士们成为雅典新一代的统治者。他们排干沼泽，使维奥蒂亚的基本条件得到了改善。而后来的土耳其人却任蚊虫孳生，使这里的环境又趋恶化。最后，是他们的继任者法国人和英国人把科皮斯湖的湖水完全排进了埃维克海，将这片内陆海的海底变成了一片富饶丰产的草场。

今天的维奥蒂亚人，就像雅典人或者布鲁克林擦鞋匠一样，和昔日的维奥蒂亚人迥然相异，不可同日而语。天知道，他们已经变得十分聪明，足可以让苏格兰佬或者亚美尼亚人从口袋中尽可能多地掏出钱来。沼泽消失了，瘴气没有了，疟蚊也无影无踪了。随着瘴气弥漫的沼泽被排干，这片土地过去那些被当成是傻瓜笨蛋和弱智低能的A级展览区而受到嘲弄的日子就一去不复返了。

接下来，我们去参观阿提卡，希腊最有趣的地方。现在，我们可以从拉里萨乘火车到雅典，这条铁路线还连接着欧洲主干线。但是，古代希腊人如果想从北方的帖撒利亚去南方的阿提卡却只有唯一一条路线，那就是经过温泉关（Thermopylae）。这个所谓的关隘实际上是两山之间的一条狭窄的山沟，只有45英尺宽，位于伊蒂山和埃维亚海的海拉伊湾之间。公元前480年，为了阻止薛西斯③的游牧部落的进军，拯救欧洲于

---

① 伊巴密浓达（约前410—前362）：古希腊政治家、将领曾改革希腊的战术常规，打破斯巴达的军事优势。他还在伯罗奔尼撒建立了新的政治中心，永久地改变了希腊城邦间的力量均势。

② 普卢塔克（约46—约119）：对16—19世纪初欧洲影响最大的古典作家之一。

③ 薛西斯（约前519—前465）：古波斯帝国国王（前486—前465）。曾镇压埃及、巴比伦等地的反波斯起义，并率海陆大军远征希腊。刚愎自用，晚年益加暴虐，死于宫廷阴谋。

蛮族的铁蹄之下，斯巴达国王利奥尼达斯和他的 300 斯巴达子弟兵就是在这个温泉关前全部为国捐躯的。200 年后，野蛮的高卢人也是在这里被挡在希腊大门之外。甚至到了 1821—1822 年希腊—土耳其战争，这个关隘还发挥了重要的军事作用。今天，温泉关已经荡然无存。海水后退了大约 3 英里，只在那里留下了一个简陋的海浴场，患有风湿病和坐骨神经痛的人试图在这些温泉中解除病痛（"thermos" 在希腊语中是 "热" 的意思，英语中 "thermometer" "温度计" 与 "thermos bottle" "热水瓶" 就是由此得来）。但是，只要人类还在纪念那些为失败的事业而牺牲的英雄，这个以 "温泉" 命名的战场就将永远名垂青史。

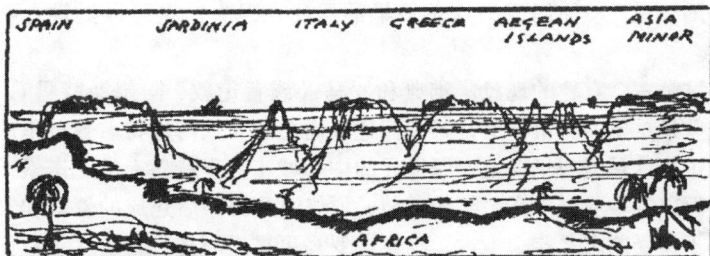

地中海

阿提卡地区是个面积不大的三角地带——一块躺在爱琴海碧波之中的岩岬。这里多山，山间有许多小山谷，所有的山谷都可以直通大海，从海上吹来的和风使这里空气清新宜人。古代雅典人宣称，他们的聪明睿智与远见卓识均得益于他们所呼吸到的令人心旷神怡的空气。此话不假。这里没有维奥蒂亚那污浊的死水沼泽，也没有生命力旺盛的疟蚊孳生繁衍。清新的空气使雅典人非常健康，并能长久保持。雅典人是最早认识到人的肉体与精神合而为一的民族，认识到它们是不可分的，肉体的健康必然能促进精神的健康，而精神的健康对于肉体的健康又是必不可少的。

在这样清新的空气中，从阿克罗波利斯可以直接看到彭特莱恩山，这座俯瞰着马拉松平原的高山还盛产装饰城市的大理石。不过，气候并非是成就雅典的唯一因素。

是海洋让阿提卡人直接走向世界的每一个地方，不论是人烟稠密的城镇海港还是人迹罕至的天涯海角，到处都留有阿提卡人的足迹。是大自然的鬼斧神工创造了地理奇迹，将一座类似于方台的峭壁平顶小山摆放在平原的正中间。这座小山高 500 英尺，长 870 英尺，宽 435 英尺，周围环绕着伊米托斯山（雅典上等蜂蜜的产地）、彭代利孔山和埃格柳斯山（当年，就是在埃格柳斯山上，那些从雅典逃出来的不幸难民亲眼目睹薛西斯的海上战船在萨拉米斯湾全军覆没，而在几天前，这位波斯国王的军队刚刚将他们的城市付之一炬）。这座平顶峭壁的小山吸引了来自北方的移民，使他们成为这里最早的居民，因为这里可以提供食物和安全。

这是一个有趣的现象。雅典和罗马（或者伦敦、阿姆斯特丹），欧洲这些最重要的城市都不是紧邻海边，而总是与大海保持着数英里的距离。这也许是因为早期地中海世界的中心城市克里特岛上的克诺索斯紧邻大海，常常受到海盗突袭的威胁，所以，几百年后建成的罗马和雅典不得不接受前车之鉴。不过，雅典比罗马更靠近海洋。希腊水手在比雷埃夫斯（今日的雅典港）上岸后不久就可以与家人团聚了，而罗马商人弃舟登岸后，还需三天才能到家，这有点太远了。于是，他们就不再回故城罗马，而改在台伯河口岸定居。就这样，罗马渐渐失去了与大海的紧密联系，而海洋是为所有渴望世界霸权的国家提供巨大利益的地方。

这些方台山上的人，"高城"（即卫城）中的居民后来逐渐迁到平原上居住。他们在方台山周围建屋造房，还修筑了围墙，最后，他们的防御工事与比雷埃夫斯连成一片，合而为一，这些居民从此便依靠贸易和抢劫过上了富裕的生活。在相当长的时期，他们这座坚不可摧的城堡都是整个地中海地区最富庶的城邦。他们的卫城也不再住人，而变成一个圣地——矗立着一座座白色大理石的神殿，骄傲地映衬在阿提卡淡紫色的天空之下。虽然这座卫城的一部分神殿被土耳其人炸毁了①，但是它仍是所有能够尽善尽美地展现人类智慧的历史遗迹中最独特最辉煌的代表。

1829 年，希腊恢复了独立，而当时的雅典已经沦落成一个只有 2000 人的小村子。1870 年，它的居民激增到 45000 人。现在，这里拥有 70 万人口，和美国西部城市人口增长速度差不多。如果希腊在世界大战结束后不拿自己的命运开玩笑，愚蠢地将小亚细亚极其重要的殖民地尽数交出，雅典可能会成为爱琴海的新任霸主。尽管如此，在不久的将来，它仍会崭露头角。好事虽然多磨，但终究会到来。以宙斯最聪明最机智的女儿指雅典娜②命名的城市，一定会像它那位从父亲的脑袋里蹦出来的守护女神那样，具有强大的神力，可以死而复生，重焕青春。

我们将来到最后一站，希腊半岛的最南端。在这里，我们的自信和祝福不再生效。珀罗普斯被他恶毒的父亲诅咒着，他的诅咒从未离开过以这不幸的王子命名的土地。这里，雄伟的大山挡住了海洋，大山的后面呈现出一派阿卡地亚的田园美景。所有的诗人都称颂这个诚实、质朴、可爱的牧羊姑娘和小伙子的故乡。诗人们一向喜欢把他们满腔的热情献给他们最不了解的事物。因为，阿卡地亚人并不比其他希腊人更诚实。如果他们没有像其他那些老于世故的希腊人那样玩骗人的伎俩，那不是因为他们不喜欢撒谎，而是因为他们还没有学会这样的本事。他们的确不偷东西，因为在这个只有枣和山羊的地区，实在没有什么可偷的。他们不撒谎，是因为他们的村庄太小，每个人都知道其他人的一切。如果

---

① 指雅典卫城上的巴德农神庙。建于前447—前432年。1687年土耳其人将其作为火药库，被威尼斯舰队的炮弹击中炸毁。

② 在希腊宗教里，她是城市的保护神，战争、工艺和明智的女神，尤其是城市与文明的女神。雅典就源出她的名字。据说，她没有母亲，是全副武装地从宙斯的前额中跳出来的。

他们不是像埃莱乌西斯①或者其他圣地居民那样虔诚而奢侈地敬奉诸神，他们就应该有自己的神——潘神②。在开粗俗玩笑、表现得像乡巴佬那样低能弱智这方面，潘神丝毫不输于奥林匹斯亚的任何一位大神。

阿卡地亚人向来能征惯战，可是，这对他们毫无益处。和大部分乡下人一样，他们不遵守纪律，从不同意任何人当他们的统帅。

阿卡地亚山以南伸展着拉哥尼亚平原，一块肥沃的土地，比阿提卡所有的山谷都肥沃。然而，这里却荒凉贫瘠，除了维持生活必需的物质，其他一无所有。在这块平原上，有一座奇特的古迹——斯巴达城。斯巴达人坚持一切北方人所反对的。雅典人如果说"是"，斯巴达人一定说"不"。雅典人信奉灵感之光芒，而斯巴达人则讲究效率与服务。当雅典人骄傲地鼓吹雄才伟人的天授神权时，斯巴达人则在将所有人化为庸庸碌碌的千人一面。当雅典向世界敞开大门时，斯巴达人却将所有欲踏上其领土的人全部赶尽杀绝。雅典人是天生的生意人，而斯巴达人则不允许自己的双手沾上铜臭。如果我们以成败论英雄，那么，斯巴达人无疑是失败者。雅典人的精神已传播到世界各地，而斯巴达人的灵魂却随诞生他们的城市一同灰飞烟灭，随风而逝。

在现代希腊地图上，你可以找到"斯巴达"这个名字。那是一个生活着贫苦农民和卑微的养蚕人的小村庄。它于1839年在古斯巴达传说中的遗址上建立起来，一位热心的英国人提供了必要的资金，另一位德国人画出了建筑图纸。可是，没有人愿意住在那里。经过近一个世纪的努力，至今才有4000居民。珀罗普斯的诅咒！这个古老的诅咒在半岛的另一端甚至更加奏效，在史前的迈锡尼城堡完全应验了！

迈锡尼遗址坐落在伯罗奔尼撒半岛著名的港口城市纳夫普利翁附近。公元前5世纪，这个城邦被毁。但是，对于现代人，迈锡尼比雅典和罗马具有更直接的重要意义，因为，人类的文明就是在这里首次登上原始

---

① 埃莱乌西斯：古希腊城市。秘密宗教的发祥地。现雅典工业郊区。
② 潘神：希腊神话中外形有点像野兽的丰产神。通常被描述成一个精力旺盛的好色之神，长着山羊的角、腿和耳朵。

的欧洲海岸，而那时候，人类有文字记载的历史还远远没有开始。

为了能够更清楚地了解当时的情况，让我们来看看巨大的巴尔干"手掌"从欧洲伸向亚洲的那三条半沉半浮的"手指"。这三条手指般的山脊在海中形成一系列的岛屿。这些岛屿大部分属于希腊，只有爱琴海东部的几个小岛被意大利占领着，因为没有哪个国家愿意为遥远的大洋中几块毫无用处的礁石开战，所以，它们至今仍属于意大利。为方便起见，我们将这些岛屿分为两组，靠近格雷西亚海岸的基克拉泽斯群岛和靠近小亚细亚的斯波拉泽斯群岛。这些岛屿，就像圣徒保罗已经知道的那样，都相距不远。于是，它们就成为埃及文明、巴比伦文明、亚述文明西进的桥梁，一直将亚洲文明传递到欧洲大陆。由于受到居住在爱琴海诸岛上亚洲早期移民的影响，这些文明已经明显地"东方化"了。当它们最终到达迈锡尼时，迈锡尼本应像后来的雅典那样，成为古希腊世界的中心。

这为什么没有成为现实？我们无法知道。就像我们不清楚为什么马赛——雅典理所当然的继承者，地中海的新任霸主——会被迫将这莫大的荣誉拱手让给一个新兴的小村庄、时代的暴发户——罗马。迈锡尼昙花一现的辉煌以及迅速的凋敝将永远是个谜。

也许你会提出抗议，因为我讲的都是历史而不是地理。但是，在希腊，就像在其他许多古老国家，历史与地理交织在一起，无法将它们孤立地看待。而且，从现代观点看，希腊只有很少的一点地理内容值得介绍。

科林斯地峡被一条运河截断，但是这条只有三英里长的运河太浅，太窄，大型船只无法航行。由于同土耳其（还有保加利亚、塞尔维亚和黑山单独或一起）进行了一系列战争，它的疆域几乎扩大了一倍。但是，它又在霸主美梦中低估了土耳其人的战斗力，又丢掉了一半新领土。现代希腊人和他们的祖先一样，随时准备走向大海。他们那面蓝白相间的国旗（1821年希腊重获独立时，第一任国王采用了这种古代巴伐利亚人使用的颜色）在地中海上随处可见。甚至在北海和波罗的海中也可见到它的踪影。不过，那些希腊船只可不像英国诗人济慈①所描写的希腊古瓶那样优美高雅，它们以懒散和肮脏出名。还要补充几句，希腊还出产无花果、橄榄和无核小葡萄干，向那些喜欢这些美味的国家出口。

希腊能如她的人民所愿所盼，重获昔日的光荣吗？也许。

这个国家先后曾被马其顿人、罗马人、哥特人、汪达尔人、赫鲁利人、斯拉夫人侵扰过，被诺曼底人、拜占庭人、威尼斯人和那些罪行罄竹难书的十字军恶棍占领过，并沦为他们的殖民地，又几乎被阿尔及利亚人赶尽杀绝，并险些被新移民同化，还被迫在土耳其人统治下生活了整整四个世纪，在世界大战时，又被当作协约国军队后勤供应基地和战场——这样一个苦难深重的民族，复兴难如上青天。但是，只要一息尚存，就不要放弃希望，虽然，伟大的希望是如此之渺茫。

---

① 济慈（1795—1821）：英国浪漫主义诗人。著名作品有《夜莺颂》、《秋颂》等。他对19世纪以来的欧洲诗歌有很大影响。

9 意大利：地理造就的海上霸主或陆上强国

　　从地质学角度讲，意大利是个巨大的废墟，是一片巍巍高原的残骸。这个高原曾像现在西班牙的地形一样，呈方形，后来渐渐下沉（在上百万年的漫长岁月中，即使是最坚硬的岩石也会发生变化），直至最终消失在地中海的惊涛骇浪之中。现在，古老的高原只剩下最东面的一角，即亚平宁山脉，它从波河流域一直延伸到靴尖的卡拉布里亚。

　　科西嘉岛、厄尔巴岛和撒丁岛也是这片史前高原的遗迹。西西里岛当然也不例外。在第勒尼安海中随处可见的小岛便是这座远古高原上山峰的化身。当整个高原全部陷落海中时，一定十分惨烈而悲壮。不过，这个悲剧发生在 2000 万年前，那时的地球正遭受着最后一次火山大喷发的灾难，整个世界弥漫着火山的烟尘，自然不会有哪一个人类成员能描述出当时的情景。白云苍狗，沧海桑田，谁能想到一座大山的覆灭竟能给后来居住在亚平宁半岛上的人带来毋望之福。今天，这个国家享受着温和的气候、肥沃的土地和优越的地理位置，得天独厚的条件使他们命中注定成为古代强国，以及发展和传播艺术与科学的重要地区之一。

　　希腊是一只伸向亚洲的巨手，掌握了尼罗河流域与幼发拉底河流域的古老文明，并将它们传播到欧洲大陆的其他地区。但是，希腊人自己却与他们施恩泽福的大陆往来甚疏。他们的国家像个孤岛，虽与大陆骨肉相连，却无济于事，因为整个巴尔干山脉的层峦叠嶂、千山万壑将希腊与欧洲隔绝了。

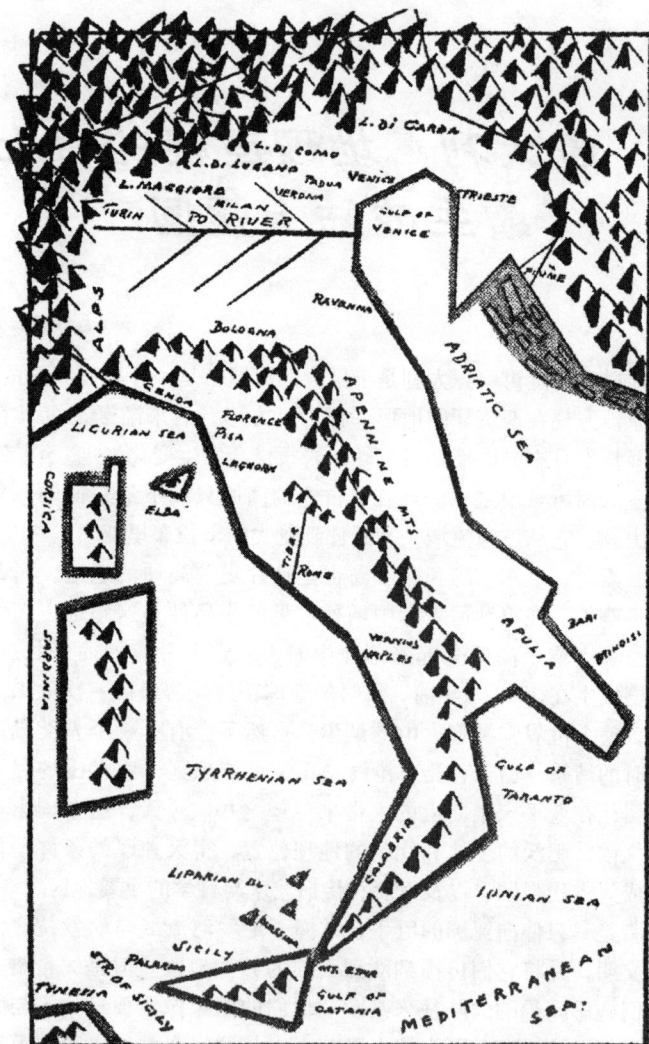

意大利

相反，意大利却能既得益于三面环海的岛国优势，又得益于横跨北欧山地的陆上优势。我们常常忽略了这一点，而不时地将意大利与西班牙和希腊相提并论。西班牙和希腊的确有许多相似之处。比利牛斯山脉和巴尔干山脉都是横亘于南北方之间的一条不可逾越的障碍。相反，意大利的波河平原却如同一个凸角，直插入欧洲的心脏地带。它最北方城市的纬度比日内瓦和里昂的纬度还高，甚至米兰和威尼斯也比波尔多①和格勒诺布尔②更向北一些。而佛罗伦萨（我们无意识中把它当做意大利的中心）是和马赛几乎在同一纬度的。

另外，阿尔卑斯山虽然远远高于比利牛斯山脉和巴尔干山脉，但是，它的走势却为南北交通提供了一条相对便利的通道。与意大利北部边境线几乎平行的莱茵河和罗讷河从阿尔卑斯山横穿而出，那些注入这两条大河的山谷溪流与主河道正好垂直，于是就形成了通向波河平原的便利捷径。而汉尼拔③和他的大象马戏团是第一批证实这条捷径存在的人，只不过，他们的到来给从不多疑的罗马人以沉重打击。

依仗如此地利，意大利便可以发挥双重职能：作为海上霸主，它主宰着地中海世界；作为陆上强国，它统治并压迫着欧洲各国。

直到地中海不再是世界的中心，直到美洲大陆的发现，直到大西洋一跃成为商贸与文化的枢纽，意大利才失去了昔日的优势。由于缺乏煤、铁资源，它无法与西方工业国竞争。但是，从公元前753年罗马建城直到公元4世纪，在漫长的1200年中，意大利一直统辖并管理着易北河、多瑙河以南的每一寸欧洲大地。

是意大利人最先向那些从亚洲迁移而来的日耳曼蛮族部落（现在，这些人正在拼命争取炙手可热的东欧地区所有权）提出了法律与秩序的观念，并证明了自己这种较为开化的生活要远远优于日耳曼野蛮人的那种居无定所、肮脏邋遢的游牧生活。当然，它的堆金积玉靠的是对别国

① 波尔多：法国南部港口城市。
② 格勒诺布尔：法国东南部城市。
③ 汉尼拔（前247—前183或前182）：迦太基人。古代最伟大的军事统帅之一。

的横征暴敛。不过，在收取苛捐杂税的同时，它也将其中一部分用之于
民，并从此改变了这些国家的命运。即使在今天，一个比较细心的人，
在参观巴黎、布加勒斯特、马德里或者特雷沃时，也会吃惊地看到这里
的居民与罗马人无论在外观上还是在观念上，都有某种相似之处。他还
会惊奇地发现，这些地方的商店招牌无论是法语、西班牙语、罗马尼亚
语，还是葡萄牙语，他都能看懂是什么意思。他很快就意识到："我是在
古罗马帝国的旧殖民地。这个地方过去曾归属于意大利，就如同今日菲
律宾之依附于美国。是意大利建筑师建造了这里的第一批房屋，是意大
利将军铺设了这里的第一条道路，甚至这里的第一部商业贸易法规都是
由中央政府的语言——意大利语写就。"他开始感喟这个国家所具有的地
理优势——既归属于大海，又依附于大陆。

幸运的地理位置使意大利征服了全部已知的世界。但是，这个位置
本身就使它不可避免地带上了某种瑕疵。这个在火山喷发中诞生的国家
将时刻面临着被"生身之母"扼死的危险。因为，意大利不仅是个拥有
月光下的废墟、橘树、曼陀林音乐会和个性鲜明的农夫的文明古国，它
同时还是一个以火山喷发而闻名于世的"火山之国"。

每一个年满70岁（这是很容易的，因为在这里，笑声与礼貌已成为
天性，就像在一些令人不快的国家，咆哮和粗野是那样自然而然）的意
大利人在被恭敬地送入家族墓地之前，都曾亲身经历过至少一次大地震
和两次小地震。只在1905—1907年间，地震仪（最可靠的仪器，我希望
所有的仪器都能像它那样精确）就报告了300次地震。在其后的1908
年，整个墨西拿毁于地震。如果你需要一些重要资料（几个数字往往比
数页的文字更有说服力），下面就是有关卡普里岛对面的伊斯基亚岛的地
震记录：

单是这个伊斯基亚岛就在以下年份发生过地震：1228年，1302年，
1762年，1796年，1805年，1812年，1827年，1828年，1834年，1841
年，1851年，1852年，1863年，1864年，1867年，1874年，1875年，
1880年，1881年，1883年，等等。

侵 蚀

千百万年的火山喷发使意大利广袤的大地逐渐被厚厚的凝灰岩覆盖。这些凝灰岩是火山喷发时从火山口喷出的火山灰构成的一种软质岩石。这种火山凝灰岩层的渗透性非常好，对整个半岛的山形地貌产生了决定性的影响。火山凝灰岩覆盖了至少 4000 平方英里的土地，包括罗马城那 7 座小山，不是别的，正是硬结的火山灰堆积而成。

史前的火山喷发还演进成其他的地质构造，使意大利的土壤层极其脆弱。纵贯整个半岛并将它一分为二的亚平宁山脉，大部分是由石灰岩构成。这种石灰岩覆盖在年代更久的较为坚硬的岩层上面，非常容易滑动、下陷。古意大利人对此十分了解，所以，即使在没有火山喷发的时候，他们也会每 20 年就考察一下地界，查看全国每一块大地产的石头标记，看看那些标明每个人财产范围的标志是否还在原处。而对于现代意大利人，每当铁路变形，道路断裂，或者一个村庄从可爱的绿色山坡上翻滚而下时，他们就认识到土地的滑动过程（认识这个过程，人类付出了惨重的代价）。

当你访问意大利时，你会惊诧，这里会有那么多的村庄高踞山顶。通常的解释是：古代居民是出于安全考虑才避居"鹰巢"。不过，这其实只是次要因素。他们住在很不舒适的山顶，远离山谷的水井和山下的交通要道，主要是为了避免毁于滑坡的惨剧。在山顶，古老的地质岩层往往暴露在外，形成坚固的地表，为以后的居民提供着永久居所。而山坡松软的石灰岩地表就像流沙一样不安全。所以，那些远观如美丽图画的山村，你一旦住进去就会觉得非常不适。

这一切将我们引入对现代意大利的思考之中。意大利与希腊不同，并没有江河日下。这个国家正在凭借其智慧和勇气向一个新目标勇敢前进。如果它能一如既往，它就会弥补千年来因疏忽而造成的损失，甚至会重获昔日的光荣，重返世界强国之列。

1870 年，意大利重新统一。一旦意大利人赢得了独立，将外国统治者赶到了阿尔卑斯山那一边（这些侵略者的老家），他们就开始了伟大而近乎绝望的奋斗历程——重整山河。

他们首先把注意力投放在波河流域，这里正是整个半岛的鱼米之乡。波河不像其他河流那样长，如果你看过世界河流长度的对照表，你会发现，欧洲只有伏尔加河有资格名列前茅。而位于北纬45°附近的波河才只有450英里长。但是，波河盆地却不小，有27000平方英里，既包括其支流的发源地，也包括那些承受波河恩泽的地区。波河的流域虽不及其他几条大河，但它也有其独特之处。

这条大河全长的六分之五可以通航，同时，它还是三角洲面积扩大最快的大河之一。每年，波河三角洲的面积都扩大四分之三平方英里，向前推进200英尺。长此以往，10个世纪之后，这个三角洲就会伸展到对面的伊斯特拉半岛，而威尼斯就会被一个内陆湖所包围，一条7英里宽的堤坝会将它与亚得里亚海隔断。

波河夹带入海的大量沉积物中有一部分积到了河底，使河床上覆盖了一层几英尺厚的坚硬物质。为了防止日益升高的大河洪水泛滥，祸及周边地区，大河两岸的居民从古罗马时代就开始筑坝围堤，这项工程时至今日仍在继续。其结果就是使波河河面比其周围的平原高许多。在一些村庄，堤坝高达30英尺，河面与房屋的屋顶一样高。

波河流域还有一些著名的地方。很久很久以前（如果从地质学角度看，就是不久以前），整个意大利北部平原还是亚得里亚海的一部分，那些深受夏日游客青睐的阿尔卑斯山峡谷则是狭窄的港湾，就像现代挪威的峡湾——那些被海水淹没的远古峡谷。这些昔日的海湾是冰川融水的倾泻口。那时候，欧洲大部分地区都被冰川覆盖了，阿尔卑斯山上的冰川面积当然也比现在大得多。冰川上有许多石块，这些石块从沿着山坡下滑的冰川上滚下来，形成"冰川堆石"或者"冰碛"。当两块冰川撞击到一起时，两块冰碛也就合为一体，形成"中部冰碛"。当冰川最终融化，这些碎石被留了下来，称为"终极冰碛"。

这些"终极冰碛"类似于地质学上所谓的海狸堤坝，它们从低向高，阻塞了整个峡谷。在整个冰川期，大量的冰川融水渗透过"终极冰碛"向下流淌，当冰川消失，水也越来越少，而"终极冰碛"又比原来的水位高出许多，于是，这里形成了一片湖泊。

意大利北部所有的湖泊，如马焦雷湖、科莫湖和加尔达湖，都是冰碛湖。当人类出现，并开始农田灌溉工程时，这些冰碛湖又成为现成的蓄水池。春天来临，冬雪消融时，冰碛湖接纳了所有过剩的水，如果这些融水汇入一个无湖的山谷，就会形成最具破坏力的山洪。加尔达湖接纳融水后会上涨 12 英尺，马焦雷湖将上涨 15 英尺，而且还可以接纳更多的融水。一个简单的水闸系统就可以控制住这些水，根据用水量开关湖水闸门。

波河平原的早期居民已经学会如何利用这些天赐的地理优势。他们开凿运河，将上百条汇入波河的小河连接起来，他们还修筑了许多道堤坝。现在，每分钟有上千立方米河水通过这些运河。

这里也是种植水稻的理想地区。1468 年，一位比萨商人第一次将水稻引入这一地区，时至今日，水稻田已经成为波河平原中部最平常的景观。其他一些农作物，如玉米、大麻和甜菜也被引进这里。这片大平原虽然比意大利半岛其他地区降水少，但是却成为全国最富饶的地区。

这个地区不仅为男人提供食物，还为他们的妻子奉献衣裳。早在 9 世纪，养蚕必不可少的桑树就被拜占庭人（拜占庭位于罗马帝国东部，1453 年，土耳其人攻占其主要城市君士坦丁堡，并将该城作为奥斯曼土耳其帝国首都，拜占庭遂灭亡。）从中国带到了这里。桑树喜热，伦巴第地区（该名称源于伦巴第人，这是一个从易北河河口迁移到此定居的条顿部落），即波河平原，为它提供了最适宜的生长环境。今天，这里大约有 50 万人从事丝绸工业，他们的产品质量远远优于"蚕的故乡"中国和日本的同类产品。就是这种毫不起眼的小虫子为我们奉献了最华丽的服装。

毫无疑问，整个波河平原人口十分稠密。然而，这些城镇的最早居民却与大河保持着一定距离。因为，他们当时的工程技术还不够先进，还不能建造稳固的堤坝，另外，他们还担心着那些每年春涝后形成的沼泽。都灵是波河平原上唯一一座重要城市。它早年曾是萨瓦公国议会所在地，现在统辖着整个意大利，并且还连接着通往法国和瑞士的关口（塞尼斯关口通往法国，以狗和修道院著称的圣伯纳关口通往罗讷河河谷）。都灵地势较高，无需担心会被洪水淹没。这里的另一座城市——米兰——是这一地区的首府。它位于波河与阿尔卑斯山之间，五条重要商道（圣哥达、辛普朗、小圣贝纳德、马洛亚和施普吕根）在此交汇。位于阿尔卑斯山脚下的维罗纳是意大利与德国边境最古老的山口，布伦纳山口的终点。克雷莫纳位于波河之上，是小提琴制作世家——著名的斯特拉地瓦利、瓜奈里和阿马蒂三家族的故乡。至于伯杜瓦、摩德纳、费拉拉和博洛尼亚（欧洲最古老的一所大学所在地）都与波河这条大动脉保持着一段安全距离，但同时又依赖它维持着自己的繁荣。

古代两座最具浪漫色彩的城市——威尼斯和拉韦纳——也有相同的经历。威尼斯城内有 157 条河道，这些长达 28 英里的河道便是该城的交通要道。这里原本是难民的藏身之所。这些难民为了逃避亚洲移民大潮所带来的灾难，远走他乡，选择定居在波河及其支流冲积而成的这片泥泞的土地上。一到此地，这些难民就发现，这里的盐滩就是遍地黄金，可以使他们富甲一方，只要他们愿意去捡。于是，独家垄断的盐使这些难民走上了致富之路。他们的茅草小屋转眼就变成了大理石宫殿，他们的渔船规模可敌战舰。

在将近三个世纪的时间里，他们是整个文明世界的殖民领袖，是最高贵傲慢而又最温文尔雅的教皇、皇帝和苏丹。当哥伦布发现了（当然是自以为发现了）通往印度之路并安然无恙归来的消息传到威尼斯里亚尔托岛的商业中心时，引起了人们的极度恐慌。所有股票和债券都下跌了 50 点。这一次，经纪人们做出了准确的预言——从此，威尼斯将一蹶不振。它精心保护的海上商贸通道变得一文不值，所有的投资都付之东流。里斯本和塞维利亚迅速取而代之，成为国际大货仓，所有欧洲国家都向那里求购香料及其他亚洲、美洲产品。威尼斯则披金挂银地成为 18 世纪的巴黎。大批纨绔子弟聚在这里，想学一些上流社会的时髦玩意儿，或者干些不入流的声色犬马勾当。当狂欢开始时，末日就已悄悄降临。

拿破仑只派了一个小分队就占领了这座城市。水道依然在，美景尚可歌。只不过，20 年后的机动船将使这里大煞风景。

北方与南方

波河泥沙造就出来的另一座城市就是拉韦纳。今天，它与亚得里亚海被 6 英里长的一片泥沙阻断，由一个平淡无奇的小港湾变成一座内陆城市，这里曾使客居在此的但丁和拜伦陶然而醉、放浪形骸。在 15 世纪，这里甚至比现在的纽约更为重要，因为，它那时是罗马帝国的首都，一个拥有庞大卫戍部队的重要海军基地，还是当时最大的纺织用锭盘以及木材供应基地。

公元 404 年，当时的罗马皇帝认为罗马已危在旦夕，因为蛮族的势力日益强大。所以，他们决定迁都到"海上城市"拉韦纳，在那里，他们会有更多的机会保护自己免遭蛮族突袭。从此，罗马皇帝和他们的后代子孙就在这座城市安居乐业、发号施令、谈情说爱，就像你现在在那些镶嵌画上看到的一样。当你默默地欣赏那些奇妙的镶嵌画时，你会看到一位黑眼睛的女人。这个出身于君士坦丁堡杂技团的舞女，死时却拥有一个圣洁的名字——狄奥多，因为她后来做了著名的罗马皇帝查士丁尼一世的爱妻。

这座城市终于被哥特人攻占，成为他们帝国的首都。后来，这里的潟湖被淹没。威尼斯和教皇开始争夺对这里的统治权，再后来，这里一度成为一位可怜的流浪者的家园。这位被逐者为家乡佛罗伦萨作出了重要贡献，可是，回报他的却是上火刑架的威胁。他在这座城外著名的松林里度过了寂寞的一生，他死后不久，这座古老的帝都也随其一同湮没。

关于意大利北部，还要再讲几句。这个国家没有煤矿，但是，这里却有无穷无尽的水力资源。世界大战爆发时，这里的水利工程刚刚开始。今后 20 年，你将看到这种廉价的电力怎样得到巨大的发展。资源短缺将永远是个难题。但是，意大利人会凭借其众所周知的勤劳俭朴成为那些虽然富有资源却匮乏人力的国家的危险竞争对手。

在波河平原的西部，联系着真正的阿尔卑斯山和亚平宁山的利古里亚阿尔卑斯山横亘在波河流域与地中海之间。利古里亚阿尔卑斯山的南部由于完全不会受到北方寒风的侵袭，成为著名的里维埃拉海滨旅游胜地的一部分。这里是全欧的冬季娱乐场，或者更确切地说，是供能付得起长途路费和昂贵旅馆费用的那部分欧洲人寻欢作乐的好地方。这个地区的首府是热那亚。它是现代意大利的重要港口，并拥有最雄伟的大理石宫殿。这些宫殿还是热那亚与威尼斯争夺近东地区殖民霸权最辉煌的时期留下的遗迹。

热那亚南部有一块面积不大的平原，即阿尔诺河平原。这条大河发源于佛罗伦萨东北 25 英里的山区，并从这座城市中心流过。中世纪的佛罗伦萨位于通往罗马的交通要道上，将这个基督教世界的中心与欧洲各国紧密连接在一起，并充分发挥其优越的商业地位，使自己成为整个中世纪西方世界最重要的金融中心。佛罗伦萨的美第奇家族（他们原本是医生，后来，他们纹章上的三枚药片变成了我们当铺里的三只金球）在这方面表现尤其突出。这个家族不仅取得了整个托斯卡纳地区的世袭统治权，而且还使他们的家乡也因此成为 15 世纪和 16 世纪最灿烂的艺术中心。

1865 年至 1871 年间，佛罗伦萨还曾是新意大利王国的首都。后来，它的重要性有所下降，但仍然是人们向往的地方之一。在这座城市，人们会看到，如果金钱与品味铢两悉称，生活定会美满如意。

阿尼诺河流过一片最富饶的地区之后便奔流入海，在其河口附近的两座城市却没有给历史留下多少可以追溯的往事。比萨有一座斜塔，斜塔之斜是由于建筑师建造地基时太粗心大意所致，但是，它却给伽利略研究落体规律提供了极大方便。另一座城市是里窝那，而英国人不知出于什么原因，称它为来亨。它之所以能被人们记住，是因为 1822 年英国著名诗人雪莱①就是在这附近溺水而死。

离开里窝那，古老的马车驿道（也是现代的铁路线）沿着海岸蜿蜒

———————————————————

① 雪莱（1792—1822）：英国浪漫主义诗人。其作品节奏明快，音调谐和。代表作有长诗《麦布女王》，诗剧《解放了的普罗米修斯》、《云雀颂》等。

南行，乘车的游客还可以雾里看花一般匆匆瞥见厄尔巴岛（当年拿破仑的放逐地，就是从这里，他突然卷土重来，返回法国，并迅速走上了滑铁卢的末路）。继续前行，便进入台伯河平原。台伯河在意大利语中也叫特维雷河（the Tevere）。这是一条水流缓慢、水色混浊的河流。它使人联想起芝加哥河，但却没有那样宽阔，它还使人想到柏林的施普雷河，但却没有那样清澈。台伯河发源于塞宾山脉，最早期的罗马人就是到这片山里抢亲的。史前时期，台伯河河口距离罗马现址只有 12 英里，可是现在，它又向前推进了 2 英里。和波河一样，台伯河也裹挟了大量的泥沙，然而，台伯河平原与阿尼诺河平原却有天壤之别。阿尼诺河平原虽然比台伯河平原面积小，却比它更有生气、更加富饶，而台伯河平原虽然广阔，却荒凉贫瘠，而且还是疾病的"发源地"。英语中"malaria"（疟疾）这个词就是由生活在这里的中世纪移民创造出来的。他们认为"mal aria"——"bad air"（污浊的空气）就是那种使人患热病、常年发烧不退的罪魁祸首。由于担心染上这种可怕的疾病，这里的居民一俟太阳下山就把门窗关得严严实实、密不透风，这种预防措施有一个严重的弊端，就是把小蚊子也留在了室内。但是，人们是在 30 年前（1900 年前后）才得知蚊子与疟疾的关系，所以，我们也不必嘲笑祖先的无知。

罗马帝国时期，这片平坦的大平原，即著名的罗马平原（Campagna），排干了沼泽，逐渐变得人烟稠密。当罗马的警察消失之后，海盗立即开始猖獗于整个地中海地区。罗马平原由于完全无遮无挡地直接面向第勒尼安海，遂成为海盗的首选目标。于是，村庄被毁，农田荒芜，排水渠被废弃，死水潭中疟蚊横行。整个中世纪乃至 30 年前，从台伯河河口到奇尔切奥山附近的彭甸沼地都是人们唯恐避之不及的地区，人们或者绕道而行，或者疾驰而过。

令人奇怪的是，为什么这座古代世界最重要的城市会选择建在这样一个瘟疫肆虐的地区？到底为什么？还有，为什么圣彼得堡要建立在沼泽之上，使成千上万人为排干污水而赔上性命？为什么马德里会建在一片荒凉无树的高原之上，与周围城市相隔数百里？为什么巴黎坐落在盆地的谷底，常年饱受雨水浸淫？我无法回答。机缘与贪欲——或者说是包含了许多失误的政治预见——兼而有之。或者只是机缘，或者只是贪欲。我不知道。这并不是一本哲学书。管它呢。

总之，罗马建在罗马这个地方。尽管这里有不利健康的空气、酷热的夏季、寒冷的冬季，还有不便利的交通，但是，这座城市仍然一跃成为世界帝国的首都和一个全球性宗教的圣地。在这种情况下，别指望一句简单的解释。会有上千种绝不重复且相互关联的解释，但是，它们不是在这本书里，因为，至少要写出像本书这样厚的三卷本才能最终找到问题的答案。

关于罗马，我不想再费笔墨，因为我对这座号称东半球不朽之城的地方抱有深深的偏见，大概，没有谁比我更憎恶它了。这主要归因于我那些富有反叛精神的先辈。他们从公元前50年至公元1650年间，一直就在与罗马背道而驰，他们之间存在着深深的芥蒂。站在古罗马会议广场巨大的废墟上，我应该哀悼逝者如斯，然而，我看到的却是那些打着将军与党魁招牌的流氓恶棍恣意蹂躏着整个欧洲大陆和大部分亚非地区。的确，他们为那些地区留下了几条道路，而这些道路似乎成了抹杀他们在那里犯下的滔天罪行的永久托词。站在那座纪念殉难者与圣彼得的大教堂前，我应该油然生出敬畏崇仰之情，然而，我却为无数钱财浪费在这样一座既谈不上漂亮也算不上迷人，只不过比同类建筑大一些的教堂上而深感痛惜。我景仰佛罗伦萨和威尼斯的和谐，我欣赏热那亚的协调。当然，我知道，我是唯一有这样想法的人。彼特拉克①、歌德，每一个有点成就的人，都曾在第一次见到布拉曼特②的穹隆时洒下一掬哀思之泪。随他们的便，我可不愿破坏你对城市的鉴赏力，你将来自己去看吧。自1871年起，罗马就是意大利王国的首都，在这座城市中还有一座城中之城——梵蒂冈。1870年9月是这个教皇国的大劫之日。这一天，意大

---

① 彼特拉克（1304—1374）：意大利诗人，文艺复兴时期人文主义的伟大代表。
② 布拉曼特（约1444—1514）：文艺复兴时期的意大利建筑师。

利王国军队进驻梵蒂冈，颁布了一项法令，取消了教皇的绝对统治权，宣布该城从此由罗马统辖。直到 1930 年，这座城中之城才归还给教皇，并恢复了教皇在 1870 年 9 月被剥夺的最高统治权。

现代罗马城几乎没有什么工业。这里只有几座破破烂烂的古罗马时期遗址，它的中央街道使人想起美国的费城，另外，这里还有许多穿军装的人。他们的军装不错。

接着，我们要去另一座城市，目前整个半岛人口最稠密的地区，一个地理与历史奇特的混血儿，并使我们又一次困惑不已：为什么这座拥有各种自然优势的城市没有取代那个坐落在一条小河干涸的河道上的罗马？

那不勒斯正处于一个优良海湾的前沿，建立在意大利西海岸最肥沃的土地上。它的建城历史比罗马更悠久。那不勒斯最早是由希腊人建立起来的，为了与危险的亚平宁部族进行贸易，希腊人先是住在与大陆保持一定安全距离的伊斯基亚岛上，但是，这个岛也不是十分安全，因为它时刻面临着火山震怒的威胁。于是，希腊人只好迁往大陆。由于移民之间不可避免地经常产生矛盾（因为远离家乡并受到贪婪的总督肆意的欺凌，他们的脾气都很暴躁），并最终导致内乱，有三四个居民点在争斗中被毁坏了（就像我们美国建国时那样），所以，一批新移民决定从头开始，自己建立一座城市。他们称这个城市为"新城"或者"那波利斯"，后来演变为"那波利"或者英语中的"那不勒斯"。

当罗马还是一个牧羊人聚居的小村子时，那不勒斯已经是一座繁荣的商业中心了。可是，那些牧羊人一定具有真正的管理天才，因为，到公元前 4 世纪，那不勒斯就已经与罗马"结盟"了。"结盟"只不过是个温和的字眼，听起来不刺耳罢了，实际上，它与"臣服"是一回事儿。从那时起，那不勒斯就沦为二流城市，后来，它又被蛮族侵占，最终，它落入波旁王室的西班牙后裔手中，而波旁王室的统治已经成为可耻的暴政与对自由思想行为施行镇压的代名词了。

尽管如此，这座城市还是成为欧洲大陆人口最密集的地方之一。这些人是怎么生活的？没有人知道，也没有人关心。直到 1884 年霍乱流行，才迫使意大利王国清理这里的房舍，他们的清理工作干得非常聪明而且严厉。

这个奇妙的城市还有一个紧邻，那就是漂亮的维苏威火山。在所有已知的火山中，维苏威火山的喷发过程是最干净利索、有条不紊的。这座 4000 英尺高的火山被许多漂亮的小村庄环绕着，这些村庄出产一种独特的烈酒，著名的"基督之泪"。这些村庄早在古罗马时期就在这里了。为什么不呢？维苏威是一座死火山，在人们的记忆中，近 1000 年的时间里它都没有喷发过，只在公元 63 年，地下曾有一点儿小小的颤动，但在意大利这样的国家，那根本就不算什么。

可是，16 年后，它震惊了整个世界。在不到两天的时间里，赫库兰尼姆城、庞贝城和另一个更小一点的城市全部被深埋于岩浆与火山灰之下，永远从地球上消失了。从那以后，至少每 100 年，维苏威火山就会显现出它并未"死"去的种种迹象。比原来高 1500 英尺的新火山口不断地冒着浓烟。根据过去 300 年的统计资料——1631 年，1712 年，1737 年，1754 年，1779 年，1794 年，1806 年，1831 年，1855 年，1872 年，1906 年，等等——都说明，那不勒斯成为第二座庞贝城不是不可能的。

从那不勒斯南下，我们便进入卡拉布里亚区。这一地区饱受偏远荒僻之苦。虽然有铁路线与北方相连，但是，它的沿海地区却疟疾横行，中部地区花岗岩遍地，当地农业水平还停留在古罗马共和国时期。

一道狭窄的海峡——墨西拿海峡——将卡拉布里亚区与西西里岛分隔开。这条只有一英里多宽的海峡在古代以两个大漩涡著称，一个叫做希萨瓦（六头女妖），另一个叫做卡里布迪斯。据说，如果航船稍微偏离航道半码，这两个大漩涡就会将它们吞没。对大漩涡的恐惧使我们认识到古代航海的无可奈何，因为现在的机动船可以轻轻松松地穿过这些大漩涡的中心，根本不必去注意水流的方向。

西西里岛由于其优越的地理位置，自然而然地成为古代世界的中心。另外，这里的气候也非常温和。所以，这个岛人烟稠密，物产丰富。但是，和那不勒斯一样，由于这里的生活太优裕、太轻松、太舒适，所以，在过去的 2000 多年中，西西里人一直默默忍受着外强的种种压迫。当腓尼基人、希腊人、迦太基人（他们就居住在 100 英里外的非洲海岸）、汪达尔人、哥特人、阿拉伯人、诺曼人、法兰西人和以这个快乐小岛命名的 120 位王子、82 位公爵、129 位侯爵、28 位伯爵及 356 位男爵对这个岛的欺凌与压迫终于结束之后，西西里人便开始动手修复他们那些被埃特纳火山震塌的房屋。这次 1908 年的火山喷发将西西里最重要的城市墨西拿彻底摧毁，时至今日，仍令人记忆犹新。在这次火山喷发中，大约 75000 人丧生。

虽然马耳他在政治上并不从属于意大利，但是它就像西西里的一个海上郊区，所以，要在此提及一笔。这个富饶的小岛恰好位于西西里与非洲海岸中间，遏制着从欧洲经苏伊士运河前往亚洲的海上商道。十字军失败后，这个岛被献给圣约翰骑士，从此，这些人便称自己为马耳他骑士①。1798 年，拿破仑在东进途中顺路占领了该岛。他想先占领埃及和阿拉伯，并最终实现将英国人从印度赶出去的梦想（这是一个天才的构想，但是最终还是以失败收场，因为他没有想到沙漠会那样浩瀚无边）。两年之后，英国人以此为借口，夺取了马耳他岛，并从此留了下来。这使意大利人悔恨交加，可马耳他人却不以为然，因为他们如果自己管理这个岛，可绝不会像现在这样富庶。

我没有讲到意大利东海岸，因为，这一地区并不重要。首先，亚平宁山脉一直延伸到海边，使这里无法建立大规模的城镇。另外，由于亚得里亚海岸山崖陡峭，不适宜居住，这里的贸易也不发达。从北方的里米尼到南方的布林迪西（邮船从这里出发前往非洲和印度），没有任何重要港口。

意大利的"靴跟"叫做阿普利亚。和卡拉布里亚一样，这个地区也

---

① 1530 年，马耳他被割让给一个宗教军事组织——医院骑士团，又称耶路撒冷圣约翰骑士团。

饱尝远离文明之苦，而且，它的农业水平也还停滞在汉尼拔统治时期。当时，他们苦苦等待迦太基人的支援，足足等了 12 年，可是，迦太基人始终没有来。

这里有一个世界上最好的天然良港——塔兰托，可是，它却吸引不来顾客。人们还以"塔兰托"来命名一种剧毒蜘蛛和一种舞蹈症，古人认为，这种舞蹈可以防止被毒蜘蛛咬伤的人睡着后进入致命的昏迷状态。

世界大战使地理分布更加复杂。谈到现代意大利，就不得不谈到伊斯特拉半岛，这个半岛是对意大利人在大战中倒戈的奖励。的里雅斯特是昔日奥匈帝国的重要出口港，现在由于失去了内地贸易供应区，这个港口日渐衰落。隐藏在瓜尔内罗湾最里面的是阜姆①港，这也是哈布斯堡家族从前的产业。对于在整个亚得里亚海岸没有其他良港的日耳曼人来说，阜姆就已经是个很不错的对外窗口了。由于害怕阜姆会成为的里雅斯特的竞争对手，意大利人一直为这个港口的归属权争吵不休。当《凡尔赛和约》缔结国各方政要拒绝将其划给意大利时，意大利人就干脆去抢。更确切地说，是他们的诗人邓南遮，大名鼎鼎的作家兼无赖，为意大利人占领了这个港口。于是，协约国只好先将这个港口变成一个"自由港"，接着，再拖延南斯拉夫与意大利的谈判时间，最后，终于将这个港口割让给了意大利政府。

这一章只剩下撒丁岛了。这个岛的确很大，但是它地处偏远，人口稀少，所以，我们常常会忘记它的存在。然而，它就在那里，作为欧洲第六大岛，面积达 10000 平方英里。与亚平宁山一脉相承，撒丁岛是那座史前山脉的最远端。它完全背朝大陆，西海岸拥有天然良港，而东海岸却布满悬崖峭壁，面目狰狞，根本没有什么像样的港口。在过去的两个世纪中，它在意大利历史上扮演着一个有趣的角色。1708 年以前，它属于西班牙，之后，奥地利人占领了它。1720 年，奥地利人用撒丁岛来交换西西里岛，而当时西西里岛的主人是萨瓦公爵，他的公国首都是位

---

① 阜姆：旧地名。今克罗地亚港口城市里耶卡。

于波河流域的都灵。得到撒丁岛之后，萨瓦公爵便骄傲地宣称自己为撒丁国王（从公爵到国王是晋升的关键一步），而现代意大利王国就是从这个以岛命名的王国发展起来的，只是10万个意大利人中倒是有99999个没见过这个岛的。

10 西班牙：非洲与欧洲交锋的地方

居住在伊比利亚半岛上的西班牙人被认为是特点最鲜明的民族之一，以他们的自豪感、他们的彬彬有礼、他们的骄傲、庄重而扬名天下，他们显著的"民族"特征使你能在任何地方、任何环境中一眼辨认出他们。甚至，你可以从弹吉他、打响板的水平辨认出谁是西班牙人，因为现在音乐也被用来充实这种"种族理论"了。

也许是这样的，也许吉他和响板能够像骄傲和自尊一样容易暴露出西班牙人，但我对此却有不同看法。西班牙人善于弹吉他和打响板是因为西班牙的气候温暖干燥，他们可以使用室外乐器。如果美国和德国的天气允许，那里的人们会比西班牙人弹奏得更好。只是，他们没有西班牙人那样多的机会，因为，他们的气候条件不适宜室内乐器的发展。在柏林寒冷的暴雨之夜，你不可能打响板，就像你在手指冻得发抖时不可能弹吉他一样。至于他们的自尊、骄傲与彬彬有礼，难道不是数个世纪以来严格的军事训练的结果吗？西班牙从地理上讲，更像是非洲的一部分，难道他们的军事生活不正是这一事实的直接后果吗？因此，欧洲人与非洲人把这里当做战场，非要拼出个你死我活，难道，这不是西班牙的命运吗？最后，西班牙人取得了胜利，但是，他们长期以来为之战斗的土地却给这个民族留下了深深的烙印。如果这个民族的发祥地是在哥本哈根或者伯尔尼，他们会变成什么样？他们可能会成为普普通通、毫不起眼的丹麦人或者瑞士人。他们可能不打响板，而改用假声高歌，因为那里峭壁空谷美妙的回音会激发一个人学会用假声来歌唱。而且，他们也不必耐心而费力地去经营那些荒芜的土地（荒芜的主要原因是非洲与欧洲的冲突争斗），去啃那些干瘪的小面包，去喝那些馊酒了，他们会吃许许多多黄油，足以使他们抵抗北欧潮湿的气候，他们还会喝蒸馏酒，因为那里有充足廉价的粮食，可以让这种酒几乎成为不可或缺的全民饮品。

伊比利亚半岛

下面请看图。你还记得希腊和意大利的山脉吗？在希腊，那些山脉是呈对角纵贯全国，在意大利，它们是呈直线贯穿南北，将这个国家一分为二，又在两边留下足够的地方来修筑公路，将沿海各地连接起来，又有波河平原将亚平宁半岛与欧洲大陆连为一体。

在西班牙，山脉呈水平走向，使人们几乎把它们当成可见的纬线。只要看一眼地图，你就会明白为什么这些山脉会成为任何有序发展的障碍。让我们首先看比利牛斯山脉。

比利牛斯山脉全长240英里，从大西洋笔直连贯地伸展到地中海。这些山没有阿尔卑斯山高，看似能够比较容易地从山口越过去。然而，事实并非如此。阿尔卑斯山虽然高，但也很宽阔，山路虽然长，坡度却比较舒缓，不会给行人和货运马车造成多大困难。而比利牛斯山却只有60英里宽，因此，这里的山口对于行人就显得太陡峭了，只有山羊和骡子还勉强可行。据经验丰富的旅行者讲，甚至骡子也很难攀过这些山口。训练有素的山里人（大多数都是职业走私贩子）虽然能够逾越天险，但是也只是在夏季的几个月里。那些修建连接西班牙与外面世界的铁路的工程师们考虑到了这一点，于是，从巴黎到马德里、从巴黎到巴塞罗那的两条铁路线都是沿着大西洋和地中海的海岸线修建的。在阿尔卑斯山脉，有许多条铁路线翻山越岭穿山而过，可是，在比利牛斯山脉，从西部的伊伦到东部的菲格拉斯没有一条铁路线从山中穿过。毕竟没有人能够开凿一条60英里长的隧道，也没有人能够让火车在40°的斜坡上运行。

在西部有一个比较容易通过的山口，即著名的龙塞斯瓦列斯山口。当年，查理曼大帝显赫的十二武士之一罗兰为了主人的利益，与撒拉逊人①战斗到最后一刻，终于在这里献出了生命。700年后，另一支法兰西军队以这里为通道进入了西班牙。但是，他们穿过山口后却被潘普洛纳挡住了南下之路。在守城战斗中，一名叫依纳爵·罗耀拉的西班牙士兵腿部遭受严重枪伤，在养伤期间，他产生了一些念头，最后促使他建立

---

① 中世纪基督教用语。指所有信奉伊斯兰教的民族，尤其是阿拉伯人。

了一个基督教组织，即著名的耶稣会①。

西班牙的峡谷

后来，这个耶稣会对许多国家的疆域变迁都产生了巨大影响，它的影响要远远超出其他宗教组织，甚至超过那些不屈不挠四方游说的方济各会修道士。耶稣会正是从这里起源，保卫这个翻越比利牛斯山脉中部的唯一山口。

毫无疑问，正是凭借比利牛斯山脉这座难以逾越的天然屏障，著名的巴斯克人才得以从史前时代一直保全到现在。也正是由于这一天险，在东部山区之巅的安道尔公国才能够保持独立。如今，70 万巴斯克人居

---

① 天主教修会之一。1534 年创立。仿效军队编制组成，有严格的纪律。会规除立"三绝"誓愿（绝财、绝色、绝意）外，还强调会士应绝对效忠教皇。16 世纪欧洲宗教改革运动兴起后，为天主教会反对该运动的主要势力。

住在北起比斯开湾，东抵西班牙纳瓦拉省，西至桑坦德市和埃布罗河的洛格罗尼奥市之间的一个三角地带。巴斯克（Basque）的意思与英语中"吹嘘者"（gascon）① 的意思差不多，只不过与著名的达塔南队长②的老朋友没什么关系。罗马统治者称他们为伊比利亚人，并把整个西班牙称作伊比利亚半岛。而巴斯克人则骄傲地称自己为埃斯卡尔杜纳克人（Eskualdunak），这名字听起来不像欧洲人，倒像爱斯基摩人。

也许你的猜测与我的一样有道理，但我们还是来看看对巴斯克人的起源最近的一些说法。一些通过头盖骨和发音方式来研究种族起源的教授认为，巴斯克人与柏柏尔人有某种关联。我在前几章曾提过柏柏尔人，他们是欧洲史前最早的人种之一，即克罗马尼翁人。只有一部分人认为，巴斯克人是那个充满传奇色彩的神秘之岛——阿特兰提斯岛（大西洲）——的幸存者。当他们的栖身之地沉没海底之后，他们逃到欧洲大陆，得以保全。还有人认为，巴斯克人就是起源于他们现在的居住地，没必要去研究他们到底从何而来。不管孰是孰非，巴斯克人总是能聪明地远离尘嚣，与外面的世界保持一定的距离。他们非常勤劳。大约有10万巴斯克人还移居到了南美洲。他们是出色的渔民、水手，是能干的铁匠，他们只是默默地干自己的事，从不惹是生非，报纸的头版也与他们从不沾边。

他们国家最重要的城市是维多利亚，由一位哥特国王在6世纪建立。这里也是一场著名战役的战场。在那场战役中，一位名叫亚瑟·韦斯利的爱尔兰人（他的英语名字更响亮一些，即威灵顿公爵）在此打败了一位叫波拿巴的科西嘉将军率领的军队，这位将军的法国头衔就是拿破仑皇帝。最后，威灵顿公爵将法国皇帝永远地赶出了西班牙。

至于安道尔，这个奇妙的小公国，只有5000位居民。他们与外界联系的唯一方式是一条马道。这个有趣的小公国是中世纪幸存下来的唯一

① gascon 原指以好吹嘘夸口而闻名的法国加斯科尼人，后引申为"吹嘘者"。
② 达塔南（约1610—1673）：法国路易十四的禁卫军队长，大仲马小说中英雄的原型。

标本。它之所以能够保持独立，是因为作为前沿据点，他们愿意向远方的君主贡献珍贵的礼物。另外，他们与外面喧嚣的世界相距太远，根本没人理他们。

安道尔的首都只有 600 位居民，但是，在我们试行民主制度 800 年前，这些安道尔人就已经和冰岛人及意大利的圣马力诺人一样，开始按照自己的意愿来管理自己的国家了。这样一个历史悠久的公国的确值得我们的尊重与爱戴。800 年是段漫长的时光。2732 年时，我们这些国家会怎么样呢？

在其他方面，比利牛斯山脉也与阿尔卑斯山脉迥异。比利牛斯山脉没有什么冰川。从前，这些大山曾被厚厚的冰雪覆盖过，那些冰雪一定比瑞士山区的还要厚。但是，时至今日，只有几平方英里的冰川遗迹留了下来。这里的山脊上也没有冰川。这些山脊陡峭难攀，但是，即使在南部安达卢西亚山脉的内华达山，也只是在 10 月到次年 3 月间有些积雪而已。

山系的走向当然对西班牙的河流产生了直接影响。这里几乎所有的河流都发源于中部荒凉的高原，这是一列巨大的史前山脉的残存部分，这列山系在数百年的侵蚀过程中渐渐沉入海底。这些河流由高原直奔大海，由于水流湍急，瀑布密集，它们几乎起不到商贸通道的作用。另外，漫长干燥的夏季使河流水量骤减，就像你在马德里看到的，曼萨纳雷斯河的沙床每年至少五个月可以为首都的孩子们提供一片假想的海滩。

因此，我就没必要告诉你全部河流的名称了。不过，葡萄牙首都里斯本的塔古斯河算是个例外。这条河的航道几乎与西葡边境线一样长。西班牙北部的埃布罗河也可通航。这条从纳瓦拉和加泰罗尼亚穿过的大河可以通行小型船只，大型船只在大部分河段却只能在与河平行的一条运河中航行。将塞维利亚市与大西洋连接起来的瓜达尔基维尔河（"摩尔人的大河"之意）只能通行吃水小于 15 英尺的船只。从塞维利亚到科尔多瓦，瓜达尔基维尔河只能走小船。科尔多瓦曾以摩尔人的首都而扬

名四海，据说，这里原来有不少于 900 座公共浴场。后来，基督徒攻占
了这里，将人口从 20 万削减到 5 万，将公共浴场从 900 座削减到 0 座。
过了这段河道，瓜达尔基维尔河就与大部分西班牙河流一样，成为峡谷
河（就像美国的科罗拉多河），这不仅严重影响陆地生意，对水上贸易
也无任何帮助。

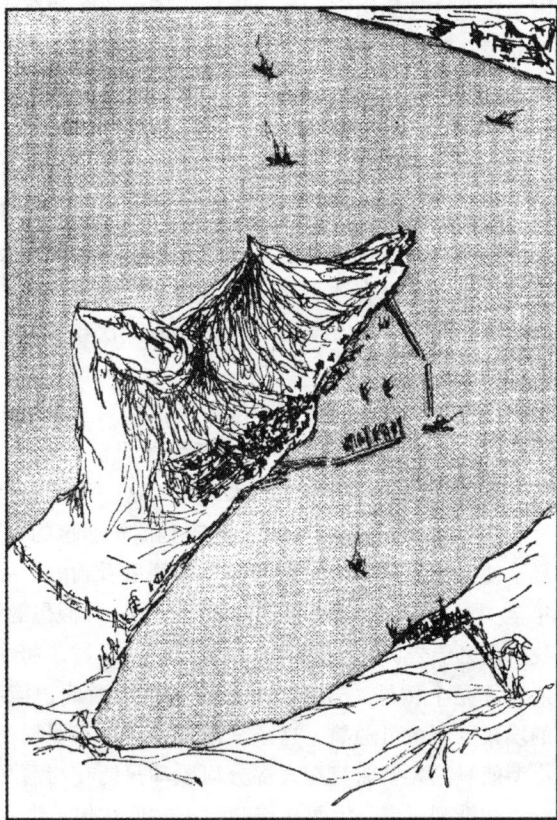

直布罗陀

　　总体而言，造物主对西班牙并无任何青睐。这个国家的中心地区是一座大高原，并被一列低矮的山脉一分为二，北半部为老卡斯蒂利（Castile），南半部是新卡斯蒂利，分水岭名叫瓜达腊马山。

　　"castile"是"城堡"的意思，这是个很不错的名字。但是，它就像西班牙雪茄烟，徒有其表。这里满眼蔓草寒烟，四顾萧条荒凉，这种景象在世界其他地方也随处可见。当年南北战争时，谢尔曼将军率军突破佐治亚州之后曾说，一只想飞越谢南多亚山谷的乌鸦得随身带上口粮才行。他这句话有意无意地借用了 2000 多年前罗马人的说法。罗马人曾说，一只想飞越卡斯蒂利的夜莺必须带上粮食和水，否则将饥渴而死。这是由于高原周围的群山太高，挡住了从大西洋和地中海飘来的雨云，结果造成了一块高台绝地。

　　就这样，卡斯蒂利一年中有九个月阴森惨淡的日子，另外三个月则完全暴露给干燥的寒风。大风无情地在这片广阔的荒原上呼啸而过，只有山羊能在这里生存下来，可也一点儿也感不到舒服。这片土地唯一的植物是茅草，由于非常坚韧，很适合编制篮子。

　　这片台地的大部分被西班牙人称为梅塞塔，即平顶山。这种地方和沙漠简直没什么区别。这就是为什么西班牙和葡萄牙面积比英格兰大，而人口却只有英伦三岛一半的原因。

　　要想进一步了解这一地区的贫苦破败，我建议你去读一读米格尔·德·塞万提斯·萨贝德拉的作品。你可能还记得他作品中的主人公，那位天真无邪的西班牙小贵族——堂吉诃德·德·拉·曼查。事实上，曼查是一片内陆沙漠，卡斯蒂利就与这样的内陆沙漠并肩而立。这是一片萧瑟阴森的荒野，位于西班牙古都托莱多附近。"托莱多"这个名字对于西班牙人来说可不吉利，因为，它的阿拉伯语原意是指"荒凉凄惨"，而那位拥有一个高贵头衔的堂吉诃德其实只是"荒野之王"罢了。

　　在这样的国家，大自然又吝啬，又顽固，人要么老老实实艰苦奋斗，从大自然手中夺取赖以生存的必需品，要么就像大多数西班牙人那样生活，他们的全部家当用一头小毛驴就可以驮走。这就是不利的地理环境所造成的人间悲剧。

800年前，这个国家属于摩尔人。这不是伊比利亚半岛第一次遭受外族入侵。这个国家拥有宝贵的矿藏。2000年前，铜、锌和银就像今天的石油一样重要。哪里发现了铜、锌和银，各国军队就会到那里去争夺。当地中海地区出现两大军事阵营后，当闪米特人（迦太基人的一支，属腓尼基侨民，对附属国施加残酷剥削和压迫）和罗马人（虽然与闪米特人并非同宗同源，但是在对待附属国的态度上是一致的）都开始对各国财富进行密室谋划时，西班牙难逃厄运。和许多国家地区一样，西班牙不幸拥有丰富的自然资源，于是就被两伙有组织的强盗集团变成一片供其雇佣军角斗的战场。

这两伙强盗刚刚离开，北欧蛮族又将这里变成一座便利的大陆桥，试图通过这里去攻打非洲。

接着，在7世纪早期，阿拉伯一位骆驼骑手①心怀远志，带领一大批人们从未听说过的沙漠部落南征北战，开始了争夺世界霸权的漫长历程。一个世纪之后，他们占领了全部北非地区，准备对欧洲下手。711年，塔里克驾船驶向著名的猴子岩（欧洲唯一有野生猴子的地方），他的军队没有遭遇到任何抵抗便顺利地登上了直布罗陀（这块地方过去200年中一直被英国人占领着）。

从此之后，这个被称为"世界尽头"的直布罗陀就成为穆斯林的囊中之物。据说，昔年大力神赫尔克里斯将欧洲和非洲的大山拨至两边，遂形成今日的直布罗陀海峡（赫尔克里斯之柱）。

难道西班牙人没有抵抗入侵吗？他们曾全力以赴，但是，这个国家的地理环境使他们无法统一行动。平行的山系和深谷中的河流将整个国家分隔成若干独立的小方块。时至今日，仍有大约5000个西班牙村庄无法与外界直接联系，与世隔绝在自己的小天地里。他们的对外出口只是

---

① 指穆罕默德（约580—632）：伊斯兰教创始人。于40岁时宣布自己是安拉的使者，是最后的先知，在麦加开始创传以信仰一神为中心的伊斯兰教。

一条令人头晕目眩的羊肠小道，而且也只能在特定的时间里通行。

历史和地理留给我们的确定规律不多，请记住其中一条：这样的国家正是孕育宗派门阀的好地方。宗派门阀无疑是有一定好处的，至少可以使同一宗派的人相互忠诚，共同维护集团利益。但是，苏格兰和斯堪的纳维亚的情况表明，门阀制度是一切经济合作与国际联盟的天敌。岛民一向被视为目光短浅、保守自私，除了自己小岛上的事，他们什么也不关心。但是，他们至少能和邻国的人相安无事地共渡一舟，共度一个下午，或者能够去救援沉船的海员，并听一听外面的信息。可是，山谷居民被几乎不可逾越的大山完全锁在了尘世之外，除了他自己和他的邻居，他一无所知，其他人也一样，除了他们自己和左邻右舍，他们身无长物。

西班牙之所以能够被穆斯林征服，是因为这些摩尔人虽然也来自沙漠，虽然也是严格的"宗派"观念的忠实信徒，这一次，他们却能在一些强大的领袖率领下齐心合力，共同战斗。这些领袖给了他们一个共同的民族目标，使他们放弃了自己的小算盘。可是，西班牙人却在为小集团的利益而互相钩心斗角，他们内部之间的仇恨往往比对共同的外敌的仇恨更加强烈，因此，这些服从统一指挥的外敌就能把他们赶出家园。

接下来是西班牙人长达七个世纪的争取独立的伟大战争。在漫长的700年中，那些北方基督教小国互相钩心斗角，互相背信弃义，而这些小国之所以得以幸存，全赖于比利牛斯山的天然屏障。在山的那一边，是他们不敢招惹的法国人，而法国的查理曼大帝在做出一些含糊的姿态后，终于听之任之，不去理睬这些小国了。

同样七个世纪，摩尔人将西班牙南部变成了一个名副其实的花园。这些沙漠居民十分珍惜来之不易的水资源，他们还非常热爱在他们故土难得一见的花草树木。他们修建了庞大的灌溉工程，还引进了橘树、枣树、杏树、甘蔗和棉花。他们充分利用瓜达尔基维尔河的水力资源，将科尔多瓦到塞维利亚的山谷改造成一片巨大的灌溉冲积平原或花园，使这里的农民能够一年收获四次。他们又进一步开发利用胡卡尔河，使这

条在巴伦西亚附近注入地中海的河流又为他们增加了 1200 平方英里的肥
沃土地。他们还引进了技术人员，建立了大学，科学系统地讲授农业知
识。这些穆斯林还修筑了这个国家至今仍在使用着的公路。而他们对天
文学和数学所作出的贡献我们在前文已经提到了。另外，他们还是当时
欧洲唯一关心医药与健康的民族。他们对这些问题的研究非常细致而耐
心，甚至还将古希腊的作品译成阿拉伯文重新介绍给西方世界。他们还
使另一个民族作出了自己的贡献，这对他们来说具有更大意义。他们没
有迫使犹太人居住在保留地中，或者对他们采取更严厉的措施，相反，
他们给犹太人充分的自由，让这个民族淋漓尽致地发挥他们的商业才能
和组织才干，使国家受益匪浅。

然而，悲剧还是不可避免地发生了。穆斯林几乎征服了西班牙全部
领土，基督徒们也不再是个威胁。那些仍在可怕的沙漠中受着干渴煎熬
的阿拉伯和柏柏尔部落听到了有关这个人间天堂的消息。而且，由于穆
斯林国家实行独裁统治，统治的好坏完全取决于个人的能力。在这样舒
适奢豪的环境中，由全副武装的农夫建立起来的王朝在逐渐颓废衰败，
而另一部分同样全副武装的农夫却仍在自家耕牛后面挥汗如雨，不堪重
负。他们向格拉纳达的阿尔汉布拉宫和塞维利亚的阿尔卡扎宫里寻欢作
乐的人们射出了妒羡的目光。于是，内战爆发了，杀戮开始了。一个又
一个家族被斩草除根，一个又一个家族又涌现出来。而在北方，强权人
物适时地挺身而出，小帮小派被合并为小领地，小领地又汇合为小公国。
卡斯蒂利、莱昂、阿拉贡和纳瓦拉这些家族渐渐崛起。终于，西班牙人
抛弃了古老的世仇，甚至阿拉贡的费迪南德都可以娶城堡之邦的卡斯蒂
利之女伊莎贝尔为妻了。

这场伟大的解放战争经历了 3000 余次艰苦卓绝的大小战役。教会又
将这场民族冲突演变为一场信仰之战。于是，西班牙人摇身变成了十字
军骑士，毁灭整个国家成为他们最高尚的理想，为此他们浴血奋战。就
在摩尔人最后的堡垒格拉纳达被攻克的同一年，哥伦布发现了通往美洲

之路。六年之后，达·伽马①驶过好望角，发现了直通印度之路。因此，就在西班牙人应该夺回自己的家园、应该继续开发已由摩尔人发动起来的自然潜力时，一笔横财从天而降。西班牙人的宗教热情轻易地使他们把自己假想成神圣的传教士，可实际上，他们却什么也不是，不过就是一伙不一般的（因为不一般地残忍、不一般地贪婪）强盗而已。1519年，西班牙强占了墨西哥，1532年，他们又征服了秘鲁，自那以后，他们就不知所以了。所有的宏图远略都被滚滚而来的黄金淹没了。这些黄金被笨重的大帆船源源不断地运进了塞维利亚和加的斯的仓库里。当一个人可以瓜分从阿兹特克和印加掠夺来的财物，从而成为"金领阶层"的一员时，他决不会再去用双手劳动而自贬身价。

摩尔人千辛万苦换来的成果付之东流了。他们被赶出了这个国家。下一个是犹太人。他们被成批成批地扔进肮脏的小船，然后听凭船主发落，船停在哪儿，他们就得在哪儿上岸，而且，他们上岸时已经一文不名，赤贫如洗了。这些犹太人胸中燃烧着复仇的火焰，头脑却被苦难锻炼得更加敏捷了。他们以牙还牙，以眼还眼，在所有反对那个国家的事情上都插上一手，那个国家就是他们仇恨的——西班牙。甚至上帝也来推波助澜，给这些"黄金梦"的受害者送去一个国王，这位国王一生都隐居在他为自己建造的伊斯科利尔宫中。这座宫殿坐落在荒凉的卡斯蒂利平原边上，就在这里，这位国王建立了新都——马德里。

至此而后，三大洲的财富和全部国家的人力全被用来阻止异教徒的入侵，这些异教徒既包括南边的穆斯林，也包括北边的新教徒。而西班牙人，由于长达七个世纪的宗教之战，也被造就成宁信无不信有、唯皇室马首是瞻的人。他们在急剧膨胀的财富中身心俱疲，甚至还为此赔上了性命。

是伊比利亚半岛造就了今天的西班牙人。那么，在荒疏了这么多世

---

① 达·伽马（约1469—1524）：葡萄牙航海家。1497年绕过好望角，抵达莫桑比克。后又两次赴印度。成为由欧洲绕好望角抵达印度航道的开拓者。

纪之后，西班牙人能不能回过头来按照自己的意愿去改造这个半岛呢？别去管它的过去，而应着眼于未来。

在一些城市，如巴塞罗那，他们正在努力实现这个梦，他们真的十分努力。

然而，这是一项多么艰难的事业啊！

11 法国：应有尽有的国家

  我们常常听到这样的说法：法国向来超然物外，那些居住在大陆上的法国人要比居住在淫雨霏霏、荒僻寂寥的小岛上的英国人更加闭塞保守、落寞孤立。简言之，由于一向固执地对国际事务漠不关心，法国人已经成了最自私、最以自我为中心的一个民族，而且，成为目前大多数事端的祸根。

  为了彻底了解这一切，我们必须追本溯源。任何一个民族的根都深植于其地理环境与心理特征。地理塑造了心理，心理也在改造着地理，它们是密不可分的。抛开其中任何一个，孤立地去研究另一个，都是不全面的。如果我们深入了解二者的本质，我们就能理解大多数民族的特性。

  对法国人不断的指责正是基于这一事实，在世界大战期间对他们毫无保留地大肆颂扬也是由此而来。因为，这个国家的美德与劣根都直接产生于他们所处的地理环境。占据着大西洋与地中海之间优越的地理位置，使他们完全可以自给自足，于是，使他们产生了自以为是、自高自大的情绪。如果在自家后院就可以享受到宜人的气候与美丽的风景，又何必去其他国家寻求改变呢？如果从 20 世纪返回到 12 世纪，或者从赏心悦目、满眼青翠的古堡田园，来到遍地沙丘苍松的神秘之乡，只需乘坐几小时的火车，又何必奔波异国，学习不同的语言，熟悉不同的习惯与风俗呢？如果自家饮食起居和亲朋故旧不比任何其他国家差，如果你的国家能把菠菜做成一道人人爱吃的菜肴，又何必去为护照和支票之类的事情烦心，又何必去忍受糟糕的食物、酸酒以及北方农民僵硬、呆板、俗不可耐的面孔呢？

当然，可怜的瑞士人一生所见除了山还是山，而可怜的荷兰人，除了一小块平坦青翠的草地和几头黑白花奶牛，也没有什么别的见识。如果他们不经常到国外游览，肯定会枯寂厌烦而死。德国人早晚也会厌倦自己那种铺张的用餐习惯——一边听着美妙的音乐，一边吃着乏味的香肠三明治。意大利人也不可能一生都吃空心面。俄国人肯定希望偶尔也能舒舒服服地吃上一顿饭，而不必为买半磅人造黄油去排六个小时的长队。

法　国

与他们相比，法国人太幸运了，他们简直是生活在一个人间天堂里。在这个国家，想要的东西随手可得，所以，法国人会问："我何必要背井离乡呢？"

你可以说他顽固、偏执，说他是不正确的。我希望我能同意你的观点。但是，我不得不承认，从许多方面讲，法国人的确是得天独厚的，独享上天之恩赐，独占地理之福泽。

首先，法国拥有各种各样的气候条件——温带气候、热带气候以及两者之间的温和气候。法国以拥有欧洲最高峰为荣，同时，它还有在平坦的大地上四通八达的运河网，连接着法国各个工业中心。如果一个法国人想以在山坡上滑雪来消磨冬季，他可以去阿尔卑斯山西侧萨瓦的小村庄。如果他更喜欢游泳而不是滑雪，那么，他只需买一张去大西洋岸边比亚里茨的车票或者去地中海之滨夏纳的车票。如果他对人感兴趣，想看看已经成为流亡者的君主和即将成为君主的流亡者，或者那些前途远大的男演员和大红大紫的女演员，或者那些小提琴家和钢琴家，还有那些使水银灯下的君主和普通百姓神魂颠倒的舞蹈演员，看看他们的模样，亲近他们的音容，那么，他只需坐在巴黎的和平咖啡店里，叫上一杯加奶咖啡，静静恭候。或早或晚，那些曾成为世界报纸头版人物的男男女女老老少少都会经过这里。而且，他们的出现从未引起任何特别的关注，因为，这样的事情在15个世纪中天天都有，即使是一位国王、一位皇帝，甚至教皇本人，都不会比一位新生出现在校园里更引人注目。

正在此处，我们遇上了地缘政治的一个不解之谜。2000年前，这片飘着共和国三色旗（这面旗帜日夜飘扬，对于法国人，他们一旦举起一面旗帜，就永远不会让它飘落，除非它已被时间与风雨磨损得无法辨认）的土地大部分位于大西洋与地中海之间的西欧平原之上，为什么有一天，这里会发展成为一个世界上最集权的国家？这里显然没有任何地理因素。

有一所地理学校认为，气候与地理条件对人类命运具有决定性的作用。无疑，这两种因素是在发挥着这个作用，但不是永远。有时，情况竟然截然相反。摩尔人与西班牙人曾住在同一片土地上，1200 年瓜达尔基维尔河谷上空的骄阳与 1600 年的太阳没有什么区别，可是，1200 年给这片花果乐园带来祝福的太阳却在 1600 年对这里废弃的水渠、漫天的杂草、干焦的荒野射出诅咒的光芒。

瑞士有讲四种语言的四个民族，但他们却能感到自己是一个家庭的成员。比利时只有两个民族，可是这两个民族却相互仇恨，甚至把亵渎对方士兵坟墓当做每个周日下午的消遣。冰岛人守着他们的弹丸小岛，居然维持了一千多年的独立与自治。同样的岛民爱尔兰人却至今仍不知"独立"为何物。世事往往如此。不管机械、科学和各种标准化发展到什么程度，人性却仍然是一切事物中最不稳定、最不可靠的因素，它造成了许许多多不可思议、不可预期的变化，世界地图便是活生生的例证，而法国的客观情况刚好可以证明此点。

从政治角度看，法国是一个完整的国家。可是，如果你仔细观察地图，你会注意到法国实际上是由两个背靠背、相对独立的部分组成——东南方面向地中海的罗讷河流域与西北方面向大西洋的广袤平原。

让我们先看一看最古老的那一部分——罗讷河流域。罗讷河发源于瑞士，这条不起眼的小河直到离开日内瓦奔向法国纺织工业中心里昂，才发挥出重要的作用。在里昂，罗讷河与发源于北方的索恩河汇合。索恩河的源头与默兹河源头相距不远，后者与北部欧洲的历史密不可分，就像索恩河（与罗讷河一起）对于南部欧洲的兴衰也曾起过重要作用一样。罗讷河不利于通航，当它注入利翁湾时，其落差已达 6000 英尺，由此造成的湍急流水使现代汽船一直无法完全征服这条大河。

尽管如此，它还是为古代腓尼基人和希腊人提供了一条深入欧洲内地的便利通道，因为，当时的劳动力——奴隶资源——是非常廉价的。船只逆流而上时必须由那些"古代伏尔加"纤夫（他们的命运一点儿也不比他们那些俄国同行好）牵引，如果船只顺流而下，则只需几天时间。就这样，地中海古老的文明通过罗讷河河谷首次敲开欧洲内陆的大门。奇怪的是，那一地区最早的商业据点马赛（迄今仍是法国最重要的地中海港口）并没有直接建立在罗讷河河口，而是坐落在河口向东几英里的地方（现在有一条运河与罗讷河相接）。但是，马赛并没有选错地方。早在公元前3世纪，马赛的钱币就已经流通于奥地利的蒂罗尔和巴黎的周边地区，当时，这座城市就已经成为一个重要的商贸中心了。而且，马赛很快就成为这一地区及其北部地区的首府。

后来，这座城市遭遇到不幸。市民由于受到阿尔卑斯山蛮族的威胁，便邀请罗马人来此援助。罗马人来了，而且，按他们的一贯作风，留了下来。罗讷河河口地区成为罗马的一个"行省"（provincia），即普罗旺斯省（provence）。这一地区在历史上扮演了一个重要角色，它无言地证明了一个事实：是罗马人，而不是腓尼基人和希腊人，认识到了这块肥沃的三角洲的重要意义。

于是，我们又遭遇到一个最令人困惑的历史与地理之谜：普罗旺斯——融合了希腊文明与罗马文明，拥有理想的气候条件和肥沃的土地，前有开阔的地中海，后有北欧广袤的中部大平原，具备一切自然的优势，命中注定能够成为罗马理所当然的继承者，似乎可以稳操胜券——却失掉了这场竞争。在恺撒与庞培①的斗争中，普罗旺斯站在了庞培一方，于是，对手摧毁了这座城市。然而，这只是一个小插曲而已。不久之后，马赛人又在同一地方做起了生意，还有文学、艺术、科学和礼仪，由于在罗马已经无处容身，便跨过利古里亚海，逃到普罗旺斯，将这里变成一个在蛮族层层包围之下的文明孤岛。

当富甲天下、大权在握的教皇也无法在台伯河上的那个城市（中世纪的罗马暴民比豺狼强不到哪儿去，和我们美国的强盗们一样凶残）立足时，他们将教廷迁到了阿维尼翁。这座城市以人类首次修建的巨型桥梁而青史留名（现在，这座桥的大部分已淹没于河底，但是在12世纪，它是一个世界奇观）。在阿维尼翁，教皇们还拥有一座坚如铁桶、经得起

---

① 庞培（前106—前48）：罗马共和国后期政治家、将军。公元前48年被恺撒打败，逃亡埃及，遭埃及人突袭，遇害身亡。

上百次围攻的城堡。自此而后的一个世纪中，基督教的领袖们就居住在普罗旺斯，教廷的骑士们在十字军中非常显赫，其中一个普罗旺斯簪缨世家还成为君士坦丁堡的世袭统治者。

法兰西的地质结构

　　但是，不知何故，普罗旺斯并没有发挥出造物主在创造这片可爱的、肥沃的、浪漫的河谷时赐予她的神力。普罗旺斯产生过抒情诗人，然而，他们虽然被认为是那种文学体裁的奠基人（他们创作的这种文学体裁至今在小说、戏剧、诗歌中仍占据着一席之地），他们却不能使柔和的普罗旺斯方言成为整个法国的语言。是北方（与它的方言）创立了法兰西，造就了法兰西民族，给全世界送去法兰西文化五彩缤纷的精华，但是，那里并不具备南方的种种自然优势。16 个世纪前，没有人能想到这种变化，因为，当时人们认为，这片南起比利牛斯山脉，北至波罗的海的大平原肯定将成为条顿大帝国的一部分。是的，那是一种地理上的安排，而人类对此不感兴趣，所以，情况就发生了翻天覆地的变化。

莱茵河与默兹河及其三角洲

对于恺撒时代的罗马人，欧洲的这一部分就是遥远的西部了。他们称这里为高卢，因为此地居住着高卢人，一个长着一头金发的神秘民族（希腊人称其为凯尔特人）。当时，那里生活着两支高卢人，一支居住在阿尔卑斯山与亚平宁山之间的波河流域，这是最早的一支，被称为"山南高卢"或"山这边的高卢人"。当恺撒孤注一掷、勇敢地跨过卢比孔河时，这部分高卢人就被留在了那里。另一支是"山外高卢"或"山那边的高卢人"，对于当时的欧洲，这一部分高卢人无关紧要，但是，在公元前58—前51年恺撒那次著名的远征之后，这部分高卢人就与今天的法国有了某种特殊的关系。这是一片肥沃的土地，在这里征税不会遭到当地人的强烈反对，因此，这里成为罗马精干的殖民统治者的首选之地。

北部孚日山与南部侏罗山之间的山口并不险要，罗马的军队（大部分为步兵）可长驱直入此地。不久，法兰西的大平原上就星星点点布满了罗马城堡、罗马村庄、罗马市场、罗马教堂、罗马监狱、罗马剧场和罗马工厂。在塞纳河上有一座小岛，那里的凯尔特人仍然居住在用原木搭建的房屋中。这个小岛就是鲁特西亚（巴黎古称），它成为建造供奉朱庇特的神庙的理想场所。昔年神庙之所在便是今天巴黎圣母院矗立的地方。

由于这座岛与大不列颠（公元1—4世纪罗马最有利可图的殖民地）可直接通航，并可遏制莱茵河与默兹河之间动荡的地区，因此，这座小岛自然发展为罗马帝国统治西方的大本营。

正如我在前面"地图"一章所述，我们有时对罗马人当时漂洋过海、翻山越岭寻路的本事百思不得其解，其实，这并不神秘。罗马人在选择地点方面有一种特殊的本能，无论筑港口、建城堡、设商埠，他们都没有失误过。一位漫不经心的游人在巴黎盆地中度过阴雨连绵的六个星期之后，会问自己："罗马人为什么偏偏选中这么个破地方作为他统辖西方和北方殖民地的大本营呢？"看看法兰西北部地图，地理学家会告诉你问题的答案。

几百万年前，这一地区被频繁的地震破坏得乱七八糟，山峰与山谷就像赌桌上的筹码，被扔过来扔过去。不同时期的四层厚厚的岩层被颠个不停，最终一个叠一个，就像常用来温暖老奶奶心灵的那些中国茶具中的茶托，摞在了一起。最下面，也是最巨大的一层"茶托"从孚日山脉一直伸向布列塔尼，它的西部边缘便深藏在英吉利海峡之下。第二层从洛林直达诺曼底海岸。第三层是著名的香槟地区，环绕着第四层，这里曾被恰如其分地称为法兰西岛。这个岛被塞纳河、马恩河、泰韦河和瓦兹河包围着，巴黎正处于这个岛中央。这意味着安全——绝对的安全——它能最大限度地防止外敌入侵。因为敌人必须首先攻克这些"茶托"陡峭的外延，而此时，守军早已占据了最佳防御位置，万一失守，他们还可以不慌不忙地退守下一道"茶托"防线，在退回到塞纳河的小岛之前，他们可以连退四次。最后，他们还可以烧毁小岛周围的几座外桥，将这里变成一座坚不可摧的堡垒。

当然，一支意志坚定、装备精良的敌军是有可能攻克巴黎的，但是，这是极其艰难的，就像不久前的世界大战证明的那样。将德军拒之巴黎城外的不仅是英军与法军的勇敢，还有几百万年前地质变化的功劳，它设置了重重障碍，阻挡了西进的敌军。

为了争取民族独立，法国人进行了近 10 个世纪的斗争。但是，当大部分国家不得不去保卫互不干联的四面边境时，法国人却只需全力以赴守好西大门就可高枕无忧。这就是法国比其他欧洲国家能够更早地发展成为一个高度中央集权的现代国家的原因。

位于塞文山脉、孚日山脉与大西洋之间的整个法国西部地区，被低矮的山脊自然划分成若干个相互独立的半岛和流域。最西面是塞纳河流域与瓦兹河流域，它们通过一条自然通道与比利时平原联为一体，这个通道自古以来一直由圣昆廷城扼守。圣昆廷城后来发展成为一个重要的铁路枢纽，因此，在 1914 年德军进军巴黎时，这座城市成为其主要攻击目标之一。

塞纳河流域经由奥尔良隘口与卢瓦尔河流域连成一片，这一地区曾在法国历史上发挥过十分重要的作用。法国的民族英雄，圣女贞德又被

131

称为"奥尔良贞女",巴黎最大的火车站也被叫做奥尔良火车站,这两个名称的由来与该城正处于南北要冲的重要地理位置是密不可分的。中世纪,披甲骑士为这样的重要关隘浴血奋战,今天,铁路公司也为这样的重要枢纽你争我夺。世界在前进,可是,往往前进得越远,对过去的重复也就越多。

巴 黎

卢瓦尔河流域与加龙河流域之间现在有经由普瓦提埃的铁路线相连。公元732年,正是在普瓦提埃附近,查理·马特阻止了摩尔人向欧洲深入的脚步。公元1356年,也正是在这里,黑王子①彻底消灭了法国军队,使英国在法国的统治又延长了100年之久。

---

① 指英王爱德华三世之子,英国著名将领。

　　宽广的加龙河流域的南部是著名的加斯科涅地区，在这里诞生了无畏的英雄达塔南队长和尊贵的国王亨利四世。这一地区通过从加龙河上的图卢兹到纳博讷的河谷与普罗旺斯及罗讷河地区直接相连。纳博讷坐落在地中海岸边，曾是罗马人在高卢地区最古老的聚居地。

　　正如所有这样的古代商道（这条路线在有文字记载的历史开始前就已使用几千年了），对某些人来说，它永远是一棵摇钱树。其敲诈勒索和牟取暴利的历史与人类的历史一样漫长悠久。如果你对此表示怀疑，请去世界上任何一个山口关隘，去寻找 1000 年以前那条道路上最狭窄的地点，就在那里，你会发现三三两两，甚至几十处古堡的废墟。如果你略通古代史，不同的石壁会告诉你：在公元前 50 年，公元 600 年，公元 800 年，公元 1100 年，公元 1250 年，公元 1350 年，公元 1500 年，都有一些强盗歹徒在此筑起城堡，向过往行人强行收取过路费。

　　有时，你还会在那些地方惊奇地发现一座繁荣的城市，而不是一堆荒凉的废墟。但是，卡尔卡松市的那些高塔、堡垒、护城河崖和要塞会告诉你，为了抵御凶残饥饿的敌军的进攻，一座山口堡垒要修筑得多么坚固方得以保全至今。

　　法国的地理概况就到此为止。现在，我要简要介绍一下生活在大西洋与地中海之间的这些居民的特征。他们有一个共同之处，即一种平衡与协调意识。我几乎可以说，法国人一直在努力做到"条理分明"，希望这个词不会使你想到枯燥、刻板和迂腐。

　　不错，法国拥有欧洲最高峰勃朗峰，但是，这只是一种巧合而已，法国老百姓对那些冰雪根本就漠不关心，就像美国普通大众对佩恩蒂德沙漠兴趣索然一样。法国人所喜好的莫过于默兹河、吉耶讷、诺曼底以及皮卡第这些地区，山峦起伏，跌宕有致；小河蜿蜒，心旷神怡；夹岸白杨，英姿挺拔；水上驳船，信步悠然；深谷夜雾，氤氲朦胧；再由华托①将这所有的良辰美景尽数收入画中。法国人所熟知的莫过于那些千

---

　　① 华托（1684—1721）：法国画家，创立抒情性的画风，具有现实主义倾向。

百年来毫无变化的村庄（任何国家中最强大的力量）、小镇（这里的人们仍然按照 5000 年前或 500 年前他们祖先的方式生活着，或者，试图维持着那种生活）以及巴黎，这座城市中最高尚的生活和最伟大的思想在一千多年前就已同归于尽了。

法国人并不像世界大战期间那些强加于人的荒诞离奇的故事中所讲述的：多愁善感，不切实际。恰恰相反，他们是最富理性、最殷切的现实主义者——永远能够脚踏实地。法国人知道，人的生命只有一次，70 年是他预期的寿数。于是，他会尽量使自己舒舒服服地享受现世的生命，决不浪费时间去做更高的梦想。这就是生活，我们要充分利用它！既然饮食是现代人之所好，那么，我们就让最贫困的人也能掌握烹调的技巧吧。

既然酒早在耶稣基督时代就被认为是一个真正的基督徒的合适饮料，那么，我们就酿制最好的酒吧。既然全能的上帝认为应该让地球充满各种各样迎合视觉、听觉和嗅觉的东西，那么，我们就不应该辜负了上天的恩赐，而应充分享受这一切，因为全能的上帝就是要我们这样做的。既然集体的力量比个人的力量更强大，那么，我们就应紧密依靠这个社会的基本单位——家庭，家庭会对每个人的喜怒哀乐负责，而每个人也要对家庭的旦夕祸福负责。

这是法国人生活中理想的一面，但是，他的另一面却不那么"理想"了。这一面也是直接脱胎于我前文所讲述的那些特征。家庭生活往往会由一个风花雪月的美梦变成一场可怕的噩梦。无数大权在握的老奶奶、老爷爷们成为阻挡历史进步的一块块绊脚石。为儿孙节俭的美德退化成搜刮、偷窃、诈骗、勒索和悭吝，甚至退化成对生活中每一件必需品的锱铢必较，甚至对他人的乐善好施也变成一毛不拔，而如果没有人与人之间的友善慷慨，文明的存在必将黯然失色。

但是，总体来说，法国人不论出身有多么卑微贫贱，都抱有某种实用主义人生哲学，这种哲学可以使他用最少的花销获取最大的满足。举一个例子，法国人决不好高骛远，因为，他清楚，人生来就不平等。如果有人告诉法国人，每个美国年轻人都有可能在将来的某一天成为其工作的那家银行的总裁，法国人会说："那又有什么？"法国人可不愿为了这种事而费力费神！花三个小时用午餐又有什么？用同样的三小时工作赚钱当然好，可是放弃了舒适和快乐就太不值了。因此，法国人是在勤奋工作，他的妻子以及儿女们也工作，整个国家都在工作，在赚钱，但是，他们是在按照自己喜欢的那种方式工作着，生活着，他们从不去管别人是怎么想的。这就是法国人的智慧，他们这种智慧虽然不能让人发大财，可是却比其他国家所信奉的"成功"信条更能保证人们获得最大的幸福。

每当我们谈到海洋时，我都不必告诉你海边的居民是以打鱼为生的。他们当然是以打鱼为生的。你还以为他们能干什么别的工作吗？挤牛奶还是挖煤窑？

但是，当我们将这个话题与当地农业联系在一起，就会发现一个有趣的现象：当大多数国家的人口在过去 100 年中都被吸引进城市时，法国却还有 60％ 的人口仍然坚守在农村。法国是欧洲唯一一个能经得起长期围困而无需从他国进口粮食的国家。古老的耕作方式逐渐被现代先进的科学技术取而代之，当法国农夫不再像他们那些在查理曼大帝时期和克洛维时期的祖先那样工作时，法国就将完全实现自给自足。

法国农民之所以能够继续留在农田里，是因为他是他自己的地主。他的农场可能都算不上一个农场，但是，那是属于他自己的。在英格兰和东普鲁士这两个欧洲旧世界大国，大量的农田土地属于那些不知姓甚名谁、不知身在何方的大地主们，而法国革命彻底地消灭了大地主，不管他是贵族还是教士，他的土地都被分给了小农户。对于那些大地主，这种分配形式是很不容易接受的，但是，他们的先人也正是用同样强制的手段才夺得那些土地，这有什么区别？而且，这场土地革命给整个法国带来巨大利益，它使法国一多半人口与国家的利益息息相关。不过，正如一切事物所证明的那样，有利必有弊，它也使法国的民族主义情绪过度膨胀起来。这可以解释为什么法国人即使迁居巴黎，也只愿意和本村的人交往，这种地方主义还使巴黎大街小巷充斥了无数专为某一地区的人提供服务的小旅馆。这还可以解释为什么法国人极不愿意离开自己的国家移居国外。如果他对自己的国家已经心满意足，他又何必跑到另一个国家去呢？

下面介绍一下法国的农业。葡萄酒酿造业将很大一部分法国人与土地牢牢地拴在一起。整个加龙河流域都在为葡萄酒文化服务。加龙河河口附近的波尔多是葡萄酒出口中心，而地中海岸边的塞特则是罗讷河流域著名的葡萄酒出口港。波尔多正南广袤的朗德平原遍地淤泥，那里有踩着高跷的牧羊人和能够常年在户外生活的羊群。勃艮第地区生产的全部葡萄酒都云集于第戎，而香槟酒则在法国古老的加冕之城兰斯集中分装。

当粮食生产与葡萄酒酿造都不再能够维系国计民生时，工业成为下一个支柱产业。古代法兰西的国王们不过是一群傲慢的低能儿，只知道如何残暴地压迫百姓，并在凡尔赛宫漂亮的贵妇们身上挥金如土。他们使法国宫廷成为时尚与文明生活的中心，全世界的人都蜂拥而至，学习恰当的礼仪，并了解吃饭与用餐的差别。时至今日，在法国最后一个旧时代统治者被身首异处地扔进巴黎墓地生石灰中的150年后，巴黎还在引导全世界该穿什么，该怎样穿。为整个欧洲和美洲提供着那些不可或缺的奢侈品（不过大部分人还是喜欢简要的必需品）的工业都以法国为中心，或依靠着法国，它们为上百万的妇女提供了就业机会。里维埃拉一望无际的花圃是那些6美元或10美元一瓶（十分小的瓶子，这是我们明智地对那些我们美国不能生产的产品征税的结果）的香水的源泉。

后来，在法国的土地上发现了煤和铁。皮卡第和阿图瓦也由于那些巨大的煤灰堆和矿渣堆而变得晦暗丑陋。这些垃圾山在英国人试图阻止德国人进军巴黎的蒙斯战役中曾发挥过重要的作用。洛林成为钢铁工业中心，中央高原也随之成为法国钢铁工业基地。世界大战结束后，法国人匆匆忙忙收回了阿尔萨斯，因为这里可以给法国提供更多的钢铁。在过去由德国统治的 50 年中，阿尔萨斯被转向发展纺织工业。由于近年的发展，如今四分之一的法国人在从事工业生产，现在，他们可以骄傲地宣称，他们的工业城市从外表上看，和那些英国、美国的工业城市没有太大差别，一样面部狰狞，一样乏味讨厌，一样缺乏人性。

12 比利时：几页文件
决定的国家

现代比利时王国由三部分组成：北海沿岸的佛兰德斯平原，佛兰德斯平原与东部山区之间那片地势较低、富产煤铁的高原，以及东部的阿登山脉，在这里，默兹河画出了一个漂亮的弧线，然后向北方不远处的低地国家的沼泽流去。

煤、铁矿藏主要集中在列日、沙勒罗瓦和蒙斯三个城市（大凡争取民主的伟大战争都有一个奇怪的习惯——将那些富产煤、铁的城市推上报纸的头版），储量非常丰富，即使德国、法国和英国的煤矿、铁矿全部采尽，比利时仍能在相当长的时期内向全世界供应这两样现代生活的必需品。

然而，这个有幸拥有德国人常说的"重工业"的国家却没有一个现代良港。海峡沿岸都很浅，而且沙床、浅滩遍布，情况极其复杂，根本没有真正意义上的港口。比利时人在奥斯坦德、泽布吕赫和尼乌波特开挖了人工港，但是，比利时最重要的港口安特卫普距北海却有40英里的距离，而且斯海尔德河入海前的最后30英里也是在荷兰的领土上。这一切都很不合情理。从地理学的观点看，这安排可能是"偶然的"，但是对于一个依靠一些国家代表在庄严的国际会议上用几页文件来决定各国命运的世界，这些安排又是必然的。因为，比利时就是一个由几次国际会议直接诞生出来的国家。让我们首先了解一下历史，看看是在什么情况下，那些大人老爷们舒服地围坐在绿呢桌前乱点乾坤的。

在罗马帝国的领地——高卢，居住着高卢贝尔吉卡人（与英国、法国的最早居民属同一民族）和一些日耳曼小部落，这些弱小民族在强大的罗马主子面前不得不低头臣服。一路北上的罗马人跨过了佛兰德斯平原，翻过阿登山，一直来到不可逾越的沼泽地带。就在这里，孕育了后来的尼德兰王国。查理曼大帝①时期，佛兰德斯成为法兰克人的一个小行省。公元 843 年，根据倒霉的凡尔登条约，它又成为洛泰尔中央王国的一部分。接下来，它又被分割成若干个半独立的公爵领地、自治郡和主教辖区。然后，中世纪最有才干的地产经纪商哈布斯堡家族将其据为己有。但是，哈布斯堡家族并不是来此寻找铁砂煤矿的，他们需要的是稳定的农业收成和快速积累的贸易收入。所以，这个国家的东部（今天仍是最重要的地区）当时就被认为是块蛮荒之地。不过，佛兰德斯还是获得了所有发展其潜力的机会，到 14 世纪和 15 世纪，这里已是北部欧洲最富饶的地区之一了。

这主要归功于它优越的地理位置，使中世纪的那些中型船只可以深入到内陆；另外，还要归功于佛兰德斯这块土地上才具非凡的早期统治者，他们积极鼓励发展工业，而不像当时的其他封建领主，一门心思发展农业，对资本主义极度鄙视，就像教会鄙视放贷取息的思想一样。

由于这些英明的政策，布鲁日、根特、伊珀尔和康布雷逐渐发展壮大、繁荣昌盛起来。而他们所做的工作，其他国家也一样能够做到，只要它们的统治者允许人民抓住他们应得的机会。这些早期的资本主义工业中心的衰落主要就是由地理与人为的综合因素造成的，其中人为的因素更多一些。

地理影响主要在于北海潮流的改变，并使布鲁日和根特的港口意想不到地淤积了大量泥沙，于是，这些港口完全被陆地淹没了。而工会（互助会）开始时虽然表现为一股强大的力量之源，可是后来却逐渐退

① 查理曼大帝（742—814）：西罗马帝国皇帝（800—814）。法兰克王（768—814）。

化为专制的鼠目寸光的组织，他们的存在似乎只是为了延缓和阻碍任何已有的工业活动。

从地上到地下，从人到鼹鼠

当本地的旧王朝土崩瓦解之后，佛兰德斯又暂时被法国兼并了。没有人来干涉这一切。当时的形势以及两国之间的代表终于将佛兰德斯转变为一个安静的乡村：可爱的小农场、白色的农舍、美丽的废墟，这一切可以激发起英国老妇人的情怀，让她们画出最拙劣的水彩画。但是，青草仍然会从老宅院中那些精心打磨的圆石间冒出来，它们从未停止过生长。

形成中的煤

宗教改革运动发挥了重要的作用。经过一段短暂而剧烈的动荡时期，佛兰德斯还是摒弃了马丁·路德教派，仍然忠实于罗马教廷。而荷兰获得独立之后，便急于关闭老对手的最后一个港口，于是，安特卫普与欧洲隔绝了，而整个比利时也从此进入了一个漫长的休眠期，直到詹姆士·瓦特的蒸汽机巨大的需求难以得到满足，世人才想起比利时丰富的自然资源。

于是，外国资本迅速地流入了默兹河谷，在不到 20 年的时间里，比利时成为欧洲的主要工业国之一。就从那时开始，瓦隆人地区或者法语地区（布鲁塞尔以西）开始繁荣起来。虽然它只有全国 42% 的人口，但却成为全国最富饶的地区。而佛兰芒人却成为半奴役的农民阶级，他们的语言只能在厨房和马厩里可以听到，而文明家庭的客厅绝对不允许讲佛兰芒语。

虽然人们认为国际会议可以一劳永逸地解决争端，永驻和平（就像一个世纪前的凡尔赛会议），但是，1815 年的维也纳会议又进一步将事情复杂化。会议做出决定，将比利时与荷兰合并为一个王国，使法国北方可以出现一股强大势力，而与之抗衡。

这个奇特的政治联姻终于在 1830 年破产，这是因为比利时人起来反对荷兰人，而法国人（如期望的那样）冲过来帮助比利时人。联盟国家（总是稍迟一步）进行干预，于是，科堡王室的王子，维多利亚女王的叔叔①（利奥波德叔叔是十分认真的绅士，他对亲爱的小侄女施加了非常深刻的影响）被推举为比利时国王。他那时刚刚拒绝了希腊人的类似邀请，并对此选择没有任何懊悔，因为这个新王国最终还是获得了胜利，虽然斯海尔德河的河口落入荷兰人手中，但是安特卫普却再次成为西欧最重要的港口之一。

---

① 指利奥波德一世（1790—1865），比利时国王（1831—1865）。原系德意志萨克森—科堡亲王。1816 年与英国女王夏洛特结婚。不久，夏洛特死，又娶法王长女路易丝—玛丽为妻。在法国七月革命（1830）影响下，布鲁塞尔爆发革命，1831 年 7 月被国民议会选立为国王。1839 年，比利时被承认为独立国家。

接下来，欧洲大国正式宣布比利时为"中立国"，但是利奥波德国王①（王朝创始人的儿子）非常聪明，对这种"请勿践踏草坪"之类的纸上协议不抱任何幻想。他努力想使自己的王国摆脱那种仰人鼻息、靠周边强国的恩惠才得以苟延残喘的三流小国地位。当一位名叫亨利·斯坦利的绅士从非洲中部回到欧洲时，利奥波德国王盛情邀请他来到布鲁塞尔，他们的会谈产生了国际非洲协会，这个协会使比利时成为现代社会最大的殖民强国之一。

热

由于地处北欧最富饶地区的中心，比利时占据了优越的地理位置，所以，它今日所面临的问题不再是经济问题，而是民族问题。比利时第一大民族佛兰芒人已经在基础教育、科学和文化发展等方面迅速地赶超上了第二大民族——讲法语的瓦隆人。佛兰芒人一直在为争取政治权利而斗争，因为，他们在王国独立之后就失去了应得的国家管理权。他们坚决要求佛兰芒语享有与法语平等的地位。

---

① 指利奥波德二世（1835—1909），比利时国王（1865—1909）。在位期间对内依靠工商业资产阶级，实行自由贸易政策，使比利时发展成为工业国。对外实行殖民侵略。1876年组织"国际非洲协会"。后以个人名义霸占刚果大片土地，称"刚果自由邦"。1908年将该地转给比利时政府作为殖民地。

　　这个问题到此为止。因为，我感到困惑，我不明白为什么事情会发展到这一地步。佛兰芒人与瓦隆人本是同根同源，他们有将近 2000 年的共同历史，可是，他们却像猫和狗一样，不能和平共处。下面我会谈到瑞士人，他们讲四种语言——德语、法语、意大利语和列托—罗马语（一种奇怪的罗马方言，只在恩加丁山区才得以完整保留），可是，他们却相安无事，没有什么根本矛盾。民族矛盾总有原因，但是我承认，它已超出我的理解能力。

13 卢森堡：历史的捉弄

在介绍瑞士之前，我还要为一个有趣的独立小公国留点笔墨，那就是卢森堡（Luxemburg，小城堡的意思）。这个小公国如果不是在世界大战的最初几天曾经扮演过重要角色，直到现在它仍可能默默无闻。这个公国拥有 20 万人口，当卢森堡还是比利时的天主教行省时，他们的祖先就居住在这周围地区了。中世纪，这里一度具有举足轻重的意义，因为它的首府被认为是当时世界上"坚不可摧"的城堡之一。

由于这个原因，以及两国之间的长期不和，法国和普鲁士王国曾为这块土地的所有权争吵不休，最后，1815 年的维也纳会议做出决定，允许这块土地作为一个小公国独立存在，并指定荷兰王室为其直接统治者，以补偿他们丧失在德国人手里的土地。

19 世纪，该公国又先后两次差点成了德国和法国之间进行战争的借口。为了避免类似的麻烦，这个大城堡终于自动解除武装，正式宣布为"中立国"，和比利时一样。

世界大战爆发时，德国人为了满足对领土的贪婪欲望，撕毁了这个中立条约，因为，他们不想冒险从法国西部像茶杯一样陡峭的险峻要塞进入法国，他们要从法国东北部大平原长驱直入。于是，直到 1918 年，卢森堡才从德国的铁蹄下解放出来。即使现在，这个小公国也没有完全脱离险境，因为在它的土地下埋藏着相当数量的铁矿。

14 瑞士：四个语言不同的
民族和睦相处

　　瑞士习惯上称自己的国家为海尔维第联邦，在瑞士22个独立的小共和国（这些小共和国的代表常常聚在首都伯尔尼共商国是）的钱币和邮票上还常常出现一个叫做海尔维第的妇女形象。

瑞　士

在世界大战期间，由于这个国家大部分人（瑞士70%的居民讲德语，20%讲法语，6%讲意大利语，还有2%讲列托—罗马语）多少有点倾向于德国（虽然还是保持着绝对的中立），那个海尔维第女神渐渐被一个名叫威廉·特尔①的理想化的青年英雄人物取而代之，因为，这个在英格兰维多利亚中叶由著名艺术家创作出来的女诗人形象，我不得不遗憾地说，第一眼看上去非常像英国人。钱币与邮票头像的更迭（这种现象不是瑞士独有，几乎每个国家都有类似的问题）清楚地表明了瑞士共和国的双重本性。但是，对于其他国家，这一切都无关紧要。瑞士，对我们这些外人来说，只是一个风景如画的山地之国，这正是我要在这一章重点介绍的。

阿尔卑斯山从地中海伸展到亚得里亚海，其长度几乎是大不列颠的两倍，面积几乎与大不列颠相等。其中16000平方英里的土地属于瑞士（丹麦面积与其相等），在16000平方英里的面积中，有12000平方英里的土地上覆盖着森林、葡萄园或者小块的牧场，可以出产多种农产品。另外还有4000平方英里的土地是由湖泊或者壮丽的悬崖峭壁组成，对于任何人都毫无用处。因此，瑞士每平方英里只有250人居住，而比利时为655人，德国为347人，挪威为22人，瑞典为35人；但是，不要以为瑞士只是一个巨大的山区疗养院，除了旅馆就是游客。瑞士不仅生产乳制品，它还将阿尔卑斯山与图劳山之间的北部高原变成一块欧洲最繁盛的工业区，而且，它还不需要什么原材料。这个国家当然有无比丰富的水力资源，另外，它还享有恰好处于欧洲心脏部位的地理优势。这种地利可以使海尔维第共和国的制成品不声不响、源源不断地输送到十几个周边国家。

我已在前文提到，类似阿尔卑斯山和比利牛斯山这样巨大而复杂的

---

① 威廉·特尔：瑞士传奇英雄，是为政治和个人自由而奋斗的象征。根据流行的说法，他是13世纪末至14世纪初来自瑞士乌里郡的农民，由于蔑视奥地利统治当局，被迫向儿子头上的苹果射箭。又由于威胁州长的性命而被捕，脱逃后，终于杀死这个州长。这些事件被认为是瑞士人民发动起来反对奥地利统治的信号。

山系是怎样形成的。我告诉你拿出半打干净的手帕，将它们展平并一块一块地摞起来，然后，向中间推这堆手帕，观察这种向中心的推力造成的褶曲、重叠的圆环和皱痕。你做实验的这张桌子就是地基或者是花岗岩地心（有着上千万、上亿年的历史），在这些古老的地层之上是较为年轻的地层在几百万年时间中缓慢地褶曲，形成了奇形怪状的山峰，再经过几百万年的风霜雨雪，才演变成今日的形象。

　　这些高达 10000 英尺甚至 12000 英尺的巨大褶曲渐渐被销蚀成一系列平行的山脉。但是，在瑞士的中心（即哥达山口的安德马特村），这些山脉与一条巨大而复杂的山系（所谓的哥达山系）纠缠在一起，于是，莱茵河从这里被倾入北海，罗讷河从这里被送往地中海，还有许多山间河流也发源于此，滋养着北部图恩、卢塞恩和苏黎世附近的大小湖泊以及南部著名的意大利湖泊群。正是在这遮天蔽日的冰川、峭壁与深谷之间，在这高山积雪、山涧激流与冰川幽绿的寒水之间，诞生了瑞士共和国。

山　口

1820

1880

1932

飞越天险

这一次，又是实际的政策与特殊的地理环境使这个国家得以寻求独立与自主。这些半开化农民世代居住在难以逾越的深山幽谷之中，在过去一千多年的岁月里，他们强悍的邻居从来没有打扰过他们。如果没有劫掠，高举不可一世的帝国大旗就毫无意义了，充其量不过就从这些野人手里抢两张牛皮回来。但是，这些野人可是极其危险的，他们会打游击战，还会把巨大的鹅卵石从山顶推下来，这些大石块砸在盔甲上就像砸在一张羊皮纸上，登时击得粉碎。出于这样的原因，这些瑞士人就和北美洲阿勒格尼山①后面的印第安人一样，被外面的世界彻底遗忘了。

但是，随着教皇势力的不断扩大以及意大利商业贸易在十字军东征前后的激增，北部欧洲迫切需要一条从德国直达意大利的便利通道，以便避开圣伯纳山口（这条经日内瓦湖从里昂到罗讷河河谷的商道要绕很长一段弯路）或者布伦纳山口，因为这两个山口都被哈布斯堡家族把持着，必须缴纳几乎难以承受的关税才可通过。

就在那时，翁特瓦尔登、乌里和施维茨三个森林州（瑞士独立小共和国和地区的名称）的农民决定联合起来，各自出一点钱（天知道，他们实在不富裕），修筑一条从莱茵河流域通往提契诺河流域的道路。他们从山石中开凿道路，当岩石太坚硬，手镐挖不动时（从山中开凿道路却没有炸药），他们就用木头做一些窄窄的装置，从峭壁上吊下来，绕过那些障碍。他们还在莱茵河上建了几座原始的石桥，只是这些桥梁除了在盛夏可以步行通过，其余时间都无法使用。他们还修复了一部分查理曼大帝在400年前派人勘察但是没有修筑完成的道路。就这样，到了13世纪末，一位带着骡队的商人可以从巴塞尔经由圣哥达山口直抵米兰，而不必再担心他的骡子会跌断腿或被山石砸死。

早在1331年，人们就听说在圣哥达山口有教会僧侣办的旅馆，虽然这种旅馆直到1820年才开始接纳商人，但是，这里很快就成为南北商道

———————
① 阿勒格尼山：北美阿巴拉契亚山系西北部的分支。美洲开拓初期是向西移民的障碍。

中最热闹的一条路线。

当然，翁特瓦尔登、乌里和施维茨的好人们虽然付出了千辛万苦，却只要求一点微薄的回报。但是，这一份稳定的收入以及这条国际商道对卢塞尔和苏黎世这些城市所带来的促进都使这些小农业国获得了一种独立的全新感受。这种独立感也与他们敢于公开反抗哈布斯堡家族有很大关系。有趣的是，后者也有瑞士农民血统，只是，他们从不在任何一本族谱中提及这一事实。哈布斯堡的族谱就存放在他们的老家哈比希茨堡（Habichtsburg—Hawk's nest，意即"鹰巢"），这个城堡就坐落在阿勒河与莱茵河的交汇之处。

很遗憾，我所讲的这一切都很乏味。但是，正是从阿尔卑斯山繁忙的国际商道中得来的这笔实实在在的收入，而不是那个虚构的威廉·特尔的勇敢，为现代瑞士共和国奠定了基础。这个共和国是一个非常有趣的政治实验品，因为，它是建立在世界上最有效的"公学"系统之上。这一套政治体制运行得如此完善，如此有效，如果你问一位瑞士公民，谁是他们的总统，他们还不得不想一会儿才能回答出来。因为，他们的国家是由联邦议会——类似于委员会——进行管理，议会由七人组成，每年推选一位新总统（一般由前一年的副总统担任），按照传统，而不是法律，每任总统轮流来自不同的地区，如第一年来自德语区，第二年来自法语区，第三年来自意大利语区，依次循环下去。

瑞士总统也与美国总统大不一样。他只是联邦议会的临时主席，而联邦委员会则通过七位成员对国家进行管理。总统除了要主持联邦会议外，还要负责外交事务。总统的地位是如此无足轻重，甚至都没有固定的官邸，没有瑞士的"白宫"。如果要款待贵宾，宴会就得在外交部举行。有的宴会就像是小山村里的节日聚会，根本没有为欢迎法国总统或美国总统举办招待会所应有的那种隆重盛大的场面。

瑞士行政管理体系太庞杂，在此不一一详述。但是，到阿尔卑斯山的这面来访问的人经常会发现，许多地方都有一个睿智而诚实的人始终在进行监管，看看事情是不是做好了，是不是睿智而诚实地做好了。

让我们再来看看这里的铁路建设。当然，这项工作会遇到许多艰难险阻。两条纵贯瑞士阿尔卑斯山的大干线将意大利与北欧连接起来。塞尼斯山隧道又将巴黎、第戎、里昂与都灵（萨瓦公国的古都）连接起来。布伦纳铁路线又使德国南部与维也纳直接相连，而且这条穿越阿尔卑斯山的铁路线没有开凿任何隧道。而辛普朗铁路线与圣哥达线不仅要穿隧道，还要爬山坡。圣哥达线是这两条铁路线中较早修建的一条。1872年就开始修建，10年之后才建成通车，单是开凿那条长达9.5英里、海拔高度达4000英尺的隧道就用了8年时间。比这条隧道更值得一提的是从瓦森到格舍切的盘旋式隧道。由于那里的山谷太狭窄，甚至无法铺设单轨，所以，铁路线不得不从大山中间攀越过去。除了这些特殊的隧道外，这条铁路线上还有59条隧道（其中几条长达一英里），9座高架铁路桥以及48座普通桥梁。

穿越阿尔卑斯山的第二条重要干线是辛普朗线。这条铁路线从巴黎开始，经由第戎、洛桑、罗讷河流域以及布里格，直达米兰。这条铁路在1906年正式通车，恰好在拿破仑的辛普朗公路完工的100年后。那条著名的公路包括250座大型桥梁和350座小型桥梁以及10条隧道，是当时世界上最浩大的公路工程。与圣哥达铁路线相比，辛普朗线的工程还比较容易。它首先沿着罗讷河河谷缓缓上行，直到海拔2000英尺高，然后便钻入隧道。这条隧道长达12.5英里，铺设双轨。勒奇山隧道也是双轨（长9英里），这条隧道将瑞士北部与辛普朗线和意大利西部沟通起来。

这些山脉中最狭窄险要的就是彭尼内山，辛普朗线便由此经过。这里环境极其复杂，在一片狭小的方形台地上至少有21座海拔高度在12000英尺以上的山峰，还有140座冰川在倾泻着滚滚激流。这些激流常常在一列国际列车到达前几分钟冲毁铁路桥梁。但是，这些意外的水患却从没有造成车毁人亡的重大事故，这主要归功于瑞士铁路工人的高效工作。正如我前面所说，在这个有些刻板、相当官僚的共和国，什么事情都不会听天由命。由于这里生活太艰难困苦，太无安全感，因此，绝不容许"难得糊涂"之类的温和人生哲学。不论在什么地方，在什么情况下，总有人在监察、注视、小心守护着一切。

然而，这种中学校长式的守时与高效的传统却无法创造出艺术的辉煌。在文学艺术的天地里——无论是绘画、雕塑还是音乐——瑞士人都没有任何建树。但是，我们的世界中已有太多的"艺术"国度，却只有极少数国家能够骄傲地称自己一直在稳定地保持着政治与经济的增长与发展，而且，这种体制能够使每一个瑞士家庭都心满意足。我们对此还能说什么呢？

15 德国：建国太晚的国家

为方便起见，我将欧洲各国按着民族与文化的不同，进行了归类。在前文，我已经介绍过一些前罗马殖民地国家，在这些国家独立之后，仍然依稀可辨罗马文明的影子。

众所周知，罗马曾占领过巴尔干地区，当时，那里至少有一个国家（罗马尼亚）保留了拉丁语作为官方语言。但是，当中世纪蒙古人、斯拉夫人和土耳其人大举进犯这一地区之后，这里一切罗马文明的痕迹都被抹杀了，所以，把那些巴尔干国家包括在目前的讨论之中显然是错误的。因此，我现在要向地中海沿岸的国家告别，下面我要讲述的是另一种文明类型，它起源于条顿民族，并以北海及大西洋为中心渐渐发展起来。

这一地区有一片巨大的半环形平原（在法国一章已讲过），它从俄罗斯的东部山地（第聂伯河、德维纳河、涅瓦河及伏尔加河均发源于此）一直延伸到比利牛斯山脉。在日耳曼部落开始向西进行那次神秘的迁移时，这片大平原的南部曾一度落入罗马人之手；平原的东部好像还曾被斯拉夫游牧民族占领过，这些斯拉夫人刚被斩尽杀绝，就又冒了出来，并迅速壮大，他们就像澳大利亚的兔子，屡打不绝。当饥饿的条顿人闯进这片大平原时，这里只给他们剩下了一片广阔的方形地区——东起维斯瓦河，西达莱茵河三角洲，北抵波罗的海，而南部罗马人筑起的堡垒则提醒着每一个新来的人：不要踏入"禁区"。

　　这一地区西部是山地。首先，在莱茵河西岸是阿登高原和孚日山脉，然后，由东向西依次是黑森林、蒂罗尔山脉、厄尔士山脉、里森格勃格山，最后是几乎延伸到黑海的喀尔巴阡山脉。

　　由于山势挤压，这里的河流都向北奔流。从西向东排列，首先是莱茵河。它是所有河流中最富诗情画意的一条河流，更没有哪一条山间小河能够像莱茵河那样，使人们不断地为之征战，为之流血流泪。然而，亚马孙河的长度是莱茵河的五倍，密西西比河与密苏里河的长度是其六倍，甚至在我们美国根本算不上数的俄亥俄河也比莱茵河长 500 英里，由此可见，莱茵河不过就是一条平凡的小河而已。莱茵河以东是威悉河，现代化城市不来梅就坐落在威悉河河口之上。再向东是易北河，这条河流造就了今日的汉堡。接下来是奥得河，它繁荣了什切青城，使这个港口源源不断地将柏林及其周边工业区的产品送往国外。最后是维斯瓦河和但泽①港，这个港口现在是自由港，由国际联盟指派的一位特派员进行监管。

　　几百万年前，这是一片冰川覆盖的大地，冰川退却之后在这里留下了大片沙石荒原以及北海和波罗的海方向无边的沼泽。渐渐地，北部的沼泽出现了一条沙丘带，从佛兰芒海岸一直延伸到临近俄罗斯的普鲁士故都柯尼斯堡。随着沙丘的扩张，沼泽便不再受到海潮的侵袭，这意味着植被的出现，于是，土壤渐渐适宜生长树木，森林出现了，那些古老的森林后来又成为泥炭矿藏，为我们的祖先提供了取之不尽用之不竭的优质燃料。

　　这片平原的西北边界北海和波罗的海被称为"海"，完全是名过其实，它们只是两个巨大的浅池而已。北海的平均深度只有 60 英寻（1 英寻等于 6 英尺），其最深处还不过 400 英寻，波罗的海平均深度是 36 英寻，而大西洋平均深度为 2170 英寻，太平洋为 2240 英寻。这些数据告诉你，你可以把这两片海洋当做下沉的山谷。地球表面只要稍稍隆起一点，这里就会又变成一片干燥的陆地。

---

　　①　但泽：今波兰港口城市格但斯克。

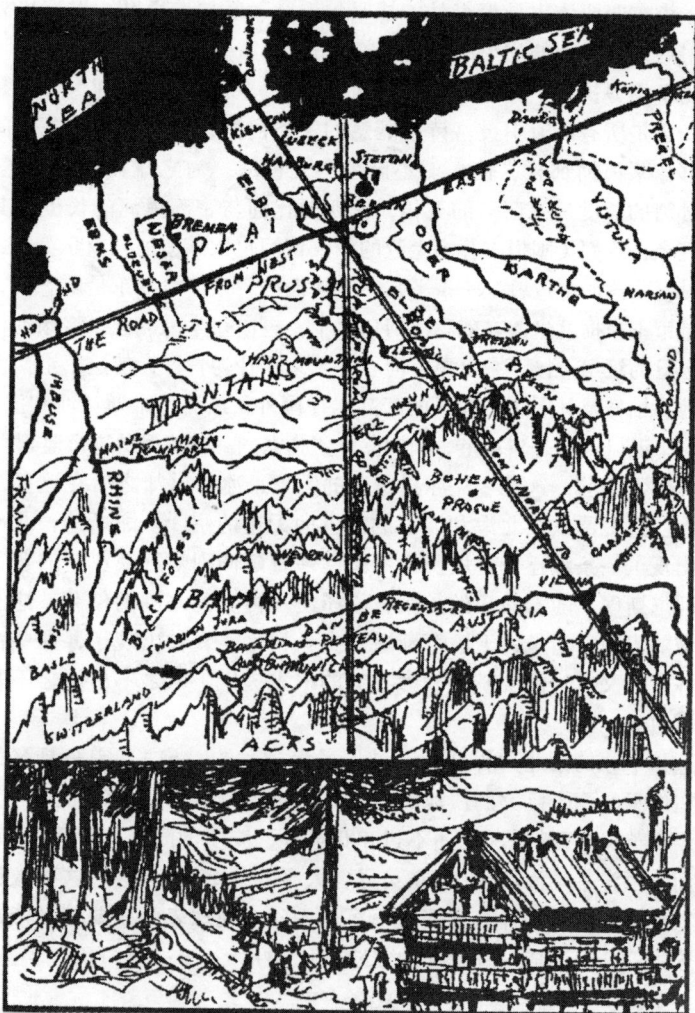

德 国

现在，让我们看一看德国的陆地地形图。但不是看现代地形图，而应回到人类随着冰川退却的足迹进入这里永久定居的年代，看看那时的地形图。

这些早期移民是野蛮部落。他们主要靠狩猎为生，还种一点谷物。但是，这些蛮族却对美有一种执著的追求。当他们的地盘上缺少用以装饰的金银时，他们就不惜长途跋涉去寻找。

很多读者可能会对下面这句话感到有些吃惊，但是，千真万确，所有早期的商道都是奢侈品的贸易通道，所有早期的民族冲突也都源于对奢侈品的争夺。使罗马人了解到北欧地理概况的，是那些深入到神秘的波罗的海沿岸去寻找琥珀的商人，而这种石化的树脂不过是用来给罗马贵妇们做头饰的；对那种坚硬的石灰石凝块（有时可以在牡蛎壳中找到，妇女们用此物来吸引别人注意她们耳朵可爱的曲线和手指的柔美与纤巧）的热切需求比任何理由都更有力地激发了人们去太平洋和印度洋探险航行，并做出更多的地理发现。与对奢侈品的需求相比，甚至那种促使许多诚实可信的人要把《福音书》带给异教徒的动力都显得不足为道。

为了获得龙涎香（抹香鲸内脏中的一种物质，因此导致了对那种可怜的鲸类的疯狂捕杀），大量船只涌向巴西、马达加斯加和摩鹿加群岛①附近，其数量比捕捞鲱鱼、沙丁鱼或者其他食用鱼类的船只还要多。这是因为，龙涎香是制作香水的一种原料，用它制作的香水散发着花的芳香，别具异国情调，与之相比，食用鱼仅是食用鱼，远不如香料的魅力。

时尚的转变使17世纪的妇女都要在外套里面穿上让人看不出的紧身衣（12道正餐不会给体型带来什么好影响），这种需求使人类大大增加了对北冰洋的认识。当巴黎一决定帽子上要有白鹭羽毛做装饰时，那些捕猎者便深入到美国南方的环礁湖中追杀白鹭，拔下它们头上的羽毛（这些人并不考虑此举意味着一切造物中最可爱、最高贵的一种鸟类的灭绝），他们深入的地区已远远超出了从前为日日三餐奔波的范围。

———————————

① 摩鹿加群岛：即马鲁古群岛。

这种例子不胜枚举。所有稀少珍贵的东西都可能成为一部分富人追求的目标，他们常以铺张的夸富摆阔来吸引周围不那么富裕的人的注意。即使在人类早期，也是奢侈品而不是必需品在引导着人类探险的脚步。当我们仔细研究史前德国地图时，我们依然能够辨认出那些古老的奢侈品贸易通道，因为，其中大部分商道直到中世纪甚至现代仍在发挥着同样的作用。

想想3000年前的情景。那些南部的大山——哈茨山、厄尔士山和里森格勃格山——坐落在距离海洋几百英里以外的地方，向北伸向北海和波罗的海的大平原早已由沼泽变为干燥的陆地，现在，又被茂密的森林覆盖着。随着冰川渐渐退向斯堪的纳维亚半岛与芬兰，人类踏上了这片土地，宣称这莽莽荒野尽归其有。居住在南部山区山谷中的部落发现，如果他们将砍下的树木卖给占据着莱茵河与多瑙河战略要点的罗马人，他们就会得到报酬。而其他条顿民族，不论是游牧部落还是农夫，几乎都还没有见过罗马人。一支罗马探险队曾经试图深入到这个国家的中心，但是这些探险者在一条黑暗、积水的山谷中遭到伏击，全部被杀死。从此再无人敢踏入此地。不过，这并不意味着德国北部与外界的联系被完全切断。

史前时代那条重要的东西方商道从伊比利亚半岛开始，沿着从比利牛斯山到巴黎的路线，直伸向俄罗斯大平原，途中经过法国的普瓦提埃和图尔河谷，我在前面"法国"一章已提及。这条商道绕过德国境内的阿登高原，沿着欧洲中部高地的外延向前推进，直抵现在苏联境内的北欧低地。这条商道一路向东，当然有许多条河流阻于途中，但是，它总能找到水浅方便的河段跨过去。正如罗马建立在台伯河浅水处一样，德国北部的许多早期城镇也是在那些史前时代或者古代人类聚居点的基础上发展起来的。今天熙熙攘攘的火车站和百货商场也许恰好与那些早期人类聚居点在同一位置。汉诺威、柏林、马格德堡和布雷斯劳①这些城

---

① 布雷斯劳：今波兰西南城市弗罗茨瓦夫。

市都是在史前原址上发展起来的。莱比锡虽然从前只是一个坐落在斯拉夫大地中央的小村庄，但是，它也曾是古代欧洲的商贸中心之一。从萨克森山区采来的矿物，如银、铝、铜和铁，就是在这里汇集之后再沿河顺流而下，卖给那些在欧洲商道上南来北往、川流不息的各国商贾。

当这条商道到达莱茵河后，长途陆地运输的商队就开始面临来自水上运输船队的激烈竞争。水上运输比陆地运输更便宜，更便利。在恺撒发现莱茵河之前，这条大河上就早已有许多专门从事货物运输的木筏。他们从斯特拉斯堡①（莱茵河在这里与弗克兰、巴伐利亚和符腾堡的内陆贸易区连接起来）将货物运往科隆、低地国家甚至不列颠诸岛。

柏林与耶路撒冷相隔万里，但是，这两个城市都遵循了同一地理原则，就是将城市建立在重要商道的交叉点上。耶路撒冷坐落在从巴比伦到腓尼基的商道与从大马士革到埃及的商道交叉点上，在犹太人听说这个城市很久以前，它就已经是一个重要的贸易中心了。柏林建立在河畔，横跨欧洲大陆的东西商道与西北到东南（从巴黎到彼得格勒，从汉堡到君士坦丁堡）的商道恰好在这里汇合，于是，柏林成为第二个耶路撒冷。

整个中世纪，德国是由无数个半自治的小公国组成，就在300年前，还没有迹象表明这块欧洲大平原的西部有朝一日会成为世界大国。有趣的是，现代德国几乎是十字军运动失败的直接产物。当人们确信，西亚已再无新领土可以被征服（穆斯林最终证明了自己完全可以与基督徒匹敌），这些没有继承权的欧洲子弟就开始寻找其他土地财富的来源。他们自然立即就想到了坐落在奥得河与维斯瓦河之上的斯拉夫大平原，在那里居住着野蛮的普鲁士异教徒。于是，十字军运动一股脑儿地从巴勒斯坦搬到了东普鲁士，商业中心也从加利利的阿卡迁移到但泽以南30公里处的马尔堡。此后的200年中，这些十字军骑士们一直在与斯拉夫人作战，这些来自西方的贵族和农夫霸占了那些可怜的斯拉夫人的农庄。

---

① 斯特拉斯堡：法国东北城市。

1410 年，他们在坦能堡惨败在波兰人手里，1914 年，在这同一地方，兴登堡①全歼了俄国军队。但是，不管怎样，那些十字军骑士还是在此地留了下来，当宗教改革运动开始时，他们仍然是一支不容忽视的力量。

当时的十字军正好由一位霍亨索伦家族的成员领导，这位大公不仅加入了新教，还在马丁·路德的建议下，宣布自己为世袭普鲁士公爵，定都但泽湾的柯尼斯堡。17 世纪初，这个公国落到了另一支勤奋而聪明的霍亨索伦手中，这些霍亨索伦们从 15 世纪中叶开始就一直统治着勃兰登堡那片荒凉的沙地。100 年后（即 1701 年），这些霍亨索伦们认为自己已经很强大，应该有资格获得比"选帝侯"② 更高的称号，于是，他们开始活动，想使自己的称号变成国王。

神圣罗马帝国的皇帝对此表示同意。自古以来，同类相惜，哈布斯堡家族很愿意为自己的好朋友霍亨索伦家族帮个小忙。1871 年，普鲁士国王霍亨索伦七世成为统一德国的第一任皇帝。47 年之后，普鲁士第九位国王兼现代德国第三任皇帝被迫离开皇位，流亡国外，霍亨索伦家族庞大的"股份制"集团终于垮台了。但是，这个由十字军残兵败将组成的国家最终发展成为资本主义工业时代最强大、最有效率的泱泱大国。

现在，一切都烟消云散了。最后一个霍亨索伦正在荷兰伐木。但是，我们不得不承认，这些前蒂罗尔山山民的确具有惊人的才干，至少，他们能够很明智地网罗一批具有非凡才能的人为他们服务。要知道，他们原有的领地根本就没有任何天赐的财富。普鲁士大地只有农田、森林、沙地和沼泽，这里没有什么可以出口的产品，而出口是所有国家获得贸易顺差的唯一手段。

后来，当德国人发明甜菜制糖法之后，情况稍微有所好转。但是，由于蔗糖比甜菜糖便宜许多，而且，蔗糖可以从西印度群岛进口，因此，不论是普鲁士人还是勃兰登堡人都依旧寒酸拮据。然而，天无绝人之路，

---

① 兴登堡（1847—1934）：德国元帅，总统（1925—1934）。支持保皇派和法西斯组织。1933 年，授令希特勒组织政府，使政权转入纳粹党手中。

② 德国有权选举神圣罗马帝国皇帝的诸侯。

当拿破仑皇帝在特拉法尔加损失了海军①，决定用"反封锁"的办法来摧毁英国时，欧洲突然开始大量需要普鲁士甜菜糖，而且需求量持续增长。同时，德国化学家发现了钾碱的价值，由于普鲁士的钾碱储量巨大，所以，这个国家终于开始有了一些出口产品。

当时的霍亨索伦家族真是福星高照。拿破仑战败之后，他们夺得了莱茵河地区。起初，这一地区并没有显现出什么特殊的价值，但是，后来的工业革命对那些拥有铁、煤的国家起到了极大的促进作用。正在这时，普鲁士意外地发现自己拥有储量丰富的煤矿和铁矿。500 年的贫困户总算翻身了！过去，贫困教育德国人一丝不苟、勤俭持家，现在，它又使德国人懂得怎样大量生产和廉价销售。当陆地再也无法为这个小小的条顿民族的迅速膨胀提供更多的空间时，他们便走向海洋。在不到半个世纪的时间里，他们已经成为依靠海洋运输业收入最多的国家之一了。

当北海还是文明世界的中心时（在发现美洲，大西洋成为重要贸易通道之前），汉堡和不来梅曾发挥过非常重要的作用，现在，这两个城市的地位在逐渐下降，严重威胁到要赶超伦敦和其他英国港口的计划实现。1895 年，波罗的海和北海之间开凿的可通行大型船只的运河——基尔运河正式投入使用。运河网还将莱茵河、威悉河、奥得河、维斯瓦河、美因河、多瑙河（未完工）连接起来，使北海与黑海之间可以直接通航，柏林也通过一条到什切青的运河可以直达波罗的海。

人类只要开动脑筋，就能保证让大多数人过上比较体面的生活。在世界大战之前，德国的工人和农民虽然算不上富裕，而且还受着严格的纪律约束，但是，与其他国家同一阶层的人相比，他们却住得更好，吃得更好，更加有社会保障和医疗保障。

这一切都随着世界大战的不幸结局而灰飞烟灭。这是一个悲剧，但是它不属于本书要讨论的范畴。由于德国战败，它失去了繁荣的工业区

----

① 指拿破仑战争（1799—1815）期间，英国舰队与法、西联合舰队于 1805 年10 月 21 日在西班牙大西洋沿岸的特拉法尔加角附近进行的一场海战。这次交战的重要结果是英国在拿破仑战争时期掌握了制海权。

阿尔萨斯和洛林①，失去了所有海外殖民地，失去了商船队，还失去了 1864 年战争后从丹麦人手中夺来的石勒苏益格—荷尔斯泰因州的一部分土地。另外，数千平方英里的前波兰领土（已被德国彻底同化）也从普鲁士划走并归还给波兰。于是，波兰王国又重新拥有了这片沿着维斯瓦河从托伦到格丁尼亚和波罗的海的宽阔的长条地带，这个国家又可以直接通向海洋了。西里西亚的一部分土地留给了德国，这是 18 世纪腓特烈大帝从奥地利抢来的。但是，许多宝贵的矿藏已经割让给波兰，只有纺织业还由德国控制着。

德国在过去 50 年中抢来的一切又被抢了回去，它在亚洲和非洲的殖民地也被其他国家重新瓜分了，那些国家已经拥有太多的殖民地，甚至都没有更多的人口可以向那里输送。

从政治角度看，《凡尔赛和约》也许是一个完美的条约，但是，从应用地理学角度看，它却使人对欧洲的前途感到绝望。我以为，想给劳合·乔治②和已故的克列孟梭③先生每人一本基础地理手册的那些持怀疑论的中立者并没有什么错。

---

① 这两个地区是 1870—1871 年普法战争后战败国法国割让给德国的，第一次世界大战后又由法国收回。
② 劳合·乔治（1863—1945）：英国首相（1916—1922）。曾参加起草《凡尔赛和约》。
③ 克列孟梭（1841—1929）：法国第三共和国总理（1906—1909，1917—1920）。曾参加起草《凡尔赛和约》。

16 奥地利：无人
喝彩的国家

多瑙河的河水不是蓝色的，而是灰色的，裹挟着泥浆，滚滚东去，辜负了那首著名的圆舞曲所赋予它的美名。河畔那些奇妙的古老城镇正在缓慢地死去，心灰意冷的老人在昔日荣耀的废墟中漫无目的地打发余下的时光，尚存朝气的年轻人则匆匆逃往国外，在比较愉悦的环境中开始新的一生，而留下的年轻人，因不堪国内窒息的生活，干脆自杀了事。这就是目前的奥地利共和国。在它 600 万的人口中，大约有 200 万人拥挤在首都维也纳。过去，这是一座只要人民天真幼稚、马马虎虎，就可以使其过上幸福生活的快乐之都，而在今后的 100 年里，这座古老而重要的科学、医学和艺术中心将逐渐地衰败下去，重蹈威尼斯的覆辙。它将从一个统领 5000 万人口的大帝国的京都沦落为一个仅仅依赖旅游业为生的小镇。除了为那些从波希米亚和巴伐利亚向罗马尼亚和黑海运送货物的船只提供停泊码头之外，维也纳再无任何存在的价值。

奥地利的历史可以追溯到古代多瑙河君主国时期。这个名字既反映了这个国家的本质，又泄露了它的野心。而今，时过境迁，这个曾盛极一时的大帝国，在地理学意义上，已经变得极为复杂。历史的巨手将它肢解得面目全非，但是这个昔日的奥匈帝国却以其自身的荣衰兴亡生动地说明了自然环境是如何影响中央集权的形成。让我们暂时将边界问题置之一边，先看一看这个地区的地理概况。那么，奥地利几乎就是在欧洲大陆的心脏部位，与意大利的脚趾尖和丹麦半岛的鼻尖的距离都差不多。这块辽阔的大平原西靠蒂罗尔山和瑞士的阿尔卑斯山，北接波希米亚的厄尔士山、里森格勃格山和喀尔巴阡山，坐落在崇山峻岭的怀抱之中。多瑙河从喀尔巴阡山脉深处流出，南部的特兰西瓦尼亚山与巴尔干山对峙大河两岸。狄那里克阿尔卑斯山就像一道天然的屏障，为身后的大平原遮挡着来自亚得里亚海的寒风。

　　奥地利建国者的手中并没有像今天这样详尽而准确的地图，而且他们的地理知识也近乎于零。但是，这批中世纪的征服者就像美国西部的拓荒者一样，仅凭着本能和"立时见效"的原则，就占领了大片大片的土地。当然，这种征服和占有的必然后果会自己找上门来，到那时，人类不论如何聪慧狡黠，也得屈服于自然的力量。

　　在公元 1000 年以前，匈牙利大平原还是一个人迹罕至的地方，许多部落沿着多瑙河从黑海向西进入这一地区，但是都没有能够在此建立起自己稳定的统治。而查理曼大帝通过与东方斯拉夫民族的长期战争，却在这里竖立了一块东部欧洲的"界碑"。这块"界碑"标志着一个将最终统治这里全部疆域的公国的诞生。虽然它还不断地受到匈牙利人和土耳其人的侵扰（维也纳最后一次遭到土耳其人围攻要比哈佛大学建校时间还晚得多），但是在巴奔堡家族①和瑞士的哈布斯堡家族的坚强保护和有效管理之下，奥地利公国总能逢凶化吉，巍然屹立。后来，这个弹丸之地的国君居然还将自己推举为神圣罗马帝国的皇帝，而他们治下的这个国家既不神圣，又非罗马，自然也算不上什么正经的帝国，它不过就是一个由许多讲德语的民族组成的松散联邦。这个帝国一直"神圣"到1806 年拿破仑驾临之时，这位无产者将神圣罗马帝国的徽章扔进了历史的垃圾堆，因为他打算把皇冠戴在自己的头上。

　　但是，这块土地并没有就此沉寂。甚至在故土不保的情况下，那个不是过分聪明而是过分顽固的哈布斯堡家族竟然还对德国垂涎三尺，想在这块大蛋糕上切一块下来。他们的美梦在 1866 年被彻底粉碎了。普鲁

---

　　①　10—13 世纪奥地利的统治家族。

士人将他们赶回了老巢，并命令他们永远待在那片大山里面。

时至今日，这个由查理曼大帝确立的东部丰碑已经沦为一个七流国家了。内乱使这个昔日的集权帝国四分五裂，没有前途，没有希望。它的大半国土不过是瑞士阿尔卑斯山脉延续下来的山地，以及著名的蒂罗尔山脉的一小部分。而蒂罗尔山的其余地区已经根据《凡尔赛和约》交还给了意大利，理由是这些地区曾一度属于古罗马帝国。在奥地利的山区中有两个稍微有点意义的城镇，一个是因斯布鲁克，另一个是萨尔茨堡。因斯布鲁克是古代从布伦纳山口通往意大利的必经之路，因河从这里流过，这里处处弥漫着中世纪的气息。萨尔茨堡则因诞生了莫扎特这样的音乐大师而举世闻名，它也算得上是欧洲最美丽的城镇之一。至今，它还在努力向世人展示其优雅的音乐和戏剧表演，以保持活力。

奥地利的连绵山区和北部的波希米亚平原都未能产生任何有价值的东西，那个所谓的维也纳盆地也同样一贫如洗。当年，罗马人在这块盆地上建起的那座叫做文多博纳的军营，就是今日的维也纳了。著名的哲学家皇帝马克·奥勒留①一生征战无数，公元180年，他与北部日耳曼平原的蛮族打完最后一战，就在这里一命呜呼，并使这个小聚居点也多少染上了些臭名。而它直到1000年之后，才初具城镇规模。这主要归功于中世纪的那次人口大迁移，即十字军东征。由于这些梦想到东方圣地发财的人不想受到热那亚和威尼斯船主的敲诈勒索，他们将当时的维也纳作为出发地，由这里沿着多瑙河东进，一路打到当初上帝赐予亚伯拉罕的希望之乡。

1276年，哈布斯堡家族占领了维也纳，将其作为一个广袤领地的中心，他们的地盘最后一直扩展到前文提到的所有山区。1485年，匈牙利人又夺取了这座城市。1529年和1683年，土耳其人又两次围攻这里。然

---

① 马克·奥勒留（121—180）：罗马皇帝（161—180）。在位期间经常对外敌作战。年轻时曾跟希罗德斯·阿底库斯和弗伦特学习修辞学和哲学。特别推崇斯多噶哲学。在转战南北的军旅生活中每天撰写自传体式回忆录《自省录》，为这一时期优秀的哲学作品。

而，维也纳却能够从每一次战乱中幸存下来，直到 18 世纪初，这座城市开始渐渐瓦解。这是由于一个政策性错误造成的，它将公国的每一处领土，不论重要与否，尽数委托给了纯种的日耳曼裔贵族。统治者的权力太大对于所有人都是一件不幸的事。那些温和的奥地利骑士也无一幸免地变得更加温和，更加仁慈，甚至脆弱怯懦起来。

昔日的奥匈帝国，47% 的居民是斯拉夫人，25% 是日耳曼人，其余是匈牙利人（19%），罗马尼亚人（7%），还有大约 60 万意大利人（1.5%）和大约 10 万吉卜赛人。这些吉卜赛人主要集中在紧邻匈牙利的地区，因为在那里他们似乎还受点尊重。

当欧洲的其他君主们正在开始慢慢接受历史教训时，统治奥地利的日耳曼主子们显然没把这些教训放在心上。君主和贵族们只有自觉自愿地承担起领导责任来，他们才能长治久安，而当他们只要求享受"服务"而不尽责"领导"时，他们的末日就要到了。由于奥地利的军队在抵抗拿破仑的战争中屡战屡败，溃不成军，愤怒的维也纳人民就将那些高贵的公爵男爵们全赶出了城，让他们回到自己的领地中，去过那种单调乏味、与世隔绝的生活。

自此而后，维也纳的地理条件就开始发挥重要作用。随着贵族的离去，商人和制造商渐渐崛起。从古代防御工事中解放出来的维也纳迅速地发展成为东部欧洲最重要的商业、科学和艺术中心。

然而，世界大战给了这座城市致命的一击。一夜之间，它的繁华与荣耀化为灰烬。和那个几年前它还统治着的大帝国实际上已经没有任何相似之处了。这个国家前途渺茫，徒有虚名。当法国坚决反对将它并入德国时，奥地利彻底绝望了。

17 丹麦：小国在某些方面超过大国的实例

丹麦是一个小国（只有大约 350 万人口，其中 75 万住在首都），按照现代国家的标准，如果数量比质量更能说明人的重要意义的话，我们大可不必介绍这个国家。但是，作为将聪明才智应用于现实美好生活（即古希腊人智慧的最高境界——中庸之道）而由平淡渐创佳境的范例，丹麦与那些斯堪的纳维亚国家值得我们特别的关注与最崇高的敬意。

这个国家只有 1.6 万平方英里的土地，没有丰富的自然资源，没有陆军，没有海军，没有矿藏，也没有山脉（这里海拔高度为 600 英尺，还没有帝国大厦一半高），但是，它却能与 12 个面积更广、志向更远、军国主义野心更大的国家相匹敌（如果我感到有必要的话，我会提及这些国家的名字）。丹麦人完全靠自己的努力将文盲率降至 0，将人均收入提高至全欧洲第二位。而且，正如其他国家了解的那样，他们还从实际上消除了贫富差别，达到了共同富裕的水平，这种现象在世界其他地方是看不到的。

看一眼地图你就可以知道，丹麦是由一个半岛和许多独立的小岛组成，岛屿之间是开阔宽广的海峡，火车须由渡轮运送才能跨越海峡。这里的气候条件非常恶劣。整个冬季，强劲的东风横扫着丹麦平坦的大地，带来阵阵冷雨，迫使丹麦人大部分时间只能待在室内。在这方面，丹麦人与荷兰人极其相似，是环境养成了他们爱读书的习惯，使他们成为学识最广博的民族，甚至，他们的人均藏书也比其他国家的居民多。

然而，风雨也滋润了这里的牧场，繁茂的草原、肥壮的牛群使丹麦一国就可供应全世界30%的黄油。鉴于世界其他国家的土地都被那些四处游荡的富豪地主占有，真正民主的（不是政治上，而是从社会与经济角度看）丹麦人就从不鼓励大地主的发展，而大地主在其他国家却随处可见。

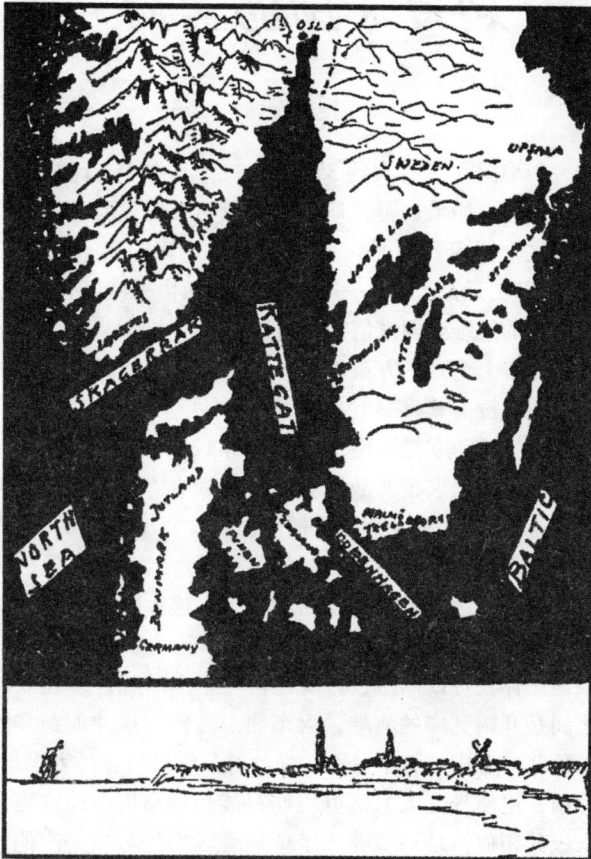

丹麦与挪威及瑞典的关系

现在，丹麦 15 万独立农场主在各自经营着自己的小牧场，这些小牧场从 10 英亩到 100 英亩不等，全国只有两万个牧场的面积超过 100 英亩。每天送往国外的乳制品都是用最现代化的科学方法进行生产加工，这些科学方法都是在当地的农业学校里传授，而农业学校只是全国中学义务教育体制的延续。黄油加工的副产品酪乳被用来喂猪，然后，猪肉再经过腌熏，供应给英国市场。

由于黄油和咸猪肉贸易带来的利润远远大于产粮利润，所以，丹麦人宁愿进口粮食。他们这样做既方便又省钱，因为从哥本哈根到但泽，汽船只需行驶两天，而但泽是波兰和立陶宛这两个大粮仓的传统出口港。进口的部分谷物又被用来饲养家禽，于是，每年数以百万的鸡蛋又出口到英伦诸岛，而后者，不知是什么在作怪，就从来没有出产过比甘蓝更好吃的东西。

为了保持出口农副产品几乎垄断的地位，丹麦政府对所有出口产品都采取严格的控制措施。由于为自己建立起了完美的声誉，他们的品牌被认为是绝对纯正的保证。

和其他条顿民族一样，丹麦人也是不可救药的赌徒。在过去几年中，他们在金融与股票投机生意中损失了无数钱财。当银行倒闭后，孩子、牛群和猪群依然如旧，于是，他们又重新投入到工作中。现在，他们唯一担心的是周围国家不断剧增的破产率使火腿、鸡蛋这样的简单饭菜也在逐渐成为普通人可望而不可即的奢侈品。

其陆上城市都不很重要。在日德兰（此乃半岛旧称，英国最早的居民就是由此而来）的西海岸有一个港口，埃斯比约。它是这一地区最古老的基督教中心之一，也是丹麦绝大多数农产品的出口港。在发现美洲前四个世纪，这一地区的许多人还在崇拜他们英勇的异教神。

横亘在日德兰半岛和菲英岛之间的是小贝尔特海峡（据信现在已有一个修建跨海大桥的计划）。菲英岛是波罗的海群岛中的第一岛，在这个岛的中心（有牛群、猪群和孩子们）是欧登塞市（纪念奥丁神的地方），安徒生就诞生在这里。他的父亲虽然只是一个贫病交加的制鞋匠，可是，他却为人类作出了最伟大最慷慨的奉献。

从这里，我们跨过大贝尔特海峡，来到昔日丹麦王国的中心——西兰岛。这个国家美丽的首都哥本哈根就坐落在开阔的海湾之滨，小小的阿迈厄岛，首都的菜篮子，正在为它遮蔽波罗的海的惊涛骇浪。哥本哈根——Copenhagen——意思就是中世纪"商人的海港"（Merchants' Harbor）。

在9、10世纪时，丹麦人统治的帝国还包括了今天的英格兰、挪威以及部分瑞典。那时的哥本哈根还只是个小渔村，而距此15英里的内陆城市罗斯基勒则是当时皇家官邸所在地，丹麦人就是在这里统辖着那些外邦。而今，罗斯基勒一文不名，哥本哈根则一跃成为重要城市，而且规模还在扩大，现在，它为全国五分之一的人口提供着各种娱乐。

哥本哈根目前是丹麦王室所在地，当国王离开王宫去游泳、钓鱼或者买香烟时，几名身着漂亮制服的警卫会举枪敬礼。除此以外，你在这个国家再也不会见到什么军事实力的表演。这个小国曾经在过去的岁月里经历过最艰难、最痛苦的战争，甚至在1804年，它还与普鲁士对抗了很长时间，最后，它自愿解散了陆军、海军，由一支小型警察队伍替代原有军队，以维护其中立地位，并确保这块弹丸之地能在今后的欧洲大战中幸免于难。

这就是丹麦，一个安安静静独善其身的国家。这里的王室一直避免出现在较为敏感的报纸的头版，这里很少人有三件大衣，可是也没有人没有大衣，很少人有汽车，可是，几乎每个人，男人、女人、孩子，都至少有两辆自行车。如果你在午餐时间前想穿过丹麦的任何一条马路，你就可以感受到这一点。

在以野心霸权为荣的世界中，丹麦几乎无所作为；在以崇高理想为荣的世界中，丹麦却占有相当重要的一席之地。如果大多数人的最大幸福是所有政权应该追求的最终目标，那么，丹麦的所作所为都足以证明，它能够作为一个独立国家万古长青。

18 冰岛：北冰洋上一个有趣的政治实验室

丹麦仰仗她那昔日鼎盛一时的大帝国，至今还保留着几块海外殖民地，其中包括世界第六大陆——格陵兰。这块大陆似乎还蕴藏着宝贵的矿产资源（铁、锌和石墨），但是，这些财富完全被冰川所覆盖（格陵兰只有三十分之一的土地没有被冰雪覆盖），对于任何人都毫无意义。除非地轴能稍稍偏转一点，让格陵兰再次享受到热带气候。从这个岛蕴藏着几处大煤矿可以认定，数百万年前这里曾是一片非常温暖的大陆。

丹麦另一块海外殖民地是法罗群岛（Faroe），其字面意思是"绵羊岛"。它位于设得兰群岛以北 200 英里处，人口 20000，首府托尔斯港。当年，哈得①就是从这里开始他跨越大西洋的航行并最终抵达曼哈顿岛的。除了法罗群岛，丹麦还有一块殖民地，那就是冰岛。这个国家十分特别。遍布的火山不断产生各种各样的奇异现象，这些现象常常使人联想到火神伏尔甘的炉子中那些神奇的火焰；另外，这个岛国的政治发展模式也很独特。这里有世界上最古老的共和国，它的自治政府在美国独立前 800 年就开始工作了，并且几乎不间断地一直持续到现在。

这个岛最早的居民是从挪威来的难民，他们在 9 世纪来到这个遥远的孤岛。

---

① 哈得孙（约 1565—1611 年 6 月 22 日之后）：英国航海家和探险家。17 世纪初四次寻求从欧洲通过北冰洋到亚洲的捷径。北美洲哈得孙河、哈得孙海峡、哈得孙湾都是以他的姓氏命名。一生四次远航探险。在第四次航行中，由于船员叛乱，他及儿子与七名船员被放逐到一条小船上，任其在哈得孙湾漂流，从此再无消息。

冰雪覆盖了什么？

　　虽然冰岛 40000 平方英里总面积中有 5000 平方英里的土地被冰川和雪野永久覆盖着，全岛只有十四分之一的土地适于农业耕作，但是，这里的生活条件还是比挪威本土好多了，所以，在 9 世纪初时，冰岛就已出现了大大小小 4000 块自耕地，这些地的主人全部是自由的自耕农。这些自耕农沿袭了早期日耳曼部落的习惯，成立了一个松散的自治政府。

这个政府由"阿耳庭"（大议会）组成，"阿耳庭"又由各地方"会议人"组成。这个大议会每年盛夏之际在一个叫做辛格韦德利的火山大平原举行，该平原距离现在的首都雷克雅未克只有 7 英里，而这个首都的历史才不过 100 年。

冰 岛

在独立之初的 200 年中，冰岛人做出了巨大的努力，谱写了人类史上最动人的一章。他们发现了格陵兰和美洲（比哥伦布早 500 年），使这个北欧岛国（这里的冬天只有 4 小时的白昼）成为比挪威本土更重要的文明中心。然而，所有的日耳曼民族都难逃其劫——过分突出的个人主义使政治和经济合作都成为空中楼阁——于是，厄运接踵而来。13 世纪，冰岛被挪威占领，接着，挪威又被丹麦吞并，冰岛也步其后尘。丹麦人对这个弹丸之地根本不感兴趣，于是，冰岛就任凭法国甚至阿尔及利亚海盗肆意蹂躏，直到他们将这个小岛搜刮得一贫如洗。所有异教时期的文学和建筑艺术都被遗忘了，那些昔日贵族和自由民的木屋也渐渐被泥炭小棚所取代。

从 19 世纪中叶开始，古代的繁荣又重现了，要求完全独立的呼声也越来越高涨。现在，冰岛又可以像 11 个世纪之前那样实行自治了，只是，他们对外还要承认丹麦国王为其君主。岛上最大的城市雷克雅未克虽然人口不足一万，却拥有一所大学。冰岛全国人口不足 10 万，但是她却拥有出色的文学作品。这个国家没有村庄，只有一片一片独立的农场，那里的孩子由巡回教师授课，他们受到了很好的教育。

总之，这个海角之国十分耐人寻味。和许多小国一样，她又一次证明了，只要人类的聪明才智与外界不利的环境进行了顽强的斗争，世界会呈现出另一番天地。不过，冰岛并非人间天堂。虽然有墨西哥湾暖流给这里带来暖冬，但是，她的夏季却太短，无法生长谷物和水果。另外，这里常年雨雪不断。

全岛 29 座火山中最著名的是海克拉火山。据史料记载，这些火山共喷发过 28 次，喷出的岩浆覆盖了上千平方英里的土地。这里还常常发生地震，地震不仅毁坏了上百座农场，还常常从坚硬的岩层中劈开几百英里长的一道巨大的裂隙。还有那些硫磺泉和滚烫的泥浆湖，都使在冰岛的旅行变得不那么轻松。这里最负盛名的间歇泉或者叫热水喷泉并不危险，倒是十分有趣。其中名气最大的是大喷泉，它喷出的热水有时高达 100 英尺，不过，现在这些间歇泉的活动越来越弱了。

冰岛人不仅现在以岛为家，他们还要世世代代以岛为家。在过去 60 年中，大约有两万人移民到美洲，主要聚居在马尼托巴①。可是许多人后来又返回了故里。这里的确阴雨连绵，令人不快，但是，这里毕竟是家。

---

① 马尼托巴：加拿大中部的一个省。

19 斯堪的纳维亚半岛：瑞典王国和挪威王国的领地

    中世纪那些生活在快乐的神话世界中的人们一定十分清楚斯堪的纳维亚半岛的来历。据说，当上帝完成他的创世工作后，魔鬼前来窥探上帝在这期间都干了些什么。当魔鬼看到我们的人间是这样朝气蓬勃、清新可爱，他狂怒了。于是，他向人类的新家扔了一块大石头。这块大石头就落在北冰洋上，形成了今天的斯堪的纳维亚半岛。这块"巨石"太贫瘠太荒芜，根本不适宜人类生存。但是，上帝想起来，他在塑造其他大陆时还剩了一点肥沃的泥土，于是，他将这些泥土撒播在挪威与瑞典山区，但是，这一点点泥土是远远不够的，这就是为什么瑞典和挪威的大片领土至今仍是洞穴巨人、土地神和狼人们的家园，因为，没有人想在这片荒凉的土地上谋生。

山区贫瘠的土地

现代人也讲述了一个"创世故事",但是,这个故事建立在观察得来的事实基础之上,比较科学。地理学家认为,斯堪的纳维亚半岛曾是一块十分古老十分广阔的大陆的一部分,这块大陆早在煤形成前就横亘在整个北冰洋之上,从欧洲一直伸展到美洲。

我们知道,现在的大陆是"新近"形成的——这些大陆仍在移动,就像水池中漂浮的树叶。那几块被海洋分隔开的大陆曾是一整块大陆。当挪威和瑞典所在的那一侧大陆渐渐下沉之后,只有最东侧的边缘——斯堪的纳维亚山系残留了下来,至于冰岛、法罗群岛、设得兰群岛和苏格兰,都是这块大陆在水面的遗迹,大陆的其余部分全部长眠于北冰洋的海底。也许有一天真的会陵迁谷变,那时,北冰洋也许会成为坚实的陆地,而挪威和瑞典则会变成供鲸类和鱼类嬉戏的海洋。

挪 威

挪威人对这种可能并不在意，他们担忧的是如何谋生的问题。挪威可用于农业耕作的土地不足其全部领土面积（4000 平方英里）的 4%。瑞典的农用土地虽比挪威多一点，达到 10%，但是仍然严重不足。

不过，大自然也对这两个国家做了补偿。瑞典有一半以上领土被森林覆盖着，挪威也有四分之一的土地上生长着松树和冷杉。他们有计划地采伐这些树木，用最科学的方法利用着这份资源，因为他们知道，自己的国家并没有发展农业的有利条件。造成这里资源匮乏的罪魁祸首是冰川，它们曾经覆盖了从北角到林德斯奈斯整个半岛。这些冰川将山脊上的土壤剥蚀殆尽，使整个半岛就像一只猎犬舔过的盘子。冰川不仅剥蚀了山上来之不易的土壤（使土壤覆盖整片大地需要数百万年的漫长历程），还将这些土壤带到欧洲大陆，将它们沉积在整个北欧大平原上。

4000 年前侵略欧洲的亚洲尖兵对这里的情况肯定有所了解。当这些东方侵略者跨过波罗的海来到斯堪的纳维亚半岛时，他们发现这里只有一些带有芬兰血统的游牧民族。于是，亚洲人轻而易举地就将这些芬兰部落赶到了北拉普兰的荒野中去。但是，这些后来者又怎么在此地谋生呢？

有几个办法。首先，他们可以出海打鱼。当远古的冰川滑落到大洋中时，在海岸的岩层上留下了一道道深沟，形成了今天大大小小的海湾、峡湾，使挪威曲曲折折的海岸线比平直的海岸线长 6 倍。直到现在，挪威人还在以打鱼为生。墨西哥湾暖流呵护着这里所有的港湾，甚至最北的哈默弗斯特也是全年不冻港。邻近北冰洋的罗弗敦群岛沿海盛产鳕鱼，这些鳕鱼似乎特别喜欢北冰洋冰冷洁净的海水，每年都来这里繁殖，于是，至少 10 万渔民在此找到了生财之路，当他们的拖船满载而归时，另外还有 10 万人在岛上专门从事罐装工作。

如果这些居民不喜欢打鱼，他们就去当海盗。遍布挪威海岸的大大小小的岛屿总面积达全国领土面积的 7%，它们被无数浅湾、沙丘、峡湾和海湾隔开，由于航行路线复杂，从斯塔万格到瓦尔德的汽船需由两位领航员每六小时轮流领航才能保证安全无误。

中世纪，当这一带水域还没有航标、浮标和灯塔时（林登斯纳是挪威最早设立灯塔的地方，不过，那也是最近的事情），外人根本不可能靠近这段危险的海岸。虽然关于挪威西海岸那可怕的大漩涡的故事有点夸大其词，但是，没有当地人引路，最有经验的船长也不可能进入这座水上迷宫。正因如此，那些以这片错综复杂的水域为基地的海盗们才有恃无恐，充分地利用着家乡这一自然优势。这些海盗还改进了船只，提高了作战水平，以便可以一举打到英格兰、爱尔兰和荷兰这些地方。他们一步步地探索着前进的道路，一点点地扩大着势力范围，直到法国、西班牙、意大利甚至君士坦丁堡都开始感到不安。这些国家的商人常常回来报告，他们在附近的海面上看到了北欧海盗船的龙旗。

9世纪早期，这些北欧海盗至少洗劫过巴黎三次。他们沿莱茵河逆流而上，到达科隆和美因茨。而在英格兰，来自挪威的不同部落正为争夺这个国家的所有权而打得不可开交，就像现在的欧洲各国为了一块石油产地就发动战争一样。

与此同时，他们还发现了冰岛，并在北欧建立起第一个俄罗斯国家，在这里进行了长达七个世纪的统治。再后来，他们又组织了一支多达200条船（只要有必要，可以在陆地上抬着前进的小船）的远征军，从波罗的海一直打到黑海，使整个君士坦丁堡惊慌失措，于是，东罗马帝国的皇帝急忙将这伙强盗收罗进军队，将他们抬举成自己的特殊保镖。

这伙海盗们又从西边进入地中海，在西西里、意大利和非洲沿海都曾建立过自己的国家，最后，他们又拜倒在教皇的座前，成为教廷征伐异教徒的头号走狗。

往昔辉煌一时的挪威现在又如何呢？

海盗之国已成历史，如今的挪威是一个备受尊重的小王国。这里的人们捕捞并出口大量的鱼，还从事远洋运输业。另外，他们还在为官方该讲哪一种语言而苦苦争斗。如果挪威政府没有那种要命的毛病——两三年就更改一次重要城市和火车站的名字——全世界都不会注意到他们国内的这场政治斗争。

讲到挪威的城市，它们不过就是过度膨胀了的村庄。在那里，甚至所有人的狗都互相熟悉。特隆赫姆是挪威古国的首都，一个天然良港，当波罗的海封冻之后，瑞典大部分木材就是从这里出口到世界各地的。

挪威现在的首都奥斯陆是建立在挪威一个古老的聚居点废墟之上的。那个聚居点曾毁于大火。奥斯陆是由丹麦国王克里斯蒂安四世兴建的，当时，这个城市被称为克里斯蒂安娜，后来，挪威人决定将所有带有丹麦色彩的地名全部改为挪威名字，于是就有了"奥斯陆"这个名字。奥斯陆正处于挪威农业最发达的地区，紧临奥斯陆峡湾。峡湾以外就是宽阔的斯卡格拉克海峡，这个海峡其实是大西洋的一个岔口，将丹麦与挪威远远隔开。

像斯塔万格、阿尔桑德和克里斯蒂安桑这些城市要等到每天早晨9点汽笛响过才会有一点生气。卑尔根曾是古老的北欧商业同会——汉萨同盟①的驻地，一度掌管着整个挪威海岸的商业活动，现在，这个城市与奥斯陆有一条铁路相连。特隆赫姆也有一条铁路线直达瑞典的波罗的海沿岸。在北极圈以内，还有一个港口——纳尔维克，专门输送瑞典拉普兰生产的铁矿砂。特罗姆瑟和哈默弗斯特这两个城市永远散发着鱼腥味。我之所以提及这几个港口城市，是因为人类在纬度70°以上的地区还能生活得这样舒适毕竟是极为罕见的。

这是一块神奇的土地，一片坚硬而悭吝的土地。民不堪命，便去国离家，颠沛流离于茫茫海上，听天由命于海角天涯。尽管如此，这片土地的儿女们仍然永远保持着对故土的眷恋与忠诚。如果你有机会，找条船去北方看看吧！所到之处大同小异。破破烂烂三两座村庄，依偎着几棵只够养活一头羊的衰草，稀稀落落五六间房舍，还有海边摇摇欲坠的几条破船。当一周只来一次的汽船又开进港口时，这里的人们会激动得热泪盈眶——他们终于又看到这条船了。尽管如此，他们仍然生活在这里——因为，这里有他们的家园——因为，他们与家园血肉相连。

———————————

① 13—17世纪北欧城市结成的商业、政治同盟。

人与人之间的亲情是一个可望而不可即的梦想。

可是，在远离尘嚣的博德或瓦尔德，情况往往会发生奇妙的变化。

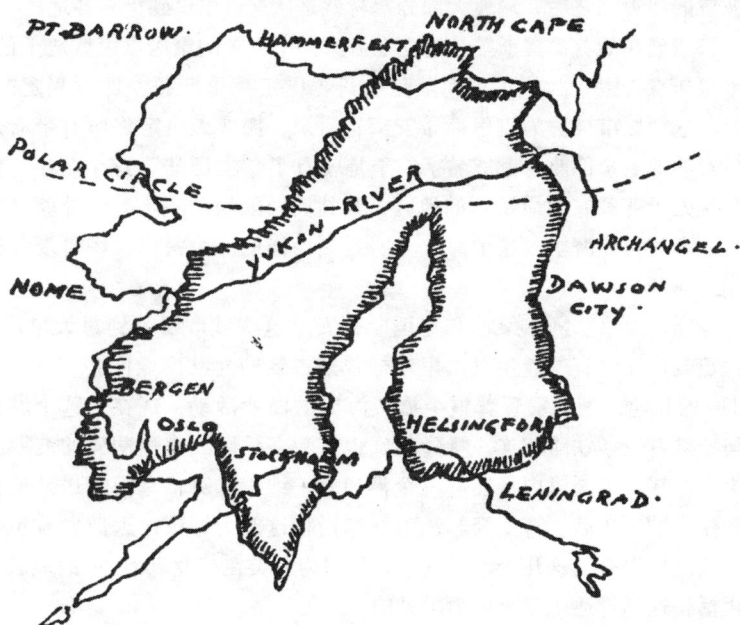

墨西哥湾暖流的杰作

59 万平方英里的阿拉斯加只有 6 万人口，43 万平方英里的挪威、瑞典和芬兰却有 1200 万人口。

当整个北极大平原消失在大西洋的万顷碧波之中，残留在斯堪的纳维亚山另一面的是瑞典——这是一个与挪威迥然不同的国家。人们常常会问：为什么这两个国家不干脆合并为一国，这样会节省一大笔管理经费。从理论上讲，这是一个切合实际的出色创意，可是，这两个国家的地理概况却使此构想成为空谈。由于受墨西哥湾暖流呵护，挪威一直享受着温和的气候，夏季多雨，冬季少雪（在卑尔根，如果马儿见到不带雨伞和雨衣的人会吓跑的）；而瑞典是典型的大陆型气候，漫长寒冷的冬季，降雪丰沛。挪威有许多深阔的峡湾，并一直深入到内地；瑞典海岸低平，几个天然港口中只有面临卡特加特海峡的哥德堡比较重要，其余都不值一提。挪威没有什么自然资源，瑞典却拥有世界上最丰富的铁矿。由于缺乏煤炭资源，瑞典不得不向德国和法国大量出口铁矿砂。但是，在过去 20 年中，瑞典开发利用了境内几处重要的瀑布，建成几座水力发电站，使这个国家渐渐不再完全依赖煤炭发电。瑞典国土上覆盖着大面积的森林，这笔宝贵的财富使其火柴工业十分发达，造纸工业更是名播四海。

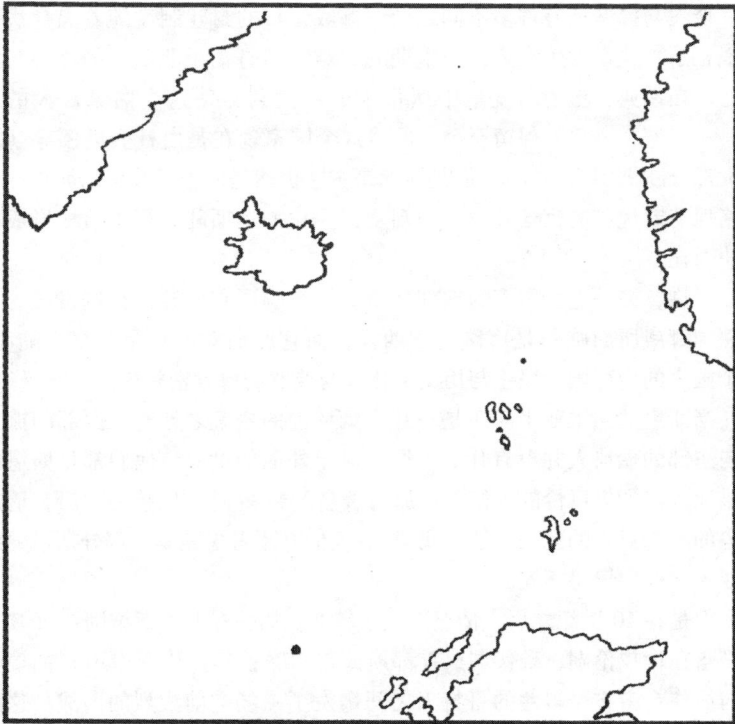

看看北冰洋，这就是它的全貌

瑞典人和挪威人以及丹麦人一样（也许可以说：和英国人以外的所有日耳曼血统的民族一样），坚信人的潜能是无穷的。瑞典的科学家们可以完全自由地发挥其聪明才智，于是，化学家就在木材加工的废料中做出了许多重要发明和重要改进，他们变废为宝，从这些废料中生产出电影胶片和人造丝。斯堪的纳维亚山将半岛一分为二，瑞典恰好处于完全没有遮挡的寒冷的一面，不过，在这样恶劣的气候条件下，它的农业发展水平还要比挪威略胜一筹。由于寒冷，这里的人们特别喜爱鲜花。漫长的冬夜，每一个家庭都用鲜花和绿色灌木来保持春天的明媚。

瑞典与挪威还有许多不同之处。挪威昔日的封建制度随着黑死病一同消亡了，这场发生在中世纪末期的灾难突然打消了北欧人的雄心与活力。而在瑞典，土地高度集中所带来的巨大利益使这个国家最大的地主——王室——仍然保留至今。虽然这个国家现在是由社会党领导（就像大部分欧洲国家一样），但是斯德哥尔摩仍然是一个贵族化的城市，它严格保持着优雅的宫廷礼仪，与高度民主化的奥斯陆和哥本哈根形成了鲜明对比。

也许，又是这个国家的地理环境直接影响了它的政治体制发展。它的邻国挪威所面临的是广阔的大西洋，而它所面对的只是一个内陆海，这个国家的全部国计民生与历史文化都与波罗的海紧密相连。

当斯堪的纳维亚半岛还是一片人烟稀少的蛮荒之地时，西部的挪威人与东部的瑞典人并没有什么不同，对于外面的世界，他们都是斯堪的纳维亚人。如果可怜的人们在说那句著名的祈祷词"仁慈的上帝，请从斯堪的纳维亚人的怒火中解救我吧"，他们并不考虑是哪一部分斯堪的纳维亚人使他们惶恐不安。

但是在 10 世纪之后，情况发生了转变。居住在北方斯维阿兰（其首府坐落在梅拉伦湖，现代瑞典首都斯德哥尔摩就建在该湖岸边）的瑞典人与居住在南方哥得兰的哥特人之间爆发了一场空前激烈的内战。这两个民族血缘关系极近，并且还供奉相同的神（供奉该神的城市就在今日乌普萨拉的位置，而乌普萨拉是北欧最古老最重要的大学城），可是，他们的内战却持续了200多年。这场战争大大削弱了国王的势力，同时又大大增强了贵族的实力。就在这期间，基督教传入了斯堪的纳维亚半岛，教士和僧侣恰恰站在贵族一边（在大多数国家，情况刚好相反），最终，瑞典王室衰落了，于是，丹麦王室开始了对这个国家长达150年的统治。

欧洲这时几乎都忘记了瑞典的存在，直到1520年，一件骇人听闻、罪不容恕的谋杀案震惊了整个西方世界，这件罪行甚至使整个人类蒙羞。在那一年，丹麦国王克里斯蒂安二世邀请所有瑞典贵族首脑参加一次盛大的宴会，这是一次一劳永逸地解决丹麦国王与其亲爱的瑞典臣民之间全部矛盾冲突的欢宴。宴会结束后，所有的座上宾突然变成阶下囚，或者斩首，或者溺死。所有瑞典贵族中只有一人幸免于难，他就是古斯塔夫，他的父亲埃里克·瓦萨在几年前就已经被这位国王下令斩首。古斯塔夫当时正在德国避难，当他听说这次大屠杀的噩耗，他立刻动身返回了故国。在这里，古斯塔夫在自耕农中发动了一场革命，并最终将丹麦人赶出了瑞典，赶回了老巢，于是，古斯塔夫自立为王，成为瑞典新一代国王。

自此而后，这个贫穷落后的小国拉开了它在国际舞台上绚丽辉煌的一幕。它不仅成为整个欧洲捍卫新教最坚强的斗士，还成为抵御不断强大的斯拉夫人入侵的最后一道堡垒。这些俄罗斯人在湮没无闻数个世纪之后，突然开始了征战讨伐的历程。他们渴求海洋，并不断地向海洋进军，时至今日，他们仍未停止前进的脚步。

显而易见，瑞典是唯一一个感受到这种强大威胁的国家。于是，整整两个世纪，瑞典人将他们全部精力都用来对付俄罗斯人，将他们阻滞在内陆，让他们远离波罗的海海岸。然而，瑞典还是失败了。俄罗斯人强悍的进军只被延缓了几十年，他们最终还是来到了波罗的海。这场旷日持久的战争也耗尽了瑞典的全部财力。当战争结束后，瑞典失去了大部分波罗的海的出海口，失去了对芬兰、英格门兰（今日列宁格勒所在地）、爱沙尼亚、利文兰和波美拉尼亚的统治，并降级为二流国家。它的领土面积只剩下173000平方英里（介于美国亚利桑那州和得克萨斯州之间），人口甚至比纽约还少（6141671 人，纽约为 6930446 人）。

瑞典国土一半以上为森林覆盖，欧洲大陆几乎一半的木材均来自瑞典。这些树木都在冬季采伐，直到开春之后才从雪地拖到最近的河流，投进河谷之中。当夏季来临，内地山区的积雪消融，河水激涨，这些原木就被带到下游的河湾。

接着，这条充当运输工具的河流又为锯木场提供了动力。这些工厂将河中的原木加工成各种各样的成品——从小小的火柴棍到 4 英寸厚的板材，五花八门，品种繁多。这时，波罗的海已经解冻了，船只可以进入东海岸各个地区，于是，这些木材成品就被来来往往的汽船运往世界各地。这些木材加工品的成本十分低廉，只是伐木工人和锯木厂工人的工资费用，而只要时间允许，汽船也是最廉价的运输方式。

这些汽船还身兼双职。当它们返回瑞典时必定要满载而归，当然，人们不会买很贵的货物回来，因此，瑞典一直保持着合理的贸易顺差。在铁矿进口贸易中，他们也采取同样的方式。由于瑞典的铁矿质量特别好，所以，甚至那些有铁矿的国家也大量求购瑞典的矿砂。瑞典领土宽度不超过 250 英里，所以，相对而言，内地也比较容易接近海洋。在瑞典北部拉普兰的基律纳和耶利瓦德附近，大自然赐予瑞典丰富的铁矿宝藏，而且，这些矿石就神奇地堆积在地表，形成两座低矮的小山。夏季，这些矿砂被运往波的尼亚湾（波罗的海北部）的吕勒奥，冬季，当吕勒奥封冻时，它们就被送往挪威的纳尔维克港。这个港口由于受到墨西哥湾暖流的影响，终年不冻。

距铁矿不远是瑞典的最高峰凯布讷峰（7000 英尺高），这里还建有全欧最重要的一家发电站。尽管这家电站建在北极圈以内，但是，电力似乎并不在乎纬度的高低。这家电站正源源不断地为铁路和矿山机械供应着廉价的电力。

冰川从斯堪的纳维亚半岛北部刮走的土壤有一部分被带到了南部，于是，瑞典南方成为整个半岛土地最肥沃、人口最稠密的地区。瑞典境内湖泊众多，湖水覆盖面积达 14000 平方英里，是仅次于芬兰的"湖泊王国"。瑞典人在湖泊之间开凿了运河，于是，密密麻麻的运河网又为这个国家提供了最廉价的运输方式。这不仅给北雪平这样的工业中心带来巨大利益，甚至哥德堡和马尔默这种重要港口也受益良多。

在有些国家，人类完全听凭自然的驱使，最终成为她的奴隶；在另一些国家，人类却肆意破坏自然，于是，他也失去了这位母亲的庇护，最终，这位创造一切的母亲必然也会毁灭一切。还有一些国家，人类与自然学会了相互理解，相互尊敬，共同维护双方的利益。如果你想寻找后者，请去北方，去拜访斯堪的纳维亚三国。

20 荷兰：沼泽上的帝国

　　荷兰的正式英文名称"Netherlands"① 恰好说明这个国家的地理特征：处于海平面以下二至六英尺的低洼地区。只要再有一次史前规模的大洪水，阿姆斯特丹、鹿特丹和其他所有重要城市将全部葬身海底。

　　然而，正是这种恶劣的自然环境成为这个国家走向繁荣鼎盛的动力源泉。既然北海岸边的沼泽地太狭窄，人们就只能在此创造出更多的空间来立国兴邦。于是，人与自然展开了艰苦卓绝的斗争，这是一场斗智斗勇的恶仗，最终，荷兰人夺得了胜利。无情的大自然使他们勤奋努力、居安思危。处于人类这样的生存环境，这些美德并非毫无价值。

　　当罗马人在公元前 50 年第一次踏入这片偏僻荒凉的地方时，这里遍地沼泽，一条从比利时延伸到丹麦的沙丘带抵挡着北海的惊涛骇浪。无数大小河流穿过这条沙丘带，奔向海洋。其中就有莱茵河、默兹河及斯海尔德河。这些河流没有高坝河谷的限制，在低地上随心所欲地纵横交错。每逢春季，它们都会改变河道，将陆地变成岛屿，将泥土冲进海洋。在 13 世纪的一次洪灾中，70 个村庄一夜之间荡然无存，10 万居民转眼间葬身水底。这绝不是耸人听闻。

　　与相邻的佛兰芒人相比，早期的荷兰人真是处于水深火热之中。但是，奇迹发生了。由于波罗的海的水温或者盐度发生了奇异的变化，荷

---

　　① "nether" 的含义是"地下的、下面的"。

兰人的机遇就来了。一天早晨醒来，荷兰人发现那种叫做鲱鱼的波罗的海鱼突然集体来到北海，并且，从此定居下来。当时，几乎所有欧洲人都必须在每个星期五吃鱼，而且，鱼类是那时人类最重要的一种食物，于是，鲱鱼的集体搬迁导致了一大批波罗的海城市的衰亡，同时却繁荣了同样多的荷兰港口。从此，这些荷兰城市就源源不断地向南欧各国出口干鱼，就像现在出口罐装鱼一样。就这样，由鲱鱼贸易产生粮食贸易，由粮食贸易又推动了印度香料贸易，自然而然地，荷兰这个贸易之国就迅速崛起了。

但是，命运又将这一切现实因素抛到九霄云外，把所有这些低地国家并入了哈布斯堡大帝国之中，并且命令这些精力旺盛的农民和渔夫服从哈布斯堡坏脾气的军官的命令。这些农民和渔夫虽然没有得到上天的眷顾，时运不佳，但是他们却有一副铁拳以及讲求实际的头脑，而那些军官们只是在一个绝对集权的宫廷中受过严格的训练，他们孤傲乖戾，不切实际，生活在空中楼阁之中。这两类人当然水火难容，矛盾重重。于是，由此引发了荷兰长达80年的独立战争，最终，低地国家的人民迎来了自由。

统治这个新兴国家的是一些实用主义者，深知"得道多助，失道寡助"的道理，尤其是在关乎他们的利益时。因此，他们向那些在其他国家因信仰等原因遭受迫害的人伸出了热情之手，为他们提供庇护。大部分得到荫蔽的人（除了那一小撮卑微的英国持不同政见者，他们并没有在此长住）都对这个国家感恩戴德，因为，他们是在这里才获得了快乐的新生。在他们的故国，那些统治者无一例外地将受迫害者的流动财产剥夺殆尽，将他们的固定财产全部没收，但是，这些人并不是赤手空拳地来到他们的新祖国，他们还带来了非凡的才干与能力。他们不遗余力地为新祖国贡献着自己的才智，为荷兰的贸易与文化发展带来勃勃生机。当独立战争结束后，拥有100万人口的荷兰从废湖湖底的低地城镇中迅速崛起，并堂而皇之地登上统治欧亚大陆的宝座，保持了整整三代的霸业。

他们将大量的钱财用于购买庄园和外国名画（本国的作品理所当然
远远不及外国的作品），过着养尊处优的生活。他们尽量想使周围的人忘
记他们这些财富是从何而来，而且，不久，财富也不再来了。所谓"好
花不常开，好景不常在"，凡事都是盛极而衰，尤其是人气。当这些人不
再为把握住现有的财富而努力工作时，他们很快就会失去手中的一切，
无论是财富还是思想。

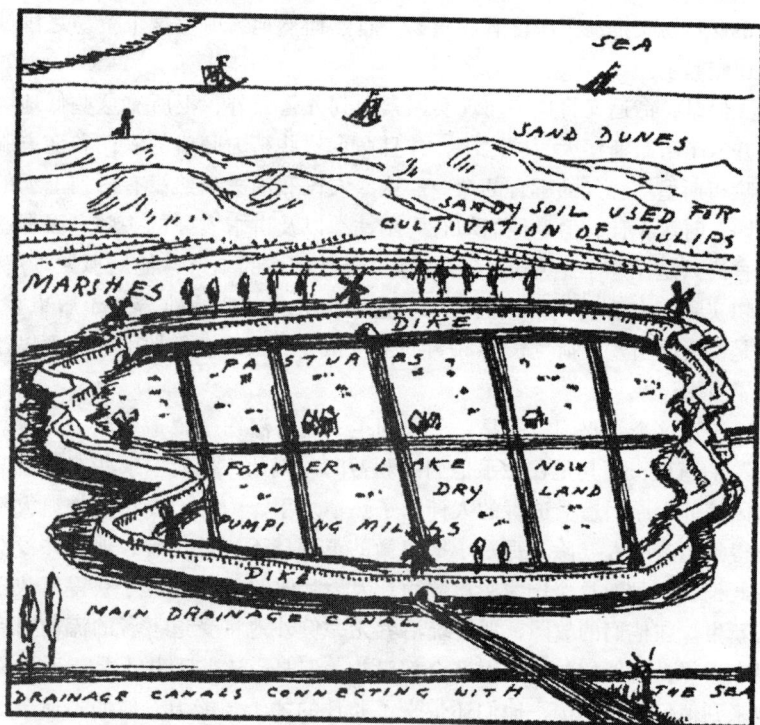

围湖造田

19世纪初，荷兰的末日终于降临了。拿破仑（这位法兰西皇帝的地理知识仅限于他赢得战役的需要）宣布，低地国家只是法国三大河流莱茵河、默兹河和斯海尔德河冲积而成的一块三角洲而已，因此，从地理学的角度看，它们理所当然属于法兰西帝国。拿破仑在一个文件上潦草地划下一个大大的"N"①，就决定了低地三国的命运，从此，荷兰从地图上消失了，法国却又多了一个行省。

水　闸

1815年，荷兰重获独立，又恢复了从前的活力。这个殖民大国拥有比本国国土大62倍的殖民地，从而使阿姆斯特丹和鹿特丹这样的城市成功地保持着印度产品集散中心的地位。这个国家从来就不是工业国。荷兰本土几乎没有什么像样的资源，只是在最南部有一点品质一般的煤矿。

① N是拿破仑的姓氏（Napoleon）开头字母。

所以，荷兰为其殖民地提供的原材料尚不及这些地区进口总额的 6%。但是，爪哇、苏门答腊、摩鹿加、婆罗洲和西里伯斯的茶园、咖啡园、橡胶园以及奎宁种植业都需要大量的资金，由此推动了阿姆斯特丹的股票交易，使这座城市成为当时欧洲的股票交易中心。世界各地的商贾甚至各国政府都到这里来筹措资金，整个欧洲也是在这里通过来来往往的商船与世界各地进行交易，并促使当时荷兰的船舶总吨位跃居世界第五位。

荷兰国内商船总吨位居世界第一。这个国家境内河网密布，水道四通八达，所以，成本低廉的运河小船成为铁路运输最危险的竞争对手，因为，荷兰人的时间观念并不很强，在这个国家，无论是男人、女人、奶牛、驮马还是家犬，生活的节奏从来都是慢悠悠的。

荷兰境内的运河大部分只是排水渠而已，因为，这个王国四分之一的领土，从通常意义上讲，并不是陆地，而是从鱼儿和海豹手里通过不懈的努力夺来的一小块海底罢了。荷兰人用人工方法将海水排干，然后时刻守护着这些得之不易的土地。自从 1450 年以来，他们已经通过排干沼泽、围湖造田的方法增加了上千平方英里的国土面积。实际上，围湖造田并不难，只要你懂得方法。首先，你在选中的水域周围筑上一道堤坝，然后，再到外面开凿一条又深又宽的运河，运河与最近的河流相通，以便今后运河可以通过一系列复杂的水闸系统向河中排水。当这一切准备就绪，你还要在大坝上建造一些风车，再给这些风车装上一台抽水泵，然后，其余的一切就由风和一个小小的汽油发电机解决了。当湖中的水被抽干，排入运河之中，你还要在新的堤围泽地中挖几条平行的沟槽，让你的风车与抽水泵继续排干地下的水，就这样，干燥的陆地出现了。

有一些堤围泽地面积广大，能供两万多人居住。如果能把艾瑟尔湖的水全部排干（这个工程耗资太大，而目前，几乎所有的国家都濒临破产①），那里至少可以居住 10 万人。由于这个国家四分之一的领土是堤围泽地，所以，你就不难理解为什么荷兰政府的"河流、运河与堤岸

———————————
① 此书写于 1932 年，正值西方国家经济大萧条时期。

部"每年的开支都要比政府其他部门的开支大得多。

堤　坝

　　这个国家的东西两部分形成了一个奇妙的对比。东边海拔稍高一点的地方很久以前曾是欧洲大平原与海洋相接之处，而西边的低洼地带是后来由莱茵河、默兹河和斯海尔德河三大河流冲积而成的沼泽三角洲。现在，西部低地繁荣富裕，东部"高地"却无人问津。这片东部"高地"在过去千百万年中一直是北欧冰川大大小小的冰砾沉积的地区，所以，这里的土质与新英格兰①有某些相似之处，只是，荷兰的土壤含沙量更大一些。这意味着本已人满为患的荷兰王国（荷兰平均每平方英里居住 625 人，法国为 191 人，俄国只有 17 人）负担更加沉重，因为，其国土面积中有至少四分之一的土地是根本不能用于农业生产的（法国只有不足 15% 的土地不能用于农业生产，德国只有 9%）。

　　由于东部与西部，繁荣地区与落后地区之间存在着如此彰明较著的差距，因此，荷兰所有的重要城市几乎都集中在堤围泽地中心的那一小块三角地带上。阿姆斯特丹、阿勒姆、莱顿、海牙、代尔夫特以及鹿特丹全挤在一起，几乎连成一片，紧紧依偎着那条著名的沙丘带。就是在这道"堤防"的脚下，300 年前，荷兰开始走向富强，而且，正是在那时，荷兰商人首次从波斯和亚美尼亚买回了郁金香，从此，这种可爱的小花便成为荷兰的"国花"。

　　雅典城只有纽约市八个城区那么大，荷兰也小得可怜，一辆气喘吁吁的老爷车用几小时就会带你从一头跑到另一头，和阿提卡地区一样，位于莱茵河、北海与艾瑟尔湖之间的这块弹丸之地对世界艺术与科学的贡献也不可低估，如果按照人口数量及国土面积的比例来计算，甚至比所有国家的贡献都要大。雅典生于一块顽石，一座荒山，荷兰生于一片水泽泥沼。但是，这两个地方突然崛起的条件是相同的——优越的地理位置促进了两地的国际贸易。在漫长的岁月中，他们要么顽强拼搏，要么束手待毙，由此，诞生了希腊的文明与荷兰的辉煌，并造就了两个民族旺盛的精神活力与不竭的探险精神。

---

　　① 新英格兰：指美国东北缅因、佛蒙特、新罕布什尔、马萨诸塞、罗得艾兰、康涅狄格六州，美国早期移民居住的地方，也是经济最发达的地区之一。

21 英国：人满为患的小岛

几年前，这一章的标题还应该是"大不列颠与爱尔兰"，但是，人类强行改变了造物的安排，将地理上连为一体的一个国家分割成两个国家。所有循规蹈矩的作者不得不依从这一安排，并在不同章节中介绍这两个不同的国家。任何其他举措都可能引发更为复杂的矛盾，我可不愿意看到爱尔兰海军驶进哈得孙湾，为"爱尔兰自由联邦的尊严所遭受到的不能容忍的侮辱"要求道歉。

恐龙不会画地图，但是，当时的岩石一样能讲述恐龙的故事。岩石无处不在——岩浆在地表冷却所形成的火成岩，重压之下形成的花岗岩，慢慢沉积在海洋江湖底部的沉积岩，还有形似板岩和大理石而实际成分仍是石灰石和黏土的变质岩。

这些岩石覆盖着整个地球，乱七八糟，凌乱无序，就像一间堆满家具的房间突然遭了飓风一样。这些岩石就是人类的地质实验室，而且是一个极为有趣的实验室。这也许能说明为什么那些对打野兔充满热忱却对探索科学兴趣寡淡的英国人中会出现这么多第一流的地质学家。不过，也正因为英国有这么多第一流的地质学家，所以，我们对英格兰的地质情况也比对世界任何地方都有更多的了解。游泳好手往往生于水乡，几乎没有来自卡拉哈里沙漠①腹地的。

---

① 卡拉哈里沙漠：又称"卡拉哈里盆地"。位于非洲南部博茨瓦纳、纳米比亚境内。

那么，英国地质学家们是怎样描述自己国家的起源呢？

得天独厚的英格兰——正处于大陆群中央

先不要去想你所了解的欧洲地图，去想象一个刚刚从海面浮现的世界。它还在新生的阵痛中颤抖。一片广阔的大陆高高耸立在水平面上，突如其来的爆炸又将其撕成碎片，就像纽约市地下管道的爆炸会将水泥路面炸开花一样。与此同时，大自然的鬼斧神工正在一点一点地塑造着这个新世界。从海洋上不断吹来的风裹挟着大量的水汽从西到东掠过大地，润湿着干渴的陆地，给它铺上一层广袤无垠的绿草与蕨类植物，并慢慢生出各种各样的灌木和参天大树。日日夜夜，岁岁年年，不知疲倦的海浪不断地拍打着、撞击着、研磨着、咬噬着、撕扯着海岸。最终，海岸就像烈日下消融的雪，渐渐凋零、崩溃。突然，轰隆隆——从大陆最高峰最陡峭的悬崖顶部，冰雪呼啸而下，如一面死亡之墙无情地冲下宽谷的斜坡，严冰、碎石登时填满了又深又窄的峡谷。

阳光普照——大雨滂沱——冰雪崩裂——海潮侵蚀——寒来暑往——物换星移，当人类出现在这个星球上时，这就是他的世界。一道凶猛的洪水将这条狭窄的土地与外面的世界隔绝了。这道鸿沟纵贯南北，从北冰洋直至比斯开湾。这道波涛汹涌、变幻莫测的狭窄水域的彼岸是一座孤零零的高原。那边海面上还有几块礁石，似乎不是给人类居住的，倒更适合海鸥栖息。

这就是英格兰。现在，让我们看一看现代地图。

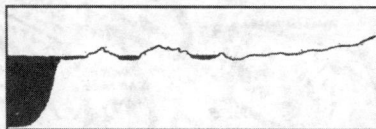

大西洋、爱尔兰、英格兰、欧洲

从设得兰群岛到兰兹角相当于从美国哈得孙湾或南阿拉斯加到美加边境。如果以欧洲为例，相当于从挪威的奥斯陆到波希米亚的布拉格。换言之，在北纬50°到60°之间，生活着4500万英国人，而与这个世界上人口最稠密的国家在同一纬度上的堪察加半岛却只有7000位常住居民，他们不得不靠吃鱼来维持生存。

让我们还是来看地图，看图比读文字更清晰明了。英国东临北海（它只是一个年深日久积了水的低谷而已），向东还面对法国，在两国之间横亘着的英吉利海峡与北海，看上去就像一条道路上的小沟。在英格兰平原最深的低谷中躺着大伦敦，另一边是威尔士的高山。爱尔兰海是另一个灌满了水的低谷，这里还有爱尔兰平原，爱尔兰山脉，以及西边浅海上的几点孤岛。最后是圣基尔岛（因为路途艰险，一年前还无人居住）。然后，地势突然下降，一直下降、下降，巨大的亚欧大陆板块在这里才完全让位给真正的大洋。

英格兰、苏格兰和爱尔兰

　　我应该详细介绍一下英国的内海、海湾和海峡，但我不会罗列出一大堆毫无意义的名字，而使你看了后面忘了前面。可是，我们面对的这个国家是世界头号大国之一。它虽然只是一个弹丸小岛，却对世界上无数男男女女老老少少发挥了长达四个世纪的影响。而且，它的成功既不是由于机缘巧合，也不是由于人种优越，是大自然的匠心安排，将这个可爱的小岛当当正正地放在了东半球大陆群的中央，而这些岛民又尽心尽力充分利用了这个天赐良机。请看看可怜的澳大利亚，被孤零零地遗弃在浩渺的大洋中央，完全听天由命。没有邻居，没有交流，更没有从外面获得新思想的机会。再看看英格兰的地理位置，它就像一只网中央的蜘蛛，到什么地方的距离都是相等的，而且，它四周的海水就像一道护城河，保护着它免遭外族的侵犯。

　　当然，在地中海文明的时代，这个地理位置毫无价值，直到 15 世纪末，英国还只是一个偏僻的小岛，在人们心目中和现在的冰岛一样遥不可及。"你去过冰岛吗？""没有，但是我有一个姨妈去过一次。那很有趣，可爱的小岛，可是太远了，去一趟要晕 5 天船。"

　　这就是 1000 年前英国在人们心目中的地位。晕上 5 天船，而且，当时的罗马帆船还远远没有现在从利思到雷克雅未克的 700 吨汽船舒服。

　　渐渐地，人们对这个处于文明世界之外的小岛有了一些了解。那里有脸上画着奇形怪状花纹的野蛮人，他们住在半埋在地下的圆形小屋中，四周围上低矮的土墙。是罗马人将他们最终驯化，罗马人从他们的语言认定他们与北高卢的凯尔特人同出一脉，而且，罗马人还发现这些野蛮人十分听话，从不谈自己的"权利"。不过，这些人是否真的具有对这片土地的"权利"还很难说，因为，这些土地也是他们从更早来到这里的人手中夺来的，至于那些更早的居民，我们只能在岛屿的东西两侧一些十分闭塞的地方寻找到他们的蛛丝马迹。

　　罗马人占领英国长达四个世纪，几乎和白种人在美国进行统治的时间差不多。直到有一天，他们的末日突然降临。在那之前的 500 年中，罗马人一直在阻止穷凶极恶的条顿民族进入罗马帝国在欧洲的势力范围。

但是，他们的防线终于崩溃了，蛮族潮水般地席卷了整个西南欧洲。罗马人急忙召回他们分布在欧洲各国的军队，只在英国东部留下几个军团防御苏格兰的蛮族，保卫身后的不列颠大平原，其余还有几个要塞保卫着威尔士的平安。没有哪一个大帝国能及时地意识到大势已去，直到倾覆多年之后，他们才乍惊——国非其国。

有一天，定期补给的船只没有按时抵达英国，这意味着高卢人失败了。从此之后，留在英国的这些罗马士兵就与祖国山水永隔，永远地失去了联系。不久，又有消息从港口传来，一些外国船只出现在亨伯河与泰晤士河河口附近，达勒姆、约克、诺福克、萨福克和艾塞克斯等地一些村庄遭到袭击并被洗劫一空。罗马人从未想到过要在东海岸线上设防，那在从前是根本没有必要的。现在，那个过去推动条顿人跨过多瑙河、越过巴尔干和阿尔卑斯山山口的神秘力量（是饥饿？是流浪的习性？还是后有追兵？我们无从知晓）又来引导撒克逊的海盗从丹麦、从荷尔斯泰因蜂拥来到不列颠的海岸。

那时，罗马总督、罗马军队、罗马妇女和儿童肯定还居住在漂亮的别墅区中，直到今天，我们还在寻找那些别墅的遗迹，可是，它们却早已灰飞烟灭，就像美国弗吉尼亚州和缅因州最早的白种居民无声无息地从我们的世界中神秘地消失了一样，这些罗马人也消失得无影无踪。有些人被自己的仆人杀死了，妇女被好心的当地人娶走了——这就是那些骄傲的罗马殖民统治者的离奇命运，这只命运的巨手将那些没有登上最后一班船回家的人骤然攫住，再也没有放开过。

接着，暴乱开始了。来自苏格兰和喀里多尼野蛮的"斧头帮"专门杀戮他们的凯尔特同胞，因为这些凯尔特人在罗马人充当世界警察的那些年中曾经做过他们的走狗。在这样悲惨的情况下，人们通常会犯下致命的错误——一个念头造成万劫不复的灾难："我们去找一些骁勇善战的人，雇佣他们来帮我们打仗吧。"于是，从艾德河与易北河之间的那些沼泽和平原上来了许多骁勇善战的人，他们属于一个叫做撒克逊的部落，这不能说明他们的来历，因为德国北部全是撒克逊人。

为什么他们又要称自己为盎格鲁呢？这又是一个不解之谜。盎格鲁—撒克逊这个词是在他们来到英国几个世纪之后出现的。这个词现在已经成为一个战斗口号：盎格鲁—撒克逊血性——盎格鲁—撒克逊传统。既然盎格鲁—撒克逊已经成为一个神话，那么，为什么不让这个神话的主人公得意地认为自己比所有人都优越呢？然而，历史学家不得不遗憾地宣称，盎格鲁人是以色列王国失散的部落中的一支，这些失散的部落常常在史书中被提起，但没有人发现过他们的踪影。至于撒克逊人，他们也不过就是北欧外来的游牧部落，30 年前，人们可能还会在大西洋航班的下等舱中见到他们。这些人非常强壮，无论是工作，还是战斗，还是娱乐，还是劫掠，他们永远热情高涨，精力旺盛。对于这块今日已经成为他们世袭领地的土地，当年的盎格鲁—撒克逊人用了整整五个世纪才完成统一大业。他们还强迫可怜的凯尔特人使用撒克逊的语言，于是，这些凯尔特人又很快将他们从尊贵的罗马主妇厨房里捡来的那几句拉丁文抛到脑后。然而，好景不长，当条顿的移民大潮涌到这个小岛时，盎格鲁—撒克逊人又被撵出了家园。

1066 年，英国又成为诺曼底的附属国，这是这个岛国第三次沦为海外强国的附庸。不过，情况很快发生了逆转。英国殖民地被认为比法国本土更有价值，于是，诺曼底人抛开了他们的暂时落脚之地——法国，离开大陆，前往英伦三岛定居。

诺曼底人最终不仅失去了在法国的全部领地，还丧失了在英国的统治权，他们的不幸恰恰是英国之大幸。英国人不必再向往大陆，他们开始意识到大西洋的存在。即便如此，如果不是亨利八世的恋爱事件，英国也不能走上开拓远洋的道路。亨利八世深深爱着的那位安娜·博琳声称，想走进她的心灵必须要先走进一座辉煌的教堂，那就意味着亨利八世必须要和他的发妻——血腥玛丽①的母亲——离婚。这引发了英国与

① 指玛丽一世（1516—1558），英国都铎王朝女王。在位期间恢复天主教在英国的正统地位，残酷迫害新教徒，故被称为"血腥玛丽"。

罗马教廷的决裂，甚至触及到教皇在整个基督教世界至高无上的权力。由于西班牙站在教皇一边，英国人就必须学会如何航海，并打败西班牙海军，否则，只能使这个独立的国家沦为西班牙的一个行省。就在这种奇特而曲折的情况下，一场婚变成为英国人驾驭大海的契机，并使他们从此开始了新的贸易，而他们优越的地理位置决定了其余的一切。

外在的转变不可能不经历内部的斗争。任何有理性的人都不愿意看到一个阶级为了另一个阶级的利益而自取灭亡，因此，那些从诺曼底人离开之后就掌握了国家最高权力的封建大地主们起来阻止国家丢弃农业，反对政府去开拓世界贸易也是情理之中的事。封建主义与资本主义从来都是死对头。中世纪的骑士对商业贸易不屑一顾，认为这不是自由人应该干的事情。在他们眼中，商人就像美国今天的私酒贩子，你可以差遣他们，但决不能允许他们踏进你的家门。因此，当时的生意人都是外国人，尤以德国人居多，还有来自北海和波罗的海的民族——著名的伊斯特利斯人。是他们首次让英国人认识到钱币绝对不容置疑的价值，今天的英镑就是从"伊斯特利斯磅"发展而来。经商有道的犹太人全被驱逐出了英国，不许他们踏入英国的土地，甚至当莎士比亚创作夏洛克时，他的素材也只是道听途说而来。英国港口也做一点渔业贸易，但是内地绝大部分土地当时是——在那之前数百年一直也是——以农业生产为主。大自然也非常青睐这块土地，使它尤其适合畜牧业发展，多沙石的土壤虽然不宜种谷物，但却能生长茂盛的青草，饲养牛羊。

英国全年三分之二的时间都在刮西风，给这里带来丰沛的降雨。如果有人曾在冬季去过伦敦，就不会忘记那连绵不断的阴雨。现在的农业，正如我介绍北欧各国时所讲，已不再完全靠天吃饭。虽然我们目前还不会人工降雨，但是，化学工程师们已经教会人们如何克服各种自然灾害，而在乔叟①和伊丽莎白女王②的时代，人们将一切自然灾害全看成是上帝的旨意，根本无法补救或者挽回。这个岛的地质结构也使东部的地主们受益匪浅。英伦三岛的横断面看上去就像一只巨大的汤盘，西部高高翘起，东部舒缓平坦。这是由于这些岛的前身是一块古老的大陆，东部最古老的山脉都被风雨侵蚀殆尽，而西部年轻的山脉却仍在崛起，需得1000万年或更久的时间才能被海潮和飓风磨平。这些年轻的山脉覆盖着一个叫做威尔士（凯尔特语中少数几个幸存的词汇之一）的地方，这些大山像一道屏障，保护着东部的低地不受大西洋狂风暴雨的侵袭，保证东部大平原享受着宜人的气候，不仅适合生产粮食，还适合发展畜牧业。

汽船的发明，使我们可以从阿根廷或芝加哥订购粮食，冷藏法的广泛应用又使冷冻的肉类可以从世界的一头运到另一头。富裕国家都不必再完全依赖本国的农业生产养活自己的国民。可是，直到100年前，那些供应粮食的地主还可以支配整个世界。只要他们锁上粮仓，成千上万人就会慢慢饥饿而死。而英国则无饥馑之忧。躺在南面英吉利海峡、西面塞文河（这条河从威尔士与英格兰中间流过，最后注入英吉利海峡）、北面亨伯河与默西河以及东面北海怀抱之中的不列颠大平原作为英国最重要的地区，给这个国家提供着丰富的粮食。

当然，我所说的这块平原和通常意义上的平原并不完全一样。它不像美国堪萨斯大平原那样平坦得如同一块烙饼，相反，这块平原起伏不平，跌宕有致。在平原中间流淌着泰晤士河（几乎和哈得孙河一样长，达215英里，哈得孙河全长为315英里），这条河的源头在坎特伍德山，一个盛产绵羊的地区。这里还有一座著名的城市——巴斯。早在罗马统治的时代，那些受尽英国饮食折磨的人就常来这里，洗洗热滚滚的钙钠矿泉，再继续吃那些半生不熟的牛排和蔬菜，以"增强"他们的体质。

---

① 乔叟（约1340—1400）：英国最杰出、最伟大的诗人之一。人文主义的最早代表。

② 指伊丽莎白一世（1533—1603）：英国都铎王朝女王（1558—1603）。在位时，依靠新兴贵族和资产阶级支持，厉行专制统治。于1588年击溃西班牙的"无敌舰队"，初建英国海上霸权，支持成立"东印度公司"（1600年）。

如果英吉利海峡干涸

泰晤士河从奇尔顿山和怀特霍斯丘陵之间流过，为牛津大学的划船比赛提供了方便。接着，这条河就进入位于东盎格鲁山与北当山之间的泰晤士河谷。如果不是连接大西洋与北海的多佛尔海峡将这部分白垩石地区拦腰斩断，这条河有可能一直流到法国。

大不列颠：灯塔之国

就在这条河上，屹立着世界上最大的城市。就像罗马或者其他许多已经淹没在历史长河中的城市一样，伦敦的诞生绝非偶然，也不是统治者兴之所至的结果，它之所以出现在这里完全是出于经济的需要。为了使南北交通不必受制于那些无耻的摆渡人，人们决定在河上建一座桥。桥址选择在河运的终点处，河面又不很宽，足可以让2000多年前的建筑师造出一座安全稳固的桥梁，使商贾、百姓可以轻松渡河。伦敦城就这样出现了。

当罗马人离开英格兰时，整个英伦三岛已经面目全非，但是，伦敦依然挺立。时至今日，这座城市已拥有800万人口，比纽约多整整100万人。它的面积是古代最大的城市巴比伦城的5倍，是巴黎城的4倍。

伦敦城内高层建筑不多，英国人为了维护个人的小天地，不受他人干扰，不喜欢住在鸽子笼一样的高楼大厦之中，因此，整个城市一直在向水平方向扩展，而美国的城市恰恰相反，始终在向上成长。

工厂征服了农田

伦敦的中心地区，即"城区"，现在只是一个办公地区。1800年时，这里还有13万居民，现在仅剩下14000人了。英国有庞大的资金用于对外投资，每天有大约50万人从四面八方来到城区办公，管理着数十亿资本金的流通与运作，同时还要支配从殖民地运来的数不清的货物。堆满货物的货场从伦敦塔一直延伸到20英里以外的伦敦桥下。

为了保证泰晤士河随时随地畅通无阻，人们沿河两岸修建了许许多多仓库和货栈来解决货物运输的问题。如果你想知道国际贸易是怎么回事，你就去这些仓库参观一下。相比之下，你会遗憾地发现，美国纽约不过就是一个小村子而已，与国际贸易主干线还有很远的一段距离。不过，这种情况会改变的。现在，国际贸易的中心已经有了向西迁移的倾向，但是，伦敦仍是国际贸易的领头羊，经验老到，而纽约则刚刚起步，只能望其项背。

现在回到我们的话题上来，让我们去看看1500年前的英国平原。它的南部边缘群山环绕，在最西端是康沃尔半岛，与法国的布列塔尼隔英吉利海峡遥遥相对。康沃尔是块神奇的土地，当地的凯尔特人直到200年前还保留着自己的语言。矗立在这里的那些奇怪的石柱与布列塔尼的石柱极为相似，使人们相信，从前居住在这两个地方的居民本是同根。另外，康沃尔半岛还是被地中海水手发现的第一块英格兰土地。腓尼基人寻找铅、锌、铜（请记住，这个民族最为鼎盛的时期就是在铜器时代和铁器时代）的探险队在远征路上曾到过锡利群岛，并在那里遇到了一群来自雾锁云遮的大陆的野蛮人，还和他们进行过以物换物的交易。

这一半岛上最重要的城市是普利茅斯，这是一个军港，除了偶尔有几艘大西洋汽船往来，极少能见到其他船只。在康沃尔半岛的另一侧是布里斯托尔湾，17世纪的地图总将这里标注为"错误的海峡"，因为从美洲返回的船只常常将这里误认为是英吉利海峡，进入这片恶浪滔天的水域而导致船毁人亡。

布里斯托尔湾北部静卧着威尔士的群山。由于人们在这里发现了煤、铁矿藏，并在附近的安格尔西岛发现了铜矿，所以，这片寂寥的大山现在成为英国举足轻重的工业基地之一。加的夫原本是古代罗马人修筑的要塞，现在已经成为世界最大的煤炭工业中心之一。加的夫与伦敦之间靠一条从塞文河下穿过的铁路相连，这个隧道工程与连接威尔士大陆和安格尔西岛及霍利黑德岛的跨海大桥工程一同在工程界赢得了美誉。从霍利黑德岛出发，人们可以直接到达大海对面的爱尔兰首都都柏林的港口金斯敦。

英格兰的地形四四方方，每一个城市、每一个村镇都因年代久远、历史悠久而饱浸沧桑。我甚至都不敢提及它们的名字，因为这会使一部英国地理变成整卷的世界历史。这一片土地至今仍是英国地主阶级的主心骨。法国几乎没有大地主，在那里，小地产所有者的数量是英格兰的10倍。而丹麦的小地主就更多了。而今，这些乡绅们的地位已江河日下，大不如前，作为一个遗老集团，他们除了让别人学会怎么穿高尔夫球裤，就是靠打猎来消磨时光，再没有什么重要的价值。但是，这并不是他们的错，是詹姆士·瓦特发明的那实用而有效的蒸汽机导致了社会经济格局发生了天翻地覆的变革。格拉斯哥大学的这位工具制作者从小就偏爱数学，当他开始摆弄祖母的小茶壶时，蒸汽还只局限于又笨重又缓慢的水泵。可是，在瓦特去世后，蒸汽简直成了世界的主宰，而土地却不再是财富的唯一源泉。

北 海

自古以来，英格兰的经济核心地区就是南方，可是，正是从那时起——即19世纪上半叶——它的经济重心开始北移。在兰开夏郡，水蒸气驱动着曼彻斯特的棉纺机快速飞转；在约克郡，蒸汽机又将利兹和布拉德福德推上世界毛纺织工业中心的地位；在所谓的"黑乡"，蒸汽又使伯明翰开足马力生产出数以百万吨的钢板与钢梁，用这些钢材制造出的船只又将英伦三岛的产品送往世界各地。

从人力到蒸汽的这次巨大转变是人类历史上最伟大的一次变革。当然，发动机没有思想，它需要人来操纵，告诉它什么时间应该开始工作，什么时间应该停止工作。由于这是一项简单的工作，农民也可以以此致富。于是，在城市的诱惑下，80％的农村人口蜂拥进城，转眼间，城市膨胀起来，出租公寓的地产商也一夜暴富。就在那时，英格兰聚敛了大量的钱财，这笔财富足以使它支撑很多年。

今天，许多人都在自问：英国还能支撑多久？也许，只有时间能回答——这个时间就是10年或者20年。英国的前景很值得我们去研究。这个大帝国的崛起与衰败和一连串的事件密不可分。它的命运与罗马帝国的命运极为相似。作为地中海文明的核心，罗马帝国为了保全自身的独立与完整，不得不四方征战讨伐，而当英格兰登上大西洋文明的中央宝座时，也在走罗马人的老路。现在，世界性的大掠夺似乎已告一段落了。几年前的一个大帝国的核心总部很快就会衰落为现在荷兰对面的一个人满为患的小岛。

这似乎是场悲剧，但这正是我们这个星球的规律。

苏格兰

罗马统治者对苏格兰人的了解就像美国最早的殖民者对五个开化部落①的了解——在北部的大山中，在帝国防线与诺森伯兰郡最后一片茅舍的北面，有一群不好惹的剽悍部落，他们在山中以放牧牛羊为生，他

① 指北美印第安人的五个开化部落，即切罗基、奇卡索、乔克托、克里克和塞米诺尔。

们的居住环境极其原始简单，他们的血统遵从母系，不像其他民族那样遵从父系。他们的大山中没有真正的道路，只有马儿都畏步不前的陡峭的羊肠小道，对这些人进行文明教化简直白费力气，因为，他们激烈地反对一切文明形式，所以，最好的办法就是压根儿不去理他们。但是，这群人还是凶猛的盗贼，他们会突然从山上冲下来，劫走切维厄特丘陵上的羊群，掠走坎伯兰的牛群。保护这些地区比较明智的做法就是从泰恩河到索尔湾一路筑起高墙，并以刀砍剑刺或者上十字架等等死亡的痛苦来制止他们再次冒犯。

这些办法果然奏效，在罗马人统治英格兰的 400 年中，苏格兰人除了几次大规模的进犯，几乎不与文明世界有染。他们和爱尔兰岛的凯尔特兄弟们保持着长久的贸易往来，而且他们几乎没有物质需求，也从不和外面的世界打交道。古罗马的城墙虽然已经荡然无存，但是，今天的苏格兰人仍然过着苏格兰式的生活，发展着苏格兰式的文明。

苏格兰的穷乡僻壤是使他们保持独立的真正原因。这里绝大部分是山区，在人类出现之前，这些山几乎和阿尔卑斯山一样高。风雨的缓慢侵蚀使高山渐渐变矮，激烈的地壳上升又将它们震得七零八落，接着，大规模的冰川入侵又将沉积在山谷中的微薄的泥土冲得一干二净，难怪苏格兰只有 10% 的人口居住在高山地区，而其余 90% 的人口都拥挤在低地地区——从西边的克莱德湾到东面的弗思湾，不足 50 英里的狭长地带。在两座火山（从前多数要塞都是建在死火山口上）喷发形成的山脉之间伫立着苏格兰最大的两座城市——爱丁堡和格拉斯哥。爱丁堡是古代苏格兰首府，格拉斯哥则是现代钢铁、煤炭、造船和制造业中心。这两座城市之间还有运河相连。另一条运河从洛恩湾直通马里湾，小型船只可以沿着这条运河从大西洋直抵北海，而不必从约翰奥格罗茨、奥克尼群岛和设得兰群岛之间冒险航行，这些群岛就是那块从爱尔兰伸向挪威北角的大陆在怒海中的残骸。

然而，格拉斯哥出现繁荣并不意味着整个苏格兰就能出现繁荣。绝大部分苏格兰农民还挣扎在温饱线上，他们的劳动所得只能保证不致饿死，甚至都不足以使他们感受到真正活着的滋味。极端的贫困使苏格兰人对他们辛辛苦苦攒下的几先令"财产"视若珍宝，同时，也使他们懂得自力更生，不靠天，不靠地，就靠自己的聪明才智和坚毅勇敢，在恶劣的生存环境中苦苦挣扎而不必去管别人的闲话。

伊丽莎白女王在死前将英格兰的王冠传给了她的苏格兰亲戚，斯图加特王朝的詹姆士①，这个历史的偶然却将苏格兰从此纳入英格兰王国的版图。就这样，苏格兰人可以自由进入英格兰境内，如果他们觉得自己的小岛太小，难以容纳他们远大的抱负，他们完全可以在整个王国的大地上纵横驰骋。勤俭、聪明而克制的苏格兰人是完全适合在那些边远地区担任领导职务的。

自由国度——爱尔兰

这里要讲述的是一个特别的故事，有关人类命运的神秘悲剧——一个本来前途远大、潜力无穷的民族居然会心甘情愿地背弃眼前的光明，为一个毫无意义的理由徒劳地奔向了黑暗，而他们心怀仇恨的邻国却在随时准备着去羞辱并奴役他们，因为，这些盲目冲动的人根本还没有明白正大光明的自身利益才是人类生存的首要原则。

这个悲剧的罪魁祸首是谁呢？我不知道。没有人知道。是地质构造吗？大概不是。爱尔兰也是史前时代那块北冰洋大陆的残存部分。如果没有后来的地质变迁，这个岛也许会更加富饶繁荣。但是，地质变迁使岛的中心下沉到海岸山脉以下，使整个岛屿呈现为汤盘的形状。而流向海洋的河流也因此形成了千回百转、曲曲折折的河道，根本无法通航。

是天气吗？不，因为这里的气候与英格兰的气候没有什么不同，或许只是更潮湿，更多雾。

那么，是地理位置吗？也不是。自从发现美洲之后，在所有与新大陆通商的欧洲国家中，爱尔兰的地理位置最近，地理条件也最便利。

---

① 指詹姆士一世（1566—1625），1567年起统治苏格兰，称詹姆士六世。1603年又成为英格兰国王，称詹姆士一世，是斯图加特王朝的第一个国王。

那么，到底是什么该为这个民族的悲剧承担罪责呢？恐怕又是难以捉摸的人性。在这里，人类又一次自毁前程，将优势转为劣势，将胜利变成失败，将锐气勇敢消磨为无言的愤怒，对凄凉的命运只能默默承受。

民族传统又在这个悲剧中扮演什么角色呢？我们都知道，爱尔兰人十分喜欢他们自己的神话故事。几乎每个爱尔兰戏剧和民间故事中都会出现小精灵、小妖精、狼人和恶鬼之类的"人物"，说实话，在现在这种枯燥乏味的时代，我们真是厌烦了爱尔兰人那些妖魔鬼怪亲戚们。

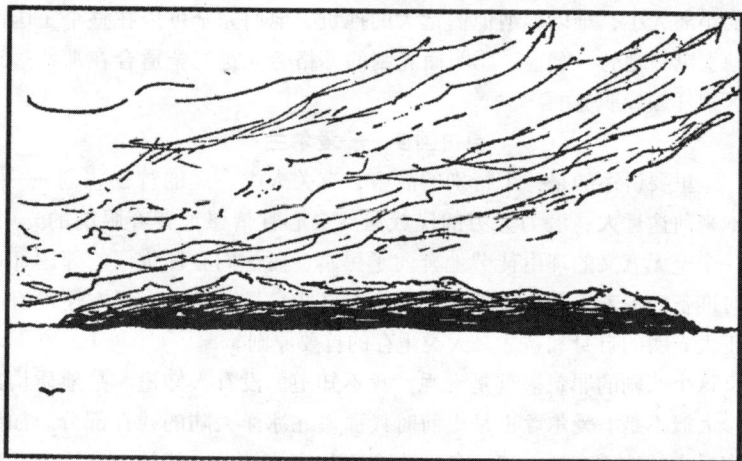

爱尔兰

你可能会问：这些又和"地理"有什么关系呢？这的确和山川河流城市分布的地理没有关系，也和统计煤炭出口量、棉花进口量的地理没有关系。可是，人类不仅是饕餮之徒，他还会思深虑远，浮想联翩。这个爱尔兰就是一个单纯为思虑与浮想而存在的国家。当你从海上眺望一个国家时，你会说："这是一片陆地，看上去比较矮，或比较高，大地是棕色，或者是黑色，或者是绿色的。那里生活着许多人，他们中有人在吃，有人在喝，有人美丽，有人丑陋，有人幸福，有人悲哀，有人生，有人死，有人死后得到了牧师的祝福，有人死后没有得到牧师的祝福。"

　　然而，这一切都和爱尔兰没有多大关系。这个国家有点与众不同，或者说完全与众不同。这里到处弥漫着寂寞的空气，孤立的氛围甚至伸手可触。昨天的真实到今天就变为谎言与疑虑，几小时前简单的一件事转眼就会变得错综复杂。岛屿的西侧是变幻莫测的大海，可是，你脚下的这片土地却比这池沉默的深渊更加匪夷所思。

　　爱尔兰遭受奴役的时间比任何一个民族都长，它背负着沉重的历史，不断地怨天尤人。他们本应该从自身找出不足，可是，在他们的思想深处一定有某种认识错误，使他们千百年来始终落落寡合。他们的这种错误正是植根于爱尔兰这块沃土，为了这片土地，爱尔兰人时刻准备为之流血牺牲，却从不考虑为之好好生活。

　　当年诺曼底的征服者们①刚刚在英格兰站稳脚跟，就将他们贪婪的目光投向了爱尔兰海彼岸，而所谓的爱尔兰海和北海一样，只能算是一个下陷在海洋中的山谷，算不上真正的海洋。而且，这个富饶的小岛的内部情况也大大助长了侵略者的野心。当地部族首领一向不合，将全岛统一为一个王国的努力从来都是一场空。对于征服者威廉的同代人，爱尔兰就像"一块颤抖的草皮"。这里的牧师都睁大了眼睛，狂热地要将基督的福音传播到世界各地，而他们的故国却没有公路、没有桥梁、没有任何交通条件，一切使日常生活方便、和谐的重要条件都不具备。岛屿的中央由于比四周低许多，形成了一个大沼泽，而沼泽有个坏习惯，就是从不把自己淹没，因此，沼泽永远是沼泽，根本没有人去治理。充满诗意的灵魂怎么肯动手去洗刷盘子呢？

　　当时，英法的统治者们虽然都是叱咤风云的一代枭雄，却也能够与主宰世界的领袖们维持一种非常体面的关系。教皇英诺森三世②曾紧急

---

　　①　1066 年，诺曼底公爵威廉要求英国王位，带兵渡过英吉利海峡，侵入英国。同年 12 月登上英国王位，称威廉一世（1066—1087 在位）。
　　②　英诺森三世（1160—1216）：罗马教皇（1198—1216），意大利人，在位期间发动过两次十字军东征。

援助他亲爱的教子约翰，宣布《自由大宪章》① 无效，并诅咒那些胆敢逼迫国王签署这样一份文件的那些贵族万劫不复，永坠地狱。当一位在内战中被打得狼狈不堪的爱尔兰酋长请求英格兰的亨利二世来爱尔兰帮助他打败自己的强敌时（我已忘记当时到底有多少交战方），一只看不见的手又从罗马伸到了英格兰，英国籍罗马教皇阿德利安四世热心地签署了一张羊皮书，委任英格兰国王陛下为爱尔兰世袭君主。于是，一支不足 1000 人的杂牌军和 200 名骑士进驻爱尔兰岛，原来那些过着快乐的原始生活的爱尔兰人不得不放弃早已在其他国家绝迹的部族制度，被迫接受英格兰人强加给他们的封建制度。从此，这个小岛就永无宁日了。围绕主权问题的争端直到几年前才算告一段落，但是，没准哪一天它又像火山一样突然爆发，又成为世界各地报纸的头版头条。

爱尔兰大地，正如爱尔兰精神，全然是为谋杀与伏击而存在。在这里，崇高的理想与卑鄙的变节无可奈何地纠缠在一起，似乎不把所有爱尔兰人杀光，冲突就永远不会停止，问题就永远无法解决。这绝不是无稽之谈。英格兰的统治者们曾多次试图斩草除根，赶尽杀绝，然后再将这些不幸的人们所有的财产奉献给国王及其亲信。例如，1650 年，爱尔兰人又凭着他们超凡的空想与奇妙的直觉，在荒唐的时间干出荒唐的事情——站在一文不值的查尔斯国王②一边。克伦威尔③毫不留情地镇压了那次起义，他当年在爱尔兰犯下的滔天罪行仍然深深地刻印在几个世纪后的爱尔兰人脑海之中。这次企图一劳永逸最终解决爱尔兰问题的尝试，其结果就是使这个岛上的人口锐减到 80 万，饥饿而死的人不计其数（爱尔兰的生存率一向不高），那些能讨到钱、借到钱或者干脆偷到钱的人，

---

① 1251 年，英国封建领主联合骑士和平民迫使英王约翰签署的文件。共 63 条，主要保障大贵族利益，骑士和平民的某些权利也得到保证。后成为资产阶级革命时期的法律依据之一，并成为后来确立君主立宪制的宪法文件之一。

② 指英王查理一世，被克伦威尔赶下台。

③ 克伦威尔（1599—1658）：17 世纪英国资产阶级革命的代表人物。1649 年宣布英国成立共和国，1653 年自任"护国公"。

一俟攒够了一张船票，就匆匆忙忙离开故土，逃亡国外。留下来的人，满怀仇恨地守着死者的坟墓，靠土豆维持生活，希望有朝一日能东山再起，可是，他们一直等到世界大战才得以最终解脱。

按照地理方位，爱尔兰属于北欧；按照思想状态，爱尔兰不久以前还停留在古地中海时代。甚至时至今日，当它已取得自治权，可以和加拿大、澳大利亚和南非这些国家平起平坐时，它还与整个世界有一段差距。他们并没有为全岛统一而努力，相反，他们分成两派，相互仇视。占全部人口75%的南部天主教徒组建了"自由国家"，定都都柏林。北部阿尔斯特六郡主要居住着外来的新教徒后裔，继续留在英国，并不断向伦敦的议会派出自己的代表。

这就是目前爱尔兰的情况。一年之后或者10年之后会怎样呢？无人能预见。但是，这是一千多年来爱尔兰人第一次掌握着自己的命运。现在，他们终于可以自由发展这里的港口了，他们将科克、利默里克和戈尔韦建设成真正的海港。他们还实行在丹麦已经证明非常成功的农业合作制。爱尔兰的奶制品完全可以和其他国家相媲美。作为一个独立自由的国家，爱尔兰终于可以屹立于世界民族之林。

但是，他们真的能忘记过去，理智地去为明天奋斗吗？

22　俄国：欧洲还是亚洲？

　　就美国政府而言，俄国并不存在。它的领导人是不法分子，它的外交使节被拒之门外，美国政府还警告美国公民，如果他们冒险去访问俄国，华盛顿对他们的安危概不负责。然而，俄国就在那里，占据了我们这个星球七分之一的陆地，其领土面积是欧洲的两倍，是美国的三倍，其人口数量相当于欧洲最大的四个国家的人口总和。可是，美国虽然在蒙罗维亚①和亚的斯亚贝巴亚的②都派驻了外交官，对莫斯科却熟视无睹。

　　所有这一切总有一个原因。外表看来，这里似乎有一个政治原因，可是，实际上，这个原因却出于地理因素。俄国比任何一个国家更具有地理背景。这个国家难以取舍自己到底属于欧洲国家还是属于亚洲国家。这种犹豫不决导致了文化矛盾冲突，而文化矛盾冲突又导致了这个国家的现状。我要用一张简单的地图来说明问题。

　　不过，我们首先还是来回答这个问题：俄国到底是欧洲国家还是亚洲国家？你可以假设自己属于住在白令海峡之滨的楚科奇部落，假设你

----

① 蒙罗维亚：利比里亚首都。
② 亚的斯亚贝巴：埃塞俄比亚首都。

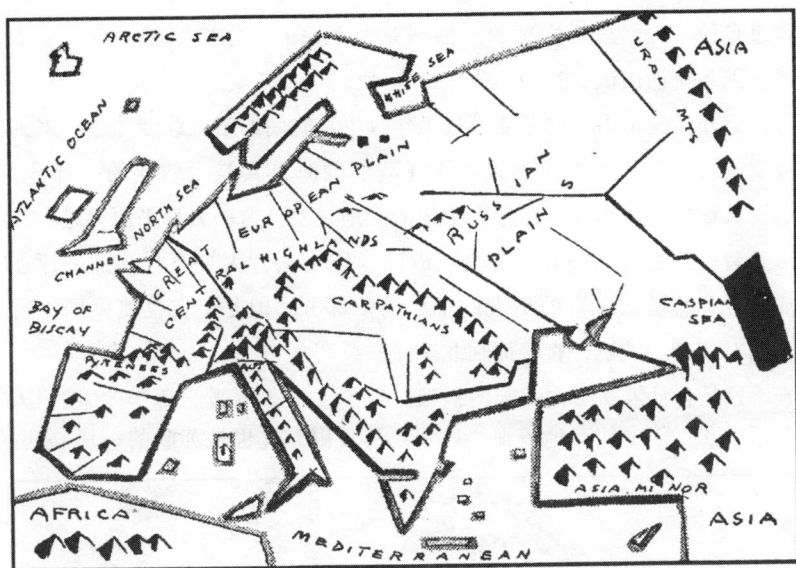

欧 洲

不喜欢自己的生活方式（人们不会怪你，因为在东西伯利亚的冰天雪地之中谋生实在太艰难了），再假设你决定像霍勒斯·格里利①所说的那样——"到西部去"，而且，你不喜欢山区，你向往着一块像你儿时故乡的那种大平原，于是，你就开始向西前进。你将顺畅无阻地走上两年时间，除了要渡过十几条宽阔的大河之外并没有什么障碍。最后，你将来到乌拉尔山脚下。在许多地图中，乌拉尔山都被标注为界山，是亚欧两大洲之间的天然屏障，其实，这座山并不足以成为一道屏障，因为第一批俄罗斯探险家（实际上是一伙逍遥法外的亡命之徒，一旦他们

---

① 霍勒斯·格里利（1811—1872）：美国报纸编辑，改革家。

发现了有价值的东西，就立刻被抬举成了"探险家"）是抬着他们的船跨过乌拉尔山而进入广袤的西伯利亚大平原的。你抬着船去登落基山或者阿尔卑斯山试试！

离开乌拉尔山，你还要经过半年或更长时间的艰难跋涉才最终来到波罗的海。在从太平洋到大西洋（波罗的海其实是大西洋的一部分）的漫长征途中，你竟始终走在平坦的大地之上。这一大片平原只是一片覆盖着三分之一亚洲和二分之一欧洲（因为这片大平原与德国平原连成一片，直抵北海）的更大的平原的一部分。但是，它也使俄国不得不面对致命的缺憾，直接面临北冰洋。

这是昔日俄罗斯大帝国的祸根。为了接近"温暖的海洋"，俄国人在过去数百年中徒劳地流血牺牲、耗尽钱财。这也是苏联的一块心病。

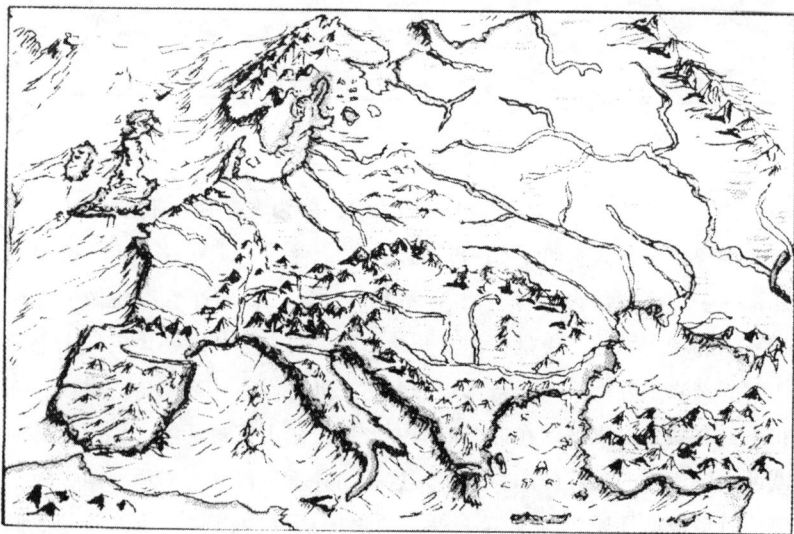

欧洲：海岸、岛屿及河流丰富的大陆

俄国风景

这个在罗曼诺夫王朝垮台之后建立起来的新政权，就像一幢80层高，有8000个房间的大楼，除了两个小窗子与三楼后面的防火通道相连之外，再无任何其他出口和入口。

也许，你以为我们美国就够大了，其实，那只是和小得可怜的英国或者法国相对而言。而这片到处飘扬着苏联国旗的大平原是法国总面积的40倍，是英国的160倍。它的主要河流鄂毕河几乎和亚马孙河一样长，它的第二大河流勒拿河与密苏里河一样长。它的内陆海，西部的里海总面积几乎与休伦湖、苏必利尔湖、密歇根湖及伊利湖的面积总和相当。它中部的咸海总面积比休伦湖大4000平方英里，而东部的贝加尔湖面积几乎是安大略湖的两倍。

这个国家南部的山峰横亘在欧亚边界，其高度几乎与我们国家的最高峰相匹敌，阿拉斯加的麦金利山有 20300 英尺高，高加索的厄尔布鲁士山高达 18200 英尺。地球上最寒冷的地区则在西伯利亚的东北角，这个国家在北极圈以内的国土面积和法国、英国、德国以及西班牙四国面积总和差不多。

不论从哪个角度看，俄国人都爱走极端。毫无疑问，这些常年生活在光秃的荒原以及冻土上的人深受其生存环境影响，他们的举止行为和处事原则在其他国家人眼中肯定荒诞不经。千百年来，他们一直虔诚地向上帝祈祷，然后，突然有一天，他们抛弃了上帝的一切，将他彻底地赶出了学校。数百年来，他们始终心甘情愿地服从一个人的命令，在他们心目中，这个人至高无上、神圣不可侵犯，但是，突然有一天，他们会揭竿而起，打倒这个人，去接受另一种政权，这个政权许诺会给他们带来巨大的幸福。

罗马人显然没有听说过"俄罗斯"这个名字。去黑海淘金的希腊人（还记得"金羊毛"的故事吗？）曾经与一些野蛮部落遭遇过，希腊人称这些人为"喝马奶的人"，从现在流传下来的希腊古瓶画中可以判断，他们当时遇到的是哥萨克人的祖先。当俄罗斯人首次在历史舞台上崭露头角时，他们居住在一块四方地上。南部以喀尔巴阡山和德涅斯特河为界，西部以维斯瓦河为界，北部和东部分别以普里佩特沼泽及第聂伯河为界。在他们这块四方地北部，波罗的海沿岸的大平原上住着他们的近亲——立陶宛人、列特人①以及普鲁士人。后者作为现代德国的统治者，究问起来，不过就是斯拉夫人的子孙后代。在四方地的东部居住着芬兰人，他们现在被圈在北冰洋、白海和波罗的海之间的那一小块地方。在南部，还有凯尔特人和日耳曼人，或者说是这两个民族的混血民族。

之后不久，在中欧平原上四处游荡的日耳曼部落发现，只要他们需要仆役，他们就可以去袭击那些北方邻居的营地。那是一个温顺的民族，不管命运如何对待他们，他们总是耸耸肩，低声说："算了，这就是

---

① 拉脱维亚的一个民族。

生活。"

这个居住在北方的民族似乎有他们自己的名字，在希腊人听起来，那名字就像斯拉夫尼（Sclaveni）。那些经常袭击喀尔巴阡山地区，劫掠人口的奴隶贩子也常说，他们又捉住了许多"slaves"（奴隶）或者"slavs"（斯拉夫人），后来"slave"这个词就成为一个商品名称，专指那些不幸成为别人合法财产的人。而这些最早的 slaves 或者 slavs 则渐渐强大起来，建立了现代世界最强大的中央集权国家。他们和历史开了一个不小的玩笑，而且，这个玩笑不幸落到了我们身上。如果我们的祖先稍微有一点远见，我们就不至于落到今天这步田地。对此，我要进一步说明。

开始，斯拉夫人还安安静静老老实实地待在他们那一小块故土上，后来，他们的孩子越生越多，人口急剧膨胀，所需的土地也越来越多。强大的日耳曼部落挡住了他们西进的道路，罗马和拜占庭将他们与地中海的花花世界隔绝，只有东方没有强敌。于是，斯拉夫人蜂拥东进，拓展更广阔的土地。他们跨过德涅斯特河与第聂伯河，一直来到伏尔加河岸边。俄罗斯农民称这条大河为"母亲河"，因为，这条大河为他们提供了取之不尽的鱼儿，养育了成千上万的俄罗斯人。

伏尔加河，这条欧洲最大的河流发源于俄罗斯北部中央高原的群山之间。也是在这些山区，最早的俄罗斯人修筑了大量的城堡、要塞，俄国早期城市也大多建于此地。为了最终注入大海，伏尔加河在山间盘旋曲折，绕了一个大弯才掉头东去。由于山势挤压，大河东岸高耸陡峭，西岸却低矮平坦。虽然从源头附近的特维尔到终点里海的直线距离只有1000英里，但是曲折蜿蜒的河道却足有2300英里长。这条欧洲最大的河流流域面积达56.3万平方英里，比密苏里河流域大4000平方英里，和德国、法国以及英国总面积差不多。但是，和俄国的一切事物没有什么不同，这条河也有其古怪之处。伏尔加河是条举世闻名的航运河（世界大战前这条河上就有4000多条船的舰队），但是，当它抵达萨拉托夫时，河面就已经与海平面持平，下游的几百英里河段完全是在海平面以下。

这并不奇怪，因为伏尔加河的终点是位于多盐沙漠中央的里海，里海目前的海拔高度比地中海低 85 英尺，再过 100 万年，里海大概可以与死海一争高低。死海目前保持着世界最低记录——海平面以下 1290 英尺。

我们餐桌上的鱼子酱几乎全部来自伏尔加河，伏尔加河被认为是鱼子酱的母亲河。我用"被认为"这种说法，是因为伏尔加河并不能生产鱼子酱，是金枪鱼为我们提供了这道闻名遐迩的俄罗斯佳肴。

在铺设铁路之前，河流与海洋是人们贸易往来或者劫掠征战的主要通道。在没有找到新疆域之前，由于西方的敌人——条顿部落——切断了通往大海的道路，另一伙竞争对手拜占庭人又挡住了南下的道路，俄罗斯人只能依靠自己的河流。从公元 600 年直到现在，俄罗斯的历史始终与两条大河密不可分，一条是伏尔加河，另一条是第聂伯河，其中第聂伯河更为重要。因为，这条大河是那条从波罗的海通向黑海的重要商道的一部分。这条商道无疑和德国平原上的那条商道一样古老。请看下面的地图。

从北方开始，我们看到的首先是芬兰湾，涅瓦河将其与拉多加湖（和安大略湖面积相仿）连接起来。涅瓦河上有座著名的城市——列宁格勒。从拉多加湖向南流的小河叫做沃尔霍夫河，它将拉多加湖与伊尔门湖连接起来。在伊尔门湖以南是洛瓦季河，从洛瓦季河到多瑙河的距离很短，两河之间地势平坦，人们可以进行水陆联运。就这样，旅行者可以从北方出发，悠闲地一路顺流南下，再通过第聂伯河，直达黑海。第聂伯河在此的入海口与克里木半岛只有几英里之遥。

贸易没有国家界限，商业也没有种族区别。是利润驱使人们将斯堪的纳维亚的货物千里迢迢带往拜占庭帝国，也正是由于有利可图，人们才在这些地区立足生根。在基督纪元开始的五六百年间，这条便捷的商道沿着加利西亚和波多利亚（喀尔巴阡山外围）之间地质下陷形成的低谷直达俄罗斯大平原。

但是，当这一地区挤满斯拉夫移民时，一切都变了。那时，商人们已经摇身变成了君临天下的霸主，他们不再四方奔波，却雄踞一方建起

了王朝。这些俄罗斯人虽然聪明绝顶，却从
来不善治国安邦。他们缺乏条顿人缜密细致
的逻辑思维。他们太多疑，不能集中精力。
他们热衷争辩，最喜沉思，却不擅长集中权
力，果断处事。但是，做个地方诸侯却非难
事。一开始，这些人的野心并不大，他们只
是需要一个安身立命的地方，他们建起了半
君主制的宫廷，他们的侍从臣民也需要住
所，于是，第一批俄罗斯城市就这样产
生了。

城市，尤其是充满活力的新兴城市，特
别引人注目。君士坦丁堡的教士们听说又有
一批拯救灵魂的好地方出现了，就急急忙忙
划着小船沿着第聂伯河北上，就和几个世纪
前斯堪的纳维亚人划船南下的情景一样。他
们很快就和当地诸侯打成一片，修道院变成
了王宫的一部分。接着，罗曼诺夫王朝登上
了历史舞台。这时，南部的基辅和富有的商
业城市大诺夫哥罗德（和下诺夫哥罗德无
关，这座城市建在伏尔加河上，奥卡河就是
在这里与伏尔加河汇合）已名扬天下，甚至
西欧各国都知道这里的繁荣景象。

同时，耐心的俄罗斯农民在不断地生儿
育女，就像在过去几千年中他们所做的那
样。当他们发现自己又需要更多的土地时，
他们就再次拓展疆域，从欧洲最富裕的大粮
仓——乌克兰河谷向俄罗斯大平原进军。当
他们到达平原高地，他们又沿河东进。他们沿着奥卡河谷不慌不忙（对

昔日俄国商道

俄罗斯农民来说，时间并没有意义）地前进，最后，他们来到伏尔加河，建立了新城诺夫哥罗德，这座城市将永远统辖着周边的平原地区。

但是，对历史而言，"永远"并不能恒久。在 13 世纪早期，一场灾难暂时打消了他们的雄心壮志。沿着乌拉尔山与里海之间的宽谷，不计其数的小个子黄种人从东向西疾驰而来，他们源源不断的骑队使人误认为亚洲全部人口都迁到了欧洲的中心。西方的那些挪威—斯拉夫小侯国错愕不已，短短三年时间，俄罗斯所有的平原、河流、内海、山区都落入鞑靼人①手中。德国、法国和其他西欧国家之所以能够幸免于难完全是出于偶然（鞑靼人的马蹄患了传染病）。

昔日俄国

① 鞑靼为蒙古所灭，西方通常将蒙古泛称为鞑靼。

　　当鞑靼人又培育出一批战马时，他们再次西进。但是，德国和波希米亚的堡垒坚不可摧，这些侵略者只好望"城"兴叹，他们兜了个大圈，在匈牙利烧杀劫掠个痛快，然后又回到俄罗斯东南部安定下来，开始享受胜利的战果。在此后的200年中，信仰基督教的男男女女老老少少只要见到那些让人闻风丧胆的成吉思汗的子孙，就必须得望尘拜倒，亲吻他们脚下的泥土，谁敢违抗都将被立即处死。

　　欧洲闻知这一切暴行，但是欧洲只是袖手旁观。因为斯拉夫人是按照希腊的方式供奉上帝，而西欧各国是按照罗马的礼仪供奉上帝。就让异教徒的怒火肆意燃烧吧，就让卑贱的俄罗斯人在异教徒的皮鞭下颤抖吧，谁让他们不归属正统教派。受人奴役的命运虽然悲惨，但那是他们的报应。最终，欧洲为他们自己的无情付出了沉重的代价。这些坚忍的俄国人用他们宽厚的肩膀担负起当权者强加给他们的一切重负，他们在鞑靼人统治的250年中养成了逆来顺受的恶习。

　　让他们背着这副枷锁吧，他们永远也不能摆脱这个不幸的负担。在俄罗斯平原的东部，有一个古老的前沿哨所，后来发展成为莫斯科公国，这个小公国的统治者为建立自由国家立下了汗马功劳。1480年，约翰三世（即俄国历史上著名的伊凡大帝）拒绝向金帐汗国①的主子上缴年贡，从此，公开的反抗开始了。50年后，这伙外国侵略者倒台了。但是，这些暴君虽然消亡了，他们的制度却保存了下来。

　　新的统治者是个头脑十分"实际"的人。30年前，君士坦丁堡被土耳其人攻陷，东罗马帝国最后一个皇帝在圣索菲亚大教堂的台阶上被刺杀。但是，他还有一个远亲——一个叫做佐伊·帕里奥洛加斯的女人，而且，她刚好是罗马天主教徒。罗马教皇看到这是一个大好时机，可以将希腊教廷迷途的羔羊引进他自己的羊圈，于是，他就撮合伊凡与佐伊的婚事。婚礼顺利举行，佐伊改名为索菲亚。但是，教皇的如意算盘却

---

　　① 成吉思汗长子术赤的封地。版图西到多瑙河，东到额尔齐斯河，南到高加索，北到加保尔地区。

落空了。伊凡比以往更加桀骜不驯，他意识到这是自己取代拜占庭王朝的天赐良机。他选用君士坦丁堡代表东西罗马帝国的盾形纹章——著名的双头鹰——作为自己的纹章，又确立了至高无上、神圣不可侵犯的皇权，视朝臣贵族为奴役。他还在这个小小的莫斯科宫廷里实行从前拜占庭的礼仪，他把自己当作世上仅存的"恺撒大帝"式的强权人物。他的孙子在家族荣誉的鼓舞下，终于宣称自己为俄罗斯所有治下领地的皇帝。

　　1598年，鲁雷克王朝的最后一位天皇贵胄死去了，随之，斯堪的纳维亚入侵者在俄罗斯的统治终于结束。经过15年内战，罗曼诺夫家族——一个莫斯科贵族家庭——的一位成员自立为沙皇，从此，俄国的版图就随着罗曼诺夫们的政治野心渐渐扩大。这个家族的统治者们虽然有许多显而易见的劣迹，但他们又有同样多的美德，所以，我们最好还是忘记他们的错误吧。

东西伯利亚

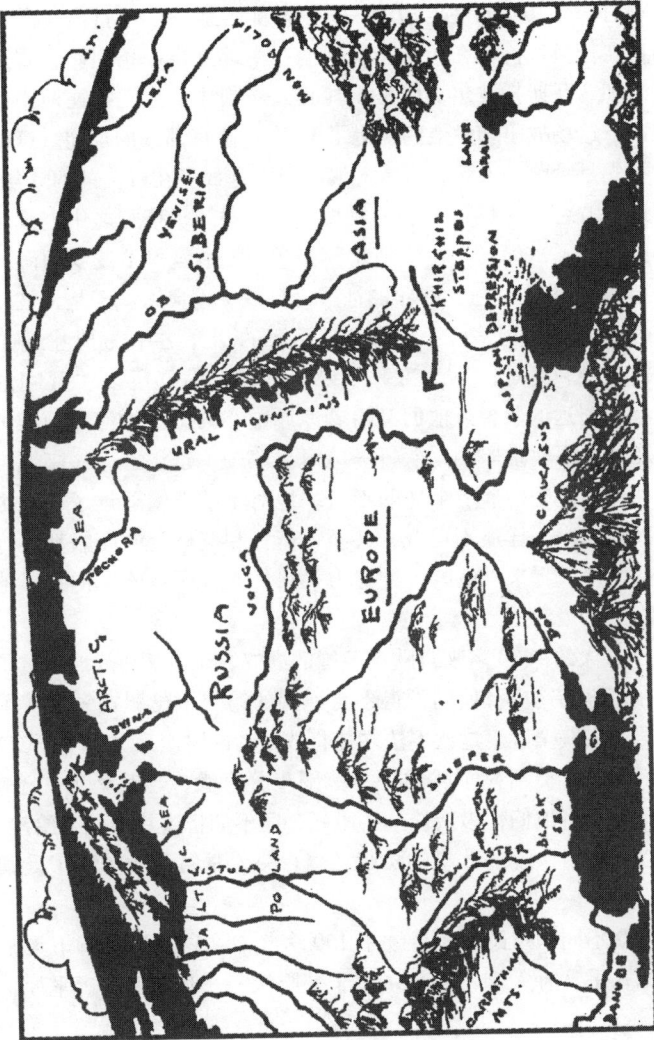

广袤的俄罗斯大平原

他们都有一个共同的坚定信念——只要能为他的子民打出一条直接出海的通道，任何代价都在所不惜。他们在南部杀出一条血路，直达黑海、亚速海和塞瓦斯托波尔，但是土耳其人遏制住了他们前往地中海的道路。然而，这场战争却使他们赢得了10个哥萨克部族的加盟。这些哥萨克人的祖先是哈萨克人、海盗、流浪汉或者逃奴。在过去的500年中，他们为了逃避波兰或者鞑靼主子的奴役，一直藏匿于荒野之中。俄国人又和瑞典人开战了，瑞典人在"三十年战争"① 中赢得了波罗的海周边所有的土地，俄国人又经过50年的征战，打败了瑞典人。于是，彼得大帝终于可以调遣成千上万的臣民在涅瓦河的沼泽之中为他建起了新都——圣彼得堡。但是，芬兰湾每年要封冻四个月，所以"开阔的大海"仍然是个遥远的梦想。他们又沿着冰原中心的奥涅加河与德维纳河北上，在北冰洋沼泽荒原的尽头——白海之滨——建立了另一座城市阿尔汉格尔斯克。但是，卡宁半岛的不毛之地对于欧洲太遥远了，就像哈得孙湾的冰雪海岸一样遥不可及，甚至，荷兰和英格兰的商船都远远避开摩尔曼的海岸。看来，俄国人的努力又付之东流了。除了向东，他们别无选择。

1581年，大约1600名来自欧洲各国的逃奴、流浪汉和战俘越过了乌拉尔山。在东进的途中，他们不得不与遇到的第一个鞑靼首领进行了殊死拼杀，居然大获全胜。这伙不法之徒将战败者的财产瓜分得一干二净。但是，他们知道，莫斯科军队的势力范围十分广大，与其坐等"圣上"的军队追上来，将他们作为叛徒逃兵吊死，还不如将这片疆域献给沙皇，这样还可以凭着对亲爱的沙皇的贡献，赢得一份犒赏和一个真正爱国者的美名。

这种与众不同的殖民方式持续了150多年。在这些恶棍脚下无限延伸的大平原几乎没有人烟，但是，却非常肥沃——北部有广袤平原，南

---

① 1618—1648年在欧洲的一场国际性战争。德意志新教诸侯与丹麦、瑞典、法国为一方，皇帝、德意志天主教诸侯和西班牙为另一方。以后者的失败而告终。

部有莽莽密林。很快，这些人就将鄂毕河甩在了后面，来到了叶尼塞河岸边。1628年，这支臭名昭著的先锋军到达勒拿河，1639年，他们来到鄂霍次克海岸边，1640年之后，他们又在南部的贝加尔湖建起了第一座要塞。1648年，他们又抵达阿穆尔河①。同年，一个名叫德日涅夫的哥萨克人在西伯利亚北部的科雷马河顺流而下，进入北冰洋，并沿着北冰洋的海岸线来到亚洲与美洲分界处的海峡。当他返回后告诉人们这一发现时，并没有引起人们的兴趣。8年之后，一个受俄国雇佣的丹麦航海家维丘斯·白令再次发现这个海峡，于是，他获准以他的名字命名这个海峡，即白令海峡。

从1581年到1648年，只用了短短67年时间，俄罗斯人就拥有了整个西伯利亚。相对而言，我们美国的先人却用了整整两个世纪才从阿勒格尼山走到太平洋岸边。显而易见，俄国人并不像我们想象的那样迟钝。他们并不满足于西伯利亚，最终，这些俄罗斯人还从亚洲进入了美洲。在乔治·华盛顿去世之前很长一段时间，俄国人在美洲的殖民地都很繁荣，他们还有一个以大天使加百里列名字命名的要塞，就是现在的锡特卡。就是在这座城市，1867年，俄国与美国举行了移交阿拉斯加的正式仪式。

如果谈到精力、胆识和大无畏的冒险精神，早期俄罗斯开拓者远远胜于我们美国的先祖。但是，亚洲人的帝王观念却仍然主宰着莫斯科和彼得堡的当权者。他们广袤的国土上丰富的宝藏静静地等待着有识之士来开发利用，可是，他们却对牧场、森林和矿藏熟视无睹，反而将西伯利亚变成了一座巨大的监狱。

在叶尔马克②翻过乌拉尔山的50年后，大约17世纪中叶，第一批罪犯被遣往西伯利亚。他们是一些不肯按照希腊教会的规矩作弥撒的教士，因此，就被发配到阿穆尔河畔冻死饿死。从那以后，流放大军从未终止

---

① 阿穆尔河：即中俄界河黑龙江。
② 叶尔马克（？—1585）：哥萨克逃亡者、探险家。1581年开始征服西伯利亚。

过。无数男男女女（常常还有儿童）由于以欧洲的个人意志去冒犯俄国
沙皇政府实行的亚洲大一统暴政，就被成群结队地赶到西伯利亚的大荒
原中。1863 年，集体流放达到了一个高峰。在波兰最后一次大起义后，
5 万波兰爱国者从维斯瓦河被迫迁往托木斯克和伊尔库茨克地区。没有
确切的统计数据表明，有多少人被流放到了西伯利亚，但是，从 1800 年
到 1900 年，由于各国政府施加了压力，流放政策稍有放松，每年仍有 2
万人被打发到西伯利亚。而且，其中还不包括普通罪犯、杀人犯、小偷、
窃贼之类的人。他们往往不能和那些精神境界高尚的人相提并论，后者
的唯一错误就是对他们那些并不值得热爱的同胞付出了太多的热情。

当服刑期满，幸存者就会在流放村附近获得一小块耕地，成为自耕
农。理论上，这是一个不错的计划——使白人遍布整个国家，帝国政府
也可以向那些欧洲的股东们展示，西伯利亚的情形并不像报纸上说得那
么糟糕。西伯利亚的疯狂中也有理智，"罪犯"将被教育成对社会有益
的劳动者。可是，实际上，这个计划执行得太好了，以至于那些所谓的
"自由移民"大部分消失得无影无踪。也许，他们跑到土著部落中去了，
成为穆斯林或者无神论者，永远与基督教文明告别了。也许，他们在逃
跑的路上被狼吃掉了。我们无从知晓。俄国警察的统计数据表明，始终
有 3 万—4 万逃犯逍遥法外，不知去向。也许，他们躲进深山老林，宁可
饱受大自然的各种折磨也不愿回到沙皇的监狱中去。

随着俄国昔日的农奴体制和易货制度被打破，资本主义和大工业生
产迅速取而代之。这是众所周知的。在林肯签署《解放黑奴宣言》① 前
几年，俄国农奴获得了解放。为了让他们谋生，俄国政府还给每个农奴
分配了一小块土地。但是，土地太少，远远不足以维持生计，而且，这
些分给农奴的土地是从大地主手中夺来的。结果，无论是农奴还是地主
都怨声载道。同时，当俄罗斯大平原丰富的矿藏被发现，外国资本就源
源不断地流入俄国。铁路修建起来了，汽船航线也开辟出来了，当欧洲

---

① 1863 年 1 月 1 日，美国林肯政府发表《解放黑奴宣言》，废除南方奴隶制。

各国的工程师们穿过一圈半原始的村庄，趟着泥水来到一座和巴黎大剧院相仿的豪华剧院的门前时，他们不禁自问：这怎么可能？

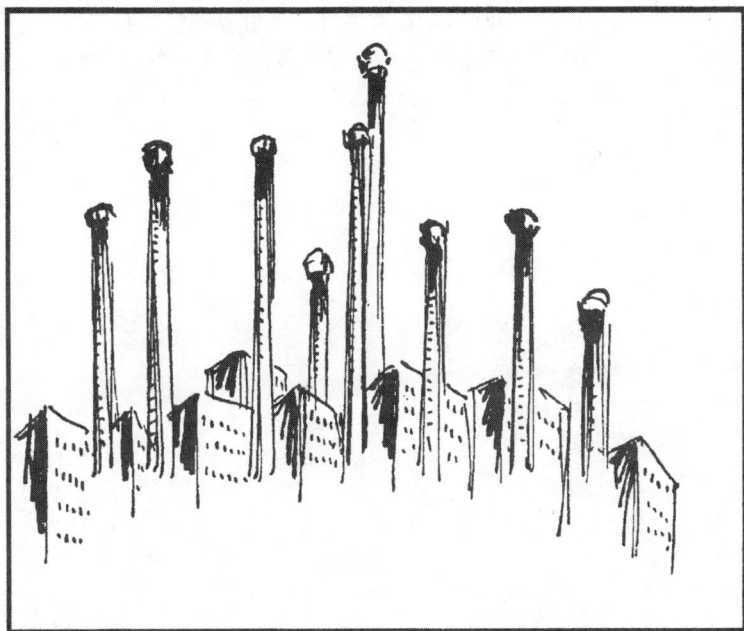

今日俄国

这时，那种驱使俄国王朝的缔造者们战无不胜、攻无不克的勇猛锐气渐渐耗尽了。一个身体虚弱、整日在教士和女人堆里转悠的人①登上了当年彼得大帝的宝座。当他以王位为抵押，被迫接受伦敦、巴黎那些放贷者的条件，参加一场大多数人都不赞成的战争时，他就已经在自己的死亡判决书上签了字。

一个从西伯利亚流放地归来的小个子男人推翻了旧世界，开始重建

---

① 指罗曼诺夫王朝末代沙皇尼古拉二世（1868—1918）。

家园。他摒弃了欧洲的旧体制，也摒弃了亚洲的旧体制，他摒弃了一切陈旧腐朽的体制。他以未来的眼光建设新的家园。

不管怎样，这片大平原总算有了生气，全世界都将拭目以待。布尔什维主义也许只是一个神秘的梦想，可是，俄国却是一个残酷的现实。

23 *波兰：别人的走廊*

　　波兰有两大不幸。首先是占错了地理位置，其次是选错了民族。对两个人而言，兄弟之间往往手足情深，就两个国家而言，同宗同族却绝非幸事，而波兰人恰恰就与近邻俄罗斯人同属斯拉夫民族。

　　关于波兰人的来历，我们已无从考证。和爱尔兰人一样（这两个民族有许多相似之处），波兰人也是坚定的爱国主义者，他们时刻准备为国捐躯，就是不愿意好好生活，好好工作。关于波兰祖先最早的英雄事迹，据他们自己的历史学家考证，可以追溯到挪亚时代，据说，当时的波兰英雄曾是诺亚方舟上的偷渡者。不过，在比较真实的历史文献中首次发现波兰人的名字却已是查理曼大帝和他的勇士入土200年之后了。那是在黑斯廷斯战役①结束后50年，波兰渐渐为人所知，而在此之前，人们还以为波兰是远东的某个偏僻的角落。

　　就我们现在所知，波兰人最早生活在多瑙河河口，由于不断受到来自东方的侵略者的袭击，他们不得不背井离乡，一路西逃，来到喀尔巴阡山脚下，他们穿越被另一支斯拉夫族的俄罗斯人放弃的地区，最后，他们在奥得河与维斯瓦河之间的那块欧洲大平原上发现了一块"乐土"，在沼泽与森林之间找到了安身之所。

　　然而，这却是他们最糟糕的选择。一个生活在这块土地上的农民就

------

　　①　发生于1066年10月14日，英格兰国王哈罗德败于诺曼底的"征服者"威廉。

和一个坐在中央火车站①出口正中间的人一样，是不可能寻求到安宁与
静谧的。这片土地实际上是欧洲的前大门和任人通行的走廊。那些想去
西面攻打欧洲占有北海的人必须得从这里出发，而那些想去东面掠夺俄
国的人也得在这里借路。波兰是他们唯一的通道。处于四面楚歌之中的
波兰将每一个农民锻炼成职业战士，将每一座庄园转变成坚固堡垒。结
果，军事化生活使这个国家付出了沉重的代价。在一个常年备战作战的
国家，商贸活动根本无从谈起。

北　极

---

① 指纽约火车站——中央总站。

波兰的几座大城市都在国家的中心位置，坐落在维斯瓦河岸边。南方的克拉科夫恰好位于喀尔巴阡山与加利西亚①平原衔接的地方；华沙则在波兰平原的正中央；但泽坐落在维斯瓦河河口，靠外国商贾维持着本地的贸易。与这几座河畔城市的繁荣形成鲜明对比的是，波兰内陆人烟稀少，荒凉凋敝。除了第聂伯河这片平原上就没有什么其他河流，而第聂伯河却是在俄罗斯的境内。

国内一些必需品生意操纵在犹太人手中，这些犹太人是从莱茵河逃到这片荒僻的土地上避难的，因为，当年十字军骑士们带着神圣的热情血洗了莱茵河地区许多著名的犹太人聚居地。那些建立俄国的、吃苦耐劳的斯堪的纳维亚人也许能给这个国家带来一些希望，但是，他们从来没有踏进这片土地。他们为什么要来这里呢？波兰并没有四通八达的商道，也没有君士坦丁堡那样的城市可以安慰他们长途跋涉的艰辛与痛苦。

就这样，波兰人进退无门，陷于水火之中。德国人恨他们，因为他们虽然是自己的罗马天主教兄弟，但却是斯拉夫人。俄国人瞧不起他们，因为他们虽然是自己的斯拉夫手足，但却不是希腊天主教徒。土耳其人憎恶他们，因为他们既是天主教徒又是斯拉夫人。

如果卓有成绩的立陶宛皇室还一息尚存，这个国家可能会有极大的改善，因为在中世纪，立陶宛皇室曾为波兰做出过许多贡献。可是，亚盖沃家族②治下的许多大地主、大贵族不仅靠南征北战大发战争财，还在自己广阔而荒僻的庄园中实行专制的暴政。1572 年，当最后一位亚盖沃国王驾崩后，这些地主贵族终于将这个国家转变为选举制的君主政体。这种政体从 1572 年一直持续到 1791 年，在被推翻前，就已经让人哭笑不得了。

波兰就这样轻而易举地将王位卖给了出价最高的人，没有人对此提

_____

① 加利西亚：旧地名。今波兰东南部维斯瓦河上游河谷。富农林和石油资源。历史上长期为俄国和奥地利的争夺目标。

② 亚盖沃家族：公元 14—16 世纪统治东欧的家族。其创始人为立陶宛大公亚盖沃。

出质疑。法国人、匈牙利人和瑞典人相继成为这里的主人，只不过，这片土地对他们毫无意义，不过就是一块可以榨取不义之财的肥肉而已。当那些外国君主们忘记对他们的波兰走狗示宠时，这些波兰贵族顿感委屈，他们就像 1000 年前的爱尔兰人一样，请来了邻居，求他们帮助自己得到"应得到的权利"。这些邻居们，普鲁士人、俄国人和奥地利人高兴得忘乎所以，还没等他们采取行动，波兰作为一个独立国家就已经不复存在了。

1795 年，经过最后三次瓜分，俄国人从波兰划走 18 万平方英里国土和 600 万人口，奥地利得到 4.5 万平方英里国土和 370 万人口，普鲁士获得 5.7 万平方英里国土和 250 万人口。这个可怕的错误直到 125 年后才得以纠正。协约国由于害怕俄国强大的势力，矫枉过正，走到另一个极端。他们不仅将新的波兰共和国的疆域扩大到空前的规模，还割让给波兰一些根本从不属于他们的土地。为了给波兰一个直接的出海口，他们建立了一个"波兰走廊"，从原来的波兹省直到波罗的海，这条狭长地带将普鲁士拦腰斩断，使它的两个部分从此互不相干。

无需什么渊博的地理和历史知识，人们就可以预见到这条不幸的走廊的未来命运。这块土地将成为德国与波兰之间永远互相仇恨、互不信任的借口，这两个国家无论哪一个强大起来，都会拼命摧毁另一个。而可怜的波兰将一如既往地沦为俄国与欧洲争夺的猎物。

波兰首战告捷，看似取得了辉煌的胜利。但是，在国与国之间筑起仇恨的堡垒并不能最终解决我们这个时代的经济与社会问题。

24 捷克斯洛伐克：
凡尔赛和约的产物

　　如果从经济学角度以及城市大多数居民的文化程度来衡量，在所有斯拉夫国家中，捷克斯洛伐克是地理位置最优越的国家。但是，它却是一个人为拼凑出来的国家。作为在世界大战中抛弃奥匈帝国的回报，这个国家终于享有了自治权，不过，却是三分天下：波希米亚、摩拉维亚和斯洛伐克。他们能否长期共存，就不得而知了。

　　首先，这个国家地处内陆；其次，在信奉天主教的捷克人与信奉新教的斯洛伐克人之间没有什么亲密感情。前者，曾作为讲德语的奥匈帝国的一部分，与其他国家一直保持着密切联系；后者，在匈牙利主子多年的残暴奴役下，几乎从没有摆脱过卑微贱民的社会地位。

　　至于摩拉维亚人，他们的国家本来位于波希米亚和斯洛伐克之间，拥有整个捷克斯洛伐克联邦最肥沃的土地。但是，他们的政治地位却一文不值。因此，在900万捷克人与400万斯洛伐克人之间无休无止的世仇争斗中也根本没有份。捷克人对待斯洛伐克人的态度几乎和当年的匈牙利人没有什么两样，而匈牙利人对少数民族权利的尊重只是最近才有的事情。

　　任何想研究了解种族问题会严重到什么程度的人都会礼貌地提出中欧国家为证。这里的形势的确使人感到非常绝望，看不到出路。捷克斯洛伐克还不是这里最糟糕的国家，但是它的三个斯拉夫民族却互相仇视，长期不和。而且，中世纪时一些来到波希米亚帮助开发厄尔士山和波希

米亚森林山中丰富矿藏的条顿人后裔——300 万日耳曼人——又使情况
更加复杂并进一步恶化。

1526 年，波希米亚在中部欧洲的全部地产都被哈布斯堡家族夺走。
在以后的 388 年中，波希米亚沦为奥地利的一块殖民地，不过，它的遭
遇并不太糟。日耳曼人的学校、日耳曼人的大学、日耳曼人的一丝不苟
和严谨周到，这一切使捷克民族成为斯拉夫人种中唯一知道如何目的明
确、意志坚定地工作的民族。但是，没有一个受压迫的民族会因为主子
对他们不错，会看在几件圣诞礼物的分上就不计前嫌而喜欢他们的主子。
复仇已经成为这些受压迫民族的天性，一旦他们获得自由，他们就会将
过去的压迫者打倒在地，这毫不足怪。捷克语被指定为国家的官方语言，
而德语则沦为勉强被接受的民间语言，和匈牙利语在斯洛伐克的待遇一
样。捷克的新生一代完全严格地从捷克民族传统中接受语言文化教育。
从爱国主义观点看，这无疑是正确的。但是，昔日每个波希米亚儿童都
学习德语，这至少可以使 1000 万人听懂他讲话，而现在，新一代儿童被
限制在几百万讲捷克语的人群中。如果有一天他出国走走，他就会茫然
无措。谁会费劲儿去学一种既没有商业价值又没有文学历史的语言呢？
捷克政府领导人的水平要高于其他中欧国家的领导人，他们会渐渐鼓励
教育体制恢复原来的双语制。不过，他们的计划将遇到极大的阻力。因
为，那些憎恶将一种国际语言作为政治煽动工具的语言学家们不喜欢看
到所有的党派联合到一起。

波希米亚不止是哈布斯堡家族独裁统治下的一个富饶的农业地区，
它还是一个工业相当发达的省份。除了拥有煤、铁之外，它还以复杂的
玻璃制造工艺闻名于世。另外，勤劳的捷克农民一向精于家庭手工业
（他们每天在田间耕作 12 小时之后，回到家里也还要做点东西）。波希米
亚纺织品、波希米亚地毯和波希米亚鞋都驰名天下。过去，这些产品运
往奥匈帝国的任何地方都是免税的——这是哈布斯堡家族少有的几项优
惠政策——而现在，帝国四分五裂，所有这些小国都筑起重税壁垒，企
图使邻邦的贸易垮掉。以前，一车啤酒从比尔森运到阜姆，一路畅通无

阻，不用海关检查，也不用付一分钱的税；可是，现在却要在六个关卡换六次车交六次税，耽搁数星期的时间，当到达目的地时，啤酒早就酸了。

小国自治，从理想主义的角度看，是一件好事。但是，当这些小国与自然环境苦苦抗争，为了生存做着原始的挣扎，可就不那么理想了。当 1932 年的人们还在按照 1432 年的思想去行事时，我看，我们对此也就无能为力了。

为了那些要到捷克斯洛伐克的旅行者的方便，我还要加上几句。布拉格的名字不再是 Prague，而改为 Praha，从它身边流过去的河流不再是流向易北河的莫尔道河（Moldau），那条河的名字现在叫沃尔塔瓦（Vltava）。喝啤酒的好地方比尔森（Pilsen）也改名为 Plzen（在那儿你仍然可以喝到啤酒）。对于那些不想喝啤酒而想暴吃一顿的人，治疗的好地方是在卡尔斯巴德（Carlsbad），那个地方现在叫卡罗维发利（Karlovy - Vary），过去这里的马里安温泉（Marienbad）现在已变成玛丽亚温泉（Marianske Lazne）了。当你想乘车从布鲁诺（Brunn）去普雷斯堡（Pressbury）时，你应该找从布尔诺（Brno）到布拉迪斯拉发（Bratislava）的那列火车。如果你向列车员询问，而他恰好是在布达佩斯统治斯洛伐克时留下来的匈牙利人，他会一直死盯着你，除非你解释清楚你问的其实是波若尼（Pozsony）。由此可见，我们这个半球上的那些荷兰、瑞典和法国殖民地大约都不会比捷克斯洛伐克维持得更长久。

25 南斯拉夫：凡尔赛和约的另一件作品

　　这个国家的正式名称应该是塞尔维亚、克罗地亚和斯洛文尼亚王国。它的三个部族（"部落"这个词不太合适，因为听起来像是在讲非洲土著人，这样会伤害他们的自尊心）中最主要的是塞尔维亚人，居住在东部萨瓦河，在萨瓦河与多瑙河交汇处的贝尔格莱德是这个国家的首都；居住在多瑙河的另一支流德拉瓦河与亚得里亚海之间的是克罗地亚人；而斯洛文尼亚人则占据了德拉瓦河、伊斯特拉半岛和克罗地亚之间的那个小三角地带。现代塞尔维亚还包括几个小部族，其中就有黑山。这个风景如画的小山国曾因与土耳其侵略者进行了400年的战争而举世闻名，还有，当我们跳起"快乐寡妇"华尔兹时，也会甜蜜地回忆起这个地方。塞尔维亚还接收了昔日奥匈帝国的著名遗产——波斯尼亚和黑塞哥维那。这块奥地利人从土耳其人手里夺回来的土地本来就是属于塞尔维亚人的，所以，塞尔维亚人与奥地利人之间的仇恨最后终于演变为1914年对奥地利大公①的刺杀，并由此引发了世界大战（当然，这并不是世界大战爆发的真正原因）。

　　塞尔维亚（我已习惯沿用旧称——其实我指的是南斯拉夫王国）归根结底是巴尔干国家，所以，它的过去有500年受穆斯林奴役的历史。世界大战之后，这个国家获得了亚得里亚海的海岸线，但是狄那里克阿

――――――――――

　　① 指奥地利王位继承人斐迪南大公。

尔卑斯山又横亘在它的出海口前。即使可以修建穿越山脉的铁路（修铁路要花许多钱），这里除了拉古扎（现名杜布罗夫尼克）之外却再也没有什么良港。拉古扎是中世纪殖民地商品最大的集散地之一，它也是地中海世界唯一一个不肯接受美洲及印度新航线的港口。在发现新航线之后，拉古扎的大商船仍然固执地坚持走卡利卡特①和古巴的航线。直到最后，他们愚蠢地参加了命中注定要失败的无敌舰队，陪葬了自己最后的船队。

严　寒

---

① 卡利卡特：印度西南港口城市，交通贸易中心，输出椰干、咖啡、茶叶、香料等。

遗憾的是，今天的杜布罗夫尼克仍然没有为现代轮船提供方便。这里的另外两个港口——阜姆和的里雅斯特——虽然是南斯拉夫的天然良港，但是凡尔赛和会的那些老爷们却将其中一个送给意大利，将另一个留给了自己。虽然他们并不真正需要这个只能与威尼斯媲美的港口，但是威尼斯却正热切希望能够重获昔日"地中海女皇"的皇冠。就这样，南斯拉夫只能听任的里雅斯特和阜姆码头上的杂草肆意横生，它却只能和从前一样，将农产品通过三条旧路线送往国外。这些农产品可以沿多瑙河运到黑海，就像纽约将它的商品经过艾尔湖和圣劳伦斯河运往伦敦一样，南辕而北辙；第二条路线是沿多瑙河逆流而上，到达维也纳，再从维也纳出发，穿山越岭，到达不来梅、汉堡或者鹿特丹，这当然是一趟代价高昂的旅行；最后，也许可以用火车将这些农产品送到阜姆，可是，意大利人当然会使出浑身解数去打击他们的南斯拉夫对手。

过去，由于奥匈帝国作祟，南斯拉夫与大海隔绝，被变成了一个内陆国，可是，世界大战之后，它却并未因为摆脱了奥匈帝国而改善了自己的生存状况。令人难过的是，当年导致这场浩劫的主要因素居然是猪。因为猪是南斯拉夫唯一的大宗出口产品，而奥地利人和匈牙利人就是通过对猪课以重税来斩断南斯拉夫可以获利的唯一生计。而遇刺身亡的奥地利大公不过是调动全欧武装力量的借口而已。巴尔干半岛东北角各民族之间矛盾的潜在原因是对猪课以重税。

提到猪，我要告诉你们，这里的猪主要靠栎树子迅速繁殖。这就是为什么在亚得里亚海、多瑙河和马其顿山区之间的这个三角地带会有这么多猪，因为这里到处都是繁茂的栎树林。如果不是罗马人和威尼斯人不计后果地将许多山上的树伐光去造船，今天这里会有更加广袤的森林。

除了猪以外，这个国家还有什么其他资源可供1200万人口果腹蔽体吗？这里有煤、铁资源，不过现在世界各地到处都有煤、铁资源，将这里的煤和铁用火车运到德国的港口费用太高了，而正如我前面所说，南斯拉夫自己并没有一个像样的港口。

战后南斯拉夫得到了一大片匈牙利平原，即沃伊沃迪卡平原，这里非常适合发展农业。德拉瓦河和萨瓦河谷地出产的玉米、谷物可以使这片平原上的人们自给自足，与瓦尔达尔河相连的摩拉瓦河又是一条理想的商贸通道，将北欧与爱琴海上的塞萨洛尼基港连接起来。这片平原还与欧洲铁路主干线相接，将尼什（君士坦丁大帝诞生地，而德皇"红胡子"腓特烈一世在那次倒霉的进军"圣地"途中，也曾在此做过短暂停留，接受塞尔维亚王子斯蒂芬的热情款待）与君士坦丁堡及小亚细亚连接起来。

不过，总体看，南斯拉夫不可能发展成为一个发达的工业国。和保加利亚一样，它宁肯做一个小康水平的斯拉夫农业国。谁要是把来自斯科普里和米特罗维察身高六英尺的农民与曼彻斯特和谢菲尔德那些伦敦佬似的工人做一比较，就会怀疑，这样的命运是否真的没有补偿。贝尔格莱德也许永远安于做一个温和可爱的小镇，就像奥斯陆或者波恩。但是，也许有一天它真的会去和伯明翰或者芝加哥在规模上一较高低。也许，它会的。现代人的灵魂是不可捉摸的。受到好莱坞伪文化的蛊惑而去颠覆祖先的传统价值观念，塞尔维亚农民决不会是第一人。

26 保加利亚：最正统的
巴尔干国家

　　这是最后一个斯拉夫国家（这些小国都是 2000 年前斯拉夫人入侵欧洲的战果）。如果在世界大战中，这个国家没有错误地站在失败者的一方，那么，它现在的面积会大得多，人口也要多得多。不过，这种事情即使在最循规蹈矩的国家也是在所难免。下一次，希望它能幸运一些。在巴尔干半岛，"下一次"如果是指战争，就意味着 12 年或者 6 年以后。我们这样讲时，对那些好斗成性、野性未驯的巴尔干人是有点藐视的。但是，难道我们真的清楚，一个普通的塞尔维亚或者保加利亚男孩在开始自己的人生时，到底继承了祖先的哪种传统？是仇杀？残暴？斗殴？奴役？抢劫？强奸？还是纵火？

　　对于保加利亚的最早居民，我们一无所知。人们发现了他们的头盖骨，可是它不会讲话。他们和神秘的阿尔巴尼亚人、希腊历史上的伊利里亚人以及多灾多难的奥德修斯的同胞有什么血缘关系吗（据说，奥德修斯来自一个神秘的民族，他们的语言非常独特，有史以来，他们世代居住在亚得里亚海沿岸的狄那里克阿尔卑斯山中，今天，他们成立了自己的国家，由当地部族首领进行统治。这位首领一俟维也纳裁缝将他的新衣送到，就急不可耐地在地拉那登上了王座，而他的新首都充斥着98%的文盲）？另外，保加利亚是不是吉卜赛人的祖国？这些被称为"Wlachs"的吉卜赛人四处流浪，足迹遍布欧洲。英国的威尔士（Wales）和比利时的瓦隆（Walloons）等地区都是以他们的名字命名的。关于这个疑问，我们得承认自己无法解答，还是将它留给哲学家们吧。

当我们进入编年史时代，我们看到无穷无尽的侵略、讨伐和死亡！在保加利亚，正如我已经谈到的，在乌拉尔山和里海之间的峡谷有两条交通要道。一条向北越过喀尔巴阡山，通往北欧平原茂密的大森林；另一条沿多瑙河穿过布伦纳山口，将饥饿的野蛮人引入意大利腹地。罗马人清楚地意识到了这一点，因此，他们将巴尔干作为意大利的第一道防线，以抵挡那些"外国渣滓"——他们喜欢这样称呼那些卑贱的野蛮人，而这些野蛮人最终却总能把他们的一切摧毁。由于兵源缺乏，意大利人不得不逐渐退回到他们自己的半岛，而将巴尔干扔到那里，听之任之。当大移民终于告一段落，保加利亚人的祖先一点儿蛛丝马迹也没能留下。斯拉夫人将他们同化得如此彻底，以至于保加利亚古语没有一个词得以保留在今天"保加利亚人"所讲的斯拉夫方言中。

当然，这些新征服者总是根基不牢，地位岌岌可危。在南方，他们要防着拜占庭人（拜占庭人虽然是罗马帝国在东部的幸存者，但他们却是身在罗马心在希腊），在北方和西方，他们还时刻受到匈牙利人和阿尔巴尼亚人突袭的威胁。另外，还有穿越国境的十字军铁骑，一群圣徒组成的魔鬼之师，这些来自欧洲各国没有继承权的世家子弟，时刻准备用同样凶残野蛮的方法洗劫土耳其或者其他任何一个斯拉夫国家。最后，当土耳其人的金戈铁马以锐不可当之势杀向这里时，绝望的保加利亚人不得不向欧洲发出紧急救援的请求，请他们来共同保卫基督徒的土地免遭邪魔的亵渎。在听到博斯普鲁斯的难民讲述那些穆斯林恶魔是如何将他们的铁蹄踏上圣索菲亚大教堂的台阶去玷污希腊人最神圣的圣殿之后，整个保加利亚突然死寂了。接下来是极度的恐慌。被焚毁村庄的熊熊烈火染成血色的天空不断预示着土耳其大军正在沿着马里查河血流成川的河谷步步西进。于是，长达四个世纪的土耳其残暴统治开始了。直到上世纪初，人们才看到了一点微弱的希望之光。塞尔维亚的一个放猪娃掀起了一场革命，并最终登上了王位。接着是希腊与土耳其人进行殊死的最后一搏，欧洲还因此牺牲奉献了一位英国诗人①，他在传染病流行的小村迈索隆吉翁蹒跚地拥抱了死亡。最后，保加利亚人开始了艰苦卓绝的100年苦战，并终于赢得了自由。让我们以慈悲为怀，怜恤我们的巴尔干朋友吧，因为，他们一直在人类为信仰而殉难的悲剧中扮演着主角。

现代巴尔干诸国，以保加利亚最为重要。它拥有两块适于各种农作物成长的肥沃土地，一块是巴尔干山脉与多瑙河之间山脊上的北方平原；另一块是菲里普波利斯平原，位于巴尔干山脉与罗多彼山脉之间。菲里普波利斯平原在两座大山的护卫下，享受着地中海温和的气候，并将它的农作物通过布尔加斯港送出国外，而北方平原所产的谷物、玉米就从瓦尔纳港出口。

保加利亚大城市不多，因为它基本上是个农业国家。首都索非亚位于四通八达的商道中心，这个城市曾是土耳其统治者的大本营。在400年的漫长岁月中，这些统治者就是从坐落在斯特鲁马河畔坚固的王宫里向所有巴尔干半岛发号施令的，只有波斯尼亚和希腊除外。

最后，欧洲终于意识到了他们的教友正在穆斯林侵略者的铁蹄下苦苦挣扎，任人宰割。格莱斯顿首相②的议会曾多次讨论到发生在保加利亚的暴行，但是，第一个起来采取行动的却是俄国。他们的大军曾两度翻过巴尔干山脉挥师南下，他们攻打希普卡关和攻克普列文要塞的战役已经长存史册了，人们终于认识到，只要人类还在从受压迫被奴役的阶段向相对自由的世界前进，战争就不可避免。

斯拉夫远征军的最后一战——1877平至1878年俄土战争——终于将保加利亚从土耳其人的枷锁下解放出来。保加利亚成为一个独立的小公国，而它的统治者却是一个日耳曼人。这意味着，这些聪明而老实的保加利亚农民将从条顿人那里学到条理分明、逻辑严谨的思维方式。这就是为什么现在巴尔干诸国中保加利亚的学校是最优秀的。战争消灭了这

---

① 指拜伦（1788—1824）。英国浪漫主义诗人，代表作《唐璜》。1823年4月，任伦敦希腊委员会代理人，援助抗击土耳其、争取独立的希腊人。
② 格莱斯顿（1809—1898）：英国19世纪政治家。自由党领袖及四届首相。

里所有的大地主，农民们可以和丹麦、法国的农民一样，拥有自己的土地。文盲的数量在锐减，每个人都在积极地工作和学习。这个由农民和木材运输船组成的小国，却积蓄了无穷的坚韧与能量，和塞尔维亚一样，它也许永远也竞争不过西欧那些工业国，但是，当其他国家都烟消云散之后，它却能依然屹立。

27 罗马尼亚：一个拥有
石油和王室的国家

　　巴尔干半岛的斯拉夫国家全部介绍完了。但是，这里还有一个巴尔干国家，由于它常常带着悲哀的消息冲上报纸的头版，我们谁也不会将它忘记。这不是罗马尼亚农民的错。他们和全世界的农民一样，在自己的田园里生老病死，默默耕作，与世无争。这个国家一切不幸的根源在于那个带着让人羞于启齿的难闻味道、粗俗不堪的盎格鲁—日耳曼王室，30 年前，他们继霍亨索伦王朝德高望重的查尔斯王子之后成为新王朝的统治者，而这个新王朝不过是由德国首相俾斯麦①和英国首相狄斯累利②承蒙上帝的照顾建立起来的。

　　那是在 1878 年，这两位首相在柏林为上帝纳完捐税之后，决定将瓦拉几亚（Walachia，吉卜赛人称做"Wlachs"的地方）提拔为一个独立公国。如果当时公国的王室同意迁居巴黎，罗马尼亚肯定会另有一番前景，因为上帝对这片位于喀尔巴阡山、老山（Transylvanian Alps）和黑海之间的大平原眷顾深深。它可能会变成一个大粮仓，就如它邻近的乌克

---

　　① 俾斯麦（1815—1898）：普鲁士的"铁血宰相"（1862—1890）。任首相期间推行铁血政策，通过战争统一了德意志，并在非洲、大洋洲大量掠夺殖民地。

　　② 迪斯累利（1803—1881）：英国保守党领袖、首相（1867—1868，1874—1880）。在托利党改组为保守党时起过重大作用。在首相任内，1875 年以购买股票的方式使英国控制了苏伊士运河，1877 年使维多利亚女王加冕为印度女皇。发动侵略阿富汗（1878—1879）和对南非祖鲁人（1879）的战争。

兰一样富甲天下，它还会成为欧洲最大的油库，因为在老山与瓦拉几亚平原相交的普洛耶什蒂市附近人们会有重大的发现。

不幸的是，位于多瑙河与普鲁特河之间的瓦拉几亚和比萨拉比亚平原均掌握在大地主的手里，这些大地主们一般不居住在当地，他们在首都布加勒斯特或者巴黎一掷千金，却从不把这些土地收入花费在那些靠辛勤劳动为他们积累财富的人身上。

至于石油，都是由境外投资开采，西本伯根和特兰西瓦尼亚的铁矿也同样是外国人经营。这片莽莽山区是世界大战中作为加入协约国的回报，从匈牙利划给罗马尼亚的。但是，老山根本就是罗马尼亚达契亚省的一部分，在 12 世纪被匈牙利人夺走。另外，匈牙利人对待老山的罗马尼亚人就像罗马尼亚旧王国对待这里的匈牙利人一样，我们还是将这些冤冤相报的过去抛在脑后吧。除非有一天地球上一切民族主义的思想全部消失，否则，这些令人绝望、错综复杂的民族问题就永远无法解决。

据最新统计资料，前罗马尼亚王国有 550 万罗马尼亚人和 50 万吉卜赛人、犹太人、保加利亚人、匈牙利人、亚美尼亚人以及希腊人。现在这个新王国，所谓大罗马尼亚，有 1700 万人口，其中 73% 是罗马尼亚人，另外还有 11% 匈牙利人，4.8% 乌克兰人，4.3% 日耳曼人，以及居中在多瑙河三角洲南部的比萨拉比亚和杜布罗夫的 3.3% 俄罗斯人。由于这些被一纸和约强扭到一起的民族之间毫无血缘关系，而且互相仇视，所以，这里随时有可能爆发激烈的内战，除非那些外国投资者插手干涉，以挽救他们在这块土地上的投资。

俾斯麦曾说，整个巴尔干还不如一个波米兰尼亚①掷弹兵的命值钱。的确如此。许多事实证明，这位前德意志帝国的缔造者，坏脾气的老头儿说得没错。

---

① 波米兰尼亚：旧德国一地区名。

28 匈牙利：或者匈牙利的残存部分

匈牙利人，或者马扎尔人（他们更喜欢这样自称）很为自己的民族感到自豪，因为他们是唯一能够扎根于欧洲大陆并且建立起自己王国的蒙古族后裔，而他们的远亲芬兰人，却一直还是别国的附庸。或许，匈牙利在他们目前的悲剧中表现出很不必要的好斗性；但是，没有人能够否认，匈牙利作为一道天然屏障，在抵御土耳其人入侵方面，为欧洲其他地区作出了重要的贡献。而教皇在提拔马扎尔人首领史蒂芬①，指定他为匈牙利帝国国王时，也正是充分认识到这个缓冲国的重要地位。

当土耳其人意欲横行欧洲时，是匈牙利将他们挡在了门外。匈牙利是欧洲的第一道防线，一旦它被摧毁，波兰就成为第二道防线。在一位出身并不高贵的符拉迪克贵族约翰·匈雅提②的领导下，匈牙利成为一个名副其实的卫道士，为了维护宗教的正统而战斗。不过，蒂萨河和多瑙河两岸广阔的大平原，当年曾那般吸引鞑靼骑兵，使他们在此安居乐业，改邪归正，今天却成为内乱之源。

开阔广袤的空间更容易滋生强权人物，促使他们去奴役自己的邻居，因为这里既不靠山又不临海，贫苦的农民能躲到哪儿去呢？匈牙利便是由于这种地利而成为大地主的王国。远离中央政府的大地主们如此残酷

---

① 指史蒂芬一世（977—1038），匈牙利第一位国王，马扎尔大酋长之子。
② 匈雅提（约 1407—1456）：匈牙利王国的军事领袖。

地虐待他们的农民，很快，受压迫的人就不再在乎自己到底是马扎尔人还是土耳其人了。

1526 年，当苏丹苏莱曼一世向西挺进时，匈牙利的末代国王只招募到 2.5 万人去抵抗穆斯林的入侵。在莫哈奇大平原上，匈牙利人全军覆没，2.5 万人中有 2.4 万人阵亡殉国，国王本人和他的王公大臣们也都死于非命，有十几万匈牙利人被押到君士坦丁堡卖给小亚细亚的奴隶贩子。匈牙利的大部分领土被土耳其人兼并，其余部分又被奥地利的哈布斯堡家族占有，而哈布斯堡家族又为了这块不幸的土地与穆斯林展开了旷日持久的拉锯战，直到 18 世纪初，哈布斯堡家族将匈牙利疆土全部据为己有，双方才算罢休。

然而，战火并没有熄灭。新一轮反抗日耳曼人奴役、争取独立的战争又拉开了帷幕，这场战争整整持续了 200 年。匈牙利人的骁勇为他们赢得了独立，当然，只是形式上的独立。他们接受奥地利皇帝做匈牙利的国王，按教皇的旨意统治匈牙利，同时，匈牙利人也获得了一定的统治权。

可是，马扎尔人认为这个来之不易的权力只属于他们自己，所以，当匈牙利刚摆脱了他人的奴役，马扎尔人就开始对所有非马扎尔血统的民族进行民族压迫。这项政策显示了匈牙利人的目光短浅和缺乏理性，很快，他们就众叛亲离。在弗塞勒管理议会对匈牙利进行托管期间，匈牙利人自己也意识到，这个古老的教皇治下国的人口已从 2100 万下降到 800 万，其领土的四分之三都被拱手让给了那些受之无愧的邻国。

这一切给匈牙利昔日的光荣蒙上了一层阴影，与孤城奥地利可谓"同病相怜"。匈牙利根本算不上是工业国，这个国家的大地主们对工厂里必不可少的大烟囱简直无法忍受，他们还没闻惯烟味。结果，匈牙利大平原还仍然保持着农业传统，其农用地比例比任何国家都高。既然世代勤耕细作，匈牙利应该是比较富饶的国家，可实际上，这里却是民不聊生，一穷二白。只在 1896 年至 1910 年间，这个国家就有 100 万人通过移民方式逃离自己的祖国。

至于这个垂暮老朽之国的种族问题，马扎尔人是最清楚为什么如此纠缠不清，令这个国家狼狈难堪，所以，他们也加入了逃离的行列，乘车坐船，漂洋过海，许多人来到这里，参与发展建设我们的美国。我还可以给你提供一些数据表明：匈牙利的遭遇在那些由一小撮封建地主掌权的国家也曾发生过，只是没有这么严重而已。

在 16 世纪初土耳其战争开始之前，匈牙利大平原上生活着大约 500 万人口，是个人丁兴旺的地区。后来，土耳其人占领了这里，在他们不到两个世纪的统治期间，这个地区的人口减少到 300 万。最后，当匈牙利人将土耳其人赶出普斯陶（马扎尔人对这一平原的称呼）时，这里已是一片荒芜，人烟稀少。于是，中欧各国居民纷纷涌入，抢占无主的田地。但是，马扎尔贵族们认为自己才是这片土地天经地义的主人，是高贵的骑士阶级。因此，他们不肯赋予新移民任何自己所享有的权利。而总数占全国人口一半的新移民，那些被剥夺了权利的阶级，自然也就无法对他们的新祖国产生真正的爱国之情。

正因如此，在世界大战期间，匈牙利人深切体会到了民族内部的矛盾以及民族凝聚力的缺乏，这一切最终导致了双重皇权制度的轰然解体，就如同一座百年老屋突遭了地震一样。这个结局难道还算意外吗？

29　芬兰：勤劳与智慧战胜恶劣环境的又一明证

　　欧洲只余一国尚未涉足。现代土耳其在欧洲早年的战利品中只剩下了君士坦丁堡和一小块色雷斯平原，所以，我们还是将它留到明天。而芬兰是欧洲的一部分，这可是不折不扣的事实。

　　芬兰人曾散居在俄罗斯，但是人数占绝对优势的斯拉夫人不断地将他们向北驱赶，直到他们到达俄罗斯与斯堪的纳维亚之间的那条狭窄的干土地带。芬兰人在此定居下来，直至现在。居住在森林里的拉普兰人并不为难他们，因为拉普兰人迁移到斯堪的纳维亚半岛的拉普兰地区正是为了远远避开欧洲文明，他们对于自己能够离群索居、独善其身已经心满意足。

　　芬兰与欧洲其他国家迥然不同。它的地表曾被冰川覆盖了千百万年，巨大的冰川将土壤层销蚀殆尽，时至今日，芬兰全国只有10%的土地适于耕作。冰川冰碛，那些石块和泥土被缓慢流淌的冰河夹裹着，冲击到巨大的深谷中，沉积下来。在冰川期结束，地球转暖，冰雪消融之后，这些山谷就积满了水，形成芬兰境内星罗棋布的大大小小的高山湖泊。"高山湖泊"这个词并不意味着芬兰是第二个瑞典，因为芬兰是个低地国家，海拔很少超过500英尺。芬兰全国有40000个湖泊。如果算上湖泊之间的沼泽，芬兰全国大约有30%的湿地面积。这些湿地被占全国土地总面积62或者三分之二的森林环绕着，这些珍贵的自然资源为世界大部分地区提供着纸浆，用来制造书和杂志用纸，其中一部分在当地就被加工成纸张。不过，芬兰没有煤炭。一些湍急的河流可以发展水力，但是芬兰的气候和瑞典没有什么不同，河流每年要封冻五个月，水电站当然就无法使用了。所以，木材就得用船只运往国外。首都赫尔辛基（直到战前还称赫尔辛福斯）不仅是全国的政治中心，还是芬兰木材外运的主要港口。

在我结束本章之前，我还希望您能了解到教育对一个民族所产生的作用。在斯堪的纳维亚与俄罗斯之间的花岗岩地带几乎全部居住着蒙古族后裔。后来，这一地区的西部，讲芬兰语的那部分，归瑞典人所有，居住着卡累利阿人的东部成为俄罗斯的附庸。经过瑞典人五个世纪的潜移默化，来自东方的芬兰人已经成为文明开化的欧洲民族，在许多方面已经超过了那些地理位置更优越的国家。而同宗同源的卡累利阿人在俄国人统治下经过同样漫长的 500 年，虽然希望有朝一日能开发利用科拉半岛和摩尔曼斯克海岸丰富的资源，却仍在俄国沙皇当年征服他们的地方原地踏步，停滞不前。而在芬兰这边，直到 1809 年瑞典将它作为一个省割让给俄国时才第一次同斯拉夫文化有所接触。当时，芬兰的文盲为 1%，而在俄国沙皇统治教化下的卡累利阿人中目不识丁者居然高达 97%。

这两个民族本是同根生，他们拼写 c—a—t 和 t—a—i—l 的能力应该是相同的。

30 *亚洲的发现*

早在 2000 年前，希腊的地理学者就对"亚洲"一词的来历争辩不休。有人认为 Ereb，即"黑暗"，是小亚细亚水手赋予日落的西方的名字；Aξu，即"辉煌"，是他们赋予日出的东方的名字。这个说法听上去也并不比其他说法高明多少。不过，时至今日，继续这场争辩已经毫无意义。

下面才是更值得我们关注的问题：究竟从何时起，又是以何种方式，欧洲大陆的居民开始意识到自己并非是世界的中心，意识到他们的家园不过是辽阔无垠的土地上一个小小的半岛？在那片广袤的大陆上，居住着数量远远超过他们的人口，而且，大部分人的文明程度远远高于欧洲。当特洛伊的英雄们手持原始的武器互相搏杀时，智慧的中国人早已把这些史前的"兵刃"当做陈年古董收藏进了博物馆。

马可·波罗通常被视为第一个到亚洲的欧洲人，然而事实并非如此。在他之前，已经有人到过亚洲，不过我们对那些人的具体情况所知甚少。地理学的发展往往如此：是战争而不是和平在引导着我们去了解亚洲的地理。与大洋彼岸的贸易往来使得希腊人熟悉了小亚细亚；特洛伊战争同样加深了欧洲人对亚洲的认识；波斯古国的三次大规模西征对欧洲人地理知识的拓展更是功不可没。希腊对波斯的意义胜过西印度群岛对移兵荒野、进攻迪凯纳堡①的布雷多克②将军的意义吗？我怀疑。两个世纪之后亚历山大大帝对亚洲的"回访"已不是纯粹的军事行动，欧洲人得以首次客观地了解到绵延于地中海与印度洋之间的那片大陆。

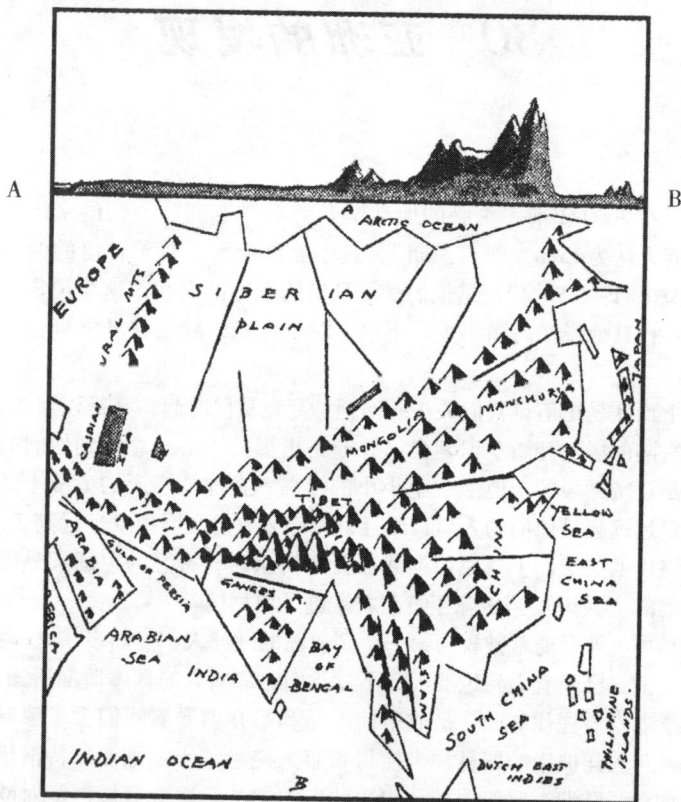

亚 洲

---

① 迪凯纳堡：1754 年法国人兴建，1758 年被英国人夺取。是地处今美国匹兹堡的战略要冲。

② 指爱德华·布雷多克（1695—1755），1754 年被任命为驻美洲的英军司令官。

罗马人的自高自大使他们无法真正对"外面的"世界产生兴趣，他们只是尽量奴役一切可能奴役的国家，榨取他们的税赋来维持自己在罗马老家纸醉金迷的豪奢生活。而那些被奴役的芸芸众生对于罗马主子根本毫无意义，只要老老实实地纳捐上税，干活修路，他们的罗马主子就允许他们随心所欲地生生死死、吵吵闹闹。罗马人甚至从来不去费神弄明白在那些国家发生过什么。如果他们在那些地方的统治遇到麻烦，他们就召来士兵，以武力重建和平，用杀戮恢复秩序，当一切平静下来，他们又可以继续享福了。

本丢·彼拉多①既非懦弱无用之徒，也非恃强凌弱之辈，他只是一位典型的罗马殖民地统治者。在他统治之下的罗马殖民地"秩序井然"。他巧妙地对殖民地民众不管不顾、不理不睬，赢得了罗马家乡人的高度评价。偶尔，诸如马克·奥勒留之类的怪人登上皇位，派遣外交使团出使到神秘的远东地区，以满足自己的好奇心。当使团返回罗马，讲述所见的奇闻逸事，却只是引起一时的轰动。罗马人很快便听腻了陈词滥调，又天天坐到圆形剧场去观看激动人心的表演。

十字军东征使得欧洲人对小亚细亚、巴勒斯坦和埃及略知一二，但对他们而言，世界的尽头依然在死海的东岸。

使欧洲人终于意识到亚洲存在的并不是严肃认真的"科学"探险，而应归功于一位作家。这位梦想一夜成名的穷酸雇佣文人在一本书中描绘了一个他从未亲眼目睹的国家。

马可·波罗的父亲和叔叔是威尼斯商人。商业往来使他们与成吉思汗的孙子忽必烈汗沾上了边儿。忽必烈汗恰巧是个极端睿智的人，认为他的臣民若能学到一些西方讲求实效的精神，定会获益匪浅。于是，当他得知有两位威尼斯商人经常来到阿尔泰山脚下，阿姆河与锡尔河之间的土耳其斯坦的布哈拉之后，便延请二人前往北京——当时的元大都。两位威尼斯商人应邀而至，备受尊崇。几年之后，两人深感家人祈盼他

① 本丢·彼拉多：公元1世纪罗马派驻犹太和撒马利亚地区的总督。《圣经》"福音书"中称，在其任内耶稣被钉死在十字架上。

们能早日还乡，便请准离去。忽必烈命二人回国少住后重返大都，届时把他们时常提起的聪明伶俐的男孩——其中一人的儿子，另一人的侄子——一并带来。

1275 年，经过 3 年半的跋涉，波罗一家重返大都。年轻的马可果然名不虚传。他受到大都朝廷的极度恩宠，被敕封为一省大员，享禄晋爵。24 年之后，马可思乡情切，便取道印度（乘船）、波斯和叙利亚回到家乡——威尼斯。

他的邻居对他的"无稽之谈"不屑一顾，还给他起了一个绰号"马可百万"，因为马可总对他们说起忽必烈大汗的富有，讲到朝堂庙宇中的尊尊金像，以及朝廷官员妻妾们的件件丝绸衣裳。人们怎么会相信这种奇谈！谁不知道，就连君士坦丁堡的帝国皇后也才只有一双丝绸袜子。

如果不是恰逢其时，威尼斯与热那亚之间挑起小小的争端，如果"马可百万"不是威尼斯一条战舰上的指挥官，不曾被战胜方热那亚捉住而沦为阶下囚，他的传奇故事也许会和他一起湮没无闻，默默死去。马可·波罗坐了一年牢，他的狱友是一位名叫鲁思梯谦的比萨公民。这位鲁思梯谦当过作家，曾把亚瑟王故事和法国低级小说中一个中世纪的尼克·卡特的故事改写为意大利语通俗读物。他立即意识到马可·波罗的所见所闻具有极大的商品价值。于是，在监狱生活中，他记录下了马可的全部故事。就这样，他为世人奉献了一部著作。与 14 世纪初版时一样，人们今天对这本书的兴趣仍然不减当年。

这本书之所以获得成功，也许在于书中不断提起的黄金和其他各种各样的财富。罗马人和希腊人也曾含糊地提到东方君主的豪富，可是马可·波罗却是亲临其境，亲眼目睹。从此，欧洲人寻找通往印度捷径的计划便提上了日程。但是，完成这项计划委实不易。

1498 年，葡萄牙人终于到达好望角。10 年之后，他们抵达印度。再过 40 年，他们登上日本海岸。与此同时，由西向东航行的麦哲伦发现了菲律宾群岛。欧洲人开发南亚的热情在此时空前高涨。

是为总纲。关于西伯利亚的发现，上文已有论述。下面将逐一提及最早到达其他亚洲国家的人物。

31 亚洲与世界

　　欧洲为世界贡献了文明，亚洲为世界贡献了宗教。更有意思的是，主宰当今人类社会的世界三大一神论宗教——犹太教、基督教和伊斯兰教——均诞生于亚洲大陆。当年异端裁判所①烧死那些犹太教教徒时，无论是害人者还是受害者，所信奉的神灵都源于亚洲。当十字军的骑士们杀戮伊斯兰教教徒，或者伊斯兰教教徒杀戮十字军骑士时，驱使他们互相残杀的信条也均来自亚洲。当一位天主教的传教士与一位孔子的信徒进行争辩时，他们各自所坚持的也不过都是亚洲的思想观念而已。

　　亚洲不仅是宗教信仰的源泉，它还为人类贡献了文明框架的基础。当我们在大吹大擂、大肆颂扬我们西方的科技发明和社会进步时，请不要忘记，西方过分夸大的进步不过就是东方早已开始的进步的延续。我们不禁怀疑，如果西方没有在学校里学到东方贡献的基本原理，它到底能取得什么成就？

　　希腊的智慧不是来自一时的灵感。数学、天文学、建筑学和医药学也不是像雅典娜那样，从宙斯的脑袋里蹦出来就全副武装，时刻准备参加消灭人类愚昧的光荣战斗。所有这些知识的获得都经过了一个漫长、痛苦而微妙的过程。它们的真正发祥地不是在欧洲的希腊，而是在亚洲的幼发拉底河与底格里斯河岸边。

---

　　①　又译"宗教裁判所"或"宗教法庭"。为天主教廷的司法机关，用以镇压所谓"异端"。13 世纪由罗马教皇格列高利九世建立，主要设立于法国、西班牙和意大利等国。

艺术与科学从巴比伦携手来到非洲。在这里，深色皮肤的埃及人掌握了它们，直到希腊人的文明程度达到较高的水平，能够懂得几何图形的精妙与方程式的精巧。从那以后，我们才可以谈到真正的"欧洲"科学。而且，这所谓真正的欧洲科学的老祖宗在两千多年前就已经在亚洲生根发芽并发扬光大了。

广阔的欧亚大陆

亚洲对人类的贡献还远远不止于此。那些家畜，狗、猫以及所有能够为人类服务的四足动物，包括温驯的牛、忠实的马，还有羊和猪，无一不是由亚洲人驯化。如果想一想这些家畜在蒸汽机时代之前对人类的贡献，我们就会认识到西方对东方所欠太多。在我们的食谱中，还有那些水果、蔬菜也全部来自亚洲。西方人家居生活中必不可少的鲜花大部分也是亚洲人的奉献，甚至所有的家禽也是希腊人、罗马人或者十字军的骑士们从亚洲带回到欧洲的。

　　但是，亚洲并不总是一位大慈大悲、乐善好施的东方圣人，不断地将恒河与黄河岸边的财富布施给西方可怜的野蛮人。亚洲还是一个可怕的监管人。5 世纪蹂躏整个中部欧洲的匈奴人来自亚洲。步匈奴人后尘在 700 年后来到欧洲的鞑靼人原本也是生活在中亚的沙漠地带，他们将俄国变成了亚洲的附庸，并对欧洲所有其他国家构成了长久的威胁。在长达五个世纪的时间里，涂炭生灵、凋敝民生，使东欧至今仍然疮痍满目的土耳其人也是亚洲的一个民族。再过 100 年，也许我们会看到一个统一的亚洲又走上西征之路，急切地要我们血债血还，为他们那些在伯索德·施瓦茨发明火药枪之后牺牲的亚洲同胞报仇雪恨。

*32 亚洲中部高原*①

总面积达1700万平方英里的亚洲可以被划分为五个部分。

首先是我在"俄国"一章已提及的北冰洋岸边的大平原，然后是中部高原、西南高原、南部半岛，最后是东部半岛。我已讲过了临北冰洋的大平原，所以我要从中部高原开始我们在亚洲的行程。

亚洲中部高原是从一系列较低的山脉开始，这些山脉一律由东向西或者由东南向西北平行伸展，横亘在亚洲中部，没有一列是纵贯南北的。由于猛烈的火山喷发导致地表严重断裂、褶皱、弯曲或者变形，产生了诸如贝加尔湖东部的雅布洛诺夫山脉，贝加尔湖西部的杭爱山脉和阿尔泰山脉以及天山山脉。

这些山脉的西侧是广袤的平原，东部是蒙古高原，成吉思汗的故乡——戈壁沙漠就在这里。

从戈壁沙漠向西就是地势稍低的东土耳其斯坦高原。这里还有帕米尔河谷，这条河最终消失在罗布泊附近的沙漠之中。罗布泊之所以能见闻于西方，应该归功于瑞典旅行家斯文·赫定。从地图上看，帕米尔河就像一条沙漠小溪，可是，它却比莱茵河长1.5倍。别忘了，亚洲的一切都很巨大。

在土耳其斯坦北边，阿尔泰山与天山之间有一条通道。这个在地图

---

① 作者将西藏放于本章而不是中国一章叙述，是错误的，但为保持房龙作品原貌，本书未作调整。

上被标注为准噶尔的地方直通吉尔吉斯大草原。这里便是那些去欧洲烧杀劫掠的沙漠民族，如匈奴人、鞑靼人和突厥人当年远征的必经之路。

　　塔里木盆地以南，更确切地说是西南，地势变得极其复杂。塔里木盆地与阿姆河（注入咸海的河流）河谷之间横亘着一片巨大的高原——帕米尔高原。希腊人很早就听说过帕米尔山，通过这里，人们可以从小亚细亚和美索不达米亚直达中国。这些大山就像重重壁垒，但是，人们可以通过几个山口越过重山。这些山口的平均海拔高度都在 15000 英尺到 16000 英尺。要知道，雷尼尔山才不过 14000 英尺，勃朗峰是 15000 英尺，而这里的山口就比美洲和欧洲的最高峰都高许多。这些大山使一切地表的褶皱都相形见绌。

西藏高原

　　但是，帕米尔高原仅仅是个开端。以这个高原为起点，座座巍峨高山向四面八方伸展着。北面有前面提及的天山山脉，还有将西藏与塔里木盆地隔断的昆仑山脉，还有虽然不长却十分陡峭的喀喇昆仑山，还有喜马拉雅山。这座大山将印度与西藏隔开，并打破世界最高山的纪录，

亚洲的山口

平均海拔高度达 29000 英尺或者 5.5 英里。其中最高峰有埃佛勒斯峰和干城章嘉峰。

西藏高原平均海拔高度在 15000 英尺，占地面积是俄罗斯的五分之二。南美的玻利维亚高原平均海拔高度是 11000 英尺到 13000 英尺，是一片荒无人烟的无人区，而西藏却有常住人口。

这表明人体承受气压的极限也可以随环境变化。那些从里奥格兰德①到墨西哥可爱的首都小住几天的人都会感到十分不舒适。他们事先得到警告，走路不要太快，如果走上半个街区，他们的心脏都会跳得厉害，必须得休息一会儿才能恢复常态，而墨西哥城的海拔高度只有 7400 英尺。与他们相比，那些西藏人每天要走上长达 100 个街区的路程，而且他们的背上往往要驮着所有西藏政府强加给他们的重负。他们还要翻山越岭，爬过许多山口，这些山口十分陡峭险峻，令骡马都畏葸不前。但是，对于西藏人，那是他们通往外部世界的唯一通道。

高山深谷

① 里奥格兰德：巴西港口城市。

西藏虽然比处于亚热带的西西里岛还偏南 60 英里，可是这里的积雪却长达六个月不化，温度也常常降到零下 30°以下。这里的风暴常常掠过南部荒凉的盐湖，扬起积雪与飞沙，给生活蒙上暗淡的灰影。

世界最高峰峰顶与海洋最深处的距离为 11.5 英里，
是地球直径的七百分之一

但是，对于那些雄心勃勃的登山者，喜马拉雅山实在是个好地方。屹立在"巨人国"——亚洲——中央的这片大山使阿尔卑斯山相形见绌。相比之下，阿尔卑斯山如同是沙滩上小孩子们堆出来的小沙丘。这些常年积雪的大山比阿尔卑斯山宽一倍，覆盖面积比其大 13 倍，山上冰川的长度也是瑞士那些著名冰川的 4 倍。喜马拉雅山中有 40 座高峰海拔高度在 22000 英尺以上，许多山口的海拔高度是阿尔卑斯山山口高度的两倍。

和西班牙与新西兰的那些大山一样，喜马拉雅山也是年轻的山脉（比阿尔卑斯山形成时间还晚），它的年龄是以百万年计算而不是以千万年计算。将这座大山磨平、夷为平地大约需要更久的日照与更多的风雨。但是，大自然从来对山石毫不容情，她正在日以继夜地进行着这项破坏工作。事实上，喜马拉雅山已经被几十条山涧、小溪、河流冲刷出无数不规则的深谷。印度三大河流——印度河、恒河与布拉马普特拉河①——正在愉快地对这座大山进行着瓦解。

长达 1500 英里的喜马拉雅山比其他大山自是别有天地。它不仅是两个毗连国家——中国和印度——的自然分界线，而且，在它宽广的怀抱中还藏匿着几个独立的小国。其中有尼泊尔，著名的廓尔喀人②的故乡。这个独立的国家人口达 600 万，面积则是瑞士共和国的四倍。这里还有克什米尔③（我们的老奶奶从这里得到披肩，英国人从这里招募到锡克④军团），这个拥有 300 多万人口，面积达 8.5 万平方英里的地区现在已经沦为英国的一个辖区。

---

① 布拉马普特拉河上游在我国境内，称雅鲁藏布江。
② 西方国家对尼泊尔人的通称。
③ 克什米尔：位于南亚次大陆北部。1947 年为英属印度土邦。印度和巴基斯坦分治时，归属问题仍未解决。现印度与巴基斯坦各控制一部分地区。
④ 指锡克教徒。锡克教 16 世纪盛行于南亚次大陆。由印度教分出，融合了印度教、佛教与伊斯兰教而形成。

最后，如果你再浏览一下地图，你会发现印度河和布拉马普特拉河十分独特。它们从喜马拉雅山流出的路线与莱茵河从阿尔卑斯山发源的路线很不一样，和密苏里河发源于落基山的路线也很不同。这两条大河的源头并不是在喜马拉雅山之中，而是在它的背后。印度河源于喜马拉雅山与喀喇昆仑山之间，布拉马普特拉河则先是由西向东横跨西藏高原，然后，骤然掉头，又由东向西汇入恒河。恒河从喜马拉雅山与印度半岛中心的德干高原之间奔流向南，与布拉马普特拉河汇合，最后注入大海。

地质学家声称，喜马拉雅山现在仍在不断升高。因为我们地球的外壳就像人的皮肤一样能够伸缩变化，所以，这些地质学家的判断应该不错。瑞士的阿尔卑斯山据我们所知，在缓慢地由西向东移动，而喜马拉雅山则像南美的安第斯山脉，在一点点地上升。大自然的实验室只有一条原则——必须不断地运动、变化和发展。顺之者昌，逆之者亡。这就是造物的法则。

33 亚洲西部高原

帕米尔高原向西是巍巍高山构成的一系列高原，高原一直向西伸展，直抵黑海和爱琴海。

这些高原的名字对于今日的读者并不陌生，因为，它们在人类历史上起过十分重要的作用。我就先讲最重要的那一部分。除非我们的人种学家推断错误，否则，正是在印度河与东地中海之间这些高原与河谷之中孕育了我们西方人所属的人种，而且，这一地区还是人类文明的起点。正是在这里，人类掌握了科学的基础，建立了道德规范的首要原则，而这些原则使人与动物有了本质的区别。

从东向西，首先是伊朗高原。这是一片群山怀抱之中的盐碱沙漠，海拔高度在3000英尺以上。虽然这片高原北临里海与卡拉库姆沙漠，南依波斯湾与阿拉伯海，但是降雨却十分稀少，以至于整个高原没有一条值得说出名字的河流。1887年起就被英国占领的俾路支地区有几条不起眼的小河，最后汇入印度河。这里的沙漠使人闻风丧胆，因为当年亚历山大大帝的军队在从印度返回欧洲的途中就是在这里因缺水而全军覆没的。这里的吉尔特尔山将俾路支地区与印度隔开。

几年前阿富汗曾一度引起轰动。因为这个国家新上任的统治者在欧洲一路招摇过市，十分张扬，使他和他的国家大大地出了一回风头。这个国家有一条重要河流——赫尔曼德河。这条河发源于帕米尔高原向南延伸的一座大山——兴都库什山——并最终消失在伊朗与阿富汗边境上的锡斯坦盐湖之中。阿富汗的气候比俾路支地区要好得多，而且，无论

我们这个星球陆地与海洋的总数

从哪一方面讲，这个国家都更为重要。古代从印度到北亚及欧洲的商道
就是从这个国家的中部穿过。这条商道从西北边疆的首府白沙瓦通往阿
富汗首都喀布尔，再经过著名的开伯尔山口，跨过阿富汗高原，直抵西
部的赫拉特。

大约50年前，俄国与英国为争夺对这个国家的绝对控制权而开战。

恰巧阿富汗人民也个个都是剽悍凶猛的战士，于是，那些南来北往深入这一地区的人们虽然并无恶意，也不得不更加小心谨慎。1838 年至 1842 年爆发的第一次阿富汗战争给人们留下了难以磨灭的印象——几个英国人跑回来报告，由于他们想让阿富汗人民接受一个不受欢迎的领袖，同去的其他英国人已全部被杀死。此后，英国人进入开伯尔山口时总是小心翼翼，如履薄冰。当俄国人在 1873 年占领希瓦，并向塔什干与撒马尔罕挺进时，英国人担心有一天早晨醒来他们会听到沙皇的军队在苏莱曼山那一边进行军事演习的枪声，于是，英国军队也被迫向前推进。最后，沙皇陛下的代表前往伦敦，女王陛下的代表前往圣彼得堡分别向尊贵的女王政府和沙皇政府保证，自己在阿富汗的行动完全没有什么私欲，相反，那只是一项值得尊重和颂扬的善举。他们的工程师在为一个了不起的计划而努力工作，他们要修建铁路，帮助愚昧的阿富汗人民直接走向海洋，拥抱西方文明。

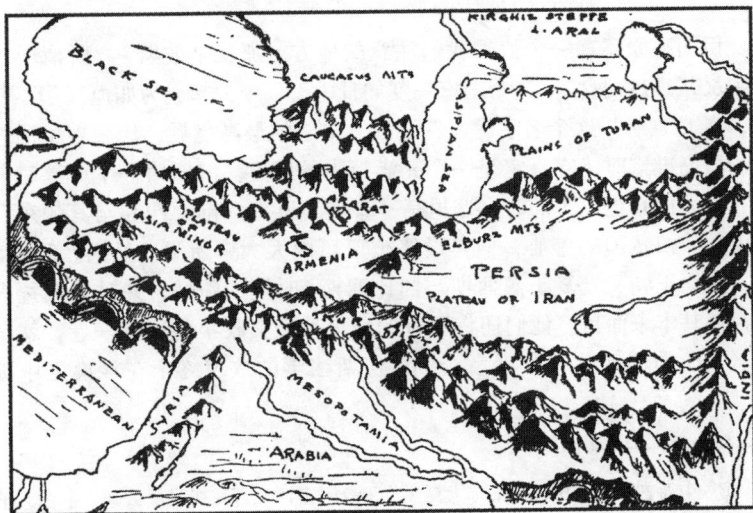

欧亚大陆桥

不幸的是，世界大战使这一宏伟构想破了产。俄国人的势力一直扩展到赫拉特。今天，你可以从这里乘火车出发，经过土库曼社会主义加盟共和国的马雷到达里海之滨的克拉斯诺沃茨克港，再从这里乘船前往巴库和西欧。另一条路线是从马雷取道乌兹别克共和国的布哈拉和浩罕，最后到达巴尔克。巴尔克坐落在巴克特利亚古国①巨大的废墟中央，谁能想到，这个已经沦为三流村镇的地方在3000年前竟和现在的巴黎一样重要。那个具有完善道德体系的宗教运动——拜火教（又称波斯教）——就是从这里起源，不仅完全控制了波斯，还深入到地中海地区，改头换面之后的拜火教甚至在罗马还受到了热烈欢迎，以至于在相当长的一段时期，这个宗教组织都是基督教的心腹大患。

英国人的铁路从俾路支的海德拉巴修到奎达，又从奎达通到阿富汗的坎大哈，1880年，英国人在这里为他们在第一次阿富汗战争中的失败而大肆报复。

伊朗高原还有一个值得我们注意的地方，那就是波斯②。所谓"日中则昃，月盈则食"。这个国家一度如日中天，今天却成为如血残阳。昔年，当"波斯"这个名字代表着绘画、文学的最高境界，代表着生活艺术的最高准则时，它肯定是一个充满魅力的国度。波斯第一个辉煌时期是在公元前6世纪。那时，这里是一个横跨欧亚大陆、西起马其顿东到印度的泱泱帝国的中心，但是最终被亚历山大大帝所灭。然而，500年后，萨桑王朝又光复了薛西斯与冈比西斯③时期的疆域，并且重振拜火教，还其本来面目。他们还将所有的拜火教经文收集整理为一卷，就是大名鼎鼎的《亚吠陀》经解合刊。伊斯法罕的玫瑰终于在沙漠之中绽放了。

---

① 中亚古国名。中国史书称大夏。位于今阿富汗北部。居民属波斯人。公元前3世纪末至公元前2世纪初国势强盛。公元8世纪为阿拉伯人所灭。
② 即今伊朗。
③ 冈比西斯二世（？—公元前522）：古波斯帝国国王。在位期间征服过埃及。

公元 7 世纪早期，阿拉伯人征服了波斯，穆斯林打败了拜火教教徒。如果人们的确是通过文学来了解一个国家，那么，一个尼沙普尔做帐篷人家的儿子——奥玛开阳①——的作品可以展现一度在库尔德斯坦与呼罗珊省之间的这片沙漠上繁荣昌盛的高雅艺术。一位数学家②用代数学与四行诗构建出他整个人生，他歌颂爱情的欢愉与陈年红酒之甘美。只有极其完善与成熟的文明才有资格拥有这样睿智的人物在教育的圣堂上授业解惑。

今天的人们之所以对波斯感兴趣完全是出于私欲。这个国家发现了石油。对于一个太弱小、没有能力保护自己权益的国家，这是最糟糕不过的事情。理论上，任何地方的地下宝藏都应归属于祖居此地的当地人。然而，事实并非如此。苏丹的几个密友虽然居住在远方的德黑兰，却由于具有采油特许经营权而大发横财，那些住在油井附近成千上万的男男女女却只能偶尔在那里找到一份收入微薄的工作。至于利润，则全落到了那些以为"波斯"只是一种地毯名称的外国投资商手里。

不幸的波斯似乎是那种永远摆脱不了贫苦、纲纪废弛、经纬失方的国家。其地理位置没有给它带来任何好处，相反，却使它饱受其害。这个国家本身就是一片沙漠，而且是一片连接东西方、沟通两大洲的沙漠，这就意味着，它将永远是一片战场，永远是敌对双方争夺的目标。这不仅是波斯的不幸，也是整个西亚的不幸。

从帕米尔到地中海一路绵延的高原最后一部分就是亚美尼亚和小亚细亚。从伊朗高原向西，那一片非常古老的高原就是亚美尼亚。这里的火山岩地表已年深日久，这里的民不聊生也同样累世积年。因为，亚美尼亚也是一个在夹缝中求生存的国家。不论谁要从欧洲前往印度，必须

---

① 奥玛开阳（约 1025—1133）：波斯诗人，天文学家。

② 指花拉子密（780—850）：原名穆罕默德·伊本·穆萨。阿拉伯著名数学家、天文学家，其著作《积分和方程计算法》是世界第一部代数学著作。"代数学"（Algebra）一词即从此书名中 al-jabr 一词演变而来。

要经过这里高耸入云的库尔德山。那些长途跋涉旅行的人中肯定有一些声名狼藉、杀人不眨眼的人物。这一地区的最高峰阿拉加茨山高达17000英尺，比埃里温平原高出整整10000英尺。昔年洪水退后，诺亚方舟就是在这里上岸的。此事必然确定无疑，因为，比利时物理学家约翰·德·曼德维尔先生在14世纪曾对此地做过详细考察，还在山顶发现了方舟的残骸。但是，这些亚美尼亚人到底是什么时候来到此地的，我们却无法确定。他们属于地中海人种，是我们的近亲。不过，按照最近的死亡速度，这些亚美尼亚人很快就将灭绝。因为，仅在1895年至1896年之中，统治这片高原的土耳其人就屠杀了数以万计的亚美尼亚人，而且，土耳其人还不是最残暴的凶手，他们的野蛮程度还不及库尔德人的一半。

亚美尼亚人都是虔诚的基督徒。他们皈依基督教时间比罗马人还早，因此，他们的教堂保留了一些古老的体制，包括神职世袭制。在那些西方正统的天主教徒眼中，这一制度简直大逆不道。所以，当库尔德的穆斯林对这一地区大肆劫掠屠杀时，欧洲只是袖手旁观，无动于衷。

世界大战期间，协约国为了替美索不达米亚的英国部队解围，便从亚美尼亚包抄土耳其军队的后路，于是，亚美尼亚又一次遭殃。凡湖、乌尔米耶湖这些虽可跻身世界最大高山湖泊之列却一向鲜为人知的地名也突然出现在时事新闻之中，甚至古拜占庭的亚洲前沿重镇——埃尔祖鲁姆——自十字军之后也从没有受到过这么多人的关注。

当战争即将结束，亚美尼亚人让全世界大吃了一惊。他们带着对所有践踏过他们的民族的诅咒加入了苏联的阵营，在高加索山脚下的黑海与里海之间成立了阿塞拜疆与亚美尼亚加盟共和国。

下面，让我们离开土耳其人以及土耳其的世代牺牲品，继续向西进入小亚细亚高原。

小亚细亚——昔日奥斯曼大帝国的小小行省，今日土耳其人统治世界的一个残梦。这片高原北起黑海，西抵马尔马拉海、博斯普鲁斯海峡和达达尼尔海峡，与欧洲隔海相望，南临地中海，托罗斯山横亘整个南部。在这片较矮的高原上，横贯着一条著名的铁路线——巴格达铁路。

在过去 30 年中，这条铁路线一直发挥着极其重要的作用。它将伊斯坦布尔与底格里斯河上的巴格达连接起来，在这条铁路线上还有西亚重要港口士麦那、叙利亚的大马士革和阿拉伯世界的圣城麦地那①。这条重要的铁路线始终是英国与德国争夺的对象。

英、德两国刚就此事达成协议，法国就冒了出来，坚持也要在未来的铁路收益中分得一杯羹。于是，它获得了在小亚细亚北部的铁路控制权。由于那里的特拉不宗——亚美尼亚和波斯的出口港——还有待进一步建设通往西方的交通线，所以，外国工程师们开始着手勘测地形，准备在这片古老的大地上再修建一条铁路。在这里，雅典殖民地的希腊哲学家们首次认识到人类的本性与世界的起源；还是在这里，庄严的教会为世界贡献了坚定信仰，这个信仰已经支撑欧洲人生活了 1000 年；在这里的塔尔苏斯，诞生了圣徒保罗，他在这同一地方曾布道救人；这里还是土耳其人与欧洲人争夺地中海控制权的战场；也是在这里的一个破败的沙漠小村，一位阿拉伯赶驼人②产生了要做安拉唯一的使者与先知的梦想。

这条铁路按照计划避开了沿海地区，绕过那些古代和中世纪的神秘港口——阿达纳、亚历山大勒达、安蒂奥克、特里波利、贝鲁特、蒂雷、西顿以及巴勒斯坦岩石海岸上唯一的港口，主要为山区进出口货物的雅法。

当战争爆发后，该铁路正如德国人所愿，起到了极大的作用。这条铁路是用德国人最好的设备建成的，再加上德国在伊斯坦布尔停泊着两艘大军舰。因此，土耳其人经过"认真考虑"，还是加入了轴心国。在其后的四年中，从战略角度看，这条铁路建得正是时候。因为战争的胜负主要取决于海上和西线，当西线全面崩溃之后很久，东线还固若金汤。让世界感到奇怪的是，土耳其军队在 1918 年的出色表现，丝毫不逊于他

---

① 麦地那：位于沙特阿拉伯西部。公元 622—661 年，穆罕默德曾在此传教，是伊斯兰教第二圣城，城内有先知寺，寺内有穆罕默德墓。

② 指穆罕默德。

273

们的塞尔柱①祖先。1288 年，塞尔柱土耳其人征服了整个亚洲之后又将他们渴求的目光投向了博斯普鲁斯海峡对岸君士坦丁堡那坚不可摧的城墙后面。

直到那时，这片高原还相当富饶。因为，小亚细亚虽然也是欧亚大陆桥的一部分，但是，它从未遭受过亚美尼亚和波斯的伊朗高原的厄运。这主要是由于小亚细亚不仅是商道的重要组成部分，还是印度和中国通往希腊和罗马的商道终点。当我们这个世界初现峥嵘时，地中海地区的学术活动和商业活动并不在希腊本土，而是活跃在西亚各地，这些地区当时已经是希腊各城邦的殖民地了。就是在这里，亚洲古老的血统与欧洲新兴的民族融为一体，产生出一个举世无双、睿智而敏捷的民族。即使在现在地中海东部各民族中，在买卖公平、忠诚老实等方面声名狼藉的特点，都使我们能从中窥见那古老血统的影响。因为，数百年来，它始终没有被同化。

塞尔柱王朝土崩瓦解的一天终于到来了。这支没有人性的军队永远处于四面楚歌声中。今天，昔日辉煌的大帝国只剩下了这个小小的半岛。不可一世的苏丹们也寿终正寝了。他们的先辈在亚得里安堡居住了近 100 年后，终于在 1453 年迁都到君士坦丁堡。当时，他们还统领着整个巴尔干半岛、匈牙利全境和俄国南部的大部分地区。而今，这两座古都成为土耳其人在欧洲仅存的领地。

长达 400 年暗无天日的统治导致了泱泱帝国的覆灭以及今日土耳其的颓败。君士坦丁堡，世界上最古老，也是最重要的商业垄断城市，曾在数千年的时间里充当俄国南部谷物集散地，还是这个君士坦丁堡，曾备受大自然的青睐，拥有号称"金角""富角"的海港，港口的鱼儿多得足以养活天下人，而今，却已经沦为一个三流省会城市。战后，力图重整河山的新土耳其国家领导人做出了一个明智的决定，由于君士坦丁

①　土耳其人的一支。12 世纪在小亚细亚建立塞尔柱王朝——鲁姆苏丹国，13 世纪前期达到鼎盛。

堡已经破败，城中充斥了希腊人、亚美尼亚人、斯拉夫人和十字军留下的各种社会渣滓以及东地中海沿岸形形色色的人种，就像一个民族大杂烩，已不适合重振土耳其民族昔日雄风，无法再带动他们的国家发展成为一个现代化国家，因此，他们选择了一个新都——君士坦丁堡以东200英里，安纳托利亚山中的安卡拉城。

安卡拉也是一个十分古老的城市。公元前400年，曾有一个叫做高卢的部落在此居住，就是这个民族，后来成为法兰西大平原的主人。这座城市与重要商道上的其他城市一样，也曾历经几度荣辱兴衰。十字军曾占领过它，鞑靼人也曾践踏过它，甚至到了1832年，一支埃及军队还曾摧毁过这里整个周边地区。但是，就是在这个地方，凯末尔·帕桑决定建立光复故国的新都。他排除了一切困难，用居住在土耳其的希腊人和亚美尼亚人换回了在这些国家居住的土耳其人。他还重建了军队，并同样出色地为土耳其恢复了信誉。凯末尔使土耳其不断受到世人关注，只是经过15个世纪的战争蹂躏与政荒民弊，安纳托利亚大山能否引起华尔街金融家的重视还很难说，因为，他们不断寻找的是那些有价值的投资对象。

不过，小亚细亚永远是亚欧两大洲商贸往来最重要的地区。士麦那又恢复了昔日的地位。自从古代女战士——亚马孙人在这里统治并建立起国家之后，这个港口城市就一直久盛不衰。亚马孙人的国家有一个奇异的风俗，男孩一生下来就将被处死，一年一次，男人被允许进入这个国家，唯一的目的就是延续亚马孙女战士的传统。

当年，圣徒曾在以弗所①发现，当地人仍在供奉处女守护神狄安娜——亚马孙女战士的神灵。而今，以弗所已经从地球上消失。但是，这座古城的周边地区很有可能发展成为世界上最大的无花果种植区。

从以弗所向西，越过拍加马的废墟（这个古代世界的文学艺术中心为后人贡献了丰富的羊皮书资料），铁路线绕过特洛伊平原，与马尔马拉

---

① 以弗所：古希腊殖民城市，在小亚细亚西岸。

海岸边的班德尔马相连，从班德尔马到于斯屈达尔乘船只需一天时间，东方特别快车（伦敦——加莱——巴黎——维也纳——贝尔格莱德——索非亚——君士坦丁堡）经过于斯屈达尔通向安卡拉和麦地那，再经过阿勒颇——大马士革——拿撒勒——卢德（在这里换乘汽车前往耶路撒冷和迦法）——加沙——伊斯梅利亚——坎拿哈，在这里跨过苏伊士运河，再沿尼罗河逆流而上，最远可达苏丹。

如果没有发生世界大战，西欧国家完全可以通过这条交通大动脉向印度、中国以及日本运送五湖四海的乘客和四面八方的货物，并从中获得巨大利益。但是，在四年战火造成的巨大破坏未得到彻底恢复之前，人们还是宁愿乘坐飞机。

小亚细亚东部居住着库尔德人，他们是亚美尼亚人的宿敌。和苏格兰或者大部分山里人一样，库尔德人也是血统观念极重的民族，部族之间各自为政，过分注重个人荣誉与民族传统，对大工业生产和商业活动则敬而远之。库尔德是个十分古老的民族。据巴比伦的楔形文字文献记载以及色诺芬①在其作品中的记录，库尔德人与西欧人属同一种族。但是，他们后来皈依了伊斯兰教。正因如此，他们丝毫不信任那些基督教邻国。世界大战之后炮制出来的那些伊斯兰国家也对周围的基督教国家不屑一顾。不过，他们自有他们的道理。所有现时代的人都知道，当西方大国将"官方谎言"当做一种战略时，人们有理由对此耿耿于怀。

当和平的曙光出现时，人们并没有为此欢欣鼓舞。旧仇未雪，新恨又生。几个欧洲大国以"委托管理人"的身份对昔日土耳其大帝国的部分领土指手画脚，他们对当地人的所作所为一点儿也不比当年的土耳其人更"仁慈"。

因为法国人曾在叙利亚有很大一笔投资，所以，战后的法国很快就控制了叙利亚，并成立了一个"法国高级委员会"，带着大批的军队和

---

① 色诺芬（约公元前430—约公元前354）：古希腊雅典城邦的贵族奴隶主、军人、历史学家，苏格拉底的弟子。

大量的资金开始对 300 万极不情愿被"委托管理"的叙利亚人进行"管理",而"委托管理"只是一个比"殖民地"稍微好听一点的名称罢了。很快,前叙利亚的几个大民族就将彼此的宿怨抛之脑后。库尔德人与他们的世仇——黎巴嫩马龙教派天主教徒握手言和了,基督徒也不再虐待犹太人了,而犹太人也不再蔑视基督徒和穆斯林了,现在,他们有了一个共同的敌人——法国。为了维护在叙利亚的统治地位,法国人不得不建起了许多绞刑架,于是,秩序得以重建,叙利亚很快就沦为第二个阿尔及利亚。但是,这并不意味着叙利亚人已经接受了这一现实,只不过,他们的领袖已经被绞死,其他人还没有积攒起足够的勇气继续战斗。

至于两河流域,那里已被抬举为一个王国,巴比伦的废墟和尼尼微①的遗迹现在都已成为伊拉克王国的一部分了。但是,这个王国新任的君主并不能真正享有汉谟拉比②或者亚述纳西拔③的自由,因为,这个王国已被迫沦为英国的附庸。费舍国王如果要做出比挖掘古巴比伦排水管更重要的决定,就必须得等待伦敦的恩准。

巴勒斯坦(腓力斯人④的土地)也在这一地区。这是一个十分奇异的国度,我甚至不敢对其作长篇大论,因为这样也许会使本书的其余部分变成对一个小国的专题讨论。这片比欧洲最不起眼的小公国石勒苏益格—荷尔斯泰因还小的一块土地却在人类历史上发挥着比任何大国都重要的作用。

犹太人的祖先离开他们在东美索不达米亚荒凉的村庄之后,穿过阿拉伯沙漠的北部,跨过西奈山与地中海之间的平原,先在埃及生活了几个世纪,最后,他们流浪的脚步终于停止在朱迪亚山与地中海之间那一小块狭长的沃土上。经过与当地土著人几次激烈的交战,他们终于夺得

---

① 尼尼微:古代亚述国首都。位于伊拉克摩苏尔附近。
② 汉谟拉比(约公元前1792—公元前1750):古巴比伦第一王朝第六任国王。颁布人类史上第一部较完备的成文法典——《汉谟拉比法典》。
③ 亚述纳西拔:古代亚述国君主。
④ 居住在巴勒斯坦西南岸的古代居民。

了一些村庄和城市，建起了独立的犹太国家。

　　他们在这里的生活一定非常不幸。西侧，腓力斯人和来自克里特岛的非闪米特民族占据了整个海岸地带，使犹太人无法接近大海；东侧，一道最深在海平面以下 1300 英尺的大裂谷从南到北将他们与亚洲其他地区隔绝。当初施洗约翰曾选择此地为其永久居住地。这条大裂缝北起黎巴嫩和前黎巴嫩之间，沿着约旦河河谷、太巴列湖（又称加利利海，低于海平面 520 英尺）、死海（低于海平面 1292 英尺。美洲大陆最低点，加利福尼亚的死谷也不过在海平面以下 276 英尺）向南延伸，再穿过伊多姆古国①（莫阿布②人曾经居住的地方）的旧地，最后抵达红海北部的亚喀巴湾。

　　这条裂谷的南部是世界上最炎热、最荒凉的地区之一。这里遍地是沥青、硫黄、磷矿石和其他令人生畏的混合物质。现代化学家们可以从中提取十分有价值的东西（战前，德国人曾在此成立过一家实力强大的死海沥青公司），但是，古人却对此地望而生畏。他们相信，罪恶的渊薮之所以被摧毁，不是由于一次寻常的地震，而是出于对罪恶之神的报应。

　　当东方第一批移民越过与大裂谷平行的朱迪亚山，发现那里的景象与气候和南部大不相同，完全呈现出另一番风光时，他们一定欢呼雀跃，庆幸自己找到了一块"流淌着牛奶与蜂蜜的好地方"。现在去巴勒斯坦，人们已经很难发现牛奶或者蜂蜜了，因为这里几乎没有鲜花。这并不是气候变化造成的，现在的气候与当年耶稣的信徒四方传道时的气候相比，并没有什么变化。当年这些信徒从北部的达恩到南部的贝尔谢巴一路上都不愁吃喝，因为这里到处都有椰枣和家酿酒来满足旅行者的需求。是土耳其人和十字军骑士的巨手改变了整个巴勒斯坦的面貌。十字军破坏了犹太国时期和后来罗马统治时期留下来的大量灌溉工程，后来的土耳其人又摧毁了幸存的部分。于是，一片需要水源才能丰收的土地就这样

---

① 西南亚古国。
② 约公元前 13 世纪死海东部的闪米特人国家。

干涸而死了。最后，这里十室九空，人们或者背井离乡，或者坐以待毙。耶路撒冷沦为贝都因①式的村庄，生活在这里的基督教派与穆斯林们争斗不休。因为，穆斯林也将耶路撒冷视为圣城。当年，亚伯拉罕在悍妻萨拉的逼迫下，不得以赶走了庶子以实玛利及其生母夏甲，阿拉伯人认为，自己就是那个可怜的以实玛利的后裔。

萨拉的阴谋落空了，以实玛利和他的母亲并未在沙漠中饥渴而死，相反，他还娶了一个埃及女子，并成为整个阿拉伯民族的鼻祖。今天，以实玛利和他的母亲就葬在天房②之外，这里成为麦加最神圣的地方，所有的伊斯兰教徒不论路途多么艰险，多么遥远，一生之中至少要来朝觐一次圣地。

阿拉伯人一占领耶路撒冷就在那块黑色圣石上建起了一座清真寺。据传说，他们的远亲，亚伯拉罕的另一直系后代——所罗门③——曾在同一地方建有著名的寺庙，但那已是不知几千年以前的事情了。可是，人们还是为争夺这块石头和建在石头周围的那道有名的"哭墙"而打打杀杀，致使阿拉伯人与正统犹太教徒之间结下了深仇大恨。现如今，这两个民族却被强行捏在一块，组成了巴勒斯坦托管国。

所以，对这个国家的前途，你还能指望什么呢？当英国人进驻耶路撒冷时，这座城市中有80%穆斯林（叙利亚人和阿拉伯人）以及20%犹太人和非犹太基督徒。作为现代社会最大的穆斯林帝国的统治者，英国人当然不愿意得罪他们忠实的臣民，将50万巴勒斯坦穆斯林交到10万犹太人手里，听凭发落，因为，另有企图的犹太人有太多的理由可以对穆斯林们为所欲为。

其结果就是又炮制出一份凡尔赛会议之后的妥协方案，而且，这些"和约""调解"永远不会使任何人满意。现在，巴勒斯坦成为英国的托

---

① 贝都因人：沙漠地区阿拉伯游牧民族。

② 指麦加大清真寺内的一座方形石殿，内有黑色圣石，为全世界伊斯兰教徒朝觐的中心。该殿所在的方位就是伊斯兰教徒礼拜的朝向。

③ 所罗门：以色列国王（约公元前961—公元前922年在位）。

管国，英国军队负责调解这两个敌对民族之间的争端，总督也是从英国最知名的犹太人中选举产生。这个国家成为一个不折不扣的殖民地，一点儿也享受不到贝尔福先生①所说的"完全的政治独立"。贝尔福先生在巴勒斯坦运动②之初曾指出，这一地区将成为犹太民族未来的家园。但是，这些甜言蜜语今天看来却是不尽不实。

耶路撒冷

---

① 阿瑟·贝尔福（1848—1930）：英国首相（1902—1905），外交大臣。1917年发表《贝尔福宣言》，支持犹太人在巴勒斯坦建立一个和阿拉伯对抗的犹太居留地，目的是为保持英国在近东地区的殖民统治。
② 指犹太复国运动。

如果犹太人清楚自己要在古老的祖国干些什么，事情就不会如此复杂。东欧正统犹太教徒，尤其是那些俄国犹太人希望这里仍然维持原状，成为一个巨大的神学院，外加一个小型希伯来博物馆。年青一代则想着那句著名的预言——让死者埋葬死者吧。他们认为一味对过去的辉煌与荣耀念念不忘只会严重影响建设明天的辉煌与荣耀。他们想将这里建设成为一个和别国一样的现代化国家，诸如瑞士或者丹麦。这个国家应该使国民将精力放在筑路、修渠这些现代化建设之上，而不是仍然抓住多年流离失所、寄人篱下的痛苦回忆死死不放，为了几块年代久远的石头与阿拉伯邻居争来争去。这几块石头也许曾是当年利百加①汲水的井石，而今却成为她这些后代子孙前进的绊脚石。

巴勒斯坦大部分地区呈由东向西的坡形，每天从海上吹来的和风拂过这里的大部分地区，给整个大地带来滋润的甘露。如果将这里荒芜的农田开垦出来，无花果树将会给这一地区带来丰厚的收益。死海地区唯一的重要城市杰里科也可能会再度成为椰枣的贸易中心。

由于巴勒斯坦既没有煤矿也没有石油，所以，它不会成为外国慈善家的猎物。他们完全可以安心地去解决自己的问题，只要耶和华和占大多数人口的穆斯林们愿意。

---

① 利百加：《圣经》人物。以色列人祖先雅各的母亲。

34 阿拉伯

　　按普通地图册中的地图或者地理手册所示，阿拉伯属于亚洲的一部分。但是，一位火星上的来客如果不了解我们地球人的历史，就很可能得出不同的结论，认为那片著名的阿拉伯沙漠——内夫得沙漠——不过就是撒哈拉沙漠的延续而已，只是有一条微不足道的印度洋浅湾将二者阻隔。

　　红海的长度是其宽度的 6 倍，其中布满暗礁。它的平均深度约 300 英寻，但是在与印度洋上的亚丁湾相接之处深度只有 2—16 英寻。所以，这片到处是火山岛的红海在波斯湾形成之前很可能只是一个内陆湖，正如直到英吉利海峡形成之后，北海才可以称得上是海。

　　至于阿拉伯人自己，他们对属于亚洲还是属于非洲都不感兴趣，他们称自己的国家为"阿拉伯岛"。那是一个面积比德国大 6 倍的国家，但是它的人口与面积却不成比例，这里的人口总数尚不及英国的大伦敦区。然而，这 700 万现代阿拉伯人的祖先却具有超凡的体魄与顽强的精神，他们曾在全世界人心目中留下了难以磨灭的印象，而且，他们获得世界霸权并没有得助于造物主的丝毫恩惠。

　　首先，他们居住的这一地区气候条件根本不适合人类生存。这里不仅和撒哈拉沙漠一样，没有任何河流，而且还是地球上最炎热的地区之一。只有最南端和最东端潮湿多雨，但由于过分潮湿，欧洲人还是无法适应那里的环境。半岛的中部和西南部山区海拔高达 6000 英尺以上，气温变化也十分大，只要太阳一下山，不到半小时，温度就会从原来的 80

华氏度降到 20 华氏度，人和动物都无法适应这么巨大的温差。

如果没有地下水，这个国家整个内陆将成为无人区。而沿海地区也只有亚丁湾英国聚居地以北还比较富庶。

虽然在商业地位方面，这块半岛尚不及曼哈顿一块低地地区，但在对世界文化影响方面，它却远远超过了曼哈顿。

有趣的是，阿拉伯半岛从未像法国或者瑞典那样出现一个完整的国家。大战期间，由于急需援助的协约国向周围每一个人乱许愿，因此，战后从波斯湾到亚喀巴湾，一连串所谓的独立国家如雨后春笋般冒了出来。甚至北方的约旦河两岸也出现了一个独立国家。这个国家横亘在巴勒斯坦与叙利亚沙漠之间，由一位听命于耶路撒冷的埃米尔①进行统治。这些独立国家不过就是波斯湾沿岸的哈萨②、阿曼，南部的哈德拉毛③，红海岸边的也门和阿西尔④以及汉志⑤。其中只有汉志还比较重要，因为这个地区不仅有自己的铁路（巴格达铁路线的终点已通到麦地那，今后还要延至麦加），它还掌握着伊斯兰世界的两座圣城：穆罕默德的诞生地——麦加以及穆罕默德的安息地——麦地那。

这两座沙漠绿洲城市在 7 世纪早期还一文不名，给它们带来巨大声誉的是穆罕默德。穆罕默德大约出生在公元 567 年或 569 年。在他出生前几个月，父亲就已去世，襁褓中的他又很快失去了母亲，是贫穷的祖父将他抚养成人。穆罕默德小小年纪就开始为别人赶骆驼，跟随着雇用他的商队走遍整个阿拉伯半岛。他还曾渡过红海到达非洲的一些地区，很可能还去过阿比西尼亚⑥，当时，这个国家正企图将阿拉伯半岛变成它的一块殖民地（当时是个绝佳时机，因为素来不合的沙漠部落那会儿

---

① 伊斯兰国家的酋长、高级官员的尊称。
② 哈萨：今沙特阿拉伯东省份。
③ 哈德拉毛：今也门共和国东南部地区。
④ 阿西尔：今沙特阿拉伯西部省份。
⑤ 汉志：今沙特阿拉伯西部省份。
⑥ 阿比西尼亚：埃塞俄比亚旧称。

正打得不可开交，根本不会同仇敌忾一致对外）。

后来，穆罕默德娶了一位寡妇，女方的家境还算富裕，于是，他不再四方奔波，而留在家乡开了一爿小店，专门经营谷物和骆驼饲料。和许多患有癫痫症的人一样，他在半昏迷状态中会产生一种奇怪的幻觉，而且，他也不愿意承认自己患有这种痛苦的疾病，反而自欺欺人地告诉邻居，他刚刚是在与上帝神会，以得到上帝的启示。由于穆罕默德不是一个具有创新思想的人，无法创建与众不同的宗教体系，所以，他只是含含糊糊地讲到要重建亚伯拉罕与以实玛利的古老信仰。有一个时期，他甚至还曾想将基督教的信条拿过来进行修改，来适应他那些凶悍的同胞。因为，阿拉伯人可不愿意卑躬屈膝，让别人打完左脸，再伸出右脸。他的麦加邻居将这个卖菜小贩当成了一个笑料，后来，当他开始一本正经充当先知时，他的同乡就开始威胁他的生命，于是，穆罕默德只好逃往麦地那。在那里，他开始了严肃认真的布道生涯。

我不想详细叙述穆罕默德的教义，如果你感兴趣，可以去买一本《古兰经》读一读，不过，你会发现，读这本经书可是件苦差事。可以说，是穆罕默德的功劳，使阿拉伯沙漠中一直钩心斗角的闪米特部落突然团结起来，想干出一番惊天动地的大事业。不到一个世纪，他们征服了整个小亚细亚、叙利亚、巴勒斯坦以及非洲北部沿海地区和西班牙。到18世纪末，这些穆斯林们已经开始对欧洲的安全构成长久威胁。

一个能在极短时间内获得这样成就的民族一定具有非凡的智慧和超人的体魄。据那些和他们打过交道的人讲（包括拿破仑，他虽然对女人毫无品味，却对优秀的战士独具慧眼），阿拉伯人是凶猛的战士，可怕的对手。他们中世纪的大学足以证明这个民族超凡的智慧和对科学浓厚的兴趣。但是，他们最终还是凋零衰败了。为什么？我无从知晓。如果在这里奢谈地理因素对民族性格的影响倒是容易，并且可以顺理成章地证明沙漠民族永远是伟大的征服者，世界的霸主。但是，事实并非如此。许多沙漠民族始终湮没无闻，就像许多山地民族也可以做出轰轰烈烈的事业，还有许多山地民族却从未摆脱过醉鬼的恶名，一直在无所事事中蹉跎。我实在无法从任何一个民族的成功与失败中总结出一条基本规律。

但是，历史往往会重演。18 世纪中叶的宗教改革运动①，使穆斯林摆脱了一切繁复的礼仪和盲目崇拜，瓦哈比提倡的生活方式使他们的生活变得朴素而简单。这次改头换面也许又会导致阿拉伯人再次走上战争之路。如果欧洲仍然将他们的精力耗费在内战之中，这些穆斯林会和 1200 年前一样，成为欧洲最危险的敌人。他们这个可怕的半岛专门出硬汉。这些人从来不笑，从来不娱乐，他们总是威严地板着脸，任何物质享乐和金银钱财都不会使他们动心，因为他们的生活需求本就十分简单，他们从不觉得自己缺少什么。

这样的民族永远是巨大的潜在威胁，尤其当他们有正当理由认为自己受到伤害时。在阿拉伯、亚洲、非洲、美洲和澳大利亚这些地方，白人至上的观点无法像我们期望的那样毫不动摇。

---

① 18—19 世纪阿拉伯半岛的伊斯兰宗教与政治运动，创始人为瓦哈比（1703—1792）。

35 印度：人与自然互促增长

　　是亚历山大大帝发现了印度。但是，亚历山大虽然穿过了锡克族的故乡——旁遮普平原，跨过了印度河，却没有向真正的印度人所居住的印度腹地深入。这些印度人从那时直到现在一直生活在喜马拉雅山与德干高原之间的那片恒河流域。直到 1800 年后，葡萄牙航海家达·迦马来到马拉巴尔海岸，并在果阿登陆，欧洲人才借此首次揭开这个奇异王国的神秘面纱。

　　一旦从欧洲到这个香料、大象和黄金寺庙之国的水上通道被打开，地理学的新知识就滚滚而来，阿姆斯特丹的地图制造商不得不加班加点拼命干活来满足市场需求。从那以后，这块富庶的半岛的每个角落都被欧洲人翻了个底儿朝天。下面简要介绍一下印度地貌。

　　从阿拉伯海一直到兴都库什山，一路纵贯印度西北的吉尔特尔山和苏莱曼山将印度与外面的世界隔断。在其北部，又有从兴都库什山直到孟加拉湾的喜马拉雅山，呈半环形将印度包围起来，使这个国家完全与世隔绝。

　　请注意，地图上的印度与地图上的欧洲相比，比例已被缩小了。印度的面积几乎与除了俄国之外的欧洲面积相匹敌。如果把喜马拉雅山挪到欧洲，它将从法国的加莱一直延伸到黑海，喜马拉雅山中至少有 40 座山峰比欧洲最高峰海拔高，山上冰川的长度比阿尔卑斯山冰川的平均长度长 4 倍。

印度是世界上最热的地区之一，同时，它还有好几个地方的年平均降雨量也保持着世界最高纪录（年平均降水 1270 厘米）。印度有 3.5 亿人口，讲 150 种不同语言和方言。这里十分之九的人还在靠天吃饭，如果某一年降雨量不足，因饥荒而死的人数会超过 200 万（我提供的是 1890—1900 年平均数据）。现在，英国人已经控制住瘟疫的蔓延，平息了种族之间的混战，建起了许多水利灌溉设施，并使印度人掌握了一些基本卫生常识（这些当然要印度人自己出钱），但也使他们生孩子的速度更快了。如果照这个速度发展下去，他们就又将回到从前的贫困状况，当饥荒、瘟疫再度降临，儿童的死亡率又将回升，每天 24 小时都会有人往贝拿勒撒山上抬尸体。

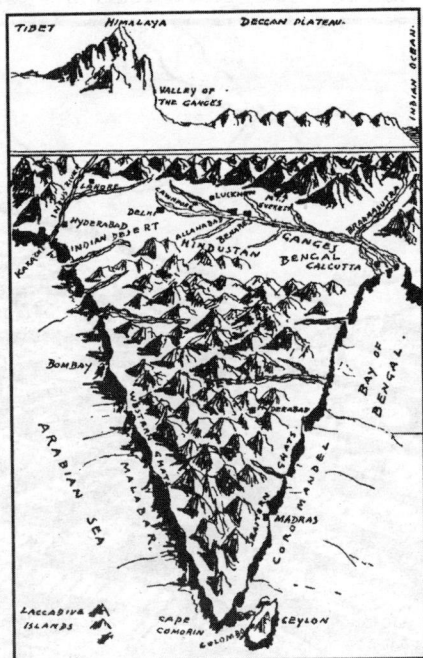

印　度

印度的主要河流都与山脉平行。西边，印度河上游流经旁遮普全境，
然后冲过北部山区，为来自亚洲北部的那些贪婪的征服者们提供了一条
进入印度腹地的便利通道。印度人的圣河——恒河，几乎一路向东，在
注入孟加拉湾前，同是发源于喜马拉雅山群峰之中的布拉马普特拉河汇
入其中。布拉马普特拉河上游也几乎是一路向东，直到在卡西丘陵受阻，
才掉头向西，并很快与恒河汇合。

恒河与布拉马普特拉河流域是印度人口最稠密的地区。大约只有中
国还有那么几块地方和这里一样，数千万人挤在狭小的一块土地上，为
了本就少得可怜的生存资料而你争我夺。在两条大河交汇处西岸潮湿而
泥泞的三角洲上，矗立着印度最重要的加工业中心——加尔各答。

稻　田

恒河流域物产丰富，如果不是整个地区长期承受着人口严重过剩的重负，这里本应是块民殷财阜的地方。首先，该地出产大米。印度、日本、爪哇人吃大米并不是因为他们喜欢大米，而是因为大米的产量高。在这些土地以英尺甚至英寸计算的地方，每平方英里生产的大米要比在同一块土地上种植其他粮食收获更多。

然而，种植稻谷却是一件又苦又脏的活儿。说它脏有点难听，但是，这的确是描绘这种工作最恰当的词。上千万上亿的男男女女大部分时间在泥水和粪肥中趟来趟去。这些稻苗先在泥土中培育，长到9英寸高时再用手拔出来移植到水田之中，直到收获季节。收割完稻谷之后，水田里恶臭的泥浆将用一种很复杂的排水系统排入恒河。这时的恒河水又要供那些聚集在贝拿勒撒的虔诚信徒饮用和沐浴。贝拿勒撒不仅是世界上最古老的城市，也是印度的罗马。这里的信徒认为，汇入水田泥浆的恒河水是神圣的，比任何形式的洗礼都更能涤净人类的罪恶。

恒河流域的另一种农产品是黄麻。一个世纪以前这种植物纤维首次送到欧洲，被用作棉花和亚麻的替代品。黄麻是植物内茎的皮，它的生长和水稻一样需要大量的水。收割后的黄麻先要在水里浸泡数周，然后再抽取纤维，最后送到加尔各答的工厂中加工成绳索、黄麻口袋或者织成一种比较粗糙的、供当地人穿的衣服。

这里还出产一种植物靛蓝。我们可以从中提取出蓝色染料。不过，最近人们发现从煤焦油中提取蓝色染料，要比从植物中提取更加经济实惠。

最后就是鸦片。它本是用来减轻风湿病人痛苦的一种药物。在这个国家，大多数人大多数时间都是在没膝深的烂泥中耕作，种植供养他们所需的稻谷，患风湿病在所难免。

恒河流域平原外侧的山上，原来古老的森林现在变成了茶园。生长这种小树叶的灌木需要湿热的气候条件，最适宜的地方就是山坡。在这里，流水不会伤及植物柔软的根茎。

恒河平原的南部是呈三角形的德干高原。这里出产三种不同的产品。

北部山区和西部是柚木的重要产地。柚木质地坚硬，不变形，不弯曲，还不腐蚀铁。在铁制蒸汽船发明之前，这种木料大量应用于造船业。现在还广泛应用于其他行业。德干高原的中部降雨量极少，也经常发生饥荒。这里主要生产棉花，也种植一些小麦。

沿海地区，西侧是马拉巴尔海岸，东侧是科罗曼德尔海岸，由于降水充沛，所以盛产大米和小米，完全能养活这里大量的人口。

德干高原是印度唯一发现了煤、铁和金矿的地区，但是这些矿藏并没有被认真开发，因为，德干高原上的河流多急流险滩，不利航行。至于铁路建设，根本就不会有人乘坐火车。这地方的老百姓没有什么有价值的商品可以买卖，所以，他们从不离开祖祖辈辈居住的村庄。

科摩林角以东的锡兰岛①也是印度半岛的一部分，横亘在大陆与锡兰岛之间的保克海峡暗礁密布，挖泥船必须得不断工作才能确保航运安全。暗礁与浅滩在锡兰岛与大陆之间架起了一道奇特的大陆桥，人称"亚当桥"。据说，当年亚当和夏娃在违忤天意，惹得上帝勃然大怒之后，就是通过这里从伊甸园逃往尘世的。按照印度当地人的说法，锡兰岛就是昔日的伊甸园，而且，对于现代的印度内陆人，锡兰岛仍然是座人间天堂。这里不仅气候温和，风调雨顺，土地肥沃，物产丰富，而且，它还远远避开了印度的恶魔。印度内陆居民认为佛教那种神圣的精神力量非常人所能及，因此，他们背离了佛教，而锡兰岛的居民却依然虔诚地信奉着佛教，并因此淡化了至今在印度宗教中仍占重要地位的森严的种姓制度。

地理与宗教的关系比我们通常想象的要密切得多。在印度这个超大型的国家，千百年来，宗教一直在人的思想中处于绝对的主导地位，宗教的影响无所不在。它指导着人们应该说什么，应该想什么，应该做什么，应该吃什么，应该喝什么，它还禁忌着人们不应该做什么，不应该想什么，不应该吃什么，不应该喝什么。

----

① 即今斯里兰卡。

在其他国家，宗教也经常干预人类的正常发展。中国人为了表示对去世的祖先的崇敬，常常把他们埋葬在向南的山坡，却把多风寒冷的北坡留作自己养家糊口的耕地。其结果就是，人们在对死去的亲人克尽人子之孝的同时，他们自己的孩子却有可能饿死和被迫卖身为奴。的确，每个民族（包括我们自己）都会受到一些奇怪的清规戒律、宗教禁忌以及祖法族规的禁锢，并对整个民族的进步产生消极影响。

印度有太多的印度人

为了了解宗教对印度所产生的影响，我们必须得回到史前时期，至少回到希腊人首次到达爱琴海 3000 年前的时代。那时，印度半岛上居住着一个深色皮肤的种族，即达罗毗荼人。他们或许就是德干高原最早的居民。原本居住在亚洲中部的雅利安人（与我们的祖先同宗同源）为寻找更适宜的栖身之所，纷纷离开故土。他们分成两部分，一部分向西迁移，在欧洲定居下来，后来还漂洋过海到了北美大陆，另一部分则一路向南，越过兴都库什山脉和喜马拉雅山之间的山口，在印度河、恒河和布拉马普特拉河流域定居下来，并从那里继续深入，来到德干高原，再沿着西高止山与阿拉伯海之间的海岸线，最终到达印度半岛最南端和锡兰岛。

这些新移民比原来的居民武器精良，他们对待土著人就像所有强大民族对待弱小民族一样。他们嘲笑这些达罗毗荼人是黑鬼，还夺走他们的稻田，掠去他们的女人，因为雅利安人自己的女人太少了（穿过开伯尔山口的路途太艰险，他们不可能从中亚带那么多女人同行）。当土著人稍微露出一点要造反的意思，就会被杀掉，幸存下来的人被强行赶到半岛最荒凉的地方，让他们在那里听天由命，自生自灭。

但是，当地的达罗毗荼人在人数上要比雅利安人更占优势，结果，文明程度低的民族对文明程度高的民族影响力更大。为防止此类事情继续发生，唯一的办法就是将黑鬼们严格地控制在他们原来居住的地方，不让他们出来。

现在的雅利安人也像我们西方人一样，将印度社会分割成几个界限分明、等级森严的不同阶级。"等级观念"风行于世，甚至文明程度较高的美国也未能幸免。在欧洲，等级观念在社会默许的偏见纵容下迫害着犹太人；在美国，等级观念又在正式法律条文的支持下，强迫南方各州的黑人乘坐种族隔离的汽车。纽约被认为是一个开明的城市，但是，在这里，我永远也找不到一个可以与深色皮肤的朋友（黑人或者印度人或者爪哇人）共进晚餐的饭店。我们的铁路也通过专为白人提供卧车或坐式卧车的方式来助长我们的等级观念。我不了解哈莱姆黑人的"等级观念"，但是，当看到德籍犹太家庭的女儿嫁给了波兰籍犹太家庭的儿子时，家庭所感到的深深耻辱，我就意识到"超群拔类、出人头地"的思想在我们人性中是极其普遍的。

在我们美国，"等级观念"还没有彻底地主宰社会与经济生活。从一个阶级晋升到另一个阶级的大门虽然被小心锁住，但是，我们知道，只要用力去推，或者有一把小小的金钥匙，或者干脆使劲砸外面的窗子，早早晚晚会被接纳进去。而在印度，统治阶级的雅利安人将各个等级之间的门用巨石封死了。每一个阶级都被永远禁锢在自己的小圈子里，永无出头之日。

这种制度的出现绝非偶然。人们建立这种制度既不是为了自娱自乐也不是为了逗别人开心。在印度，等级制度的建立是出于恐惧。僧侣、士兵、农民、手工业者——这些最早的雅利安征服者们绝望地看到，被他们征服过、掠夺过的达罗毗荼人在数量上已远远超出自己，因此，他们必须得采取一种补救措施强迫那些黑人"待在他们应该待的地方"。他们不仅这样做了，而且，他们走得更远。他们建立了其他民族从未敢建立的一种森严的"种姓制度"——给等级制度披上了一层宗教外衣，宣布婆罗门教只为三个上层阶级所独有，将那些卑贱的国人排斥在神圣的精神世界之外。就这样，为了保持本阶级的纯正血统，免受下层阶级的玷污，每个上层阶级都有一整套繁冗的宗教仪式以及神秘的风俗将自己保护起来，最后，只有本地人能够应付过去那一大套毫无意义，却又令人不知所措的禁忌。

如果你想了解这种制度在日常生活中发挥了怎样的作用，不妨这样设想一下：如果在我们西方社会过去3000年中，一个人所选择的职业不允许超出其父亲、祖父或者曾祖父的职业范围，我们个人的创造精神又将会怎样呢？

各种迹象表明，印度正处在社会与精神复苏的前夜。但是，直到最近，印度等级社会最高阶级、统治着各个阶层的婆罗门世袭僧侣们仍在刻意阻挠此类变革的发生。那个使他们成为毋庸置疑的领导人的正统宗教有一个含糊不清的名字——婆罗门教。他们所尊崇的神就是梵天。就像希腊的宙斯和朱庇特，梵天也是众生之父，万物之源，万物之终。但是，这个梵天只是一种抽象化的精神，对于凡夫俗子，它却太含糊不清，太不真实具体。

印度虽然也有几座大城市，但仍然是一个农村国家。这里至今还有70%的人口生活在农村，其余的人分布在你至少知道名字的那几座城市中。加尔各答坐落在恒河和布拉马普特拉河河口。开始，这里只是一个无足轻重的小渔村，18世纪，它发展成为克莱武①反法运动②的中心，最终晋升为印度最重要的港口。当苏伊士运河开通以后，它的情况就大不如前，因为，如果有货物要运往印度地区或旁遮普地区时，汽船可以直接开往孟买或者卡拉奇。建在一座小岛上的孟买也是东印度公司的杰作。最初，东印度公司只是把它当做海军基地和出口德干高原棉花的港口。这个港口建得正是地方，它吸引了全亚洲的人来此定居，其中还包括波斯最后一批拜火教教徒。这些波斯人成了当地最富有、最有知识的一个阶层。他们崇拜火，把火看成是神圣的、不可玷污的东西，所以，他们从不用火焚化死者。因此，孟买成了一个奇异的地方。在那里，波斯的死者实行天葬，似乎让秃鹫来解决死者是最完美的办法。

德干高原的东部是马德拉斯，是科罗曼德尔海岸最主要的港口城市。稍南一点是充满法国情调的城市本地治里。这个城市使人回想起当年英法为争夺对印度半岛的控制权激烈交锋的日子，还使人联想起迪普莱克斯③与克莱武交战的日子，在那次战争中，曾发生悲惨的加尔各答黑洞事件④。

印度最重要的城市当然是在恒河流域。首先是西部的德里。它是莫

---

① 指罗伯特·克莱武（1725—1774），英国殖民主义者，孟加拉省督。

② 指18世纪中叶英法两国争夺印度东海岸卡尔纳提克的战争。

③ 指约瑟夫·迪普莱克斯（1697—1764），法属印度总督。

④ 1756年，孟加拉纳瓦卜攻克加尔各答后，将146名英国俘虏关在一间被称为黑洞的小房间里，导致123人因窒息而死。

卧儿王朝的旧都。莫卧儿王朝的国王之所以选中这里作为首都，是因为这座城市可以完全遏制住从中亚进入恒河流域的主要门户。谁控制了德里，谁就是整个印度的主人。再往南是亚格拉。莫卧儿王朝曾有四位国王在此居住，其中包括那位为自己深爱的女人修建泰姬陵的国王①。再沿河而下就是安拉阿巴德，正如其名，这是穆斯林的一座圣城。在它附近是勒克瑙和坎普尔，这两座城市因 1857 年大暴动②而大名鼎鼎。

沿河南下就到了贝拿勒撒，这是全体印度人的罗马和麦加。印度人不仅在这里的恒河圣水中沐浴，还希望在这里死去，葬在此地两岸的山上，并把骨灰撒在神圣的恒河之中。

我最好在此打住。无论何时，只要一涉及印度，不管你是历史学家、化学家、地理学家、工程师还是一个普通的旅游者，都会感到自己处在深奥的道德与精神问题的漩涡之中。当我们作为陌生人踏入这片神秘莫测的土地时，我们应该加倍小心谨慎才是。

---

① 指莫卧儿王朝的沙杰汗。

② 指 1857—1859 年印度民族大起义。是印度士兵与人民反对英国殖民统治、争取民族独立的一场战争。

36 亚洲南部半岛的主人

这块包括四个古老王国——其中有独立的，也有半独立的，还有完全附属于别国的——半岛，总面积是巴尔干半岛的四倍。最西边是缅甸。这个国家在 1885 年以前始终是独立国家，后来，英国在得到当地人的同意与全世界的支持之后，放逐了缅甸的末代国王，吞并了这个国家，将其纳入大英帝国的版图。没有人对此提出反对意见，除了国王本人。但是，这位国王是那种无须找借口就可以将其放逐的人，除非他像电影《东方君主》中的那位国王——发疯。而且，他不是土生土长的缅甸人，而是北方的舶来品。整个半岛都受够了他们这种人。这个国家的山脉要为此负主要责任。北部边境一座从东到西伸展的高山将印度阻在了门外，起到了一定的天然屏障的作用。但是，其境内的五座大山却一律纵贯南北，为那些生活在中亚大平原上的民族提供了便捷的通道，使他们可以顺利地由此到达孟加拉湾、暹罗湾以及中国南海等富庶的沿海地区。他们所到之处不仅留下了无数断壁残垣、荒芜的田园、焚毁的城市，还留下了许多后裔。这位末代君主就是其中一个。

你不必为他的不幸感到难过。正是此人，为了庆祝自己获得王位，竟然重演古老亚洲的悲剧——杀死了他所有的亲戚。从前土耳其帝国的苏丹常常这样干，那是以防万一。就像如果有朝一日你被选上南美洲某个共和国总统时，一定要买意外死亡保险一样。但是在上个世纪 80 年代发生这种将上百个兄弟、子侄斩尽杀绝、血流成河的事情，可就无法让人容忍了。于是，英国总督将这个暴君赶下了台，取而代之。从那以后，这个拥有3%印度教徒、90%佛教徒的国家迅速繁荣起来。从仰光到曼德勒一路通航的伊洛瓦底江很快成为贸易运输大动脉，江上无数船只运载着大米、石油等物资来来往往，成为缅甸前所未有的景观。

缅甸正东是暹罗①，多纳山脉和他念他翁山脉伫立在两国边境。暹罗能够继续享有独立地位应归功于其西侧是英国占领地，东侧是法国殖民地，两国相互排斥、提防，而暹罗从中得以保全。另外，暹罗国王也是这个国家幸存的另一重要因素。老国王朱拉隆功执掌朝政已近40年，他是18世纪后期将暹罗从缅甸分出去的那位中国人的后裔。他小心巧妙地利用西边的邻居来对付东边的邻居，还会在适当时候做出一点让步，而且，他的顾问既不是来自英国，也不是来自法国，而是从威胁不大的小国中挑选出来的。这位睿智的国王将其国民的文盲率由原来的90%降低到20%，他还建立了大学，修筑了铁路，疏通了湄南河，使其通航路线长达400英里以上。他还建成了一个出色的通信和电话系统。他的军队也训练有素，使这个国家不仅成为一个十分可靠的同盟，而且还有可能成为一个潜在的危险对手。

湄南河三角洲上的曼谷已经扩展到100万人口，但多数人仍住在河边的小船上，使人感到这里像东方的威尼斯。这个国家从不阻止外国移民迁入，所以，勤劳的中国人可以自由地到首都定居。他们现在已占总人口的九分之一，并使暹罗很快发展成为最重要的大米出口国。暹罗内地茂密的森林也具有很可观的经济价值，柚木就是一种很重要的出口产品。特别幸运的是，暹罗至少保住了马六甲半岛的一部分，那里蕴藏着世界上最丰富的锡矿。

然而，从总体上来说，暹罗政府是抵制国家工业化的。所有热带地区的居民如果要生存，就不得不把主要兴趣放在农业和其他一些简单的手工业上。让欧洲变成工厂和贫民窟的天下吧，亚洲只想永远保留村庄

---

① 暹罗：泰国的旧称。

和农田，村庄可能是西方人不喜欢的那种村庄，但它们符合东方人的喜好，而工厂就不在此列。

另外，暹罗的农产品与多数农业发达国家有些不同。除了中国人在那里饲养的 100 万头猪之外，这个国家还有 600 万头驯化的水牛和 6822 头大象。这些大象可以在自家田里干活，也可以租出去当做起重机和载重卡车使用。

法属印度支那是指法国人占领的那部分半岛，大体可分为五个部分。从南向北，首先是在湄公河大平原三角洲上的柬埔寨。这里出产棉花和胡椒。它虽然名义上是一个王国，但却是在法国的监管之下。在柬埔寨的腹地，洞里萨湖北边茂密的森林之中，还有一处引人入胜的历史遗迹——吴哥窟。它是由一个神秘的民族——高棉族——所建，对这个民族，我们所知甚少。公元 9 世纪，这些高棉人在柬埔寨北部建立了首都吴哥。这个工程十分浩大，四周的城墙每一面至少长达 2 英里，高 30 英尺。在印度僧侣的影响下，高棉人开始信仰婆罗门教，但是在 10 世纪时，他们又改奉佛教，并将佛教定为国教。由婆罗门教转而信仰佛教也导致了他们精神世界的转变，这种变化也体现在随处可见的寺庙和殿堂结构之中。这些建于公元 12 世纪到 15 世纪之间的建筑在吴哥被摧毁时给后人留下了惊人的建筑废墟。如果拿我们美洲那些举世闻名的玛雅遗产与这里相比，玛雅文化只能算是头脑简单的初学者的作品。

有一种说法，吴哥原本是建在海上，早在湄公河三角洲形成之前就已存在。若果真如此，那就意味着大海向后退却了 300 英里。那简直是世界奇迹！在历史上，曾记录过纳拉文海岸线向后退却了差不多 5 英里，而比萨的海岸线后退差不多 7 英里。关于吴哥过去种种、来龙去脉或许将永远是个谜。但这里曾经有过这么一个城市，在当时的地位比今天的纽约还重要，而它现在消失了，成了明信片上的风景，以一个便士的价格在巴黎殖民地展览会上向参观者出售。当吴哥成为世界文明中心时，巴黎还是一个由气味难闻的简陋房子凑成的渔村。这多么让人不可思议。

湄公河三角洲现在已经是法国印度支那殖民地的一部分了。由于法国在墨西哥的扩张遭受重挫，为了给帝国挽回一点面子，遂于 1867 年占领了这块地方。这里有一个天然良港——西贡。在这里，管理着 400 万印度支那居民的数千名法国官员热切地盼望着尽早结束这份苦差，能够早日荣归故里，平静地颐养天年。

印度支那的东方就是安南①。虽然它从 1886 年起就开始受法国"保护"，但是仍然维持着王国的地位。这个国家主要产品有木材，但是这里多山，没有道路，所以仍然处于没有开发过的原始状态。

这个地区的北部非常重要，这里不仅有一条重要的河流——红河，还盛产煤和水泥。它实际上是中国的一部分，并和那个国家一样，生产并出口棉花、丝绸和糖。首都河内自从 1902 年以来就成了法国统治整个印度支那的政府所在地。法属印度支那还包括一块狭长地带，叫做老挝。法国人在 1893 年将其吞并。半岛最南端被一分为二，那个所谓的"马来联邦"包括四个在英国管辖下的半独立的小公国。半岛的另一部分就是皇家殖民地，官方所谓"海峡殖民地"。对于英国人，控制马来半岛十分重要，因为这片海拔高度有时达 8000 英尺的山区，蕴藏着丰富的锡。这里的气候也适合生产各种各样的热带产品，而且几乎不需要任何投入。在马六甲海峡沿岸的槟城，大量出口橡胶、咖啡、胡椒、木薯淀粉、槟榔膏等产品。坐落在一座小岛上的新加坡人口已经超过 50 万。其战略地位十分重要，因为这个城市扼守着所有从南到北，从东向西的海上通道。

新加坡又名狮城。建城历史几乎与芝加哥差不多。最早是由著名的荷兰殖民官员斯坦福德·莱佛士所建，他预见到该地战略位置的重要性。当时，这里是荷兰的殖民地，而荷兰本土却已沦为拿破仑帝国的附庸。直到 1819 年，新加坡还是一个灌木丛生的地方，今天，这里人口总数已经超过 50 万。东方的各种风俗、各种语言、各种人种都可以在这里找到。和直布罗陀一样，新加坡也是一座坚固的堡垒。一条可直达暹罗曼谷的铁路线从这里开始，这条铁路线目前还没有通到缅甸的仰光。当东

---

① 安南：越南的旧称。

西方最终发生不可避免的冲突时，新加坡将发挥其特殊的作用。由于预见到这一前景，新加坡涌现出一大批酒吧，它们的富丽堂皇见闻于整个东方世界。另外，这座城市为一年一度的跑马会所耗费的巨资也几乎和都柏林相当了。

37 中国：东亚大半岛

中国是个泱泱大国，它的边境线长达 8000 英里，几乎和地球直径相等，它的面积比整个欧洲大陆的面积还大。

中国的长城是月球上的天文学家能够观察到的唯一人工建筑

中国人口约占我们地球总人口的五分之一。当我们欧洲人的祖先脸上涂得五颜六色，还用石斧打野猪时，中国人就已经知道如何使用火器，如何写信了。在很短的篇幅内要把这样一个国家描述清楚，是绝对不可能的，我仅仅能给你一个框架，一个轮廓。至于更详细的内容，如果你感兴趣，可以自己慢慢去了解。关于中国的文字，足可以装满两三个图书馆。

和印度一样，中国也是一个半岛，只不过它是一个半圆形的半岛。但是，中国并没有像印度周围那么多的高山，而与世隔绝。中国的山脉就如同张开的手指，由西一路延伸过来，使其直抵黄海之滨的富庶的大平原几乎毫无遮挡地面对着中亚凶猛的冲锋军。

为了克服这个没有天然屏障的不利条件，公元前3世纪（就是罗马人和迦太基人争夺地中海控制权的时候）的一位中国皇帝修建了一道长1500英里，宽20英尺，高30英尺的巨大城墙，从辽东一直延伸到嘉峪关，即甘肃以西戈壁沙漠的边缘。

这道屏障出色地履行着自己的职责，直到17世纪满洲人攻入中原时，这道城墙才崩溃。不管怎样，一座挺立了将近2000年的壁垒毕竟不可等闲视之。我们在10年前修筑的一些堡垒现在就已经无法使用了，还得花上一大笔钱进行翻修。

在这个巨大的圆圈中，南部的长江和北部的黄河把这个国家平分成三部分。北京所在的华北，冬天非常寒冷，夏天比较炎热，这种气候使当地人习惯吃小米而不是大米。中部，由于祁连山挡住了从北方刮来的寒风，气候较为温暖，人口也更稠密。这里的老百姓喜欢吃大米，却不知谷子为何物。华南地区冬季不冷，夏季湿热，出产热带地区所有的作物。

华北又分两部分，即东部的平原和西部的山区。山区是著名的黄土地，一种非常肥沃的土壤，土质十分疏松，雨水落在地面立即就渗透进去。河流和小溪将这一地区冲得沟壑纵横，给交通带来极大的不便，就像在西班牙一样。

直隶湾①边上的华北平原是黄河携带的大量泥沙冲积而成。黄河几乎无法通航，也没有什么重要港口。黄河的北边还有一条很小的河流——运河，也一样不能通航，它的作用就是北京的排水系统，专门为这座城市排污。至于北京，因为现在中国的局势每小时都在发生变化，所以，我只能说北京是 900 年的天朝帝都，或者说，自从征服者威廉登陆英国的那个年代起，北京就一直是中国的都城。但是，我们无法知道当本书出版时，北京是否还是中国的首都，或者只是中国的一座城市，或者是某个日本将军临时或永久的驻地。

北京的历史十分悠久，也见证过无数荣辱兴衰。公元 986 年，鞑靼人征服了它，将它更名为南京，即"南方的都城"。12 世纪，汉人收复了这座城市，但并没有定都于此，只将这里作为一个二流的省会城市，称之为"燕京府"。又过了半个世纪，另一支鞑靼人攻克该城，改称"中都"，也就是"中部都城"。100 年后，成吉思汗的大军占领了这里，但是成吉思汗本人却拒绝进入城内居住，他仍然钟情于蒙古沙漠中的帐篷。他的继承人，著名的忽必烈大汗，与他的祖父截然相反。他对北京的废墟进行了全面的修缮，再次给这座城市更名为燕京，又称"大都"。不过，当时这座城市的蒙古名称"甘巴努克"名气更大，意为"大汗之都"。

后来，这些鞑靼人又被赶出了中原，汉人自己做了皇帝，就是明朝。燕京又变成了北京，就是"北方的朝廷"。从那时起，北京就一直是中国的统治中心，只是它与外界的联系很少。这种情况一直持续到 1860 年。那一年，一位欧洲使节②以官方身份被允许进入北京朝觐皇帝。这位威仪堂堂的大使的父亲就是那位将古希腊大理石雕刻③献给大英博物馆的埃尔金。

---

① 今渤海。

② 指埃尔金伯爵（1811—1863），第二次鸦片战争期间任英国侵华军全权代表，与法军侵华，迫使清政府签订《中英天津条约》和《中英北京条约》。

③ 指埃尔金石雕，古希腊大理石雕刻品。系老埃尔金伯爵在雅典购买。

该城在鼎盛时期一定固若金汤，仅城墙就有 60 英尺厚，50 英尺高，而且城墙上面还建有方塔和通道，本身就是一座要塞。北京城内的结构就像一座迷宫，有许多内城，一个套着一个，其中有皇城、满洲城、中国城，19 世纪中叶之后，又多了一座外国城。

北京的寺院庙宇虽多，但是中国人却不是印度人那种虔诚的佛教徒。这两个民族截然不同的性格也可以解释为什么这两个国家除了在人口过度膨胀之外，再没有任何共同之处。印度人十分崇尚神佛，他们修建的寺庙也必定是最宏伟、最漂亮、最豪华的，这些建筑几乎耗尽了贫苦农民辛辛苦苦赚来的全部钱财。"宁花百万建神庙，不费分毫在黎民"就是婆罗门僧侣们提出的口号。而中国人表面上是佛教徒，但是他们从上到下，每一个人都受到精明的孔夫子的影响。这位生于公元前 6 世纪后半期的哲学大师提出一条普遍真理：不要把时间荒废在关于来世的那些含糊不清的讨论中。中国人完全按照孔夫子的信条去做那些"看得见、摸得着的事"。因此，中国的统治者把大部分赋税用于改善公共设施，如挖运河、修水渠、筑长城、改善河道等等，至于庙宇和神殿，只要做到不使神灵怪罪就行了。

中国古人是一个具有杰出艺术才能的民族。与恒河流域的民族相比，中国人所付出的代价要小得多，但是，取得的成就更令人满意。到中国的旅行者不管在什么地方都不可能发现像印度那样巨大的神殿建筑群。在北京以北 60 英里的明代皇陵中有几只大型动物雕塑守卫着那些长眠于地下的前朝皇帝，还有为数不多的几座庙宇中有几尊大佛像，仅此而已。中国其他神像都是不大不小，比例适中。西方人更喜欢中国的艺术品，因为中国的绘画、雕塑、陶瓷和真漆都比印度的艺术品更适合进入欧洲或者美国的家庭，印度的艺术品看上去很不协调，让人感觉不舒服，即使放在博物馆中也是如此。

现代中国的商业地位也不容忽视。中国的煤储量是世界第一，铁储量是世界第二，如果有朝一日英国、德国和美国的煤矿枯竭，我们仍然能够从山西省那里得到温暖。

直隶的东南部是山东省，它所在的半岛是直隶湾和黄海的分界线。这一地区除了直隶湾附近的黄河平原以外，大部分是山区。黄河从前是注入黄海的，在1852年却突然改道直隶湾，那次黄河改道造成的洪灾才使我们见识到什么是真正的洪灾。如果你想明白黄河改道意味着什么，你不妨假设，莱茵河突发奇想，决定改道流入波罗的海，塞纳河则决定从比斯开湾转向北海，情况就可想而知了。自17世纪末，黄河已经十度改道，我们无法确定目前的河道是否还会改变。在世界其他地区，大河的堤坝很容易把河水控制住，但对黄河和长江这样的河流，堤坝却显得无能为力。1852年黄河冲毁的堤坝足有50英尺高，而洪水冲毁它们就如同撕毁一张纸片。

你可能听说过把中国人称之为黄种人的说法，也一定在报纸上读到过有关"黄祸"之类的文章。我们常常将中国人面孔的颜色与黄色和中国之类的概念联系在一起。但是，中国的统治者很早以前就自称为"皇帝"，与"黄帝"同音，当然不是黄皮肤臣民的"皇帝"，而是这些臣民居住的这块黄土地的"皇帝"，即"黄地之帝"。黄河携带的大量的黄泥将整个华北地区染成黄色——河水、海水、道路、房屋、土地，甚至男女老少的衣服。这个民族正是因这些黄色的泥土而得名，而实际上，他们的肤色并不比西方的居民更黄。

为了让臣民能够顺利地从北部到达中部和南部，不必冒险做海上长途旅行，13世纪的一位中国皇帝下令开凿了一条连接黄河与长江的大运河。这条运河足有一千多英里长，从建成之日起，一直恪尽职守，运送着南来北往的船只，直到1852年，由于黄河从黄海改道直隶湾，将运河连同黄河故道一起冲毁，这条运河才被废弃。但是，这条世界上最长的运河还是表明，统治着这块土地的是一些具有开明思想的君主。

中国大运河

　　现在让我们重新回到山东半岛。这里海岸线上坚硬的花岗岩形成了几个非常重要的港口。其中之一就是威海卫。这个港口直到不久前还被英国人控制着。在俄国人占领直隶湾对岸的旅顺港作为军港和通往西伯利亚铁路的起点后，英国人就从中国人那里"租借"了威海卫，"租借合同"上规定，只有俄国人从辽东半岛撤走，英国人才会归还该港口。但是，当1905年日本人打败俄国人占领了旅顺港后，英国人却没有离开威海卫。德国不甘其后，也很快侵占了山东半岛南部的胶州湾和青岛港。这也是世界大战在远东引起的连锁反应——英国和德国为了某些并不属于他们的东西你争我夺，而正如经常发生的那样，第三方——日本——坐收渔翁之利。

为了重新获得中国人的好感，战后，威海卫和胶州湾都归还了中国。但是，如果这一回日本占领了满洲，从前的那套游戏必将重演。

华中地区东部是一片广阔肥沃的平原，与华北平原连成一片。中部是山区，长江就是从这些大山中间蜿蜒流过，最终注入东海。长江上游在四川，这是个几乎与法国面积相当的行省，它肥沃的红土地养活着比法国人口还多的中国人。几条南北走向的高山将这里与外部世界隔绝了，只有少数几个白人曾进入过四川，这个地方显然比中国其他地方保留了更多的中国传统。

中国的两条大河

长江从四川向东奔流，进入湖北省。著名的港口城市汉口就在这个省，它是 1911 年把清朝最后一位皇帝赶下台的那场革命①的发祥地。那场革命将世界上最古老的王国变成了共和国。排水量不超过 1000 吨的海轮可以直接抵达汉口，长江自汉口以下的河段，是中国中部的主要商业运输大动脉，直接与中国的外贸中心和第一大港口——上海——相连。上海港直到 1840—1842 年那场"鸦片战争"结束后才被迫对外国商人开放。

长江三角洲的南边是杭州，马可·波罗称这里为"金山"，三角洲以东是苏州，以茶叶闻名于世。由于长江中下游地势平坦，土地肥沃，物产丰富，十分富庶，所以，长江三角洲最西端的南京长期以来不仅是华中地区最重要的城市，而且还是许多朝代的都城。

部分由于历史原因，部分由于地理位置——处于从广州到北京的中转站位置，部分由于这里不会直接受到海上外国军舰大炮的威胁，南京被选做中国新政府所在地，至少在我写此书时（1932 年 1 月 2 日零时 7分），它还是中国中央政府的官邸。

华南地区丘陵遍布，山地众多，虽然也出产茶叶、丝绸和棉花，相对来说，却还是一个贫穷的地方。从前，这里曾经覆盖着大面积的森林，后来森林被砍光，山上只剩下光秃秃的石头，造成严重的水土流失，因此，这一地区出现了大规模移民的现象，大批中国人涌向那些还没有限制中国移民进入的国家。

华南最重要的城市是广州。上海是中国对欧洲的出口港，广州则是中国从欧洲进口的中心。在珠江入海口（广州市距离海岸还有几英里）有两个外国占领区。右侧是澳门，曾在中国占有众多殖民地的葡萄牙最后就只剩下这一个地方了；左侧是香港，在鸦片战争中就被英国人占领了。

华南沿海的两个大岛，海南岛还在中国人手中，而台湾，这块原荷

① 指孙中山领导的辛亥革命。

兰殖民地，自从 1894—1895 年中日战争后就被割让给日本人了。

90% 的中国人都是靠天吃饭的农民，年成不好就会闹饥荒。但是，中国还是有 48 个港口城市对外国商人开放，主要出口茶叶、棉花和丝绸。中国从不出口鸦片。中国皇帝一直在努力禁止臣民吸食这种让人上瘾的毒药，渐渐地，原来那些罂粟田变成了棉花种植园。

至于铁路，中国人接受它比任何一个民族都困难，因为，中国人特别尊崇他们的列祖列宗。如果火车沿着铁路呼啸而过惊扰了地下安息的老祖宗，那可不得了。1875 年有人要在上海到吴淞口之间修建一条几英里长的铁路，结果遭到强烈反对，最后只好停工。时至今日，中国在修建铁路时如果遇到祖坟仍要远远绕道而行。目前，中国建成投入使用的铁路已超过 10000 英里，泰山附近跨越黄河的大桥是当今世界上最大的铁路桥。

中国对外贸易仍有 60% 控制在英国及其殖民地手中，或许这可以解释为何英国一直强烈要求各国取消从前那些歧视、虐待中国人的政策。万一这些聪明的中国人起来抵制英国的产品，英国人每天就要损失数百万美元。与代表世界五分之一人口利益的顾客保持友好关系才是上策。

当中国人最早的祖先从朦朦胧胧的远古隐约出现时，他们就已经生活在黄河两岸的黄土地上了。对于从事农业生产的人来说，肥沃的土地最称心如意，更何况，这片黄土地还给他们解决了居住问题。这里的居民在山的侧面挖出一个个小房子，住在这种房子里根本不必担心墙壁透风或者屋顶漏雨。

据那些对这一地区情况比较熟悉的旅游者讲，在这个人口十分稠密的地区，晚上竟丝毫看不出人类居住的迹象。直到早晨第一缕阳光出现，就像兔子从洞中蹿出来晒太阳一样，突然冒出来无数男男女女，老老少少，他们开始了又一天为三餐奔波的辛勤劳作，直到黄昏来临，他们又全部消失在窑洞之中。

占领了西部的高山地区之后，中国人又开始慢慢向东扩展。湍急的黄河激流携带着数百万吨黄泥进入下游平原，使那里的土地更加肥沃，足以养活不断膨胀的人口。中国人随着黄河的变迁而迁移，在公元前2000 年（罗马出现的 1500 年前），中国人就已经进入长江流域，他们的帝国中心也开始从黄河流域慢慢向东部大平原转移。

公元前 5 世纪或公元前 4 世纪，中国出现了三位伟大的精神导师：孔子、孟子和老子。在这三位圣人出现之前，中国人有什么样的宗教思想，我们已经无从考证。显然，大自然作为一种造物力量始终受到崇拜，尤其是那些完全靠天吃饭的人对大自然更是顶礼膜拜，不敢有丝毫不敬之意。孔子、孟子和老子与耶稣、释迦牟尼以及穆罕默德完全不同，他们并不是宗教创始人。

他们的道德教义首先是建立在"人非圣贤，孰能无过"的基础之上，认为人并非造物的杰作，只是凡夫俗子而已，但是，如果一个人能够勤奋努力学习，谦虚谨慎地聆听长者与智者的教诲，肯定会有所成就。从我们基督徒的观点看，这三个人所宣扬的观点过于世俗化、物质化。他们都没有宣扬过人应该驯服屈从或者逆来顺受之类的思想，他们知道，凡夫俗子不具备这样的高尚情操，达不到这样的精神境界，而且，他们自己也在怀疑，这样的行为准则是否对社会发展有利。所以，他们说，恶人自有恶报，好人应该独善其身，忠信仁义，尊崇先人。

这三位中国哲学家所宣扬的道德思想内容不多，而且每个人都有不足。我并不是说他们的哲学体系比我们的好，或者不好，但是，这种思想的确具有某些非常明显的优点，它使这个讲数十种方言（中国北方人与南方人交流就如瑞士人与意大利人交流一样困难）、生活在各种各样环境中的四亿中国人能够至少有一个共性——对人生荣辱沉浮的达观态度，对生活穷通得失的实用哲学。正是这种哲学态度支撑着无数境遇悲惨的下层人民历尽重重磨难，而同样的磨难足以使一个欧洲人或者美国人垮掉或者自杀了事。

几乎每个人都能理解这些朴素的哲学思想。如果你不信，可以从中国人 4000 年的同化奇迹中寻找证据。公元 10 世纪，中国被一个更大的帝国吞并，这个帝国就是蒙古大帝国，它的疆域东起太平洋，西抵波罗的海。但是，这些蒙古帝王却都和忽必烈一个下场——被同化成汉人。蒙古王朝被消灭后，继之而起的是中国最后一个汉人王朝——明朝（1368—1644）。这个王朝后来又被满洲一个鞑靼国王推翻，建起了大清帝国。虽然当时的满洲统治者征服了汉人，强迫他们留起了辫子，剃光了前面的头发，但是，他们仍然难逃其劫，被同化得比汉人还更像汉人。

自从满洲人平定中原，中国就天下太平了。朝廷只须守住海港，防范西方的外国侵略者就可高枕无忧。于是，中国的文明进程终于有了一个喘息的机会，但是，它一旦停滞下来，整个国家就立即失去了活力，比任何一个国家都僵化保守。它的政治制度比俄国十月革命前的政治制度还严厉，文学被冻结了，科学也不再发展，如果还有人发明什么新玩意儿，他就会立即遭到周围人的耻笑，甚至中国无可比拟的艺术也和古老的拜占庭镶嵌画一样，开始流于形式。中国完全与世隔绝了，他们不知道外面的世界在做什么。闭关锁国的民族总是盲目乐观地认为自己是最强大的，认为他们的军队是战无不胜、攻无不克的，认为他们的艺术也是人类有史以来一切艺术中最精彩绝伦的，还认为他们的风俗习惯、风土人情也远胜于别国，如果拿外国来衡量中国，简直是荒唐透顶。然而，所有试图排外的国家，最终只能误国。

自16世纪上半叶，中国就允许少数几个"洋鬼子"进入太平洋沿岸的几个以对外贸易为主的港口城市。这些主要来自葡萄牙、英国和荷兰的"洋鬼子"在这里的社会地位很低，他们在中国，就像刚好与弗吉尼亚州第一批殖民者的后裔搭乘同一条船的黑人医生。

英国人在1816年派阿默斯特勋爵（他在1817年去圣赫勒拿岛拜访过拿破仑）来到中国，请求中国天子庇护英国商人，改善他们在广州的待遇。阿默斯特勋爵被告知，他能否上朝觐见天子，取决于他是否愿意在龙椅前磕头。所谓"磕头"，讲文雅一点，就是"在皇帝的宫殿中，以头三次触地"。从前一位荷兰船长曾这样做过，因为他明白，只要他在皇帝面前磕了头，他就可以带回大量的茶叶和香料，一辈子就可衣食无忧。但是阿默斯特不是船长，他代表着英国国王，所以他断然拒绝了这一要求，结果，他连北京的城门都没进去。

　　与此同时，在欧洲，詹姆士·瓦特发明的蒸汽机被广泛应用于对这个小小的地球的开发。欧洲急切地要去征服新的世界，中国理所当然地被列在名单的首位。以突然爆发的事件为借口挑起战争对骄傲的白种人很不体面，尤其是在1807年后，马礼逊博士作为欧洲第一位传教士到达广州，开始不断对中国人宣传，基督教怎样怎样好，为什么应该信基督教。即使是那些思想最僵化、最狭隘的满洲官员都能够积极地用孔子的教义来阻挠滚滚而来的鸦片狂潮，但是，英国东印度公司却在从罂粟籽中不断提炼着数百万磅的鸦片，将它们卖给黄河流域和长江流域的居民。英国东印度公司坚持要把鸦片输送到中国，中国政府坚决拒绝让鸦片上岸，于是，鸦片和受伤害的感情导致了1840年的鸦片战争。这场战争让中国人目瞪口呆，他们发现，自己完全不是那些被他们看不起的外国人的对手，经过几个世纪的闭关锁国，中国已经远远落在了世界的后面。

　　这种担忧终于变为现实。自从鸦片战争的灾难之后，中国就开始完全听凭外国人的摆布。那些埋头在田园里收割而不问世事的中国人通过偶尔目睹的事实，已经开始认识到，他们这个国家出了问题。中国人把在这片土地上发生的一切灾难归咎于由满族统治的清政府，于是中国人开始造反。第一次爆发是在大约80年前，中国人希望以革命换自由。

　　当清政府正与英国和法国开战时，华南出现了所谓"太平天国"的革命。这些人拒绝剃头，把辫子也剪掉了。但是，对于那些因贫困而造反的老百姓，满清王朝的大军太强大了。他们推举出来准备取代满洲人的汉人皇帝在南京自己的宫殿中引火自焚，他还把所有的嫔妃也活活烧死。在这场革命中，数十万人被杀。剿灭这场革命的清朝军队曾由两个外国人统领，一个是美国工程师华尔，另一个则是虔诚的基督徒、深邃的神秘主义者戈登。戈登返回英国后，专心从事慈善和宗教事业，过着退伍之后的悠闲生活，为他的悲剧结局做着准备。有关他的故事，你可以在"非洲"那一章里了解到。

　　1875年，清政府与德国之间出现争端，于是，德国向中国派出了一个中队，理由是帮助中国荡平沿海的海盗。1884—1885 年，中国与法国又进行了一场战争，中国从此失去了中国南部的安南和东京湾。1894年，他们和已经西方化的日本又打了一仗，结果丢掉了台湾岛。

从此，欧洲人开始争夺起中国的军事战略要地。俄国人强占了东北的旅顺，英国人得到了威海卫，德国人进驻了胶州湾，法国人则分到了湄公河左岸的金兰湾，而美国人的外交政策经常是感情复杂的（或者说多愁善感），他们只是含含糊糊地发表了几句"门户开放"之类的意见。那些欧洲人把抢到手的土地变成了坚不可摧的堡垒，不管什么时候，只要山姆大叔隔海相望（当然不是为了看热闹），他们就急忙把大门关上。

天生就吃苦耐劳的中国人民开始看到，他们不仅在受政府的压迫，也受到外国人的欺凌。这一事实使他们再次把所受到的屈辱与苦难统统归罪于满族统治者——清政府。1901 年终于爆发了义和团运动。他们先是刺杀了德国大使（理由是这位大使是第一个攻击中国人的外国人），然后到北京围攻外国使团。于是，由俄、日、英、法、奥、德、意、美八国组成的一支联合军队进入北京解救被围困的外交使团，把这些绝望中的大使及其家属解救出来。援军为了报复，在北京城内大肆抢劫，使这座富裕的城市遭受到史无前例的破坏，不管是多么神圣不可侵犯的，都被侵犯了，甚至皇帝居住的紫禁城也未能幸免。德军司令和他的20000名士兵（虽然停止了射击，但抢劫仍在大肆进行）还接到德国皇帝的指令——"就像匈奴人那样干吧"。这是一个不幸的命令，是老威廉皇帝在他执政生涯中发出的最糟糕的指令。十几年后，他就遭了报应，使他今天不得不在荷兰砍木头。

巨额的战争赔款，政府的卑躬屈膝，欧洲各国的得寸进尺，这一切使中国百姓再也无法忍受。1911 年，他们再次发动革命。这一次，他们成功了。清政府被推翻，中国成立了共和国。

这一次，中国人吸取了教训，知道西方国家不仅对孔夫子的道德文章感兴趣，他们更对中国的煤炭、铁矿和石油等珍贵矿藏感兴趣。中国人要么努力保护好这些矿藏，要么把它们沉到太平洋里去。很快，他们开始认识到应该向日本人学习，在短时间内"西方化"。为此，他们从世界各地请来许多老师，尤其是请日本人做老师，因为他们比邻而居，十分方便。

同时，一切按照马克思理论管理的俄国，开始了把占地球六分之一面积的国家转变为工业化国家的进程。由于俄国与中国相邻，可以悄悄地把一些新思想传到这些长期遭受折磨的中国苦力耳中。从前，不论谁在主宰着他们的命运，不管是英国人还是法国人还是日本人，这些中国人似乎都是生来就得做牛做马。

所有这些相互矛盾的思想、计划和情感在中国造成了自大战结束以后前所未有的混乱。而在那场世界大战中，中国是被迫加入协约国的。战争结束后，他们又和以前一样，不仅没有任何收获，反而又失去许多。

我不是一个预言家，无法预料在未来10—15年中，中国会出现什么情况。可能现状不会有太大改善，也不可能很快就赶上世界的前进步伐，因为，贫困的中国起步太晚了。但是，如果他们有朝一日赶上我们，那么，就请上帝怜悯我们吧。

38 朝鲜与蒙古：前途未卜

让我们简单地学一学实用经济学。

禁锢在小岛上的日本人，就像意大利人一样，人口急剧膨胀，所以，他们需要更多的土地。世界上所有漂亮的言词、所有的条约、所有心地善良的女士和先生的甜言蜜语都改变不了这一事实，改变不了这样一条亘古不变的自然法则，那就是——我很强壮，但饥肠辘辘，我在大海中间的小木筏上漂泊，与我同船还有一人。与我相比，另一个人羸弱不堪，但是他口袋里却装满了火腿三明治。于是，我要么拼命去抢一份他的火腿三明治填饱肚子，要么就是抢不来后饿死。作为一个体面人，受敬畏神灵的父母悉心教育多年，我一直在努力压制自己犯罪的欲望，一天，两天，甚至三天，但我终于还是忍不住爆发了："给我一块三明治，要不然，我就把你扔进大海——赶快！"

我从前所受的教育使我对三明治的所有者或多或少还比较仁慈，允许他为自己保留一点三明治，但是，如果不杀死他，我仍然得忍受饥饿的痛苦。将日本放在这个人的位置，你就会理解日本人所面临的问题了。

日本人生活在一块面积比加利福尼亚还小的土地上（加利福尼亚州的面积是155652平方英里，日本是148756平方英里），其农用耕地只有1600万平方英亩，还不到美国农业用地总数的2%。如果想找一个距我们比较近的地方进行比较，就找纽约州经过改造的土地好了。即使请来世界上最好的农业专家，只要让他到日本看一看，就会对那个贫穷的岛

315

国所面临的实际问题一目了然。由于临海，日本人当然以打鱼为生，尽管他们现在已经达到在稻田的泥水里养鱼的程度，但是，要解决吃饭问题还须假以时日。因为，这个国家每年增加的人口都要超过 65 万。

如果太平洋干涸

因此，日本必须要寻找更多的土地。自然而然，他们首先把目光投向了中国海①对面那块管理不善、完全被忽视的土地。美国最合他们的胃口，但是美国太远，而且也太强大。澳大利亚也不近，而且那块大陆

———————————

① 指日本海。

十分之九的地方荒无人烟，根本就没有什么用处。相比之下，满洲近在咫尺，朝鲜半岛恰好起到一个桥梁作用，而在朝鲜半岛与日本之间只有一条狭窄的朝鲜海峡，其宽度只有 102 英里，日本的对马岛又恰好在朝鲜海峡正中间。1905 年，日本舰队就在这个岛屿附近一举摧毁了俄国海军舰队，把远东的一个潜在对手干掉了。

如果大西洋干涸

　　朝鲜半岛的纬度大体上与意大利南部的西西里岛一致，但是却比那里寒冷，因为这里没有起保护作用的天然屏障。古代，这里也叫高丽，之所以叫朝鲜，他们自己解释是"静谧的朝阳之地"。朝鲜人是公元前12 世纪占领这片土地的那些中国移民的后裔。他们来到这里轻而易举地打跑了住在中部石穴中的原始部族。这些新来的人建立了自己的王国，但从来没有从它的宗主国——中国——那里获得真正的独立自主权，而且，他们还时常受到日本海盗的骚扰。

1592 年，日本首次企图侵占朝鲜。没有充分的准备，日本人是不会贸然行动的。他们事先从葡萄牙人那里购买了数百支大口径火枪，利用武器的优势，派出 30 万大军渡过朝鲜海峡。这场战争持续了 5 年，最后，日本还是败在前来援助朝鲜的中国人手下，因为中国军队的人数更多。

在这次侵略中，朝鲜首都汉城被毁，还出现了许多令人发指的残暴事件，这可以解释为什么朝鲜人对日本人恨之入骨。朝鲜弱小，而日本强大，因此，当 19 世纪最后 25 年，朝鲜的政治和经济各方面都屈从于俄国时，就给了日本一个重新发动战争的借口。

引发战争的直接原因往往平淡无奇，而真正的原因常常潜藏在幕后。日本对朝鲜的侵略，包括 1592 年的那次远征，最直接、最深刻的原因就是——日本政府需要更多的粮食来养活国内迅速膨胀的人口。

日本打败了俄国，将莫斯科的军队赶过了中朝边界的鸭绿江，朝鲜也从此沦为日本的保护国。1910 年，它又被并入日本帝国，和台湾岛及库页岛一样。台湾岛是日本在 1895 年从中国抢来的，库页岛是 1905 年日俄战争后俄国对日本的战争赔偿。现在，已有 50 万日本移民与 2000 万朝鲜人共同居住在朝鲜半岛上，而且，还会有更多的日本移民不断涌来。

蒙古是一个面积广大的国家，总面积达 140 万平方英里，是英伦三岛的 11 倍，而其总人口还不到 200 万。这里，南部是戈壁沙漠的一部分，人烟稀少，其他地方是广袤的大草原，非常适合放牧牛羊。蒙古昔日的辉煌主要取决于他们的骑射技术，今天，他们再也不可能骑着战马，从太平洋一路打到大西洋了。

许多人似乎对"日本野心"表示义愤，对他们的野蛮行径进行痛斥。我倒宁愿称其为"日本生存需要"。日本需要为国内过剩的人口寻找一条出路，因此，它在北亚的行动也就是自然而然的了。那里地广人稀，百姓对任何残暴的统治都已习以为常，他们从前的日子不一定比现在好过。

如果北亚这个安全阀不复存在，菲律宾、荷属东印度、澳大利亚、新西兰和美国西海岸将永远暴露在日本侵略者面前，我们将不得不在波利尼西亚群岛每个岛屿前部署一艘战舰，以防某个晚上被日本巡洋舰"拖走"。

从全局出发，目前这种格局似乎更有利。如果有人要因我这番无情无意、自私自利的话而伤心落泪，请趴在我们美国印第安人的肩膀上哭泣吧。

39 日本帝国

日本在开始侵略其邻国、征服世界之前，是由 500 多个岛屿组成的一个半圆形岛国。这些岛屿的总面积与英格兰、苏格兰和曼哈顿面积之和相差无几，其中 518 个岛屿上居住着 6000 万人。据最新统计数字表明，日本的总人口已超过 9000 万，不过这其中包括 2000 万朝鲜人和一些波利尼西亚岛上的居民。这些波利尼西亚岛屿自世界大战以来，就一直是日本的领地。

其实，记住本州、北海道、四国和九州这几个岛屿的名字就足够了。本州是日本中部的主要岛屿。北海道位于北部，是仅次于本州的第二大岛。四国和九州这两大岛屿紧邻本州南部。日本的首都东京，坐落在本州中部肥沃的平原上，拥有人口 200 万。横滨是东京的港口。

大阪是一个更大的城市，位于本州南部，是日本重要的纺织工业中心。大阪北部是日本帝国的旧都京都。其他一些城市，其名字你会偶尔在我们的报纸上看到，比如大阪的港口神户；还有最方便欧洲各式船只出入的港口长崎（位于南部的九州岛上）。

江户这个名字，你可能在历史书上经常见到，它是幕府时代东京府旧称。1866 年，幕府失势，皇帝从京都移居到江户，并改称为东京。东京从此进入了一个特别发展时期，并因此成为现代世界最大的城市之一。

然而，所有这些城市都有随时被彻底摧毁的危险。这是因为日本诸岛地处大亚洲山脉的边缘（日本海、东海和黄海形成的时间都不长，就像使英国成为一个岛屿的北海），正好是从萨哈林岛到荷属东印度群岛①的爪哇这条火山带的一部分。它们几乎一直处于运动之中。地震仪观察到的统计数字表明，自 1885 年至 1903 年间，日本发生过 27485 次地震，平均每年地震 1447 次，每天 4 次。当然，其中大多数地震都不太严重。茶杯轻微地晃动，椅子碰到墙上咯咯作响，仅此而已。但如果你知道，日本的古都京都在过去的十多个世纪中曾发生过 1318 次地震，那么你就会明白这个岛国的危险处境了。在这 1318 次地震中，被划分为"强烈地震"的有 194 次，纯粹"毁灭性"的地震有 34 次。其中，1923 年 9 月的那次地震，几乎将东京夷为平地，15 万余人丧生，有几个小岛，只露出水面几英尺，其余部分全沉在了水下。由于发生时间距现在不远，所以人们都还记忆犹新。

人们经常把地震与火山干扰联系在一起。一些地震无疑是由火山爆发引起的，但大多数地震是人类生活的表土层下面的岩石层突然坍塌的结果。如果这些岩层只是移动二三英尺，其后果不过是弄倒几棵树或几丛灌木的混乱而已，但如果这类情况恰好发生在人口密集的地方，那么就可能导致像 1775 年发生在里斯本那样的大灾难，6 万人遇难，或是像 1920 年发生在中国广东的地震，丧生人数可能高达 20 万人。据某位最权威的地震专家的保守估计，在过去的 4000 年间，也就是人们所谓的"有史以来"时期，至少有 1300 万人死于地震，不管怎么说，这个数字相当可观。

当然，地震在任何地方都可能发生。就在一年前，北海的海底遭受了强烈地震，而且波及莱茵河和斯海尔特河河口岛屿上的泥滩，使当时上面的掘蛤人一阵恐慌。但是北海海面上却仍然如平底锅一样宁静。日本地震多，还有另一方面的原因。日本列岛地处山脊顶部，该山脊东部一直向下延伸至科学家目前所能测定出的最深海沟。著名的塔斯卡罗拉海沟深达 2.8 万英尺之多，仅比目前最深的海沟——菲律宾、马里亚纳之间的海沟浅 6000 英尺。日本一半以上的灾难性地震都发生在海岸垂直落差约 6 英里的东部沿岸地区，这绝不是偶然现象。

---

① 东印度群岛：旧时西方国家使用的一个名称，指马来群岛。

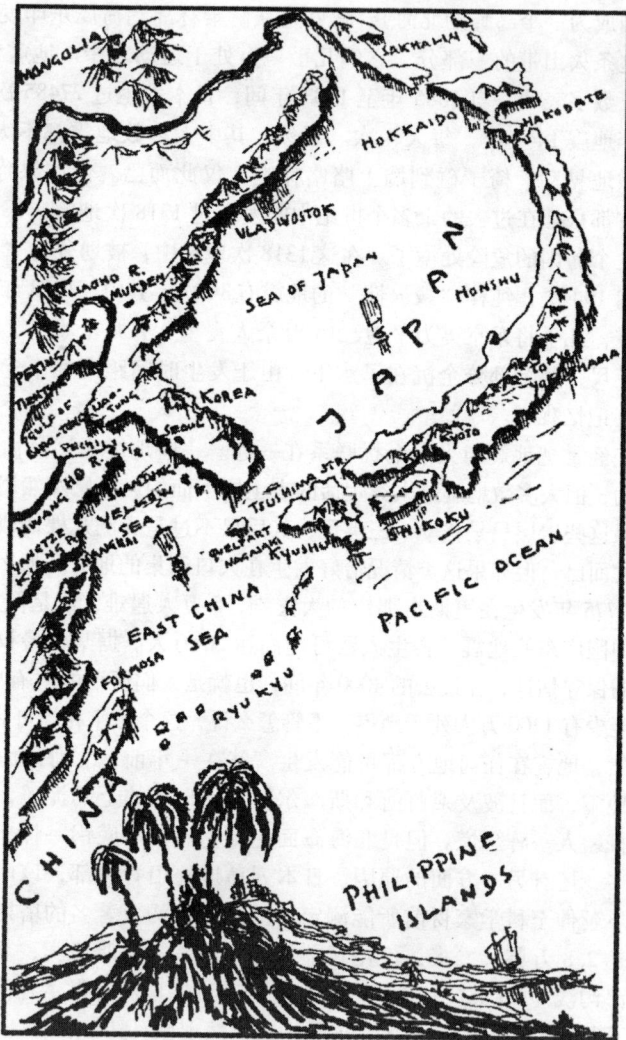

日 本

日本是如何形成的

　　然而，像生活在地震带的大多数人一样，日本人并未因这一永远威胁他们安全的现象存在而夜不能寐。与我们一样，他们照常播种耕耘，与孩子嬉戏，一日三餐照吃不误，看到查理·卓别林的演出也会捧腹大笑。他们从多年的实践中摸索出一条经验：用薄纸板造房子。虽然冬天可能有穿堂风，但当房子突然倒塌时，对居住者而言，危险性能减少到最小。当然，他们也模仿西方，比如在东京建的摩天大楼，如果碰到大地震，损失将不可估量。但总的说来，日本在适应并克服这一不可避免的地理缺陷方面做得比其他任何国家都好。正如他们成功地把生活安排得比大多数西方国家更协调也更具冒险性一样。我指的不是艺妓在樱花树下喝茶的漂亮明信片，或是蝴蝶夫人那些美丽的木偶玩具，我只是在重复那些旅游者告诉我们的一切。他们参观的是过去的日本，那时，日本还没有放弃祖宗传下来的风俗习惯和生活方式（其生活方式尤其高雅），也没有试图将这个岛国变成芝加哥和威尔克斯—巴里①的郊区。日本从旧到新这一令人难以置信的转变无疑对我们美国的安全和幸福产生了巨大影响，并将以突飞猛进的势头继续下去。所以，我们美国人应该至少对他们有些认识，不管我们是否喜欢他们，只要太平洋海水不干，他们就是我们的邻居。

　　与中国相比，日本的历史并不长。中国的大事可以追溯到公元前2637年（大约是基奥普斯②建他的金字塔的时期），而日本最古老的编年史不过始于公元后400年。那时目前所谓的日本族已经存在了。其实，严格说来，并没有"日本族"，就如英国人一样，日本人也是一个混合民族。最早的居民是阿伊努人，他们被来自中国南部和马来半岛、中国中部、满洲和朝鲜的三次连续入侵逐渐驱赶到了比较偏远的北部岛屿。因此，日本最初的文明其实是中国文明的延续，日本人所知道的一切都

---

　　① 威尔克斯—巴里：美国宾夕法尼亚州东北部城市。
　　② 基奥普斯：古埃及第四王朝法老胡夫的希腊名。在位期间，下令为他自己建造最大的金字塔。至今仍矗立在开罗附近的吉萨。

是从中国人那里学来的。

当日本仿效中国允许佛教传播时，两国关系就更密切了。当一种新教义取代了旧教义时，新教义不可避免地至少在某种程度上要受原教义的影响。这一教训是所有传教士都应该知晓的。不论他们传播的是基督教还是穆斯林教或是佛教。

公元 6 世纪，第一位佛教高僧到达日本。他发现日本在其本国国土上产生了一种他们自己的宗教体系，也可以说是一种非常适合他们需要的宗教体系。该教被称为"神道教"，来源于神道这个词，相当于我们美国人所说的"神圣的道路"。较之于亚洲普遍流行的鬼神崇拜，神道教是比较高雅的一种教义。它认为世界是一种不可摧毁的力量，教导人们为自己对这个世界所做的一切负责，因为不管这结果是多么微不足道，它都是永恒的。日本现在的宗教就是佛教与神道教的混合产物。神道教极力强调个人对整个社会的责任义务。与英国人一样，也是岛上居民的日本人（不一定非是孤僻的人）有一种非常真挚而且根深蒂固的信念：即他对他的国家负有某种非常明确的责任。神道教还强调对祖先的尊敬。但这种尊重和恭敬在日本没有像在中国那样发展到荒唐的地步。偌大的一个中国成了一个巨大的坟墓——死了的人统治着活着的人，坟地占据了本应是种植庄稼养活活人的土地。

然而，中国文明与日本文明却一直没有出现巨大分歧，直到 16 世纪后半期，当时日本国内诸侯割据，拥兵自重，对天皇的重视还不及神圣罗马帝国的骑士对其皇帝的尊重。各股势力在经过一段无休止的争吵和战争之后，一个铁腕人物终于控制了政府。

800 年前，在遥远的欧洲，古法兰克国王的男总管们把他们的主人推进了寺院，而他们自己承担起了统治国家的责任。因为这些总管们比那些国王们更精于此道，所以没人对此提出异议。日本人民忍受了几乎长达 400 年的内战，只要能得到安宁，他们并不关心谁来统治他们。因而，当帝国的最高官员，富有且颇具影响力的德川家族首领成为帝国的最高统治者时，他们并不反对，没有谁出来奋起保卫正统的君主。这位

325

日本大管家把天皇宣传成地球上的某种神灵，是全日本精神上的父亲，但他又是如此遥远而神秘，如此完美，就像西藏的喇嘛一样，所以他的真面目永远不能让其臣民看见。

这种格局持续了几乎整整两个世纪。幕府将军们（就是众所周知的那些统治者们的称谓，相当于我们美国人的"总司令或最高总司令"）在东京统治国家，天皇在京都寂静的宫殿里豪华的屏风后面消磨时间，打发光阴。在幕府时代，日本建立了严格的封建制度，这一制度对日本人民的性格影响非常深远，甚至直到今日，在日本已经经历了近80年的工业化之后，日本人本质上依然是封建主义者。他们考虑问题的角度和他们的欧美竞争者们全然不同，完善这一新制度的细节花费了很长一段时间。1600年后，日本社会明确地分成了三个不同的社会集团，最高层是"大名"，由封建贵族成员组成，是大地主；第二阶层是武士，是世袭的斗士，相当于欧洲中世纪时期的骑士；其余的人属第三等级，即平民。

这一制度并不理想，但历史令人信服地使我们明白：广大老百姓从未对政府的任何理论产生过浓厚的兴趣。所有平民百姓关心的是：它行吗？能给我安宁与和平吗？能保证我辛苦劳动换来的果实确实属于我，没人能非法夺走它吗？

在200多年里，这一制度一直运转得很好。幕府将军是这个国家的政治首脑，天皇被作为国家的精神领袖崇拜。大名和武士被迫坚持遵守一个非常严格的信条，即"位高应不负众望"。如果不按宣誓的规定行事，就得在最庄严的切腹自杀仪式中剖腹。

那时日本已开始有点过分拥挤，人们只能勉强维生。他们在兴趣和爱好方面一般总是非常有节制而且节俭，不奢求太多。大自然似乎也是个忠实的朋友，发源于荷属东印度北部赤道地区的黑潮（也就是日本暖流，墨西哥湾流的旁支）先流经菲律宾，然后又横渡太平洋赐福于美国的西海岸，这股暖流使日本的气候温和适中。同时，另有一条狭窄的冷水带正好流经日本东海岸不远处，使得日本没有加利福尼亚那样潮湿温暖。

所以，当一个叫门登斯·平托的葡萄牙航海家因迷失方向而登上这个群岛时，一切发展似乎都顺理成章。这位葡萄牙航海家的到来改变了日本原来的历史进程。因为葡萄牙人不止是访问遥远的国家，与他们进行贸易，还给这些国家带来宗教信仰。

起初，总部设在印度果阿和中国广东附近的澳门的基督教传教士们受到了极高的礼遇，日本当局给予他们一切机会和方便，让他们宣扬其教义较之于长期处于至高无上地位的日本宗教的优越之处。他们到处布道，而且使许多日本人皈依。后来，其他的一些传教团从属于西班牙的菲律宾群岛来到了日本，他们同样也受到了欢迎。但是，当幕府将军发现这些圣人们一律由不太神圣的人陪着，而且那些人身穿铁甲，手持奇形怪状的铁棍，铁棍射出的沉重铅弹能同时穿透三名日本普通士兵的时候，他们开始对这些外国传教士的存在感到不安了。

昔日日本

也就是在最近 50 年中，美国人才开始理解日本人对当时发生的那些痛苦事件的观点和看法。这些事件使日本人落了个冷酷无情的名声，这与美国人从其他方面的资料了解到的情况一点也不一样。幕府将军决定禁止基督教传教士进一步在日本活动，并不是他们突然不喜欢西方人了，而是因为他们害怕。他们害怕整个国家被宗教纷争搞得四分五裂，国家的财富被那些既是船长也是商人的人们夺走。后者载着和平和祝福的使者们来到日本海岸，然后又满载着货物离开，却分文不付。

离葡萄牙在中国的殖民地最近的九州是耶稣影响最大的地方。起初，教父们还谦卑地宣讲着耶稣基督如何如何，可当他们占了上风，就开始拆毁日本人原来的庙宇，破坏日本人的偶像，逼迫成千上万的农民和贵族在枪口下接受十字架。

丰臣秀吉是当时的铁腕人物，了解所有这些情况后，他意识到了不可避免的后果。于是，他声明："那些牧师们来我国宣扬德行，而其实他们的德行却是掩盖他们对我们帝国险恶用心的工具。"

1587 年 7 月 25 日，也就是首位日本使节觐见了教皇以及西班牙和葡萄牙国王之后五年，所有的基督教传教士都被驱逐出日本国境。商人们可以像以前一样在日本经商，但必须在政府监督下进行。葡萄牙的传教士们离开后，他们的位置很快被来自菲律宾的西班牙方济各会和多明我会的修士修女们填补了上去。他们乔装成觐见丰臣秀吉的特别大使来到日本，但他们的诡计被识破了。不过他们也没受到什么非难，只是被告诫不要再布道。他们并没有遵守此令，而且还在江户建了一座教堂，为来自四面八方的人施洗。接着他们又在大阪建了教堂。再接下来他们又抢占了长崎的一座教堂，该教堂本属于耶稣会。之后，他们开始公开地反对其竞争对手耶稣会，并指责后者在给日本人民传播福音的过程中使用的方法一直太过于讨好。简而言之，他们的判断完全错了，专门隐藏那些职业入教者的仓库也被发现了。根据丰臣秀吉的命令，他们最终被驱逐出境，但他们走得快，返回得也同样快。经过数年徒然的警告后，对那些不受欢迎的西班牙人表现了极大耐心和容忍的日本人最终得出结论：除非采取极端手段，否则别无他法了。

他们没有重蹈以前的 400 年中给他们的国家带来极大灾难的内战，而是自发地齐心协力，一致对抗一切外国侵略，那些无视法令的基督教传教士被宣布处以死刑。

在接下来的近一个半世纪里，日本心甘情愿地与世界其他国家隔绝。可以说日本是几乎而不是彻底处于自我封闭状态。还有一小扇窗户对外开着，通过这个小窗口，大量的日本黄金流到西方世界；也是通过这个小窗口，西方先进科学技术凤毛麟角般地悄悄潜入了这个奇怪的国家。荷属东印度公司曾是葡萄牙人在日商业利益的竞争对手，但荷兰人是纯粹的生意人，对别国人民的灵魂并不太关心。英国人也是如此。在相当长的一段时间里，这两个国家中哪一个会独占日本市场是件难以定夺的事，但最终英国人由于经营不善，失去了日本市场。

葡萄牙派往日本的一连串外交使团的最后一名成员被处死后（这其实是无法辩解的官方谋杀），荷兰人以前享受的许多特权也被剥夺了。但只要他们在日本的企业每年能有近 80% 的回报，他们就决定不放弃日本。他们被迫住在一个叫出岛的小岛上，这是个长 300 码，宽 80 码的石头岛，位于长崎港口，小得几乎连遛狗的地方都没有，而且还不许他们带妻子，更不许他们踏上陆地一步。

荷兰人肯定仅这么一回修炼过天使般的耐心（不一定是民族性格），因为只要他们对日本当局制定的数百条法规中的任何一条稍有违背，就会立刻遭到报复。某日，东印度公司决定建一座新仓库，按照那个时代的习俗，日期是刻在建筑物正面的，而且通常前面要加上 "A. D" 也就是 "公元"。因为这一符号直接涉及了那些基督徒们的上帝，而日本人视之就好像我们美国人对待刚从莫斯科来的布尔什维克鼓动家们一样，所以结果可想而知了。幕府将军们命令不仅要将那些令人不快的字母去掉，而且要把整座建筑物捣毁，夷为平地。为了让荷兰人记住葡萄牙人被驱逐出境的下场，他们还留下了下面的话：

"只要太阳还照耀着大地，就不允许基督教徒如此大胆地踏上日本的

土地。我们要让所有人知道——即使是菲利普国王本人甚至是基督徒的
上帝违反了这条法令，也得用他们的头颅来抵罪。"

今日日本

　　荷属东印度公司的官员们似乎把这个教训记在了心里，因为出岛继
续在荷兰人手里达217年之久。在这217年中，日本的黄金和白银稳定
地外流，因为荷兰人是现金交易者，不管日本人从国外订购的是什么，
必须货到付款。

　　也是通过这个渠道，欧洲从这些太平洋的隐士们那里了解到关于日
本的零星消息。所有这些消息让人得出一致结论：日本帝国的条件远远
不尽如人意。日本很快成为"没有国家能期望完全自给自足"这一理论
的反面教材。而且，日本的年轻人们也变得越来越难以管束。他们隐约
听说了西欧国家一些了不起的科学知识。他们开始通过出岛这个小窗口
接触科学和医学方面的书籍。他们费了很大劲终于琢磨出了那些奇形怪

状的荷兰文字的意思，同时了解到：整个世界在以惊人的步伐前进发展，只有日本仍在原地踏步。

1847 年，荷兰国王把满满一箱科学书籍作为礼物送到了江户的皇宫，并附加一份世界地图，警告日本人不要再继续这种闭关自守的愚蠢行为了。从旧金山开往中国广东的货船有时在日本沿海失事，船员们没有领事或外交保护，情况可想而知了。1849 年，一艘美国军舰的舰长威胁说要炸毁长崎，除非日本人马上把 18 名美国水手交还给他。荷兰国王又一次警告他的日本同僚不要再冒险继续执行孤立政策，否则等待日本的只有灾难。来自海牙的这些信件只不过说明了全世界很久以前就知道的情况。或迟或早，日本肯定会向西方商界打开它的大门，如果它拒绝和平地开放，那么等待它的就是武力强迫开放。

一直在向阿拉斯加海岸步步推进的俄国正在慢慢地计划加强它对西太平洋的控制。唯一可以采取行动，而又不会被怀疑有领土野心的国家只有美国。1853 年，美国海军准将佩里带着四艘军舰和 560 名船员进入了浦贺湾。他们的首次来访在日本引起了前所未有的恐慌，天皇正式地乞求上天保佑。佩里一离开（他只待了 10 天，把美国总统的一封信转给了日本天皇），日本就请求荷兰人装备一艘军舰，各要塞配备人员，还架好了以前的葡萄牙火枪，一切就绪，以防大洋彼岸那些由蒸汽机推动的怪物们再次来访。

全日本的人们分成了两派。大多数人赞成不惜一切代价继续与世隔绝，但另一部分人则支持开放政策。支持后者的幕府将军基本上失势了，被痛斥为与外国人狼狈为奸。然而，从佩里海军准将那次著名的访问中受益最多的却是天皇。

幕府将军作为封建政府无可争辩的首脑，走过了其繁荣的黄金时期，已经开始衰落很了。那些大名和武士们的境况亦相同。他们仍坚持佩带刀剑，忙于镇压内战的光荣使命，好像是生活在 1653 年，而不是 1853 年。进行全面改革的时候到了。

完全是巧合，当时的天皇，也就是国家名义上的首脑，正是一位才能出众、知识渊博的年轻人。他说服幕府将军自动辞职，自己重新掌握了国家的统治权。他接受劝说，认为再继续自我封闭下去无异于自杀。他热情欢迎所有的外国人回来，就像当初驱逐他们那样坚决。这就是明治时代，或者说是他开创的文明时代将日本从 16 世纪的一个封建小国变成了一个现代化工业强国。

如果有人问，如此大规模的、彻底的感情改变是否是件令人愉快的好事，那么这个问题问得实在多余。工厂、庞大的陆军和海军、煤矿和钢铁铸造也许能给人们带来幸福，也许不能。我不知道结果。一些人的回答是肯定的，另一些人的回答是否定的。上述问题在很大程度上在于个人怎么看。10 年前，俄国人维护他们的精神，热爱他们的圣徒。如今他们在厨房的壁炉里焚烧他们的圣徒，而他们的灵魂非常满意地待在发动机的排气管里。

我个人认为这件事情是完全不可避免的。就其本身来看，它们既不是绝对地好也不是绝对地坏，而是必要的，是我们把自己从对饥饿和经济变幻无常的担忧和恐惧中解脱出来的一个必经步骤。在这场变革中既充当父亲角色又充当母亲角色的机器也同样摧毁了许多美好的令人愉快的东西。这一点无人敢否认。北斋①和歌麿②笔下的日本会比到处是汽油厂和煤气厂的日本有趣得多，这也是毋庸置疑的。不过，北斋和歌麿早已作古，而东京的家庭主妇们更喜欢用煤气做饭，而不是在炭火上慢慢地煮饭，答案也就在这里。

富士山白雪皑皑。这座古老而历史悠久的火山自 1707 年以来就一直沉默不语。如今它俯瞰着的香烟广告，以前却是孩子们向路边的神道庙敬献鲜花的地方。寺庙院内的神鹿的腿也被漫不经心的游人们乱扔的罐头盒砸坏了。

但是，富士山知道——总有一天，这些会结束。

---

① 北斋（1760—1849）：日本画家、木刻家。

② 歌麿（1753—1806）：全名喜多川歌麿，日本浮世绘画家。因绘制统治者妻妾木版画触犯幕府，被迫害病死。

40 菲律宾：原墨西哥的领地

　　亚欧大陆向东伸向太平洋，露出海平面的边缘部分，形成了一个从堪察加半岛到爪哇岛的半圆弧形岛屿，菲律宾群岛就是其中一部分。这个半弧形岛屿与大陆之间的低地被海水淹没，形成了日本海、东海和南海。

　　菲律宾群岛由7000多个大小岛屿组成，而面积在一平方英里以上的岛屿仅有462个。其他的岛屿只是些大的悬崖或是小块的沼泽，由于太无足轻重，只有四分之一的岛屿有名字。菲律宾群岛的总面积与苏格兰和英格兰的面积之和差不多。当地人口约有1100万，其中很大一部分是中国人和日本人，还有约10万白人。菲律宾历史上肯定是多火山地带，虽然目前我们只发现了25座火山。而且，除了两三座火山外，其他的似乎已停止了活动。

　　对此我们应万分庆幸。因为，从地理学角度看，菲律宾处于非常危险的位置。目前我们所发现的最深的海沟就位于菲律宾的东面。它的深度如何呢？如果我们把它作为喜马拉雅山的安息之地，那么我们这个星球上最高的山峰埃佛勒斯峰仍低于海平面5000英尺。试想一下，如果世间万物滑向这个地球之角，那么将来可能都留不下什么遗迹。

　　菲律宾群岛中最重要的岛屿是吕宋岛。它形似蝌蚪，中部隆起，最高处达7000英尺。菲律宾最重要的城市，即首都马尼拉，就坐落在吕宋岛的东岸。1571年，西班牙人在一个古老的伊斯兰教村落的废墟上建起了这座城市，并以当地盛产的一种烟草马尼拉为之命名。1590 年，西班牙人又筑起了城墙。事实证明，这些城墙的生命力比那些建造它们的人的统治更持久。

但是即使在西班牙人的糟糕管理下，马尼拉还是很快发展成了整个远东最重要的商业中心。马尼拉港口内泊满了来自中国、日本、印度，甚至遥远的阿拉伯世界的商船。他们满载货物来到这里，与西班牙人从中美洲的墨西哥殖民地转运来的欧洲货物进行交换。西班牙人没有冒险穿越印度洋，经由好望角，因为这条航线可能会使他们遭到英国人和荷兰人的袭击，所以西班牙人选择了另一条航线，即从马尼拉直驶到特万特佩克湾，然后载着货物越过美洲地峡，经陆路转运，最后将货物再装上船，经过古巴和波多黎各，驶回西班牙。

吕宋岛的南面分布着十几个较大的岛屿，其中最有名的是萨马岛、班乃岛（岛上名城伊洛伊洛是菲律宾第二大城市）、内格罗斯岛和宿务岛。再往南是仅比吕宋岛小一点的棉兰老岛，岛上的土著摩洛人信奉伊斯兰教，为了保持独立，他们曾与西班牙人和美国人进行过殊死抗争，因此声名远扬。棉兰老岛上最大的城市是面临苏禄海的三宝颜市。一般说来，菲律宾人对太平洋并不感兴趣，他们真正关注的是西方，他们与西方进行贸易，他们的宗教来自西方，他们关于文明的最初概念也来自西方。东方的人们发现菲律宾完全是偶然。

麦哲伦于 1521 年在此登陆。他选择这条不寻常的航线只是为了平息给他的雇主西班牙国王和教皇带来麻烦的一场纷争。1494 年，教皇为了永远了结伊比利亚半岛上他心爱的孩子们之间的争端，在亚速尔群岛和佛得角群岛以西（大体相当于西经 50° 左右的位置）自北向南划了一条线，把全世界划为相等的两半，西侧属西班牙势力范围，东侧属葡萄牙势力范围，这就是著名的《托尔德西拉斯条约》。根据这个条约，西班牙人有权惩罚敢于越过此线进入其势力范围的任何人，英国和荷兰初期远征美洲大陆的探险因此成为一项非常危险的活动：无论是谁，只要敢越雷池半步，就会被当成普通海盗马上绞死。

然而，使这次冒险旅行实现的教皇，也就是臭名昭著的亚历山大六世，切萨雷·博尔贾和卢克雷齐娅·博尔贾的父亲，自己就是个西班牙人。葡萄牙人声称这一条约不公平，他们的利益受到了损害。由此引发了长达一个世纪关于谁该拥有什么的争吵和战争。麦哲伦卷入了这场争端。他虽然是个葡萄牙人，却受雇于西班牙国王。他向东航行朝印度洋进发，以便弄清富庶的摩鹿加群岛到底位于教皇赐给葡萄牙的那部分还是西班牙的那部分。结果证明葡萄牙人是正确的。他们得到了摩鹿加，但之后没多久就落到了荷兰人手里。而西班牙人这次却意外地发现了菲律宾，并将其划归自己的势力范围，通过西班牙在墨西哥的机构对菲律宾进行管辖。此后，修士们大规模地离开新卡斯提尔来到了比人口递减的中美洲前景灿烂得多的菲律宾。

必须承认，这些修士们在菲律宾做了大量全面的工作。说实话，如果他们的工作做得稍稍逊色些的话，我们美国在菲律宾的工作就会容易得多。因为当我们在 1898 年获得古代西班牙在菲律宾留下的一切时，我们不得不第一次和几乎是百分之百天主教徒的人们打交道。

从官方立场来看，我们美国可能不是个基督教国家，但美国人的通常人生哲学绝对是属于基督教，而非天主教的。我们美国人也许会为自己对菲律宾的厚待而感动：给予他们无数高质量的公路、上千所学校、三所大学、众多的医院和医生、护士、育婴箱、肉类和鱼类的防疫、卫生保障方法，还有无数进步科学所带来的益处，而这一切，在美国之前统治菲律宾的西班牙人听都没听说过。但所有这些慷慨的美好行为对菲律宾人来说并不意味着什么。他们从小受到的教育是：这些世俗的舒适和进步固然好，但是与能得救进入天国相比，卫生防疫、医院和良好的公路以及学校，实在算不了什么。

41 荷属东印度群岛：
小人物掌大权

前文已讲到，日本、中国"福摩萨"① 以及菲律宾都有古老的亚洲大陆的边缘高山，经过太平洋的惊涛骇浪几百万年的冲击，它们最终脱离了大陆，形成了岛屿。

荷属东印度群岛与欧洲对照图

---

① 某些外国人沿用的 16 世纪葡萄牙殖民者对我国台湾省的称呼。

马来群岛（还有许多不同的名称：马来西亚群岛、印度群岛、荷属东印度群岛等）不仅是亚洲大陆架的延伸，还是一块面积与中国相当的巨大半岛的残留部分，它从缅甸、暹罗和印度支那南部地区一直向东延伸到澳大利亚。在地质史的最早期，这个半岛可能与亚洲大陆（当然远比现在大）直接相连。后来，一条狭窄的水带将该半岛与澳大利亚分隔开来，其宽度与今天昆士兰和新几内亚岛之间的托雷斯海峡差不多。

地质巨变把一块巨大的陆地变成一群奇形怪状的岛屿，从婆罗洲（面积与整个斯堪的纳维亚半岛大小相当）一路延伸出成千上万块大小礁石，给航海造成极大的不便。这次地质大变动的原因并不复杂。这一地区是地球上火山最活跃的地带，直到今天爪哇依然保留着纪念火山活动的蓝色绶带。不过，在过去300年中，爪哇的120余座火山总的说来还算表现不错，稍靠西一点的苏门答腊岛上的火山也还算老实。

爪哇人普遍信奉印度古老的婆罗门教，祭司们经常在节日里把活人投入火山口沸腾的岩浆中，以此来讨好那些居住在地下深处的神灵。这种祭祀好像还是有效果的，因为，尽管火山不断喷出浓烟，发出怒吼，甚至偶尔咆哮暴怒。但是，这里已有几百年未曾遭遇过毁灭性的灾难。

然而，喀拉喀托火山遗址却犹如一把无言的利剑倒悬在人们心头，随时可能再度喷发。1883年8月26日凌晨，在苏门答腊岛与爪哇之间的巽他海峡上，喀拉喀托岛的火山爆发了。这次爆发犹如它那次史前时代的爆发，火山顶被夷为平地，整个岛屿化为无数碎片。两天后，该岛的北部完全消失，从前那座海拔高达1500英尺的山峰现在变成了一个深洞，沉入印度洋底1000多英尺的深处。火山喷发时，惊天动地的轰鸣声在3000英里以外都能听到，火山灰弥漫到17英里的高空，并呈放射状蔓延到非洲、欧洲、亚洲、美洲，甚至远达斯堪的纳维亚的北角，此后的六个星期里，天空被染成怪异的颜色，就好像是附近的森林在燃烧。

不过，因为喀拉喀托岛无人居住，所以火山喷发在岛上并未造成多大的灾难，而其对海洋的影响则是毁灭性的。高达50英尺的巨浪横扫爪哇岛海岸，吞噬了36000人的生命，港口和村庄顷刻之间消失得无影无踪，巨轮就像引火木一样登时粉身碎骨。这阵海浪甚至波及锡兰和毛里求斯，人们在 8000 英里以外的合恩角附近都能清晰地看见这滔天的巨浪。更有甚者，在距离巽他海峡 11000 英里之遥的英吉利海峡都能隐约感到这骇人的巨浪。

就在去年，喀拉喀托火山的残骸再次表现出活跃的迹象，但没有人能预测出地底之火将于何时何地再度喷发。这里的居民像所有生活在类似环境中的其他民族一样，对此泰然处之，并不在意。他们对于身旁火山的关心程度，还不及我们美国那些在最拥挤的意大利人聚居区打棒球的小男孩对过往的汽车所注意的程度。

他们这种听天由命的态度可能源于信仰伊斯兰教，也可能来自于他们安于现状的生活观念。他们认为，火山喷发就如同外国人的统治、洪水、火灾一样，都不是什么大不了的事，他们将继续在祖辈们劳作过的土地上耕耘，他们的儿孙们将来也会在同一块土地上播种收获。他们中从未有人想过放弃这种温饱生活。

听起来，我似乎把爪哇描绘成了一个世外桃源。虽然事实并非如此，但爪哇确实极受大自然青睐，所以值得我们费些笔墨来谈谈它。

爪哇百分之二十的土壤是火山土，如果耕种得当，作物可以一年三熟。

岛上气候虽然较热，但并非酷热，适合所有的热带植物生长，而山区的气候比纽约和华盛顿的夏天还要凉爽宜人。爪哇和马来群岛的其他岛屿虽然处于赤道附近，昼夜几乎等长，但因为四面环海，所以空气中有足够的湿度，气温最高时从未超过 96 华氏度，最低时也从未低于 66 华氏度，年平均气温 79 华氏度。季节准时交替，从 11 月到次年 3 月是雨季，其间每日在同一时间下雨；雨季之后是旱季，其间滴雨不降；雨季和旱季之间有一个短暂的中间阶段，称"斜季"。

由于有如此得天独厚的气候条件，爪哇岛虽然只有 622 英里长，121英里宽，却养活了 4200 多万人口，而比爪哇面积大许多的苏门答腊岛和婆罗洲人口却只有爪哇的十分之一。肥沃富饶的爪哇岛从一开始就引起了白人的注意。

爪 哇

首先在此地露面的是葡萄牙人，然后是英国人和荷兰人。在和当地居民打交道的头三个世纪里，荷兰人在犯了所有欧洲人可能犯的错误之后，终于摸索出了一点对殖民地管理的初级经验。他们尽力避免与当地居民发生冲突，并逐步吸引当地人参与管理国家，因为他们知道，无论如何，当地人总有一天会要求独立。全岛 3 万人的军队中，白人只占五分之一。如果当地居民真的决心要赶走殖民者，那么荷兰人绝对统治不了这块比其故土大 50 倍的领地。明白了这个道理后，荷兰人顺理成章地取消了"强制劳动"和"政府农场"。学校、铁路和医院代替了惩罚性的远征。如果他们最终不得不放弃对这些地区至高无上的统治，他们希望荷兰在经济结构中举足轻重的地位能够得以保全。爪哇人中，老一代深信"本地人只要识相就不会有麻烦"，而逐渐崛起的年轻一代则宁可相信事实而不相信口号，相信我们的世界是在不断发展变化中创新的。如今，老一代已渐渐向年青一代屈服。

在荷兰其他殖民地岛屿中，没有一个岛屿的文明程度可以与爪哇岛媲美。西里伯斯岛①位于摩鹿加群岛（原名香料岛，整个 17 世纪，英国、葡萄牙、西班牙和荷兰为得到该岛进行了激烈的争夺）的西面，形状奇特，像蜘蛛足一样细长，荷兰人正在逐渐把该岛变成第二个爪哇岛。如今，该岛西南部的望加锡是爪哇海最重要的城市之一。它与爪哇北部沿海的主要港口苏腊卡尔塔和三宝垄都有正常生意往来，而且和丹戎不碌（首都雅加达的港口）也联系颇多。望加锡出产油料，在维多利亚时代，老大爷们爱用它来修理锁头，老奶奶们则用它来织没完没了的罩布。

摩鹿加群岛已没有以前那么富裕，但岛上的居民安汶人依然以拥有太平洋上最好的水手而闻名。400 年前，这些安汶人以太平洋上最贪婪的食人族而恶名远扬，令人胆战心惊。今天，他们却是模范的基督徒。不可思议的是他们为荷属东印度提供了最英勇善战的兵团。

婆罗洲是亚洲半岛伸入太平洋形成的岛屿中最大的一个。当地有一种奇怪的风俗：用人头来奉神，所以，岛上人口稀少。荷兰人曾采取最严厉的惩罚措施，试图禁止这种广为流传的残暴行为，但甚至直到今天，岛上的年轻人若想结婚，仍必须获取至少一个人头。这种长期的互相戕害（婆罗人展示他们令人毛骨悚然的战利品时的骄傲和漫不经心就好像一个高尔夫球高手展示他的奖杯一样）使得居民人数不断减少。但是，最终，岛上的河流得到了开发，石油、煤炭和钻石公司在修建道路，未开化的居民被渐渐说服，开始从事农业生产。照这样发展下去，该岛能养活 20 倍于目前的人口。

婆罗洲的北部处于英国的统治之下。西北角是个独立地区，叫沙捞越，一位著名的英国人的后裔统治着这里。这位英国人叫雷查·布鲁克斯，也就是詹姆斯·布鲁克斯爵士，当年，他来到这个岛上，在镇压了本岛的一次叛乱之后，留在了这里，建立了一个独立王国。

荷属东印度另一个极其重要的岛屿是东部的苏门答腊岛。该岛与马

---

① 西里伯斯岛：苏拉威西岛的旧称。

来半岛平行，火山活动频繁，但物产丰富。遗憾的是，一座高大的山脉把全岛切成了两半，并严重阻碍了该岛的发展，直到有了公路，这种情况才有所改观。在发展与西方的贸易方面，飞机与汽车对于该岛比任何其他机械都更重要。

位于苏门答腊岛和婆罗洲之间的是邦加岛和勿里洞岛。它们是马来半岛的延续，盛产锡。爪哇岛东面是著名的巴厘岛，是史前人类生活遗迹保存得最完好的地方，再往东是佛罗勒斯岛和帝汶岛，它们位于澳大利亚北面。最东面是新几内亚岛，它实际上是澳洲大陆的一部分，该岛只有西半岛属于荷兰。该岛面积相当于大半个中欧，差不多有从巴黎到敖德萨那么远，然而却几乎无人涉足这里。

这里没有河流通往内地，而且人口稀少。部分原因是噬食同类的陋俗，部分原因是当地人的落后，再就是因疾病丧生和猎取人口。直到现在，内地还到处是一些小部落的残余。这说明，早在很久以前，这个岛屿就有人居住了。

至少有一种理论证实：这是一块非常古老的岛屿，就是在这个地方，人类最先告别了猿人时代。在爪哇岛上发现的最早的猿人化石即爪哇直立猿人，以及婆罗洲和苏门答腊岛上发现的那些硕大的类人猩猩都是很好的证据。

我们的这个世界确实令人费解。人类家族中的一部分成员已经进化到能够建造热带动物园了，而另一部分人却要住在和动物园一样的环境里。

42 澳大利亚：造物主的
不经意之作

我们该谈谈造物主开天辟地时的粗心大意和漫无目的了。据说，已故著名德国科学家、生理光学专家赫尔曼·路德维希·德·亥姆霍兹曾说过：如果有哪个仪器制造者拿给他的新发明像人眼构造一样拙劣，他将宣布此人是个根本不能胜任本行的低能儿。

我很高兴亥姆霍兹没有将他的研究工作延伸至生理学和电学以外的领域，否则，我将不得不重复他评论世界地理分布的话了。而重复别人的话恰恰是我最讨厌的事情。

以格陵兰岛为例。它几乎湮埋在上千英尺的冰雪之下，如果能把那827000平方英里的土地移至海洋的中心，这方土地或许能养活几百万的人口。而如今，它仅能让几千只北极熊和少数食不果腹的爱斯基摩人勉强维生。不过，情况最惨的还要数澳大利亚。因为澳大利亚尽管名义上是一个洲，但实际上拥有的一切都是一个秩序井然的大陆所不应该出现的。

第一，它的地理位置非常差。虽然100多年来葡萄牙人、西班牙人和荷兰人一直在怀疑它的存在，而且尽了他们最大的努力去解开这个疑团，但直到1642年，塔斯曼①才使荷属东印度公司的旗帜飘扬在它的上

---

① 塔斯曼（1603—1659）：荷兰航海家。1642年发现塔斯马尼亚岛西海岸，继而发现新西兰南岛。1644年勘查了澳洲大陆北海岸。

空，并环绕这片大陆航行了一圈，然后以尼德兰联邦的名义占领了这个地方，这块将近 300 万平方英里（和美利坚合众国一样大）的辽阔领土才算是真正为人所知。

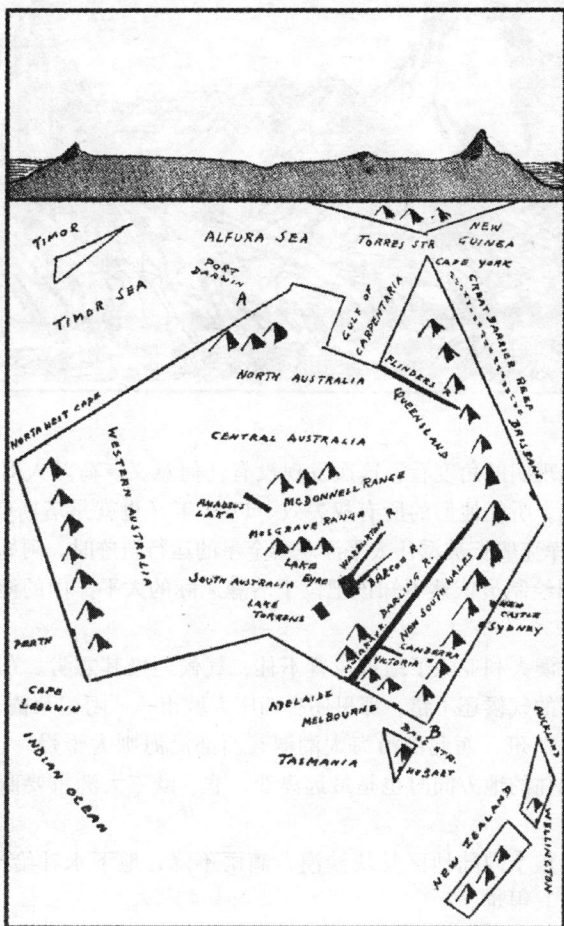

澳大利亚

大西洋

但是从现实的角度看，这次发现没有任何意义。荷兰人对这块荒漠并不感兴趣，听任他们的所有权失效。1769 年（也就是塔斯曼航行 125 年后），当库克船长被派往太平洋观察金星的运行轨迹时，阿姆斯特丹和伦敦的地图绘制员依然不知该把位于浩瀚无际的太平洋中的澳大利亚放在何处。

第二，澳大利亚除了地理位置不佳，气候还极其恶劣。东部沿海以及东南沿海的气候还不错，那里还有四座大城市——阿德莱德、墨尔本、悉尼和布里斯班，而北部沿海太潮湿，西部沿海则太干燥，也就是说，最不适合居住的地方同时也是最远离亚、非、欧三大洲重要商船航线的地区。

第三，整个内陆地区是块沙漠，滴雨不降，地下水补给严重缺乏，系统灌溉极其艰难。

第四，地势最高的部分差不多都在大陆的外围，因此，内陆地区就像一个空碗。因为水不会往山上流，所以也就没有真正的河流。达令河是澳大利亚最大的河流，全长 1160 英里，发源于昆士兰的崇山峻岭之间，距离太平洋的珊瑚海不远。它没有向东注入太平洋，而是向西汇入了因康特湾，一年中大部分时候（别忘了，当北半球是夏天时，南半球则是冬天，反之亦然），它只是一串小水坑，对人们毫无用处。

太平洋

第五，在澳大利亚找不到被训练得能做白人农庄杂务的土著人。不幸的澳大利亚人（对其先人，人们仍然知之甚少），就他们与人类家族其他成员的关系而言，他们就如生活在另一个星球上。造物主任他们自生自灭，他们的发展水平从未超过某些更原始的动物。比如，他们从未学会过造房屋，也不知如何种植谷物，更不会使用矛、箭和斧头。他们倒是知道如何使用回飞镖①，正如世界上其他民族也曾使用过，但是其他人最终从回飞镖这一非常笨拙的武器发展到了剑、矛和弓，而澳大利

---

① 澳大利亚土著人用作武器或狩猎工具的一种飞镖，如未中目标便能飞回原处。

亚人依旧停留在其祖先刚学会不用手臂只用后腿走路之后不久的阶段。对他们最善意的归类方式也许只能说他们与石器时代最早阶段的"狩猎者"相似。即便如此，我们也还是唐突了那些典型的石器时代人，因为，他们往往是比任何一个澳大利亚土著居民都强得多的艺术家。

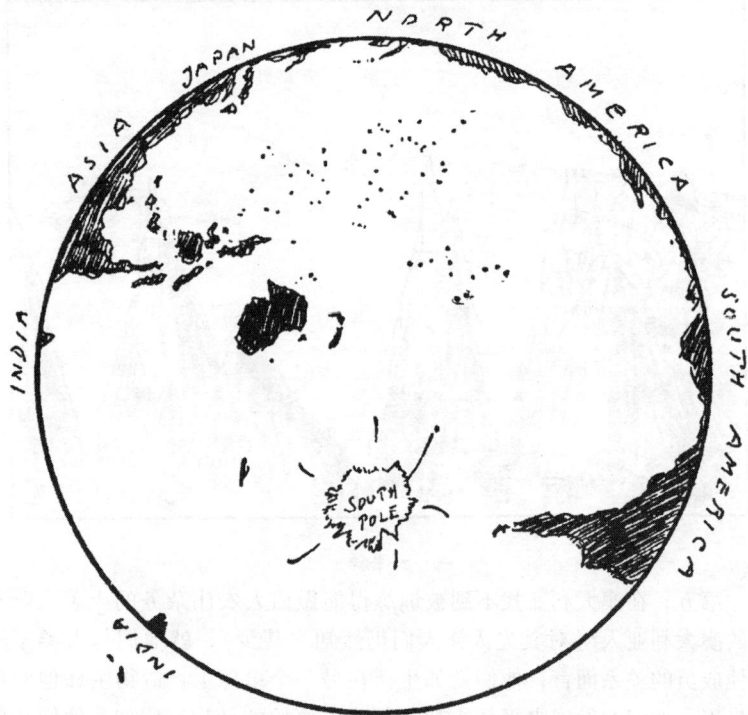

孤独的澳大利亚

第六，显然早在植物和灌木（它们为人类的舒适与幸福作出了巨大贡献）覆盖地球之前，澳大利亚这块可怜的大陆就已被迫自谋出路了。在干燥的气候下，澳大利亚形成了特殊的植物群。无疑，我们的专业植物学家会对此产生浓厚的兴趣，然而，对于一心想收获点什么（其实任何东西都行，只要他们的辛苦能得到回报）的白人殖民者来说，这些植物群则意味着非常黯淡的未来。袋鼠草和滨藜为绵羊提供了很好的食物，但遍地都是的带刺三齿稃连硬腭的骆驼也受不了。再者，种植桉树也不可能致富，尽管一些桉树能长到400英尺高，能够与之匹敌的只有加利福尼亚的红杉。

1868年，澳大利亚不再是一个流放地，许多农夫们匆匆来到这片期望中的乐土。然而，迎接他们的却是大量全然拒绝归化的活化石。又是澳大利亚与世隔绝的位置使得所有这些稀有的史前生物得以繁衍，而在世界其他地方，它们早已绝迹了。虽然澳大利亚根本没有亚洲、非洲和欧洲那些更大、更聪明的哺乳动物，但这并没有促使澳大利亚的四足动物提高智力水平或者灭绝。由于没有丝毫竞争，它们一直停留在它们出现时的水平。

我们都很熟悉袋鼠这种奇怪的动物。袋鼠属于有袋目动物，这种动物的腰部有个育儿袋，未发育成熟的幼仔就在妈妈的育儿袋里长大。第三纪时期，有袋目动物遍布全球。如今美国只有一种有袋目动物，叫袋貂，而澳大利亚还有许多。

这里还有另一类史前遗物，即所谓的单孔目动物，也是最低级的一种哺乳动物，全身只有一个排泄口。最有名的单孔目动物要数奇形怪状的鸭嘴兽了。它通体棕色，身长约20英尺，毛短，嘴像鸭喙（幼兽还长着牙齿），蹼足长着长长的指甲，雄兽的脚后跟还长着有毒的角状突出物——它简直就是一座活博物馆。造物主在这上百万年发展过程中所创造和遗弃的一切尽在这里。

澳大利亚本身也是一座令人惊叹的珍稀动物博物馆：羽毛像头发似的鸟，只会走不会飞的鸟，笑声如豺似的鸟，看上去像雉鸡一样的布谷鸟和小鸡一样大的鸽子，蹼足的老鼠，还有能用尾巴爬树的老鼠，能用两条腿走路的蜥蜴，早在鱼龙时代就有了鳃和肺的鱼——其实是鱼和两栖动物的混合体，既像豺又像狼的野狗——可能是来自亚洲大陆的早期移民带到澳大利亚的无主野狗的后代，还有其他形形色色、不胜枚举的怪物。

还不止于此，澳大利亚还有各式各样独特的昆虫，它们远比老虎和蛇更可怕。澳大利亚是跳跃动物的乐园。不论是哺乳动物还是鸟类还是昆虫，较之于飞翔和奔跑，它们更喜欢跳跃。比如有跳蚤，还有住在自己建造的"摩天大楼"里的蚂蚁，还有一种蚂蚁，能吃掉除铸铁制的门以外的任何东西。这种蚂蚁能在普通的锡和铅盒子表面涂上一种特殊的酸性物质，从而使金属氧化，然后打洞进到里面，恣意地破坏里面装的东西。

澳大利亚还有在牛羊毛皮里产卵的苍蝇，有使澳大利亚南部的沼泽地区完全无法居住的蚊子，还有能使人们数年的辛劳在几分钟内化为乌有的蝗虫，还有寄生在畜群身上专门吸食畜血的扁虱，还有大冠鹦鹉，看上去是那么美丽，那么温和，但它们集体行动时却能造成可怕的损失，这是它们在世界各地的一贯作为。

但当地所有这些五花八门的自然灾害中最有害的却不是澳大利亚土生土长的，而是从欧洲进口的。我指的是兔子先生。它们在一般的生息地是绝对无害的，但在澳大利亚这块生物得以随意繁殖的沙质荒地上却泛滥成灾。1862年，人们从英格兰引进了第一批兔子，目的是为了狩猎消遣。殖民者觉得日子很无聊，他们想，打野兔将会是个愉快的尝试，可以打破这偏僻地带单调的生活。有几只兔子，闻声而逃，幸免一死，然后就以众所周知的兔子的生活方式过起了日子。与大数字打惯了交道的天文学家们曾尝试计算出目前澳大利亚在逃兔子的总数。他们得到的结果是：有将近4000000000只兔子在澳大利亚安居乐业。就按40只兔子的食量和一只羊的食量相当来计算，它们吃掉的东西相当于100000000只羊吃掉的东西。你们自己去想想这个后果吧。整片整片的土地因此荒芜了，西澳大利亚遭受的破坏尤其严重。为了防止兔子进一步的侵害，人们搭起了巨大的铁丝网，这是一种中国式的拦兔网，地上三英尺，地下三英尺，以防止这些害人的家伙在地下打洞。但是，由于生存的需要，这些兔子们很快就学会了攀登铁丝网，兔灾依然猖獗。人们又试了毒药，仍然无效。澳大利亚没有能控制住兔子数量的野生动物，进口来的动物又不能适应这块陌生的土地，很快就死掉了。尽管殖民者们做了许多努力，兔子还是像麻雀一样快活地繁衍着，速度之快就像仙人果一样。麻雀也是从欧洲引进的，如今是所有澳大利亚园艺爱好者们的心腹大患，而仙人果对干旱贫瘠的澳大利亚土壤适应速度之快就像海豹对于水适应的速度。

澳大利亚

　　然而，虽然有这么多令人却步的不利条件，移民们依然成功地使澳大利亚变成了世界上最重要的羊毛产地。如今的澳大利亚拥有将近8000万只绵羊，羊毛供应量占全世界羊毛总产量的四分之一，羊毛出口量占全国总出口量的五分之二。

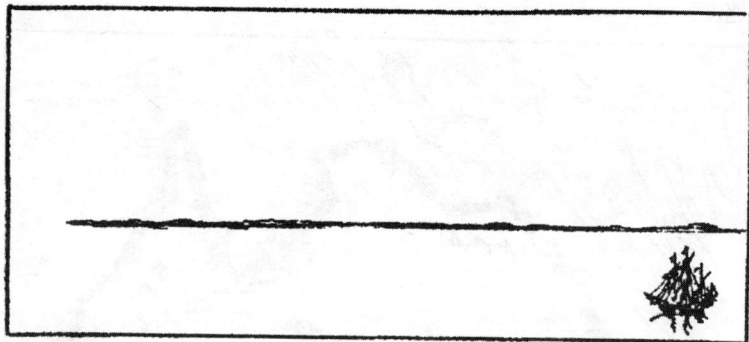

澳大利亚的发现

　　澳大利亚大陆比欧洲还要古老得多，矿产当然十分丰富。50年代早期①，淘金热把人们的注意力吸引到了澳大利亚的采金地。从那以后，人们又发现了铅矿、铜矿、锡矿、铁矿和煤矿，但仍未找到石油。在这里还找到了钻石，但很稀少，不过，次贵重宝石的储量较大，比如，蛋白石和蓝宝石。资金匮乏和交通不便阻碍了对这些宝藏的彻底勘探，但当澳大利亚最终从多年的财政管理不善中恢复过来，并再次成为有偿付能力的国家时，这种状况就会改变。

　　同时，澳大利亚还被认为是除非洲之外最难开发的大陆。到19世纪初，它主要的三个组成部分已广为人知——西部的高地，虽然某些地方高达3000英尺，平均海拔高度却是2000英尺。这片高地也是金矿区，遗憾的是，这里没有海港，只有一个比较重要的城市——珀斯；东部的高原地区是古老的山脉，经过风雨多年的剥蚀，其最高峰科修斯科山只

———————————

　　① 指19世纪50年代。

350

高于海平面 7000 英尺，这里是澳大利亚良港所在地，因而吸引了第一批移民。

海底采珠

位于这两个高地之间的是一块宽广的平原，海拔从未高过 600 英尺，而且艾尔湖地区实际上低于海平面。这片高原被两座高山一分为二，西面是弗林德斯岭，东面是北连昆士兰山脉的格雷岭。

谈到澳大利亚的政治发展，说不上十分成功，但还算得上平稳。第一批移民，根据 18 世纪后半叶的英国法律，被视为"罪犯"。而他们所犯的罪也不过是因贫穷而偷一片面包或几个苹果。第一个流放地是植物学湾，之所以这样命名是因为发现它的库克船长到达那里时正值花儿遍地盛开。殖民地本身叫新南威尔士，首府是悉尼。1803 年，当时是新南威尔士一部分的塔斯马尼亚岛变成了一个劳役所，囚犯们被集中在距此不远的霍巴特市附近。1825 年，昆士兰州首府布里斯班市建立。30 年代，位于海湾前沿的殖民地菲利普港湾被以墨尔本勋爵①的名字命名，并成为维多利亚州的首府。南澳大利亚州的首府阿德莱德也在同一时期建立，而西澳大利亚州的首府珀斯直到 50 年代早期淘金热开始时仍然是一个不起眼的村子。北部地区处于联邦的管理之下，就像我们美国的领土过去被华盛顿管理一样。尽管这里面积达 50 万平方英里，但只有 5000 居民，其中不到 2000 人住在帝汶海的达尔文市。达尔文市是世界上最好的天然港之一，但没有一点商业气氛。

1901 年，这六个州组成了澳大利亚联邦，600 万居民中有四分之三住在东部。七年后，他们决定在悉尼西南部 150 英里处建立新首都，定名为堪培拉，离澳大利亚最高的科修斯科山不远。

1927 年，自治领政府进驻其新总部。但是新联邦的议会要想使国家摆脱目前的困境，还得费些周折。首先，自世界大战以来就一直掌权的工党政府大肆挥霍浪费，以致联邦从欧洲的放债人那里已得不到任何贷款。在不做非常重大让步的前提下，最近取代工党的新政府能否克服财政上的不利条件令人怀疑。其次，澳大利亚人口严重不足。塔斯马尼亚和新南威尔士每平方英里只有 8 个人，维多利亚州每平方英里有 20 人，昆士兰州和南澳大利亚州每平方英里只有 1 个人，西澳大利亚州每平方英里才有 0.5 人。但就是这些人也仍然沉湎于工会的积习之中，他们简直是全世界最无能、最没积极性的工人，如果没有那些让他们去运动、去赛马的公共假期，他们简直就活不下去。

那么，谁来干活以维持这个国家的发展呢？

意大利人是不受欢迎的，尽管他们非常愿意来，但在联邦政治生活中占优势的英国中产阶级分子提出一个口号："澳大利亚人治理澳大利亚。"这就意味着排斥了一切非白人和英国中产阶级出身的人。勤劳的意

---

① 墨尔本勋爵（1779—1848）：本名威廉·兰姆，英国维多利亚女王政治顾问和密友，曾任首相。

大利人没份儿，所以也没勇气穿越托雷斯海峡了。中国人和日本人因为是黄皮肤，所以不可能。波利尼西亚人、马来西亚人和爪哇人是巧克力色皮肤，所以被嫌恶。我重复一遍这个问题——谁来干活？我要补充一句——我不知道。但300万平方英里的土地几乎无人居住，而世界其他地方的人口过剩问题却无法解决。这一事实将导致通常的解决办法。

43 新西兰

加上新近拥有的萨摩亚群岛，新西兰的面积比英格兰和苏格兰的面积之和还要大四分之一。新西兰总人口有 150 万，其中 14.3 万人居住在位于北岛的首都惠灵顿。

1642 年，塔斯曼成为发现新西兰的第一人，他以其祖国荷兰南部的一个岛屿为这里命名，关于他的祖国在前文已经谈及。距此 300 年前，划着独木舟的波利尼西亚人——太平洋上神奇的水手，曾发现过新西兰。这些波利尼西亚人使用一种形状怪异却很实用的草制地图，并可凭此图航行数千英里，而不会找不到归路。

这些波利尼西亚征服者们也就是后来英勇善战的毛利人的祖先。到 1906 年时，他们的人口总数已达到 5 万，并且还在不断增加。毛利人是少数几个既能坚持反抗白人，维护自己种族的生存，又能在不失去自我的前提下汲取西方文明精华的土著民族。他们摈弃了许多古老的陋习，比如吃掉他们的敌人和在自己脸上刺纹等。他们派代表参加新西兰的议会，还修建教堂，无论从哪方面看，这些教堂都和他们的白人主子们建的教堂一样毫无吸引力。但只要种族问题存在，有这一切总会有好处。

19 世纪初的 25 年里，法国和英国都曾试图通过各自的传教士来控制这些岛屿。但是，1833 年，毛利人主动投到英国人的麾下。于是，1839年，英国人正式占有了新西兰。

如果法国的船队早到三天的话，新西兰如今就会像新喀里多尼亚和马克萨斯群岛以及太平洋中的许多岛屿一样成为法国的殖民地。1840

年，新西兰群岛成为澳大利亚殖民地新南威尔士州的托管地。1847 年，成为英国直辖殖民地。1901 年，新西兰曾有机会加入澳大利亚联邦，但是新西兰拒绝了这一光荣，因为他们为新西兰从不是罪犯流放地而深感自豪，根本不屑与澳大利亚为伍。自从 1907 年以来，新西兰一直是英联邦国家，设有英国总督，但拥有独立主权，并且有自己的代议制政府。

新西兰看上去与挪威十分相似

就新西兰南北二岛的地质情况而言，它们可能与澳大利亚大陆没什么联系。南北二岛与澳洲大陆之间的塔斯曼海深达 15000 多英尺，宽达 1200 英里。据估计，它们可能是一座高大山脉的残余部分，并且这条山脉一度曾形成了太平洋的西海岸。不过，之后不知曾发生过多少沧海桑田的变化，所以很难弄清楚现在的岛屿是如何形成的。再者，南北二岛相似之处甚少，这就使得事情更加扑朔迷离。北岛是一块巨大的火山地区，而南岛如同瑞士的复制品又奉送了少许挪威的峡湾，两岛之间就是宽仅 90 英里的库克海峡。

就气候而言，新西兰怎么也算不上热带。它远离赤道，气候与意大利相似。这就意味着，它比澳大利亚更有可能成为欧洲永久的殖民地，所有的欧洲水果，如桃、杏、苹果、葡萄、橘子都能在此生长，山坡则为牛羊提供了最优良的牧场。这里的亚麻可以和古老潮湿的泽兰①生长的亚麻相媲美。从奥克兰出口的北岛慢生树是优良的建材。

1901 年，新西兰吞并了太平洋上的许多岛屿，其中包括库克群岛和拉罗汤加岛。根据毛利人的说法，新西兰的第一批波利尼西亚开拓者就是来自拉罗汤加岛。库克群岛是个火山带，不过，我们暂且把它放在一边，先来谈谈这里的珊瑚岛。

珊瑚虫是海洋中的一种微生物，属珊瑚纲，也称"花虫"。它们死后，尸体堆积在一起形成珊瑚岛。这些珊瑚岛形成的暗礁和小岛星星点点布满整个南太平洋。珊瑚虫是极其挑剔的一种动物，它们只能存活在某一特定温度下的新鲜海水中，稍遇微寒就会毙命，而且在海洋 120 英尺以下的空间无法存活。所以，如果我们在 120 英尺以下的海水中发现了珊瑚沉积，就说明此处曾发生过海底沉降。珊瑚堆积成岛需要经过数百万年的时间，即使最优秀的泥瓦匠也建造不出这样的杰作。珊瑚虫必须生活在活水中，所以生活在珊瑚大厦中心的珊瑚虫首先死亡，边缘部分的虫体继续生长，最后形成了所谓的环礁。环礁外沿狭窄，由质地坚硬的物质组成，中间有一个环形的礁湖。通常礁湖只有一个出口，而且往往背离盛行风，所以海浪为这里的珊瑚虫提供了丰富的养料，使其生长更迅速。

新西兰有许多这样的珊瑚礁，上面生长着茂密的椰林，因而新西兰盛产干椰肉。萨摩亚群岛本属德国势力范围，因大战期间新西兰军队的出色表现，战后，萨摩亚群岛就成了新西兰的托管地。至于后事如何，那我就不得而知了。

---

① 泽兰：荷兰西南部省份。

44 太平洋群岛：居民不耕不织却照样生活

　　大西洋上岛屿稀少，太平洋上岛屿却星罗棋布。赤道以北的太平洋上有加罗林群岛、马绍尔群岛和夏威夷群岛，其余的岛屿都坐落在赤道以南的太平洋上。所有这些岛屿都是群岛，只有复活节岛例外，它孤孤单单地伫立在那里，距离南美洲比澳洲近得多。人们就是在这个岛上发现了许多神秘的巨大石像。

珊瑚岛

　　太平洋群岛可清楚地分为三大类。第一类岛屿是史前地质时代广阔的澳洲大陆的残留部分。法国罪犯的流放地新喀里多尼亚群岛就是一个例子。第二类就是像斐济、萨摩亚群岛、夏威夷群岛和马克萨斯群岛，它们都是火山喷发形成的。第三类就是像新赫布里底群岛这样的珊瑚岛。

　　在数千个岛屿中（多数珊瑚岛只露出水面几英尺），最重要的要数夏威夷群岛。1779 年，库克船长在返航的途中就是被这里的土著人杀死的。1810 年，夏威夷成了南洋大帝国的中心，直到 1893 年它被美国吞并。该岛不仅肥沃富饶，还扼守着美洲至亚洲的交通要道，战略地位极其重要。

目前，夏威夷群岛稍有点不稳定，高达 4400 英尺的基拉韦亚火山仍然相当活跃。夏威夷群岛的毛伊岛上的火山拥有世界上最大的火山口。不过，岛上迷人的气候补偿了人们对这些一点也不值得信任的老朋友喷出的火山灰偶尔的担忧。瓦胡岛上的火奴鲁鲁是夏威夷群岛的首府。

斐济群岛上最重要的城市是苏瓦，是所有从美国到澳大利亚和新西兰的轮船的中途停靠港。

萨摩亚群岛的首府是阿皮亚。

另一个你可能听说过的岛屿是阿加尼亚的关岛。它位于日本和新几内亚中间，是美国重要的电报站。

再就是社会群岛上的塔希提岛。它是法国的领地，据说许多有关南太平洋的电影就是在这里拍摄的。

最后，还有许许多多其他的岛屿。它们分别属于美拉尼西亚群岛，密克罗尼西亚群岛和波利尼西亚群岛。这三大群岛自西北向东南平行排列，成了人们在太平洋上航行的主要障碍。而在大西洋上航行则全然不同——在爱尔兰到美洲的航线上，罗德岛是唯一的危险地段。

对于那些对生活要求不多，喜欢返璞归真的人们，对于那些认为现代工业文明太复杂的人们，对于那些更喜欢和平与安宁，喜欢友善的伙伴而憎恶嘈杂、匆忙以及嫉妒的竞争对手那一张张愤怒的面孔的人们，这些岛屿简直是世外桃源，是他们最美好的归宿。我觉得，这些岛屿比百老汇和第四十二大街的某些角落更令人神清目悦。但是，它们实在太遥远了！难道那里真有一种忘忧草，能够使人类远离他们自己吗？

45 非洲: 一块充满矛盾
和对比的大陆

像澳大利亚大陆一样,非洲曾是一块非常古老的大陆的残留部分。早在不知多少百万年以前,这块大陆的大部分就已永远沉入了海底。直到近代,非洲和欧洲这两块大陆还是相连的。阿拉伯半岛(从地理学的角度看,阿拉伯半岛只是撒哈拉的延续)和马达加斯加岛(马达加斯加岛拥有非洲、亚洲和澳大利亚三大洲的所有动物群和植物群)的存在可以表明——早在地球生命初现之时,这三块大陆就彼此相连。

情况其实很复杂,我们只有找到足够的证据才可以说:"是这样的,而不是那样的。"同时,提出这些理论也是个不错的主意。这告诉我们:我们这个地球表面是不断变化着的——从昨天到今天,没有任何事物是完全相同的;100万年以后,我们的后代将用难以掩饰的惊讶目光看着我们的地图,就好像我们现在注视着第三纪或志留纪时代的假定地图一样,自问:"这可能吗?"

这块古老的大陆有史以来未发生任何变迁的、最终得以保全的两部分是赤道以北的广阔的方形土地和赤道以南较小的三角形土地。然而这两块土地却遭遇到相同的地理不幸。它们的外围边缘部分比内地高,因此,内地就像一个巨大的茶碟。这种地理条件,如我们在谈澳大利亚时分析过的那样,对整个国家来讲是十分不利的。茶碟高高的边缘阻挡了海风深入内地,内地因而极容易变成沙漠,而且,也使内地失去了通往大海的天然通道。非洲的河流必须冲破无数崇山峻岭,蜿蜒流过所有高低起伏的地区，最后才能到达海洋。而这意味着没有丝毫利用价值的瀑布和险滩使人们饱受其苦；意味着船只不能通过这些河流到达内地；意味着非洲的贸易发展必须得等待人工港口和公路建成。简言之，意味着与世隔绝。

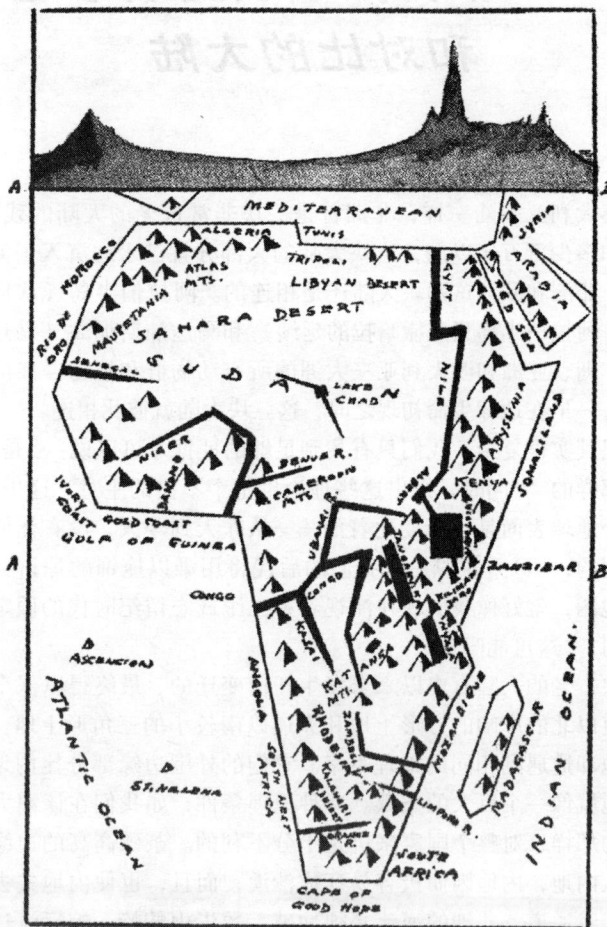

非 洲

对大多数人来说，非洲仅仅是一块"黑色大陆"。通常，人们随之想到的是热带森林和黑人。实际上，非洲虽然占地1130万平方英里（是欧洲面积的三倍），但其中三分之一是沙漠，毫无用处。非洲人口约1.4亿，可分为三类。首先是黑人，即黑种人，另外两部分是闪米特人和含米特人，肤色各异：从深棕色一直到象牙般的白色。

通常，黑人比他们浅皮肤的邻居更能给我们留下深刻印象。这不仅仅是因为首次见到他们时，觉得他们奇特，因而令人难以忘怀，更是由于我们的祖先抱着错误的经济观念，把他们当做廉价的劳动力在全世界兜售，而每每想到我们祖先这些不光彩的行为，就使我们感到不安。因为黑奴制度不仅仅是黑人民族遭受到的最大不幸，也是白人民族的最大耻辱。稍后，我们会再回到这个话题上来，现在我们要先谈谈黑奴制度产生之前的非洲。

希腊人很熟悉埃及以及那些居住在尼罗河谷的含米特人。含米特人在很早以前就占据了北非，把原本居住在此的那些肤色比他们黑的民族驱赶到南方，大概苏丹的方向，将地中海北部沿岸据为己用。含米特是个非常模糊的名称，他们没有明显的民族特征，不像我们所看到的瑞典人和中国人那样民族特征鲜明。含米特人是雅利安人、有少量黑人血统的闪米特人和在这些侵略者首次入侵时就已存在的许多古老种族的混血人种。

含米特人到达非洲的时候可能还处于游牧阶段，他们分散在整个尼罗河流域，向南一直深入到了阿比西尼亚，向西远至大西洋沿岸。阿特拉斯山脉的柏柏尔人是纯粹的含米特人，撒哈拉的许多游牧部落也是含米特血统。如今的阿比西尼亚人则完全和闪米特人融合在了一起，失去了许多含米特民族的特征。生活在尼罗河流域的身材矮小的农民，也是含米特血统，数千年中，他们与其他种族彼此通婚，已经看不出含米特人的特征了。

一般说来，当我们区分不同的种族时常常依据他们的语言。然而，在非洲，语言帮不了什么忙。在这里，有只讲含米特语的闪米特部落，有只讲阿拉伯语的含米特部落，而古埃及的基督徒——科普特人却是唯一保留了古代含米特语的民族。显然，希腊人和罗马人像我们一样对此大惑不解。他们解决这个困惑的办法是把生活在那片森林的狭窄地带的所有人都称为"埃塞俄比亚人"或"黑脸人"。他们对这些人建造的金字塔惊叹不已，对司芬克斯像黑人一般厚厚的嘴唇深感诧异，这是含米特人的嘴唇吗？问问教授们去吧！他们对长期受苦受难的农民们所表现的忍耐力赞叹不已，对其数学家的智慧佩服得五体投地，对其物理学家的博学更是景仰万分，但是，他们好像从未费心去打听一下这些人来自何方。他们将生活在这里的人统称为"埃塞俄比亚人"。

我要警告你，如果你去北非，一定不要仅仅因为那儿的人肤色深就把所有的人都称为"黑人"。他们会对此很愤慨，而他们中的一些人可算得上是世界上最勇猛的斗士，他们的身上流淌着那些曾经征服了整个西亚的埃及战士的血液，他们甚至可能是那些有闪米特血统的迦太基人的后裔，后者一度差点夺取了罗马在地中海的统治权；他们也可能是不久以前占领了整个南欧的阿拉伯征服者的子孙；或许，他们的祖辈是那些阿尔及利亚族长（当法国试图征服阿尔及利亚，当意大利试图染指突尼斯时，这些族长们曾组织力量殊死抗争），虽说他们的头发略有点弯曲。记住1896年那个可怕的日子——在那一天，这些头发像绒毛似的埃塞俄比亚人曾把白皮肤的意大利人扔进了红海。

对于含米特人——欧洲人成功地越过地中海后见到的第一批人，我们就谈这么多。至于闪米特人，需要补充的也不多。当年，当汉尼拔将军带着驯化的大象进入波河平原时，欧洲人就与他们进行过非常痛苦的接触。但是，一旦迦太基被消灭，通往非洲的道路就畅通了。然而，令人费解的是：几乎没有哪个欧洲人想借此机会弄明白罗马人命名为努米底亚的那片浩瀚的沙漠后面到底隐藏着什么。

在所有的皇帝中，尼禄①是真正对探索非洲感兴趣的皇帝。他的远

---

① 尼禄（37—68）：古罗马皇帝（54—68），以放荡、昏暴出名。

征队最远曾到过法绍达①(30 年前,这个村庄差点成为法英战争的导火索),但是,尼禄的尼罗河探险队即使在遥远的当年似乎也不是走得最远的白人。现在看起来,可能早在许多世纪以前,迦太基人就已经穿过撒哈拉,光顾过几内亚湾了。只是,迦太基人的灭亡使得关于中非的一切资料都无处可寻了,因为,撒哈拉这个障碍把最勇敢的探险者都吓跑了。当然,他们本来可以沿海滨地区探险,但是,由于这些海滨地区根本没有港口,所以淡水给养成了几乎无法克服的困难。非洲的海岸线只有16000 英里,而面积只有非洲三分之一的欧洲却拥有 20000 英里的海岸线。航海者无论想在非洲沿海的哪个地方登陆,都得在距陆地许多英里以外的地方抛锚,然后乘着敞篷的划艇穿过惊涛骇浪,到达海岸。这个过程极为艰险,几乎无人敢去尝试。

前往奴隶海岸

因此,直到 19 世纪初,我们才对非洲的地理状况有所了解。而且,即使在那时,这些信息来源也是出于偶然。因为葡萄牙人(首次探险非洲西海岸的探险者)正在远征印度,他们对这块到处是裸体黑人的土地

---

① 法绍达:古城名,位于苏丹南部,现名科多克。

毫无兴趣，而环航非洲南部是他们到达印度和中国的必经之路。他们小心翼翼地沿非洲海岸前进，就像一个盲人在摸索着走出一间漆黑的屋子。亚速尔群岛、加那利群岛、佛得角群岛——这些岛屿就是这样被他们"撞"上的。最后，他们终于在1471年到达了赤道，接着，迪亚士①于1488年探明了好望角的确切位置，1498年，达·伽马经过好望角，确立了从欧洲到印度的最短航线。

此后，非洲又一次受到了冷落。它是航海的拦路虎：要么炎热干燥，要么炎热潮湿，居民都是野蛮人。16世纪、17世纪的船长们在前往印度的途中，每当坏血病流行，水手大量死亡，迫使他们必须买些新鲜蔬菜时，便不得不在亚速尔群岛、阿森松岛、圣赫勒拿岛停靠。但对于他们来说，非洲是一块糟糕透顶的土地，他们对非洲敬而远之。如果不是那位曾在新世界任牧师的人慈悲，这片广袤的大陆上可怜的异教徒仍会如从前一样过着平静的生活。

拉斯卡萨斯②的父亲曾随哥伦布首次出航美洲。拉斯卡萨斯被任命为墨西哥恰帕斯州的主教后，作为对他工作的补偿，他得到了一块土地，同时也得到了生活在这片土地上的印第安居民。换句话说，他成了一个和大家一般无二的奴隶主。当时生活在新世界的每一个西班牙人都拥有一定数量的奴隶为其工作。这项制度坏透了，但如同其他许多坏透了的制度一样，它却得到了社会的认同，因为全体犯罪就等于无人犯罪。而就在某一天，拉斯卡萨斯突然清楚地意识到这项制度是多么可恶，对于这块土地原本的主人来说是多么的不公平。这些原来的土地所有者们被迫去采矿，干奴仆们干的所有活，而当他们还是自由人时碰都不会碰这些活。

于是，拉斯卡萨斯去了西班牙，试图对此采取措施。当时大权在握的吉麦内兹主教是伊丽莎白女王的忏悔神甫。他认为拉斯卡萨斯的想法

---

① 迪亚士（约1450—1500）：葡萄牙航海家。
② 拉斯卡萨斯（1474—1566）：在美洲的西班牙传教士、历史学家。

有道理，就任命拉斯卡萨斯为"印第安人的保护人"，并派拉斯卡萨斯返回美洲进行调查，写一份报告。拉斯卡萨斯回到墨西哥后，发现他的上级们对这个问题非常冷漠。那些基督徒们任意驱使印第安人，就像对待田野里的牲口、天空中的鸟儿和大海里的鱼儿。为什么要制造麻烦呢？那样会打乱新世界的整个经济结构，而且会进一步严重影响西班牙人的利益。

后来，拉斯卡萨斯想出了一个好主意。印第安人宁愿去死也不愿为奴，这一点在海地已经得到了证实——在不到15年的时间里，印第安人的数量由100万锐减至6万，而非洲的黑人却好像并不介意做奴隶。1516年，新世界历史上一个恐怖的日子，拉斯卡萨斯公布了他那篇为了彻底解放印第安人的著名的人道主义方案——每个居住在新西班牙的西班牙人都有权进口12个非洲黑人为奴，允许印第安人回到白人移民挑剩的那些农场里。

可怜的拉斯卡萨斯活得不算短，有足够时间真正认识到他做了些什么。他感到羞愧无比（他是个诚实的人），隐居在海地的一个修道院里。后来，他又重新回到社会，想为不幸的黑人争取人道，但没有人理睬他。1556年，他去世的时候，新计划已在实施，印第安人被更牢固地束缚在土地上，同时，非洲的奴隶贸易也正进行得如火如荼。

300多年的奴隶贸易对非洲意味着什么呢？我们只能根据流传下来的少数可靠数据猜测一二。真正捕获奴隶的工作并不是白人干的，而是阿拉伯人。阿拉伯人自由出入整个北非（北非逐渐皈依了伊斯兰教），并且垄断了这桩非法勾当。自1434年以来，他们就开始偶尔把整船的非洲黑人卖给葡萄牙人，但是直到1517年，贩卖奴隶才成为阿拉伯人的一项巨大贸易活动。这是个发大财的买卖。查理五世（著名的哈布斯堡王朝）曾赐予他的一位佛兰芒朋友一项特权——允许他每年从海地、古巴和波多黎各运送4000个非洲黑奴。这个佛兰芒人马上以25000个金币的价钱将此项特权转手卖给了一个热那亚投机家，那个热那亚人又转手将此项特权卖给了一个葡萄牙团体，之后，这些葡萄牙人前往非洲与阿拉

伯商人取得了联系。接下来，阿拉伯商人们袭击了许多苏丹部落，直到
他们捕够了 10000 个奴隶（我们一定得记住把航途中损失的奴隶数目考
虑在内），这些奴隶被塞进令人作呕的大船船舱里，运往大洋彼岸。

非洲沼泽

关于这条新的致富捷径的各种传言不胫而走。教皇的正式命令（将
世界分为两半，一半归西班牙，一半归葡萄牙）使得西班牙人无法染指
非洲的奴隶贸易。买卖运送黑奴的生意实际上落在了葡萄牙人手中。后
来英国和荷兰打败葡萄牙后，马上独占了奴隶贩卖这块肥肉。这两个基
督教国家源源不断地向全世界提供"黑色象牙"（布里斯托尔和伦敦的
商人对黑奴的戏称），直到 1811 年，议会才通过了一项法令，规定贩卖

运送奴隶属严重犯罪，违者将被处以罚金和放逐。但是，从 1517 年至 1811 年是多么漫长的一段岁月啊，而且甚至在 1811 年以后，尽管有英国军舰的监视，奴隶走私还是又持续了 30 年。直到 19 世纪 60 年代早期，所有的欧美国家彻底废除了奴隶制，奴隶走私才算终告结束。（阿根廷于 1813 年废除了奴隶制；墨西哥于 1829 年废除；美国于 1863 年废除；巴西于 1888 年废除。）

奴隶贸易在欧洲的统治者和政客眼中有多么重要，可以从他们为自己国家独占奴隶贩卖这块肥肉所做的努力中得到证实。由于西班牙拒绝继续与一些英国商人签署奴隶贸易合同，结果差点导致两国兵戎相见。而著名的《乌得勒支和平条约》中的一款明确规定把荷兰对西印度群岛奴隶贸易的垄断转让给英国。荷兰人早在 1620 年就把首批非洲黑奴运到了弗吉尼亚的土地上。为了不落后于别国，他们在威廉和玛丽统治期间促成通过了一项法案，使其殖民地可与世界各国进行奴隶贸易。实际上，本应因可耻的疏忽而对新阿姆斯特丹的损失负责的荷属西印度公司，也就是因为从奴隶贸易中牟取暴利才免于破产。

有关奴隶贸易的数据极少，因为奴隶贸易者们通常对他们的生意并没有什么科学兴趣。但是，仅仅是我们掌握的那点数据就足够让人们瞠目结舌了。法国的红衣主教拉维日里——迦太基的大主教，著名的白神父会（一个在北非做了许多善事的传教士团体）的创立者——非常熟悉非洲事务，据他估计，奴隶贸易使非洲每年至少损失了 200 万人口，其中包括在捕获奴隶过程中被杀掉的人们，包括那些因为年龄太小没有什么价值，所以被扔去喂野兽的孩子，还有那些被运往世界各国的奴隶。

利文斯顿博士是又一位非常称职的法官，他认为每年被掠夺的奴隶数目（不算那些被遗弃死去的奴隶）是 35 万人，其中只有 7 万人能到达大洋彼岸。

1700 年至 1786 年间，至少有 60 万奴隶活着到达了牙买加，同一时期，英国的两个很小的奴隶贸易公司把 200 万多奴隶从非洲运到了西印度群岛。到 18 世纪末，利物浦、伦敦和布里斯托尔加起来有 200 多艘船，总共可以容纳 47000 名黑人，定期往返于几内亚湾和新世界之间。1791 年，贵格会教徒和反蓄奴主义者发动了反抗奴隶制的运动。当时，沿贝宁湾进行了一次奴隶贸易的调查，结果表明：英国有 14 个据点，荷兰有 15 个，葡萄牙有 4 个，丹麦有 4 个，法国有 3 个。英国公司装备精良，控制了一半的奴隶贸易市场，另一半由剩下的 4 个国家分享。

关于这些发生在非洲大陆上骇人听闻的勾当，我们以前知之甚少，直到很久之后，当英国当局决心彻底消灭这种暴行，并前往非洲就此事做详细调查时才发现，干这一勾当的主要头目中还包括当地的酋长。他们随意卖掉自己的族人，就像 18 世纪的德国统治者，为了镇压弗吉尼亚和马萨诸塞的小叛乱，把他们自己招募的新兵卖给英国人一样。但这桩勾当的组织权却一直掌握在阿拉伯人手中。这一点非常令人费解。《古兰经》是极力反对这种暴行的，而且，一般说来，穆斯林教义对待奴隶要比那些基督教法令对待奴隶宽容得多。根据白人的法律，一个奴隶和她的主人所生的孩子仍是奴隶，而根据《古兰经》教义，这种孩子应该随其父亲成为自由人。

后来，那个罪大恶极的比利时人利奥波德①开发刚果，需要大批廉价的劳动力来为他工作，这一情势使得葡萄牙殖民地安哥拉和刚果盆地之间的奴隶贸易又暂时复苏了。幸运的是，当那个卑鄙可耻的老家伙（这简直是历史上最奇妙的对照，一个现代民主国家里竟有这么一个戴着王冠的中世纪无赖）咽气的时候，比利时政府已经接管了刚果自由邦，这也就意味着靠买卖人口获利的生意最终结束。

白人和黑人的关系从一开始就非常不幸，随后的发展也一样糟，其中原因我尽可能用几句话说明白。

在亚洲，白人遭遇的民族要么和他们一样文明开化，要么，文明程度甚至比白人还高。这也就意味着那些亚洲民族完全有能力反击，而且白人们必须小心行事，否则会自食其果。

---

① 指利奥波德二世，参见本书第十二章有关注解。

19世纪50年代的印度兵变、20年代几乎使荷兰丧失爪哇的蒂博·尼哥罗战争①、日本大规模驱逐外国人运动、不久前发生在中国的义和团运动。目前仍动荡不安的印度等等诸如此类的情况，都使白人不敢掉以轻心。

在澳大利亚，白人碰到的是贫穷、野蛮的石器时代早期的残存者。他们可以恣意地杀掉这些土著，而且毫不内疚，就像杀掉那些吃他们绵羊的澳洲野犬一样。

当白人到达美洲的时候，那里的大部分地方实际上还无人居住。生活环境良好的中美洲高原地区和安第斯山脉的西北部（墨西哥和秘鲁）人口密集，而其他地方则几乎渺无人烟。为数不多的游牧民族，很容易就被消灭掉了，疾病和衰败解决了剩余的人们。

但是，非洲的情况迥然不同。尽管遭受着种种煎熬，诸如奴隶制、疾病、陷阱、非人的待遇等等，这里的人种仍然拒绝消亡。白人早晨毁掉的一切，一夜之间就会恢复原样。白人拼命地搜刮黑人的财富，其结果是史无前例的血腥大屠杀。这是一场白人的枪支弹药和黑人旺盛的生殖力的较量。

让我们对着地图，大致谈谈非洲目前的情况。

笼统地说，非洲可分为七部分。我们从左上角开始，在西北部是臭名昭著的巴巴利海岸，我们的祖先每次从北欧到意大利和地中海东部地区的各港口时不得不经过此地，这里总使他们不寒而栗。因为，这里是可怕的巴巴利海盗出没的地方，过往人们一旦落入这些海盗手中就意味着要当数年奴隶，直到家乡的亲人筹到足够的钱把他们赎回去。

这里全是崇山峻岭。这些高山就是为什么这里的国家仍然在照老样

---

① 蒂博·尼哥罗战争：1825—1830年爪哇人民反对荷兰殖民者的大起义。起义军解放了中爪哇广大地区和东爪哇部分地区，宣布成立爪哇伊斯兰教王国。后荷军运用和谈阴谋，分化瓦解起义军。1830年，起义领导者蒂博·尼哥罗受骗与荷军谈判时被捕。起义失败。

子发展，为什么直到今天仍未被白人真正征服的原因。此地危机四伏，遍地沟壑纵横，处处可设埋伏，抢劫团伙袭击完目标之后，便能神不知鬼不觉地逃得无影无踪。

飞机和远程大炮在这里相对来说没什么用处。就在几年前，西班牙人还多次惨败在里夫人①手中。我们美国人的祖先就聪明多了，没有拿自己的海军和名誉去冒险远征那些不允许白人涉足的港口，他们宁可每年向统治这里沿海地区的苏丹们进贡。他们在阿尔及尔和突尼斯设立了特别领事，其工作就是安排他们那些被俘属下的赎金问题。另外，他们还资助一些宗教组织，其唯一任务就是设法营救那些不幸落入摩尔人手中的水手。

从政治角度来看，非洲大陆的西北角目前有独立的四个部分，但它们全都听命于巴黎。渗透和占领的进程始于 1830 年，一只常见的普通苍蝇拍是战事爆发的直接导火索，而真正的原因是西北地中海地区长久以来公开的海盗丑闻。

在维也纳会议上，欧洲列强一致决定"必须做些什么"，来镇压地中海地区的海盗行为。但应该由哪个国家来担此重任呢？这就难决定了。因为，谁出面谁就会为自己额外留一些果子，而这样一来，对其他国家就不公平了———这是所有外交会议上都会发生的故事。

有两个阿尔及利亚犹太人（许多个世纪以来，北非的一切事务都掌握在犹太人手中）为拿破仑时代以前他们发给法国政府的粮食向现任法国政府提出索赔———旧世界和新世界的档案馆中都有材料记载的这类陈旧索赔中的一个案例罢了。在过去的两个世纪以来，许多误会的根源也都源于此。如果国家也可以像私人那样付清自己的账单，我们老百姓就会幸福安全多了。

在关于那笔粮食账单的谈判过程中，阿尔及尔代②某一天突然大发

① 指住在北非里夫山地区的柏柏尔人。
② 代：1671—1830 年阿尔及尔以及旧时突尼斯、的黎波里统治者的头衔。

脾气，用他的苍蝇拍狠狠地拍了法国领事。结果是法国封锁了阿尔及尔，并向阿尔及尔开火（此事或许是事故，但这种事故通常在军舰包围的地方发生）。法国远征队驶过地中海，于1830年7月5日攻入阿尔及尔，阿尔及尔代被俘后遭流放，战争正式打了起来。

阿尔及尔的山民们拥立了一个领袖，此人叫阿卜杜卡迪尔，是个虔诚的穆斯林教徒，极富智慧和勇气。在15年中，他带领阿尔及尔人民坚定不移地反抗侵略者，直到1847年被迫投降。他投降前得到的许诺是可以留在祖国，但侵略者没有遵守诺言，而是把他带到了法国，不过拿破仑三世放了他，条件是他永远不再干涉其祖国的和平。阿卜杜卡迪尔后来隐居在大马士革，在那里进行哲学研究，做了许多善事，度过了他的余生。1883年他死在了大马士革。

早在阿卜杜卡迪尔去世之前，阿尔及利亚的最后一次起义就被镇压了。如今，阿尔及利亚只是法国的一部分。它的人民有权选举他们自己的代表，在巴黎的议会中保护他们的利益。阿尔及利亚的年轻人可以"光荣地"参加法国军队，但那可不完全是由得你选择的。不过，从经济角度来看，法国还是做了大量有益于改善其新臣民生活条件的工作。

阿特拉斯山脉与大海之间有一块平原，名叫特尔，盛产粮食。闪特高原得名于许多小盐湖，是个牧业区，山坡地带越来越多地用于种葡萄、酿酒，同时，正在进行的大型水利灌溉工程，使热带水果的种植成为可能，从而可以为欧洲市场提供热带水果。在这里，人们还探明了铜、铁的储量，并且有公路干线与阿尔及尔、奥兰和比塞大——地中海的三个主要港口相连。

突尼斯在阿尔及利亚东部，名义上是个独立国家，有自己的国王，但自1881年以来，它其实已成为法国的保护领地。因为法国没有多余的人口，所以大多数移民都是意大利人。后者在与来到这里已有几个世纪的犹太人的竞争中吃了不少苦头。犹太人迁到突尼斯的时候，突尼斯还是土耳其的领地，犹太人在这里的日子要比在基督徒统治的国家好过得多。

除首都突尼斯之外，斯法克斯市就是全国最重要的城市了。2000 多年前，突尼斯要比现在显赫得多，因为当时它是迦太基的一部分，曾经可容纳 220 艘船只的港口至今依稀可辨。但其他方面保存下来的却很少，因为当罗马人真的想干什么的话，他们会干得非常彻底。他们对迦太基的仇恨（出于恐惧的嫉妒）是如此强烈，所以，当他们在公元前 146 年费尽九牛二虎之力终于占领了这个城市之后，没有留下一所房屋。他们把整个城邦夷为平地，被烧成灰烬的废墟静静地躺在如今地下 16 英尺的地方。谁能想到这片废墟曾是一个拥有百万居民的城市！

沙 漠

非洲的西北角是苏丹统治的摩洛哥公国。现在摩洛哥仍有苏丹，但自 1912 年以来，他就是法国操纵的傀儡。而居住在小阿特拉斯山的山民们为求自保也懒得去操心他们的国王。后者为了安全，一会儿跑到南面的首都摩洛哥，一会儿跑到北面的城市非斯。

你可以讲出反对法国在非洲这些地区统治的许多理由，但是要说到公路的安全问题，他们创造了奇迹。他们把政府中心迁到坐落在大西洋岸边的城市拉巴特，这样在情况需要的时候，法国海军可以援手。拉巴特位于大西洋另一港口阿加迪尔以北几百英里处，后者出人意料地在世界大战爆发前四年成了举世瞩目的地方。当时德国人向此地派驻了一艘炮舰，以提醒法国不要把摩洛哥变成第二个阿尔及尔。这一事件在很大程度上促成了 1914 年那场灾难性战争的爆发。

直布罗陀正对面摩洛哥的那个小角落是西班牙殖民地。它是法国占领摩洛哥后送给西班牙的一件和平礼物，休达和梅利利亚这两座城市的知名度来自最近的报纸，据报道，士气低落的西班牙军队多次败在当地的里夫—卡比尔人手下。

丹吉尔市位于里夫山脉以西，是座国际城市。18 世纪、19 世纪，驻摩洛哥的欧洲各国大使们就住在这里，因为苏丹不愿意各国大使住在他自己的宫廷附近，于是就为他们选定了丹吉尔作为新驻地。

这片多山的三角地带的未来不会再是一团迷雾了。再过 50 年，整个三角地带将全部属于法国，包括我们就要谈到的非洲第二个自然区划——那片广阔的棕色沙漠，即阿拉伯的埃兹—撒哈拉，也就是我们现代地图上的撒哈拉沙漠。

沙漠中的绿洲

　　撒哈拉面积差不多和欧洲大陆一样大，它位于大西洋和红海之间，其延伸部分越过红海落户在阿拉伯半岛。在撒哈拉北部，除了有摩洛哥、阿尔及尔和突尼斯，还有地中海为其北界，在其南面则是苏丹。撒哈拉属高原地形，但不是非常高，大部分地区海拔只有 1200 英尺，古老山脉被风雨剥蚀后的残迹处处可见。撒哈拉沙漠有不少绿洲，寥寥无几的阿拉伯人就靠着这些绿洲的地下水勉强维持着生活。撒哈拉的人口密度是每平方英里 0.04 个人。这就意味着撒哈拉几乎无人居住。在撒哈拉四处游荡的沙漠部落中，最著名的要数图阿雷格人（西撒哈拉和中撒哈拉的柏柏尔族人），他们是非常优秀的战士。另外，住在撒哈拉的还有闪米特人（或阿拉伯人）、含米特人（或埃及人）和苏丹黑人的混血民族。

　　法军中的外籍兵团负责来此地观光旅游者的安全，他们做得相当出色。这些法国外籍兵团的士兵（顺便提一句，他们从未获得许可踏上法国土地）或许有时候有点粗鲁，但他们碰到的问题也很棘手。和欧洲一样大的一块地区的治安，仅靠少数几个人来维持，这是根本不可能的事。因此，很少有人愿意入伍担当此任。古老的沙漠商队渐渐被淘汰了，带轮子和牵引机的汽车取代了气味难闻的骆驼。汽车不仅成本低得多，而且就长途运输而言又更加安全可靠。成千上万只骆驼聚集在廷巴克图，为住在撒哈拉西部的人们运送食盐的日子永远一去不复返了。

　　1911 年以前，撒哈拉濒临地中海一带一直由本地的巴夏①统治，最高统治者是土耳其的苏丹。1911 年，法国想将摩洛哥据为己有，而且只要德国不干涉，法国就会得手。当意大利得知这一消息时，马上想起利比亚（的黎波里的拉丁名字）曾经是一个非常繁荣的罗马殖民地，于是机不可失，他们也穿过地中海，占领了这块 40 万平方英里的非洲领土，在此插上了意大利的国旗。然后，他们彬彬有礼地问全世界该怎么处理这个局面。因为没有哪个国家对的黎波里（这片沙漠既没有铁也没有石油）特别感兴趣，所以这些恺撒的后裔们就顺理成章地得到了一个新殖

---

　　①　巴夏是旧时奥斯曼帝国和北非高级文武官员的称号。

45 非洲：一块充满矛盾和对比的大陆

民地。目前，他们正忙着修筑公路，准备在此地种植棉花，为伦巴第的纺织工厂提供原料。

尼罗河

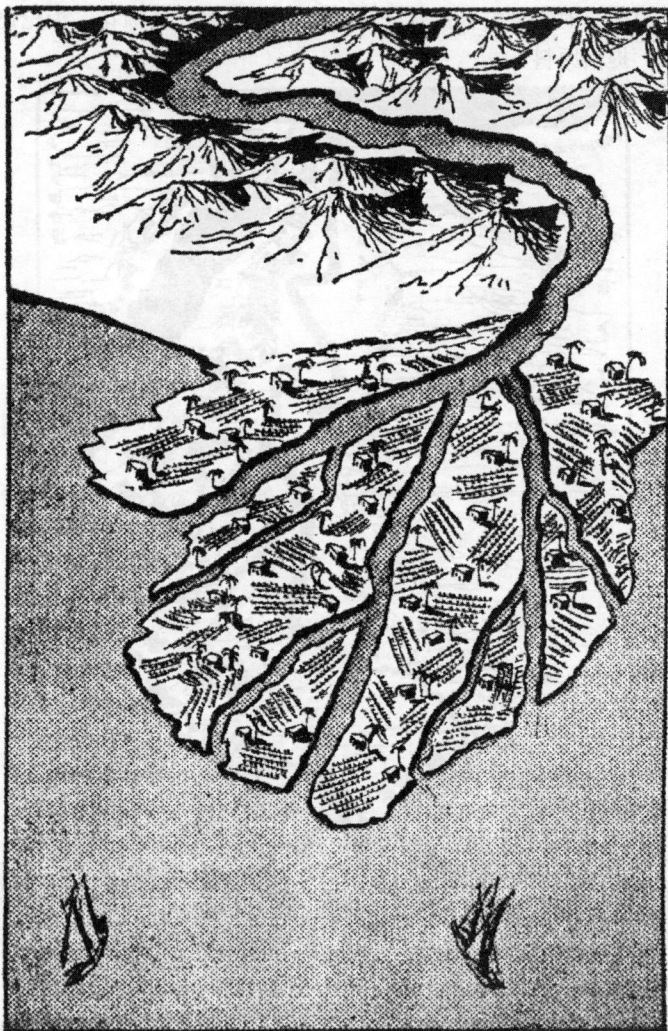

尼罗河三角洲

苏伊士运河

意大利的这块殖民试验田的东邻是埃及。埃及的繁荣主要归功于其地理位置。埃及其实像个岛屿，西部的利比亚沙漠、南部的努比亚沙漠是它的天然屏障，红海和地中海是它北部和东部的自然边界。真正的古埃及，法老的领地，所谓古代艺术、知识及科学的巨大宝库，其实只是一块非常狭长的土地，正好位于一条几乎和我们美国的密西西比河一样长的大河两岸。真正的埃及，如果不包括沙漠地带，面积比荷兰还小。荷兰只能养活 700 万人口，而肥沃的尼罗河流域却可以使两倍于此的人口丰衣足食。等英国人建造的大型灌溉工程完工后，尼罗河流域将可以容纳更多的人口。但是，这里的农民（几乎无一例外都是穆斯林）只能以种田为生，因为埃及既没有煤又没有水力资源，发展工业不是一件容易的事。

自公元 8 世纪伟大的穆罕默德西征以来，埃及就一直是土耳其的属地，由土耳其驻埃及总督和埃及自己的国王共同管理。1882 年，英国占领了埃及，借口是埃及财政情况糟糕透顶，所以强大的欧洲国家有权干涉。但是大战以后，"埃及是埃及人的埃及"的呼声越来越强烈，英国人不得不宣布放弃在埃及的权力。埃及重新获得了独立，有权同其他国家缔结除商业条约外的各种条约，如果要缔结商业条约，则必须首先得到英国的同意。英国军队将撤离除塞得港以外的所有埃及城市。此外，英国保留其在亚历山大港的海军基地。自从尼罗河三角洲上的达米埃塔和罗塞塔丧失了重要性以后，亚历山大就成了地中海上的重要商业港口。

这是一个既慷慨又万无一失的协定。因为，与此同时，英国永远地占领了苏丹东部，而尼罗河恰恰流过那里。通过控制这条 1200 万身材矮小、棕色皮肤的埃及人赖以生存的河流，英国确信他们完全可以让遥远的开罗或多或少地明白他们的要求。

无论是谁，只要真正熟悉近东的政治情况，就不会对英国想牢牢控制这个地区的企图有什么微词。通往印度的捷径苏伊士运河完全从埃及领土上流过，如果让其他国家控制了这条商业动脉，对英国来说，无异于自杀。

当然，苏伊士运河并不是英国开凿的，事实上，英国政府曾尽最大努力阻止雷赛布①开凿这条运河。英国反对这个开凿计划的原因有二。第一，对于拿破仑三世再三强调的声明——这条由法国出资、法国工程师开凿的运河完全是商业行为，英国人一点儿也不相信。维多利亚女王也许很爱她这位住在杜伊勒里宫的兄弟（当她心爱的臣民们为了面包濒于骚乱时，此人曾担当过伦敦的特别警官），但普通的英国老百姓都不想听到这个名字，因为这个名字会让他们想起半个世纪以前的那场噩梦。第二，英国害怕这条通往印度、中国和日本的捷径会严重影响她自己好望角城的繁荣。

然而，运河还是建成了。威尔第写成了宏伟的歌剧《阿依达》，来纪念这一伟大的时刻。埃及国王尽其所有为全部外国观光者免费提供食宿，免费提供《阿依达》门票。来宾们从塞得港前往苏伊士（该运河在红海上的终点）去野餐时，当局出动了至少69艘船才装下所有的人。

英国于是改变了策略。当时的首相本杰明·狄斯累里是个极富商业头脑的人，他设法控制了苏伊士运河的大部分股票。此前，这些股票都掌握在埃及国王手中。而且，因为拿破仑已没什么地位，这条路线又证明是亚欧贸易的黄金干线，每年收入将近4000万美元（仅在1930年，苏伊士运河吞吐量就高达2800万吨，几乎是我们美国的苏圣玛丽运河自开通以来总吞吐量的三分之一），英国政府也就没什么怨言了。

埃及的古迹随处可见。金字塔坐落在开罗附近，这里一度曾是古埃及都城孟菲斯的所在地。上埃及的古都底比斯位于距孟菲斯几百英里的尼罗河上游。不幸的是，阿斯旺大型水利灌溉工程把菲莱岛②变成了许多小岛，如今这些小岛四面全部被尼罗河浑浊的河水环绕，这些岛屿因

① 雷赛布（1805—1894）：法国外交官、工程师，退出外交界后，组成苏伊士运河公司，监督苏伊士运河工程（1859—1869），1878年成立承建巴拿马运河的公司，因滥用基金，破产判罪。

② 菲莱岛：位于埃及北部，尼罗河上游，是古代宗教圣地。自阿斯旺水坝建成后，尼罗河水位上升，该岛濒于淹没。

此也注定会被彻底毁掉。死于公元前14世纪的埃及法老图坦卡蒙的陵墓就是在这里被发现的。另外，人们还在这里发现了许多其他法老的陵墓。他们以前的家居用品、财产以及他们本人的木乃伊如今都汇集在开罗的博物馆里，那里正在迅速发展成为一座陵墓，同时，也正在成为世界上最有趣的古迹收藏地。

非洲的第三部分是苏丹，其地理环境与其他所有部分都截然不同。苏丹几乎与撒哈拉平行，但它没有继续向东延伸很远，因为埃塞俄比亚高原挡住了它的去路，把它与红海分隔开来。

如今，在把非洲作为赌注的盛大国际桥牌比赛中，当一个国家亮出"三张黑桃"，另一个国家马上会以"四张方块"回击。19世纪初，英国从荷兰人手中抢走了好望角。于是，原先的居民——固执的荷兰人，把他们的家当收拾到大篷车里，套上牲口，开始向北方艰苦跋涉。英国人于是照搬了俄国人16世纪征服西伯利亚时的老办法。大家可能知道其中情由——等有足够的流浪者在西伯利亚的一个新地区安顿下来，沙皇的军队就尾随而至，通知这些居民说：既然他们原本是俄国的臣民，那么他们刚刚占据的土地也当然就是俄国财产了，莫斯科政府会通知他们，收税官什么时候来。

英国人一直尾随着那些布尔人①向北前进，试图兼并他们的领土。结果导致许多不愉快的争端。这些布尔人大多数时间都在户外活动，他们的射击技术远比那些伦敦士兵好。在1881年的马杰巴战役后（格莱斯顿在这件事上非常公平，他就此发表了关于忍耐的一段讲话，其中一句话是所有政治家们可能会抄录的："我们昨晚被打败了，我们的骄傲受到了伤害，但这不应是我们一味坚持让流血事件继续发生的原因"），布尔人得到了暂时的喘息机会，重新获得了独立。

但是整个世界都知道这场大英帝国和一小撮农民之间的战争会是怎样的结果。英国的地产公司从土著首领手中买下了大片的土地，逐渐向

----

① 非洲南部荷兰移民后裔。

北部逼近。另一方面，英军为了控制全埃及的局势，也正沿尼罗河两岸
缓慢而稳步地向南推进，一个著名的英国探险队正在开发中部非洲，并
取得了辉煌战果，显然，英国人是想挖一条穿过黑非洲中心地带的隧道。
同时，他们已开始在开罗和好望角建地面指挥所，这两端迟早会在尼罗
河和刚果河发源的大湖区相遇。到那时，英国人的火车就可以从亚历山
大一直开到桌湾（得名于桌山，该山形状奇特，是个平顶山，形成了开
普敦的天然背景），而不必中途换车。

刚果河与尼日尔河

　　显而易见，英国人想沿南北线大展宏图，而法国人则想沿东西线有
所举措。这里的东西线是指从大西洋到红海，也就是从塞内加尔的达喀
尔到法属索马里的吉布提。吉布提同时还是整个阿比西尼亚的出海口，
并有铁路与阿比西尼亚首都亚的斯亚贝巴相通。

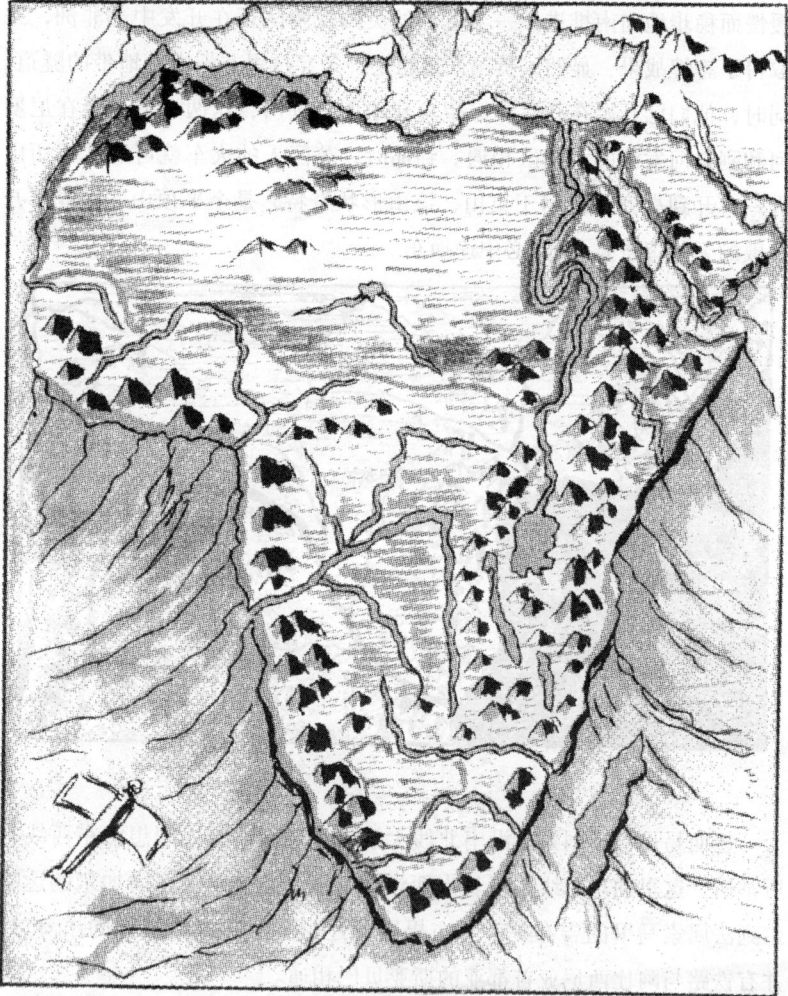

非　洲

如此巨大的工程当然需要相当长的时间，但并非我们所想的那么久。我们看着地图，可能会觉得工程中会有许多难以想象的困难需要克服。比如，尼日利亚北部的乍得湖的工程就很棘手，从此向东是工程中最艰难部分的开始。因为东面的苏丹（如今是盎格鲁—埃及的苏丹）和撒哈拉地区一样贫瘠荒凉。

然而，如果一个充满活力的现代强国手中掌握着资本，尤其是她发现了能让资本翻倍的机会，那么她会毫不犹豫轻松地炸毁其前进道路上的任何障碍，而且通常，其残忍程度与一辆军用坦克轧过一群鹅没什么两样。法兰西第三帝国一直想重新得到第二帝国失去的特权。第三帝国有足够的精力，此外，法国农民饲养的牲畜和收藏了很久的雪茄又提供了必要的资本。东西干线与南北干线的角逐正式开场了。自17世纪初以来，为了塞内加尔河和冈比亚河之间土地的所有权，法国就一直在和英国荷兰争战不休。如今，法国把那块领地作为政治斗争的阀门，用来吃掉整个苏丹一望无际的土地。

为了把西部苏丹大部分地区划入其非洲殖民帝国，法国人使用了各种各样的小动作，外交、商业手段以及欺骗和谎言，在此，我就不一一详述了。直到今天，他们仍然继续谎称自己不过是许多保护国和托管地的临时管理者而已，不过每个人都渐渐明白了那到底是怎么回事。独家控制了纽约牛奶生意的黑社会可能还会把他们那些杀手称作"牛奶商保护协会"，而欧洲各国也很快从我们美国那些卑贱的拦路抢劫者那里学会了不少伎俩。他们简直是不谋而合。

从地理上讲，法国做了一个明智的选择。苏丹的大部分地区都很富庶，这也当然说明了这样一个事实：当地的土著人是非洲所有黑人部族中最聪明最勤奋的一支。苏丹的部分土地是像中国北部那样的黄土。不过，因为塞内加尔没有被山脉与海洋隔开，所以，内地有足够的降雨量，人们可以饲养牲畜，种植谷物。顺便插一句，非洲的黑人不吃大米，而是吃玉米。他们的那种玉米和美国的玉米糊有点相似，不过做法没那么精细而已。他们还是非常杰出的艺术家，他们那些令人赞叹不已的雕刻和陶器在美国的博物馆里展出时，从来都是人们注意的焦点。因为，他们眼中的世界与我们美国那些未来主义画派的画家最近的杰作十分接近。

但是，在白人看来，苏丹人有一个最大的缺点——他们是穆罕默德忠实的追随者，而且整个北非已被先知的追随者们变成了一个伊斯兰世界。苏丹的一个种族富拉人（西非黑人和柏柏尔人的混血种族）尤其是法国当局长期以来的心腹大患。不论是在塞内加尔河以南还是以东，当地的统治阶级都是富拉人。不过，铁路、公路、飞机、坦克和拖拉机毕竟比所有的《古兰经》诗句强大得多，富拉人也逐渐学会了驾驶廉价的旧小汽车，而浪漫情怀也迅速被汽车加油站取而代之。

法国人、英国人和德国人在苏丹定居之前，这块领土的大部分属于那些本地酋长之类的人物，他们互相偷抢彼此的属民，然后把这些属民卖作奴隶，并以此致富。他们中的一些人落下了极坏的名声，被认为是旧时代的恶霸中最残暴的一群。许多美国人仍然清楚地记得当他们还是孩子时最后一次看见达荷美①国王带着他那些敏捷的亚马孙军队在我们美国博览会上的所作所为。这也许是欧洲军舰出现时，当地的土著几乎没怎么反抗的原因之一吧——不管新的白人统治者有多么贪婪，也总比被罢黜的黑人暴君强。

南部苏丹的大部分地区被几内亚湾海岸山脉与大西洋隔开，因此，诸如尼日尔河这样的河流对内地的发展根本起不到什么真正的作用。像刚果河一样，为了绕开那些山峦，尼日尔河的河道也非常曲折。就在尼日尔河到达海边前，它必须得穿过那些岩石才能冲出一条道来，结果，许多瀑布急流出现在它们最不受欢迎的地方（即海洋附近），而非常适于航行的上游实际上却无人居住。

其实，与其说尼日尔河是条正规的河流，倒不如说它是一连串长长的湖泊和小水潭，正如帕克（帕克为了找到他在苏格兰的孩提时代就一直梦想的河流，最终献出了生命）1805 年时发现它的样子。因此，没有

———————————

① 达荷美：贝宁旧称。

一条像样的水路的苏丹人成功地开辟了一条陆地贸易路线，而且位于尼日尔河上游左岸的廷巴克图发展成为非常重要的贸易中心，简直是非洲的下诺夫戈罗德，来自东西南北、四面八方的商人们皆云集于此。

廷巴克图的繁荣很大程度上应归功于它这个奇怪的名字。听起来好像某个非洲巫医开的神奇药方。1353 年，伊本·拔图塔①——阿拉伯世界的马可·波罗——就曾到过此地。20 年后，该地首次出现在西班牙的地图上，并且被认为是黄金和盐交易的大市场（黄金和盐在中世纪时代几乎是等值的）。1826 年，当英军少校戈登·莱恩从的黎波里出发，穿过撒哈拉到达此地的时候，这里只是一片屡遭图阿雷格人和富拉人抢劫和破坏的废墟。莱恩少校在去海边的路上被塞内加尔的富拉人杀害，但从此以后，廷巴克图不再是第二个神秘的麦加或希瓦或西藏，而成了法国军队在西部苏丹军事活动的一个普通的"目标"。

1893 年，廷巴克图被法军占领。所谓的法军，其实只有 1 名海军少尉，6 个白人，还有 12 名塞内加尔随从。当时沙漠中各部族的力量还未被瓦解，不久之后，他们就杀掉了大部分白人侵略者，而且几乎彻底消灭了一支 200 人的救援军队。后者是来为失败的海军小分队报仇的。

当然，法国吞并西部苏丹只是一个时间问题。中部苏丹的乍得湖地区也是同样的情况，而且乍得湖地区更容易进入，因为，尼日尔河的支流贝努埃河是由东向西流，比尼日尔河更适于航行。

乍得湖位于 700 英尺高的地方，湖水不深，几乎还不到 20 英尺。与大多数内陆海不同，乍得湖的湖水是新鲜的淡水，但是，乍得湖正在逐渐变小，再过一个世纪，它会只剩下一片沼泽。沙里河注入乍得湖，这条河实际上只是一条内陆河，它的源头与大海相隔千里，它的尽头也与大海相距遥遥，但是，这条河的长度却和莱茵河一样长。这一事实可能会让你对中部非洲一切事物的大小有一个更清晰的认识。

乍得湖东部多山的瓦代地区正好是尼罗河、刚果河和乍得湖区的大

---

① 伊本·拔图塔（1304—1377）：穆斯林旅行家，生于北非，曾到过中国。

分水岭。政治上，它从属法国，是法属刚果的一个辖区，它也是法国势力范围的终点，因为该分水岭以东就是东部苏丹，即英属埃及苏丹，古称白尼罗国。

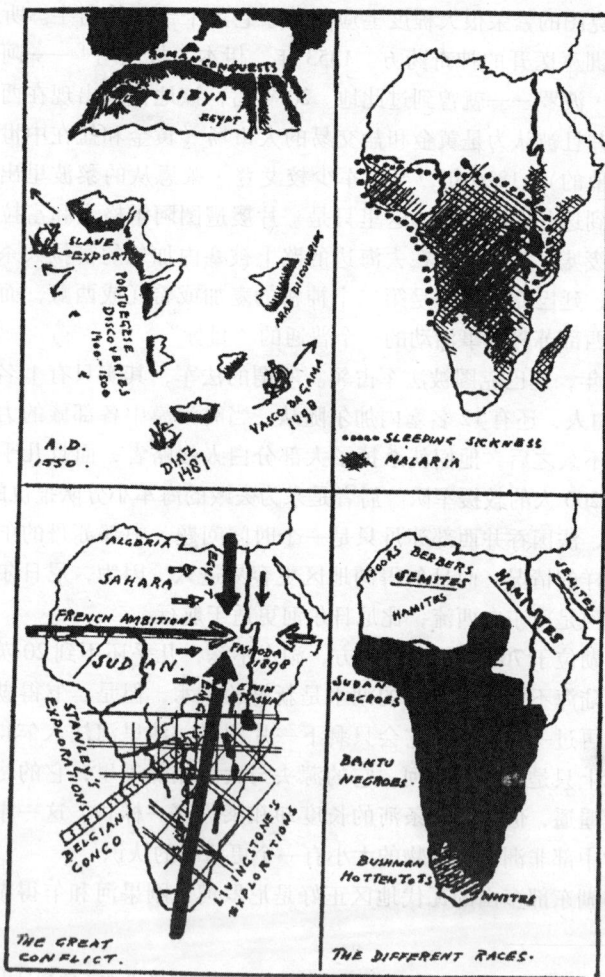

非　洲

当英国人开始勘测他们从好望角到开罗的公路，并认定他们必须得占领这个极具价值的战略点，否则就有被其他国家夺去的危险时，东部苏丹还只是一片沙漠，开阔且让人充满梦想。尼罗河根本不能航行，而且沿河两岸也没有公路。人们过着贫穷的生活，条件恶劣得让人难以置信。从地理角度看，东部苏丹没有丝毫价值，但其政治潜力却是巨大的。1876 年，英国劝诱赫迪夫①把这片上万平方英里"名义上的埃及领土"交给戈登将军托管。戈登其人我们在"中国"一章已经谈及，他曾帮助北京政府镇压过太平天国起义。戈登在苏丹待了两年，在一个非常聪明的意大利助手盖西②的辅佐下，他完成了一件最需要做的事：打破了最后一个奴隶制枷锁，枪毙了那些奴隶主、解放了 10000 名男女奴隶，并让他们重返家园。

可是，这位令人生畏的清教徒一离开苏丹，政府管理不善和奴役压迫的老一套就死灰复燃了，其结果就是爆发了一场要求完全独立的运动——口号是"苏丹是苏丹人的苏丹，我们需要奴隶买卖"。这场叛乱的首领是一个叫穆罕默德·艾哈迈德的人，他自称是马赫迪③，是正确引导穆斯林的领袖。他最终取得了成功。1883 年，穆罕默德·艾哈迈德占领了科尔多凡的乌拜德（此地如今有铁路和开罗相通），同年晚些时候，他消灭了英国殖民地军官希克斯·巴夏指挥的一支 10000 人的埃及军队，而早在 1882 年，埃及就已经沦为英国的保护国，因此，马赫迪现在不得不面对一个更危险的敌人了。

然而，英国对殖民地统治太有经验了，而且也非常清楚面前的困难，所以很理智地不做任何冒险。她劝说埃及政府暂时从苏丹撤军，戈登将军又一次被派往喀土穆，布置安排滞留埃及军队的撤退事宜。但他一到喀土穆，马赫迪的兵力就向北扫荡，戈登和他的部下们被困在了喀土穆，他只好急电请求救援。戈登是个清教徒，而当时的英国政府首脑格莱斯

① 1867—1944 年间土耳其驻埃及总督的称号。
② 盖西（1831—1881）：意大利军人和探险家。
③ 即救世主。

顿是个主教派教会会员。这两个人，一个在尼罗河畔的喀土穆，一个在泰晤士河边的伦敦，彼此都不喜欢对方，所以，两人的合作也就不可能十分愉快。

格莱斯顿派出援军，但为时已晚。当这支支援军离喀土穆还有几天的路程时，马赫迪的军队已经攻陷了喀土穆，戈登被杀，这是1885年的事。同年6月，马赫迪死去。他的继任者继续统治苏丹，直到1898年，基钦纳指挥的英属埃及军队将他及其追随者清理出沙漠，收复了苏丹全境，最南至赤道附近的乌干达。

英国人在提高当地土著人的生活条件方面做了大量的工作。他们修公路，建铁道，消灭各种疾病，让那些土著人生活安宁。这是白人通常为黑人做的事。而如果白人很愚蠢的话，他们就会期望黑人会对他们表示谢意，黑人的回报是只要有机会就朝白人的后背开枪。对此，有几百年殖民经验的白人知道得很清楚。

从亚历山大和开罗向南延伸的那条公路如今向西延伸至乌拜德，向东延伸至红海的苏丹港。如果将来有人突然摧毁了苏伊士运河，英国仍可以经由这条横贯埃及并穿越努比亚沙漠的公路把军队从东部运到西部。

不过，现在，让我们回溯到几年前，看看那位马赫迪发动的叛乱是如何对非洲的发展产生深远影响的。而且，这与那位野心勃勃的马赫迪自己想成为其祖先留下的土地上的独立统治者毫无关系。

当叛乱发生时，正在埃及最南部的埃及军队被迫在中部非洲找个地方避难，而那一地区当时几乎还不为人知。斯皮克[1]曾于1858年经过此地，并发现了尼罗河的母亲湖——维多利亚湖，但阿尔伯特湖和维多利亚湖之间的大部分土地仍是未探明地区。这支埃及军队由一位德国医生爱德华·施尼策尔（他的土耳其头衔是艾敏巴夏）指挥。喀土穆沦陷后，他就失踪了，整个世界都纳闷他出了什么事。

---

[1] 斯皮克（1827—1864）：英国探险家，第一个发现东非维多利亚湖的欧洲人。他断定该湖是尼罗河的源头。

寻找这位德国医生的工作被托付给一位名叫斯坦利的美国新闻记者，他的原名叫罗兰兹。当他从英国的感化院逃出来刚到美国时，是个贫穷可怜的小男孩，一位新奥尔良商人对他非常好，照顾备至。为了纪念那位恩人，他就改成了恩人的名字斯坦利。1871 年，他因寻找利文斯顿博士的航行而声名大作，成了著名的非洲探险家。从那时起，英国开始认识到染指非洲的重要性。伦敦的《每日镜报》与纽约的《先驱报》合作，共同为斯坦利的那次探险提供资金。那次探险从东到西，历时三年，证实了利文斯顿怀疑是刚果河一部分的卢阿拉巴河实际上是刚果河的源头，还探明了刚果河在曲折入海的过程中所流经的广阔区域，而且带回了许多关于土著人的故事，关于这些土著人的存在，从没有人表示过怀疑。

斯坦利的第二次航行使世人的注意力集中在了刚果的商业潜力方面，也使比利时的利奥波德建立他的刚果自由邦成为可能。

当艾敏巴夏的命运最终成为世界关注的话题时，斯坦利作为担此重任最适合的人选是再自然不过的事情了。1887 年，斯坦利开始察访。次年，他在阿尔伯特湖北面的瓦达伊找到了艾敏。斯坦利试图说服这个德国人为比利时国王效忠，这可能意味着非洲的大湖区地区也会被并入刚果殖民地的版图，但艾敏似乎有自己的打算，而且看起来他可以完全左右当地人。他一到达桑给巴尔（他其实根本不急于"获救"），就和德国当局取得了联系。最后德国政府决定向他提供充足的人力和财力，让他在维多利亚湖、阿尔伯特湖和坦噶尼喀湖三大湖之间的那块高原上建立一个德国保护领地。早在 1885 年，德属东非公司就从桑给巴尔沿岸获得了巨额利润，如果再加上那一片湖区，德国就足以破坏英国要通过从好望角到开罗的那块宽阔领地把整个非洲分成两半的计划。但是，1892年，艾敏在刚果河上的斯坦利瀑布附近被阿拉伯奴隶贩子谋杀。后者是为他们被艾敏年轻时绞死的一些同行们报仇，而实际上，那些人也是死有余辜。随着艾敏的被杀，他要把坦噶尼喀湖区建成一个新德国的梦想也就随风而去了。然而，中部非洲大部分地区却由于他的一度失踪而被我们探明并标上了地图，这也把我们带进了非洲的第五个自然区划——东部的高山地区。

乞力马扎罗山

非洲的高山区北起阿比西尼亚，南至南非的起点赞比西河。高山区的北部居民主要是含米特人，而阿比西尼亚人和索马里人虽然长着绞缠的头发，却不是黑人。高山区的南部居民由黑人和许多欧洲人组成。

阿比西尼亚人早在公元4世纪就皈依了基督教，是很古老的基督教信徒，而中欧的第一个基督教组织是在公元8世纪才出现的。然而，阿比西尼亚的基督教情感并未阻止他们不断向其邻居宣战。公元525年，他们甚至穿越红海，征服了阿拉伯的南部地区，也就是罗马人的阿拉伯菲利克斯地区（与内地的阿拉伯沙漠地区相对而言）。阿比西尼亚人的这次远征使年轻的穆罕默德意识到有必要建立一个强大、统一的阿拉伯国家，并激励他开始了创建一个宗教和一个世界帝国的伟大事业。

赞比西瀑布

穆罕默德的追随者们所做的第一件事就是把埃塞俄比亚人逐出红海的沿海城镇，终止埃塞俄比亚人与锡兰、印度和遥远的君士坦丁堡之间的商业往来。埃塞俄比亚在那次失败之后，成了一个与日本极其类似的国家——对外界所有事务丝毫不感兴趣，直到 19 世纪中期，欧洲列强开始觊觎索马里半岛。欧洲各国之所以对索马里感兴趣，倒不是因为这里有什么潜在价值，而是因为它坐落在红海之上，很快就会成为苏伊士运河的延伸。法国人第一个来到这里，占领了吉布提港。英国人兴师问罪地去讨伐阿比西尼亚皇帝西奥多，后者不想落入敌手，选择了自杀。英国于是占领了亚丁湾对面的索马里，而且控制了亚丁湾。意大利在英法属地以北获得了一小条土地，目的是把这块海滨地区作为将来侵略阿比西尼亚时的后勤供应基地。

1896 年，意大利人策划已久的远征终于成行，结果，他们不仅损失了 4500 名白人士兵和 2000 名土著士兵，还有差不多 6000 人被俘。从那以后，意大利人就没再干扰过他们那些阿比西尼亚邻居，虽然他们现在又成为英属殖民地南部索马里的另一块地方的主人。

当然，最后阿比西尼亚只能走乌干达和桑给巴尔的老路，但是阿比西尼亚交通条件恶劣，仅一条从吉布提到亚的斯亚贝巴的铁路根本解决不了问题；另外，整个阿比西尼亚高原地势起伏不平，构成一个天然要塞；而且白人也意识到那些黑人会随时反击。所有这些因素使得这个古老的王国幸免于难，迄今还没有被它的某个欧洲邻国吞并。

非洲的三大湖泊位于阿比西尼亚南部与刚果东部之间。其中，尼亚萨湖有支流注入赞比西河，维多利亚湖是刚果河的源头，坦噶尼喀湖与刚果河相连，由此可见，这一地区肯定是非洲的最高处。过去 50 多年来的考察已证实了这一点。乞力马扎罗山位于维多利亚湖东南部，海拔 19000 英尺；鲁文佐里峰海拔 16700 英尺；肯尼亚山海拔 17000 英尺；埃尔贡山海拔 14000 英尺。

这个地区曾是火山区，不过，非洲的火山已有好多个世纪没有爆发过了。在政治上，整个地区又被划分为许多片，但都由英国统治。

乌干达，一个产棉国，于 1899 年沦为保护国。

英属东非公司原领地，即现在的肯尼亚殖民地，于 1920 年被纳入大英帝国的版图；而从前的德属东非殖民地也于 1918 年成为英国托管地，如今是坦噶尼喀地区的一部分。

桑给巴尔是沿海最重要的城市，也是这个古老的奴隶贸易国的首都，其国家由苏丹统治，1890 年沦为英国保护国。该城是来自印度洋各国的阿拉伯商人的活动中心。斯瓦希里语①，这一桑给巴尔的土语所以能广为传播，恐怕得归功于那些商人。如今整个非洲东海岸地区都讲这种语言，就像马来语是荷属东印度群岛的"法定语言"一样。现在，无论是谁，只要他想在印度洋 3000 英里海岸沿线及数百万平方英里的近海内地做生意，他如果懂哪怕一点斯瓦希里语，那就是他最有价值的资本。如果他再不嫌麻烦学点班图语（所有南非黑人的语言），加上几个葡萄牙单词和几句含混的阿拉伯语以及一两句阿非利堪斯语②，那么，他从非洲这端走到那端肯定都有饭吃。

关于非洲北部，大体如此，只有那块位于大西洋、苏丹山区和喀麦隆山区之间的狭窄的沿海地区还未提及。这块狭长的陆地在最近 400 年来一直被称为上几内亚和下几内亚。我在谈到奴隶贸易时已经提到过了这里，正是在此地，所有的"黑色象牙"被集中起来，运往世界各地。如今，这片海岸地区已分属于许多国家，除了一些集邮爱好者，没什么人会对这里感兴趣。

塞拉利昂是个古老的英国殖民地，和它西边的利比里亚一样，已被建设成为获得自由的黑奴的家园。不论是塞拉利昂还是利比里亚，还是利比里亚的首都蒙罗维亚（据称是为纪念我们美国的门罗总统而更名），都没什么可说的，除了那里的善男信女们可怜的失落感，因为，他们曾本着善良的意愿慷慨解囊，希望帮助那些解放了的黑奴重返其曾祖的

---

① 一种东非流行的语言。
② 即南非公用语或南非荷兰语，又称布尔语，来源于 17 世纪荷兰语。

祖国。

象牙海岸①属法国，阿克拉最终也会成为法属苏丹国的一个港口。尼日利亚属英国，首都是拉各斯。达荷美一直是一个土著民族的独立国家，直到1893年被法国吞并。

喀麦隆在大战前属德国，现在成了法国保护国，多哥则一直是法国保护国，其他还有法属刚果。法国人想把这整个地区变成一个巨大的法属赤道大帝国。这里还有其他国家的少数土地，不过法国迟早会用现金或是那些国家在世界其他地区想要的领地把这些土地换到手。

为了缩短巴塔维亚到阿姆斯特丹的航程，荷属东印度公司曾取道波斯、叙利亚和亚历山大开辟了一条陆上通道。但每当美索不达米亚的两位国王发生争端，邮件和商队就被无限期地延搁，所以大部分货物仍然取道好望角。

为了保证那些印度货物的运输安全顺畅，荷兰人占领了几内亚沿岸的几个港口，用来贩卖奴隶，他们还强占了圣赫勒拿岛，并在好望角构筑了防御工事。

1671年，荷兰人（像所有优秀的商人一样，他们喜欢把所有事情都写下来。想想那出用价值24美元的小玩意儿购买曼哈顿的滑稽剧吧！）从霍屯督人手中买下了开普顿要塞周围的土地。这也就意味着霍屯督人的末日到了。因为，他们一旦失去了土地，就必须北迁至奥兰治河和瓦尔河地区，而那里的统治者是他们的世仇布须曼人。似乎是天意，曾那么残忍地对待霍屯督人和布须曼人的那些荷兰农民后来也遭了同样的厄运。1795年，英国占领了开普敦，这一回，北迁的是布尔人。他们使过多次计谋，直至1902年，他们的最后两个独立共和国德兰士瓦和奥兰治最终被英国人吞并。

虽然开普敦一直是非洲南部三角地带最重要的港口，但与物产极富

---

① 象牙海岸：科特迪瓦的旧称。

饶的内地相比，沿海地区实在不算什么。内地是一座高原，许多小山点缀其间，这低矮的小山是一种平顶山，当地人称之为孤丘。科马斯高地挡住了这座高原西去大西洋的道路，东部则有马托波山脉把高原和印度洋隔开，南部又有德拉肯斯堡山脉挡住了通往开普敦地区的去路。

此地所有山脉都没有冰川，所以整个地区的河流都靠降雨来补给，冬季，是湍急的河流，夏天，则是干燥空旷的道路。但是，这些河流入海之前都得穿过山脉（纳塔尔省的河流除外，因此，这里是南非各省中最富裕的），所以对内地的商业交通运输一点用处也没有。

为了使内地有个出海口，人们修建了不少铁路。在大战前，这些铁路中最重要的是比勒陀利亚与葡属东非境内德拉瓜湾的马普托港之间的那条铁路。自大战以来，通往德属西南非洲（现由国联托管）原领地斯瓦科普蒙德和吕德里茨兰德的铁路都中断了，现在，人们可以乘火车一直向北到达坦噶尼喀湖，然后乘小舟渡过该湖，换乘另一趟火车前往桑给巴尔。

从南非到达非洲北部不是件容易的事，你得先花一天的时间穿过卡拉哈里沙漠，那一天的日子可不舒服。一旦走出卡拉哈里沙漠，就进入了罗得西亚境内。罗得西亚之名源于塞西尔·罗得斯①。此人是原英属南非特许的公司的最初创立者，而且也是最早提出要建立一个在英国统治下的南非联邦政府的倡议者之一。他的梦想部分变成了现实。1910年，南非联邦政府宣告成立，各种各样的特许公司、前布尔共和国以及卡菲尔和祖鲁人的国家都成了南非联邦的组成部分。由于在约翰内斯堡发现了黄金，在金伯利发现了钻石，所以，住在乡下的布尔人的势力大有超过住在城里的英国人之势。于是，关于双方谁该是主导力量产生了一场激烈的争执。通过调解，开普敦被定为联邦议会所在地，原德兰士瓦共和国的首都比勒陀利亚则成为政府所在地。

---

① 塞西尔·罗得斯（1853—1902）：英国殖民者。1880年创办德比尔矿业公司。1890—1896年任开普敦殖民地总理。

南非西面的安哥拉和东面的莫桑比克是昔日葡萄牙大帝国两大块非同小可的残留地，安哥拉隔开了南非与大西洋，莫桑比克隔开了南非与印度洋。或迟或早，这两块管理不善的残留地要被其强大的邻居吞并。目前，农产品价格下跌，畜牧业处于完全停滞状态，南非人找不到新的牧场和田地，将来一旦发展步入正轨，别人不费一枪一弹就可以吞并这些葡萄牙殖民地。南非正在发展成一个新的种族，既不是荷兰人也不是英国人而是纯粹的南非人。这个国家矿产极为丰富，有铜、有煤、有铁，而且南非的土地又是如此肥沃，将来极有可能发展成一个美国式的国家，当然规模小了一点。

莫桑比克海峡的对岸是马达加斯加岛。该岛约 23 万平方英里，较其宗主国法国稍大一点，人口约 400 万。该岛多山，信风吹拂的东部地区出产优质木材，经由塔马塔夫港口向外出口。塔马塔夫港有铁路和首都塔那那利佛相通。

该地居民长得很像马来人，而不太像黑人。马达加斯加一定在地质史早期就与非洲大陆分离了，因为岛上没有一种常见的非洲动物。

马达加斯岛东部有两个小岛，即毛里求斯岛和留尼汪岛。在印度贸易商道取道好望角时，这两个小岛地位极其重要。毛里求斯岛过去是荷属东印度公司的淡水蔬菜给养站，现在属于英国。留尼汪岛属于法国。

至于其他一些地理上属于非洲的岛屿，我已经提到过大西洋上的圣赫勒拿岛及其北部的阿森松岛。阿森松岛既是一个轮船加煤中心又是一个海底电缆中转站。葡属佛得角群岛位于毛里塔尼亚海岸以西数百英里处，现在被不太起眼的西属殖民地里奥德奥罗占领。另外，还有西属加那利群岛、葡属马德拉群岛和亚速尔群岛，至于特内里费岛及其著名的火山是属于西班牙的。再就是圣·布兰登岛，17 世纪、18 世纪所有诚实的船长都坚信它的存在，其态度之坚定就像我们相信九九表一样。但没有人发现过该岛，因为一有船只靠近，整个岛屿就沉入海底，只有探访者离开后，它才再浮出水面。在我看来，对非洲岛屿而言，这是件非常切合实际的事，这是它们避免被外国列强占领的唯一办法。

大多数大陆都可以被简化为几个简单的形象。比如我们谈到欧洲，那么浮现在我们脑海中的就是圣彼得教堂的大圆顶，莱茵河畔的城堡废墟，挪威海岸幽静的峡湾，以及俄国三驾马车的铃儿丁当。说起亚洲，即想到宝塔，黑里透红的小个子们在河中沐浴，高耸入云的各式庙宇以及古老的富士山宁静而祥和。说起美洲，就让人想起摩天大楼，工厂烟囱，还有那老印第安人骑着小马漫无目地四处游荡。就是遥远的澳大利亚也有它的标志——南十字星座，可爱的袋鼠转动着好奇、智慧的眼睛。

但是对于非洲，这块充满矛盾和极端的大陆该简化为怎样的象征呢？

非洲酷热，没有河流！然而，尼罗河却几乎和密西西比河一样长，刚果河只比亚马孙河稍短一点，尼日尔河像黄河一样长。非洲是个大雨倾盆、潮湿难耐的地方！然而，世界上最干旱的沙漠——撒哈拉沙漠却比整个澳大利亚还大；卡拉哈里沙漠和不列颠群岛面积相当。非洲人弱小无助，黑人甚至不知如何自卫！然而世界上最完美的军事机械却是祖鲁人发明的，而沙漠中的贝都因人和其他北部部落也曾因成功地打退了荷枪实弹的欧洲军队而驰名世界。

非洲没有像波罗的海和美国大湖区那样便利的内陆海！这是千真万确。然而，维多利亚湖却和苏必利尔湖一样大，坦噶尼喀湖和贝加尔湖一样大，尼亚萨湖则是安大略湖的两倍大。

非洲没有山！然而乞力马扎罗山却比美国最高峰惠特尼山还要高5000英尺，赤道北部的鲁文佐里峰比勃朗峰还高。

那么，这块大陆到底哪儿出了毛病？我不知道。这里什么都有，但好像没有一样摆在对人们有用的地方。整个地貌的排列全错了。除了尼罗河，所有的河流、高山、湖泊和沙漠没有任何用处。而尼罗河虽说到底是流入了有极大商业重要性的海洋，但一路上瀑布太多，对航运影响很大。至于刚果河和尼日尔河，都没有很通畅的入海通道。赞比西河的源头是奥兰治河应该入海的地方；而奥兰治河入海的地方却应该是赞比西河的发源地。

现代科学最终或许能使沙漠长出水果，能让沼泽干涸。现代科学也许可以找到方法来治疗使苏丹和刚果农村地区十室九空、哀鸿遍野的疾病——痢疾和昏睡病，就像现代科学帮我们消灭了黄热病和天花一样；现代科学也许能把非洲中部和南部高大的高原复制成法国的普罗旺斯或是意大利里维埃拉。但是，非洲的丛林太顽强也太坚毅，丛林造成的不利条件是上百万年形成的。若现代科学稍有放松，丛林以及发生在丛林中的一切暴行就会卷土重来，扑向那些白人，扼住他们的咽喉，喷出毒气毒害他们，直到他们死去，再被野狗和蚂蚁吃光。

也许是黑暗的热带森林给整个非洲文明打上了可怕的烙印。沙漠只会使人害怕，而鬼火荧荧、暗无天日的森林却令人毛骨悚然。这是由于它充满了生命而变得杀气腾腾，这里的生死搏杀也是悄然进行，否则，猎人者会变成被猎者。天地万物就在这无情的树荫下彼此吞噬，日复一日，年复一年。看上去最温柔的昆虫，可能长着最致命的毒刺；最美丽的花草，却可能暗藏着最可怕的毒液。它们彼此针锋相对，以牙还牙，以眼还眼，从不相让。生存脉搏的跳动同时伴随着骨折肤裂，一个生命的延续往往与另一个生命的终结互为因果。

我曾试图和非洲人谈论这些事情，他们却都嘲笑我。生活就是这样：要么是一贫如洗，要么是富甲天下，没什么中庸之道。人要么被冻死，要么被烤死，要么在摩加多尔与阿拉伯富商一起用金杯喝咖啡，要么对一个霍屯督老妇人肆意开枪射击。这块充满矛盾的大陆似乎总给人们带来厄运。它扭曲了人们的视野，扼杀了人们对生活中美好事物的向往。南非大草原和森林里无休止的大屠杀散发出的血腥味渗入了他们的血液。一个刚从闭塞的比利时村庄出来，受过很正统教育的胆小如鼠的官员来到非洲后会变成一个魔鬼。他会把妇女鞭笞至死，只是因为她们没再多上缴给他一磅橡胶；在他悠闲地抽着饭后雪茄的时候，某个被砍去四肢的可怜黑人可能正在被昆虫吞噬，理由只是拖欠了象牙。

　　我尽最大努力试图保持公平。虽然其他各洲的居民对人类的残忍和狠毒也应负有责任，但是，那里时时有轻轻的足音温和地踏过乡间小路，他们有耶稣的谆谆劝导，孔子的循循教诲，释迦牟尼的虔诚恳求以及穆罕默德的坚守道德。唯独非洲没有产生一个先知。其他大陆的居民是很贪婪自私，但有时他们的灵魂能够控制住肉体，他们还会去朝圣，虽然，他们的真正目的远远地隐藏在天堂大门的外面。

　　在非洲沙漠及密林深处，唯一的足音来自那些铺设陷阱准备捕人的、目光锐利的阿拉伯人，他们或者在等待时机袭击一个熟睡的村庄，或者偷走邻居的小孩把他们卖到国外做奴隶。在世界其他地方，妇女从古到今一直在设法把自己打扮得很美，以吸引她们的男人，得到他们的宠爱。而唯独在非洲，妇女故意把自己弄得面目可憎，奇丑无比，以使那些她们不认识的男子不敢接近她们。

　　我可以无休止地把这个话题继续下去，但这本书已经太长了，所以你最好自己去寻找答案吧。自从人们第一次凝望着金字塔那毫无意义的壮观，疑惑地注视着消失在遥远沙漠中的小径，人们就一直在被同一个问题困扰着，至今仍然糊里糊涂。

46 美洲：最幸运的大陆

美洲大陆是所有大陆中最乐善好施的。当然，我是把美洲作为一个纯粹的地理单位来谈，而不是把它作为工业发展中的一个经济因素，更没有把它当作形形色色的新政治体制的实验室。的确，从地理角度看，美洲可以算是应有尽有，得天独厚。

美洲是西半球唯一的大陆，所以它不像非洲、亚洲和欧洲那样有直接的竞争对手。它坐落于世界上两个最大的海洋之间，早在大西洋刚成为世界文明中心的时候就有白人在此安家落户了。

这块大陆从北极一直延伸至南极，所以具有所有的气候类型。离赤道最近的那一部分同时也是地势最高的地方，因而气温适宜人类居住。

美洲实际上没有沙漠。上天赐予它广阔的平原，而且这些平原都位于温带气候区，所以命中注定要成为世界的粮仓。

美洲的海岸线既不平直，亦非犬牙交错，因而极其适合修建深水港。

它的主要山脉均为南北走向，所以其动物群和植物群得以从容地避开了冰河时期冰川的袭击，而且它们幸存下来的机会也比欧洲的动植物群大得多。

另外，与其他各洲相比，上天赐给美洲更丰富的煤、铁、石油、铜等资源，以及那些在大机器生产时代需求量不断增加的其他原材料。

当白人到达美洲的时候，这里几乎无人居住，整个大陆只有1000万印第安人，所以没有足够的土著人阻止侵略者为所欲为，更无法阻止那些白人按照他们自己的意图干预国家的发展。因此，美洲原本并不存在什么严重的种族问题，除了后来他们自己一手酿成的种族问题。

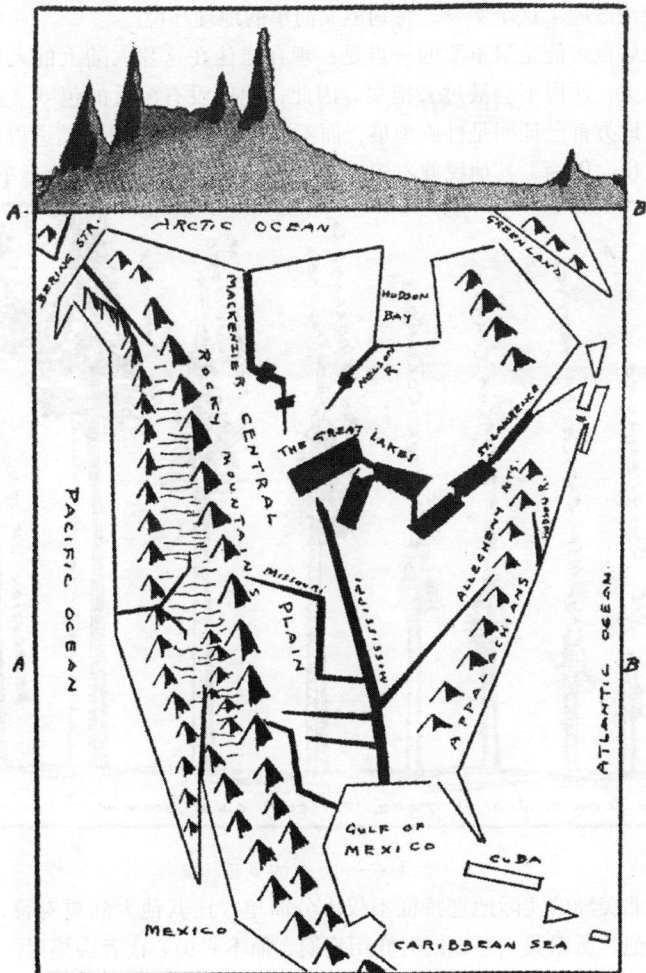

北美大陆

这块崭新、空旷的大陆上充满了无限商机，因而吸引了各国最富活力、最有干劲的那部分人。这些人在一起形成了一个独特的混合种族，并且很快适应了这个新奇，特别但又简单的地理环境。

最后也可能是最重要的一点是：现在居住在这片大陆上的人民没有什么历史，所以不会被过去拖累。因此，他们没有沉重的包袱（这在其他任何地方都已证明是件麻烦事，而不是什么幸事），可以前进得比其他民族更快。因为，其他民族不管去哪儿都必须先把祖先的独轮小车推上。

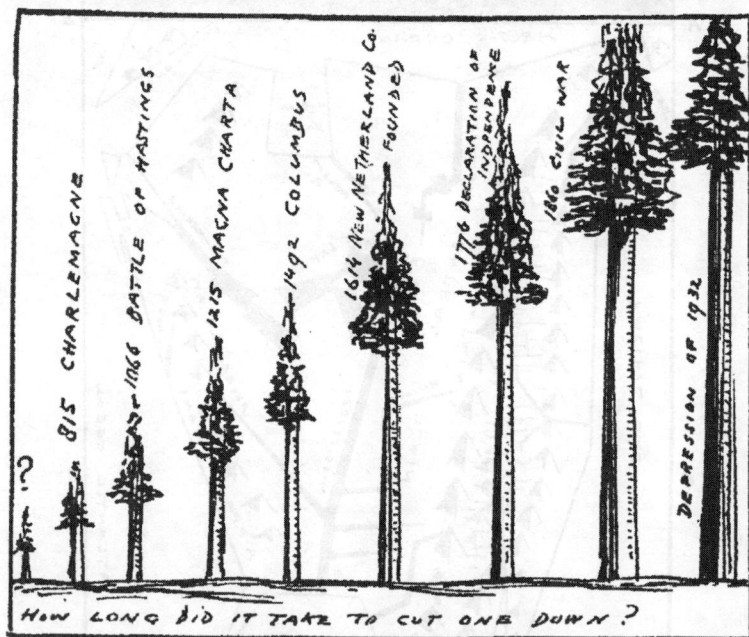

红杉——历史的见证

南北美洲的实际地理特征不仅十分简单，比其他大陆更对称，而且非常相似，所以我们可以同时介绍它们，而不必担心读者会搞混。

南北美洲像两个三角形，其唯一的区别是南美洲三角比北美洲三角更靠东一些，无疑，这一点决定了南美洲比北美洲更早被人发现，而且当南美洲已经广为人知时，大部分北美洲地区仍是一片"盲区"。

北极地区

南北美洲这两个三角陆地的西侧都由一列正北正南走向的山脉组成，山脉的面积大约占其总面积的三分之一。东部的三分之二是宽阔的平原，两座稍低一些的山脉把平原与大海隔开（南北美洲均如此）。它们是北美洲的拉布拉多山脉和阿巴拉契亚山脉、南美洲的圭亚那山脉和巴西高原。

谈到河流，南北美洲这两块大陆的情形也非常相似。一些不太重要的河流向北流，圣劳伦斯河和亚马孙河的走向几乎平行；巴拉那河和巴拉圭河简直是密西西比河和密苏里河的翻版：先是中途交汇，然后沿着与圣劳伦斯河和亚马孙河垂直的方向继续向前奔流。

至于中美洲，也就是那条东西走向的狭长陆地，从地理上讲其实是北美大陆的一部分。然而在尼加拉瓜，地形与动植物群突然开始变化，于是，从此地以南就进入了南美洲。中美洲的其余部分由高山组成，墨西哥虽然和撒哈拉沙漠同处赤道附近，气候却十分宜人，人口也非常稠

403

密，原因之一就在于此。

南美洲比北美洲更靠近赤道，亚马孙河实际上就是沿着赤道从安第斯山脉一路流向大西洋的。此地的概况为我们提供了一个非常好的例子，可以用来研究地理环境对人类的影响以及人类对地理环境的作用。

赤　道

在这里，造物主为自己建造了两座几乎相同的大舞台——都是右有一条主通道，左有一堵高墙，中间是一大片开阔地，形成一座储藏丰富的粮仓。她把北部的舞台交给了一群身份卑微的日耳曼流浪艺人。这些人从前一直混迹于城镇的小剧场，习惯的是长时间的演出，适于扮演一些屠夫、面包师以及烛台制作工之类的平淡乏味的小角色；造物主又把南部的舞台租给了一群高贵显赫、资历甚老的悲剧演员们，他们来自地中海最优秀的学校，习惯于只在王公贵族出席的场合中演出，他们每个人都能很优雅很潇洒地舞刀弄剑，那种风度，他们的北方同行听都没听说过。那些北方艺人的胳膊因常年铲地伐木而僵硬了，脊背也因无休止地在贫瘠的土地上劳作而过早地弯曲了。

然后，造物主几乎同时拉开了两个舞台上的幕布，让全世界的人都进来观看演出。在第一幕快结束时，两者就已十分不同；当第二幕开始时，两群演员所扮的那些女士、先生和儿童的差异就更加明显，观众屏住呼吸，小声问道："这可能吗？"

格陵兰岛

古老的斯堪的纳维亚海盗船看上去非常别致，但驶入波涛滚滚的大海中就显得很笨拙了。那些剽悍的北欧人在航行中常常被海风吹得偏离航线，因为他们既没有指南针也没有测速仪，而且他们的装备和那些古埃及小帆船的装备一样粗陋。不过，当你在尼罗河河谷的一卷卷纸莎草纸的古籍上看到这些3000年前的帆船及其装备时，你依然会赞叹不已。

现在请你看看墨西哥湾流（本书已多次提到过它）的地图。你会发现，墨西哥湾流从非洲穿过大西洋抵达美洲之后，由西南向东北缓缓再次经过大西洋北部，将祝福赐给挪威海岸，然后又光顾了北冰洋，这才经由冰岛和格陵兰返回。在冰岛和格陵兰，它改了名字，降了温度，又一次向南流去，先叫格陵兰海流，接着又成为拉布拉多寒流（北冰洋寒流）。这股可恶的寒流将格陵兰大量蔚蓝色的冰川沿路散布在大西洋的整个北部地区。

纽芬兰

　　尽管我的荷兰先祖过去常说斯堪的纳维亚人航海完全是靠撞大运（他们既无陆标导航，又无既定航向，完全是靠粗略估计在海上航行），但早在公元 9 世纪，这些撞大运的人就已到过冰岛。一旦冰岛和欧洲之间往来频繁，发现格陵兰和美洲就指日可待了。正如一艘中国或日本的小船，如果偏离了航线，肯定会被太平洋暖流带到英属哥伦比亚或加利福尼亚海岸。同样，一个挪威人要从特隆赫姆去冰岛，因大雾迷失了方向（即便在拥有各种各样仪器的今天，大雾也十分危险），那么，他迟早会发现自己到了格陵兰的东海岸。或者，如果大雾持续不散，他的运气又特别糟，那么，他也可能漂到东面的大陆沿岸。早期的来访者称这里为瓦恩兰①，因为此地种植的一种葡萄可以酿成上好的葡萄酒。

我们应当记住——有许多重要发现是整个世界根本没听说过的。大部分船长都天生害怕在同行面前丢脸，比如，告诉他们一个似乎夸大的故事，结果没人相信，后来，可能被证明只是幻觉而已，或是把低低的云彩误认为山脉，或是把一缕阳光当成了平直的海岸线。早在阿贝尔·塔斯曼踏上澳大利亚海岸，用自制的新鹅毛笔向雅加达当局写信汇报那里的土著人长得如何凶悍巨大之前，许多法国和西班牙水手就从远处清楚无误地看到过澳大利亚。亚速尔群岛和加那利群岛一次一次地被发现被遗忘又被发现，以致我们的教科书要费很大力气去弄清楚在世界重大发现中第一次提到它们究竟应该是何时。毫无疑问，法国渔民早在哥伦布时代几个世纪以前就发现了去纽芬兰大浅滩的航道，但他们只是告诉邻居，那儿的鱼很棒，除此之外再没说什么。他们感兴趣的是鱼，另外的一块土地只是另外的一块土地。在布列塔尼，每个人都有足够的土地，为什么要操心离家乡那么遥远的事情呢？

在我所有的著作中，我一直坚定不移地维护这样一条原则——人性总是先于民族性。我不会沉湎于那种惯常的尖刻讥讽的争论，比如要求庆祝哥伦布日或是利夫·埃里克森②日或是要纪念某个最终可能从诺曼底的档案室里挖出来的法国水手。我们有文件证明古代斯堪的纳维亚人在 11 世纪的头 10 年中就到达过美洲海岸；还有一些水手，主要是西班牙人，但也有一些其他国家的人，而且他们是在一位意大利船长的率领下在 15 世纪的最后 10 年中曾光顾过这里的海岸。当他们到达此地时，他们发现自己绝对不可能是这块大陆最早的发现者，因为有一些显然是亚洲血统的居民已经在那里居住了。因此，如果"第一人"的光荣称号必须赋予某一特定人群，那么，在我们未来所有的纪念簿中，蒙古人是

① 此处为音译，其英文原意为葡萄地。
② 埃里克森：10—11 世纪的挪威探险家。

理所当然的人选。

美洲的三次发现

　　我们有一座"无名英雄"纪念碑，如果再树立一座稍微高大一些的大理石碑来纪念那些"无名发现者"，不会是件不得体的事。然而，如今我们的法律却禁止这个可怜的发现者的亲戚们踏上我们美国的土地，恐怕这个做法不会有任何结果。

　　关于那些来自远东的第一批勇敢的开拓者的后裔，我们已有相当的了解，但我们真正感兴趣的一个问题可能将永远是一个不解之谜——亚洲人到底是怎么来到美洲的？他们是乘船经过太平洋狭窄的北部呢？还是步行穿过白令海峡的冰面？或者，他们是在美洲和亚洲还被一条大陆桥连接的时候过来的？对此，我们恰恰一无所知。不过，我认为这也无关紧要。当白人们来到这些遥远的海岸时，他们接触到的民族（当然少数偏远的地方除外）几乎还没有走出石器时代，甚至都没发展到用车轮来减轻人类各种各样背扛肩挑的负担，或饲养家畜使主人从靠打猎捕鱼勉强谋生这样冗长单调的工作中解脱出来的程度。那些紫铜色的人们即使带着弓和箭也不是白人的对手，因为后者能用枪从远处射杀对手。

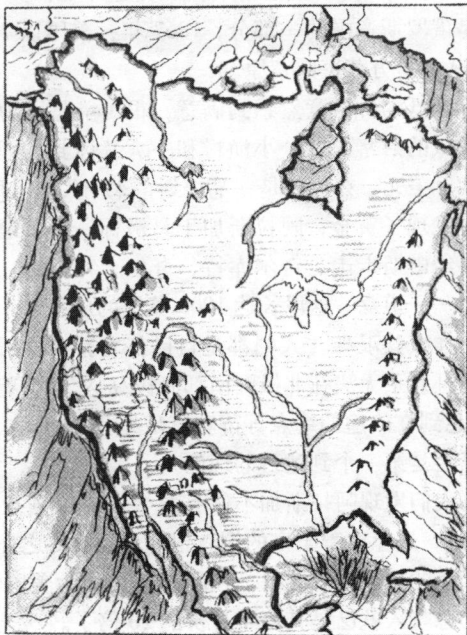

北美大陆

从主人沦为客人的红皮肤人将继续存在几个世纪，然后就会被他们的敌人彻底同化，残存的只是一段模糊不清的历史回忆。这太可悲了，因为红皮肤人无论在身体上还是在精神上都有许多非常杰出的品质。

但是，事情往往如此，我不知道我们对此能做些什么。

现在让我们最后看一次地图。

从白令海峡到巴拿马地峡，在美洲西海岸，一座座高山成为隔开太平洋的屏障。这道屏障并不是从头到尾一样宽，部分地方由几座并列的山脉组成，但所有的山脉都是从北至南同一个走向。

我们再来看阿拉斯加，这里的山脉很明显是东亚山脉的延续。宽广的育空河盆地将它们分成了两部分，育空河是这个北部州郡的主要河流。阿拉斯加过去是俄罗斯帝国的一部分，1867年，美国以700万美元的价格买下了这里59万平方英里的荒原。

俄国人对这么低的价格竟然感到满意，很可能是因为他们完全忽视了这块土地中蕴藏的财富。几个小渔村和一大片冰封雪埋、令人生畏的山脉就卖了700万美元，在当时是一笔很划得来的买卖。可是，1896年，人们在克朗代克发现了黄金，阿拉斯加于是被标注上了地图。从温哥华到朱诺，然后再经由斯卡圭、奇尔库特、奇尔卡特山口，最终到达克朗代克地区的中心——道森，这段长达1000英里的旅程与人类寻找物质财富的任何旅程一样极其艰难（人们都是自己扛着行李，因为当时牲口价格非常昂贵，而且几乎无法在北极圈南部海拔高达3500英尺的雪地中跋涉）。但是，一想到在旅途的终点等待着捷足先登者的是一罐罐黄金，每个人都坚信自己会是第一个到达目的地的人。

自此而后，人们发现阿拉斯加不仅有黄金（整个阿拉斯加地区被厚厚的冰川覆盖着），还蕴藏着丰富的铜、银和煤。除此之外，阿拉斯加还是猎取兽皮和捕鱼的好地方。结果，在阿拉斯加成为美国领土的最初40年里，它创造的总收入就已是其当年身价的20倍了。

就在阿拉斯加南部，山系被分成了两部分，东部一支为落基山脉，向内陆延伸，西部一支走向继续与大海平行。落基山脉一直没有改变名字，直至它消失在墨西哥高原的怀抱之中。太平洋沿岸的山脉则在告别了阿拉斯加山系的最高峰和北美大陆的最高峰麦金利山（20300 英尺高）后，以许多不同的名字出现。在加拿大，它们叫圣伊莱亚斯山脉和海岸山脉，但经过温哥华岛（一座岩石岛，约翰斯顿海峡和佐治亚海峡把它与大陆隔开）后，却分成了两部分——西半部仍叫做海岸山脉，东半部则成了华盛顿和俄勒冈的喀斯喀特山脉以及加利福尼亚的内华达山脉。这东西两半山脉之间那片开阔地是萨克拉门托河和圣华金河峡谷，两条河在流入圣弗朗西斯科湾之前中途汇合。圣弗朗西斯科湾是世界上最宽、最深、最好的港口，而且通过著名的金门与太平洋相连。

当年，当西班牙拓荒者的先头部队来到这个山谷的时候，这里还是一片荒野。如今，依靠灌溉，整个山谷变成了世界水果之乡，人们只需适当的劳动就可换来苹果、桃子、李子、橘子和杏等累累硕果。

对加利福尼亚来说，这个山谷确是名副其实的天赐福地。当 19 世纪 40 年代的淘金热冷下来后，那些矿主和他们的矿工发现，他们只需变换一下职业，由探矿者改做果农，就可以过上相当舒适的生活。在阿拉斯加和澳大利亚，金矿脉一旦采空，没法养活那么多人，这些人马上就消失得无影无踪，和他们蜂拥而来时一样神速，留下的只是空荡荡的城镇、村庄和锡罐。而加利福尼亚却截然不同。它非但没有像大多数产金地那样因金矿枯竭而衰败，相反，它却因此而致富。这一事实应作为人类史册上独特的一笔记录下来。

当人们发现加利福尼亚地下蕴藏着丰富的石油资源时，这个州的未来也完全得到了保证。不错，整个加利福尼亚地区有点不稳固，加利福尼亚海峡深深的切口可能会引起不同岩层偶尔的移动，这会很危险（尤其是随后发生火灾的时候），但地震只是暂时的不利之处，而温暖的阳光和宜人的气候却是永久的祝福。作为整个北美大陆人口分布最稠密的地区之一，加利福尼亚的发展才刚刚起步。

内华达山脉和落基山脉之间是一块由三部分组成的广阔的山谷。北部是哥伦比亚高原，斯内克河和哥伦比亚河由此流入太平洋；平原南部与沃萨奇岭和科罗拉多高原毗连，科罗拉多河就是在穿越科罗拉多高原时，形成了著名的大峡谷；两座高原之间是一块凹地，被称为大盆地，当年摩门教教徒被迫离开美国东部后，就是选择这里作为他们永久的居留地。尽管这里气候干燥（大盐湖水源虽然丰富，却比海水还咸），但摩门教教徒们会在不到一个世纪的时间里，将这里变成了最富饶的地区。

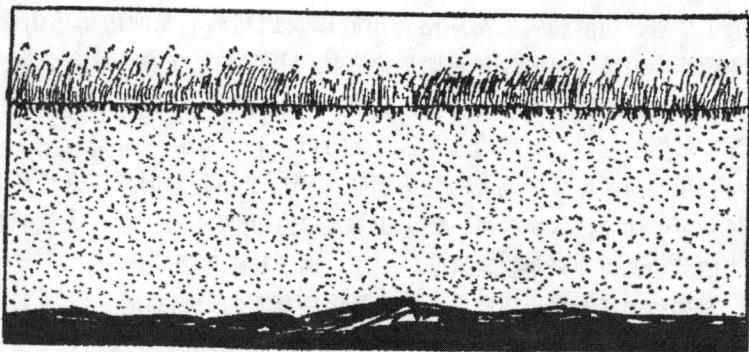

大平原的土壤

整个这一地区是火山活跃区，而且肯定曾发生过剧烈震动，有事实为证——在此地，人们能够从低于海平面276英尺的死谷谷底看到全美国最高峰惠特尼山的顶部（14496英尺高）。

落基山脉以东是一片广袤的平原，北临北冰洋，南接墨西哥湾，东面毗连拉布拉多地区（位于加拿大东北部）的劳伦琴山脉和美国的阿巴拉契亚山脉。如果耕种得当，这一地区可以养活全世界的人口。所谓的"大平原"（落基山脉在此缓缓形成平地）和中央平原是一个巨大的产粮区。密西西比河、密苏里河、俄亥俄河、阿肯色河和雷得河流经这两片平原，注入墨西哥湾。平原北部条件不十分优越，因为马更些河、阿萨巴斯卡河、萨斯喀彻温河以及奥尔巴尼河这些河流要么汇入了北冰洋，要么消失在哈得孙湾，而且一年中大部分时间处于结冰期，因此其重要性仅限于局部地区。而密苏里河发源于蒙大拿的黄石公园附近，密西西比河（和密苏里河相加是世界上最长的河流）发源于加拿大的温尼伯湖和苏必利尔湖之间的分水岭中，这两条河从源头到下游三角洲几乎全程通航，所流经地区在未来几个世纪中人口密度可以与中国东部沿海相颉颃。

尤塞米提国家公园

横亘在哈得孙湾（或是北冰洋）、大西洋和墨西哥湾之间的是一块地势稍高的平原，该地区有密歇根湖、休伦湖、伊利湖和安大略湖。伊利湖和安大略湖由一条较短的河相连，但这条河上有一条瀑布，所以不能通航。这条瀑布就是尼亚加拉瀑布（尼亚加拉瀑布比赞比西河上的维多利亚瀑布稍宽一点，但高度却只有维多利亚瀑布的一半，而尤塞米提

瀑布①则以 1000 多英尺的高度将这两条瀑布都比了下去）。人们为了连
通伊利湖和安大略湖，开挖了韦兰运河。连接休伦湖和苏必利尔湖的也
是一条运河，叫做苏圣玛丽运河。通过巴拿马运河、苏伊士运河和基尔
运河三大运河的船舶总吨位之和也不及通过苏圣玛丽运河水闸的船舶总
吨位。

如果加勒比海干涸

　　这些湖的湖水先经由圣劳伦斯河注入圣劳伦斯湾，然后又汇入大西
洋。圣劳伦斯湾类似于内陆海，西面是加拿大的崇山峻岭，东面是纽芬
兰岛（1497 年约翰·卡伯特②发现该岛，1500 年该岛有了第一位葡萄牙

---

　　①　美国加利福尼亚州圣华金支流默塞河上的一条瀑布，为北美洲最高的瀑布。
该处于 1890 年已辟为尤塞米提国家公园。
　　②　约翰·卡伯特（1450—1498）：意大利航海家和探险家，在英王亨利七世特
许下，从布里斯托尔出发，于 1497 年在北美登陆，沿新斯科舍到纽芬兰海岸线探险航
行。

414

总督），南面是布雷顿角岛、新斯科舍岛和新不伦瑞克岛。卡伯特海峡把
纽芬兰岛和布雷顿角岛分割开来，它见证了最早到达这里的是意大利人。

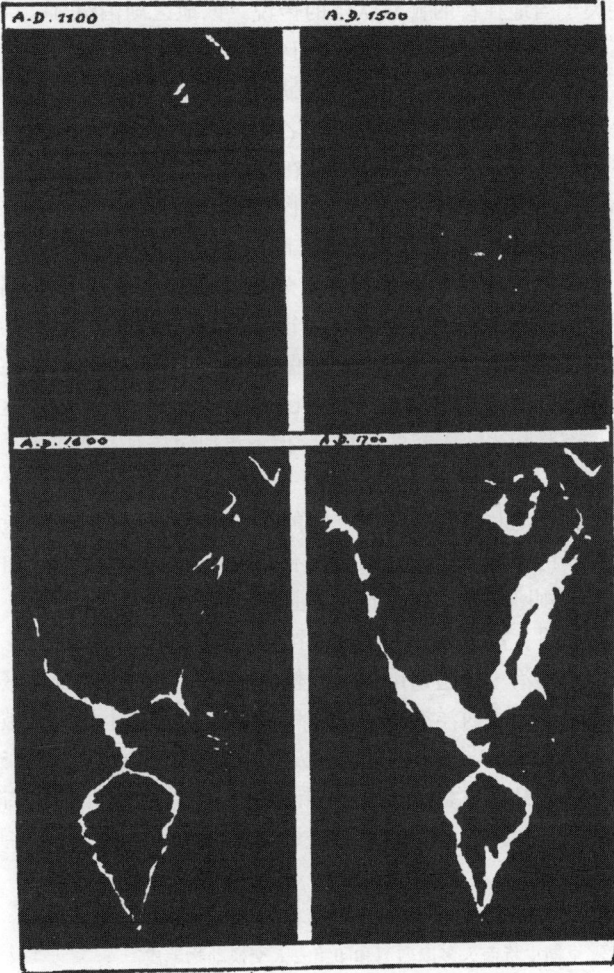

欧洲对美洲的认识过程

加拿大的北部，也就是所谓的西北地区，由于气候太寒冷，白人根本无法适应这里的居住环境，所以我们很少听说关于这一地区的情况，除了一些关于当地独特的警察队伍的传说。该地区湖泊纵横，大部分领土过去属于哈得孙公司。该公司创建于 1670 年，正好是该海湾的发现者亨利·哈得孙死后 59 年，那个海湾就是以亨利·哈得孙的名字命名的。组建这个公司的"英格兰冒险者们"名如其人，只是他们对任何事都不问青红皂白地一味蛮干。如果他们再在这里住上半个世纪，他们会杀掉湖泊森林里的所有生物（即使是在动物繁殖的季节，他们也从未停止过对毛皮动物的杀戮），包括印第安人。因为，他们无限制地向那些印第安人提供杜松子酒之类的烈酒，差点完全毁掉了这个民族①。最后，英国女王插手此事，兼并了该公司的大部分领地，纳入她在加拿大的领地名下，把哈得孙公司作为一处历史古董保留了下来。该公司仍然在原来的地盘上做生意（尽管规模小多了，但已连续经营了 262 年——这对任何公司来说，都是相当了不起的纪录），但不再以过去那种古老的、不负责任的方式运转。

位于哈得孙湾和圣劳伦斯河之间的拉布拉多半岛，因太靠近来自格陵兰冰雪海岸的寒流，所以对人们没有任何利用价值。加拿大自治领无限风光的未来刚刚开始，现在的问题主要是人口严重不足。

从政治上讲，加拿大是一个大帝国昔日的残梦。我们常常忘记这样一些事实：当乔治·华盛顿出生的时候，北美大陆的大部分地区属于法国和西班牙，而且大西洋沿岸的英属殖民地仅仅是一小块完全被敌对国家包围起来的孤岛。早在 1608 年，法国人就在圣劳伦斯河口安营扎寨了，然后，他们又把注意力转向了内陆地区——首先是朝正西方向前进，直至尚普兰②到达了休伦湖，他们勘察了整个大湖区。在此，马凯特③和

---

① 欧洲早期皮货商人多以烈酒和印第安人交换动物毛皮。
② 尚普兰（1567—1635）：法国探险家，1608 年发现魁北克。
③ 马凯特（1637—1675）：法国传教士、探险家。

乔利斯特①发现了密西西比河的上游，1682 年拉萨尔②顺河而下，直抵河口，占领了整个密西西比河流域，而且以法国国王路易十四世的名字为这一地区命名为路易斯安那。到 17 世纪末，法国宣布占领的领地远至落基山脉。山那边则是西班牙天主教国王的领地。阿利根尼当时是要塞，恰好镇守在法国这块广阔的殖民地与大西洋沿岸的英属、荷属殖民地以及西班牙的另一块殖民地佛罗里达之间。

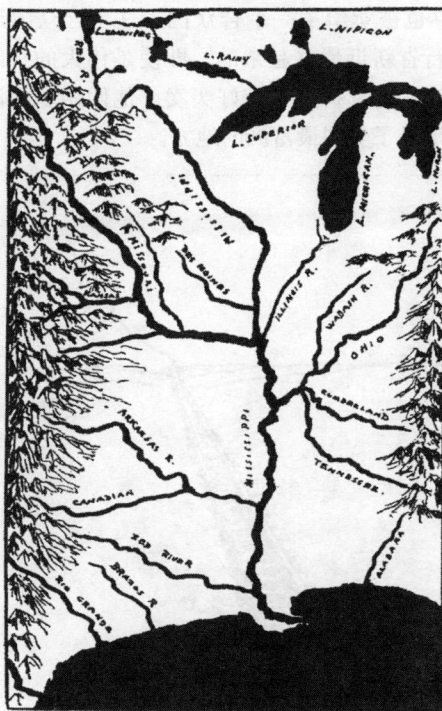

密西西比河

① 乔利斯特（1645—1700）：法国籍的密西西比河探险家。
② 拉萨尔（1643—1687）：法国探险家，曾到北美探险。

　　如果路易十四和路易十五能够稍微懂一点地理知识，如果这两位艺术爱好者当时能意识到一张地图比一条新的哥白林双面挂毯①上的图案更为重要，那么新英格兰和弗吉尼亚的人们今天可能讲的就是法语，而且整个北美洲将听命于巴黎。但是，那些决定欧洲命运的人们根本没有意识到新世界意味着什么，由于他们的冷漠，加拿大讲起了英语，魁北克和蒙特利尔也不再是法国的城市，而且在又经历了几代人之后，新奥尔良和整个远西②也被卖给了一个合众国，这个合众国是几个大西洋沿岸叛乱的英国小行省新近建立起来的。即使是伟大的拿破仑，在看到成堆金子般的美元时，也觉得这是桩好买卖。他们做梦也没想到，若干个世纪后，这片土地成了美国最富庶的地方。

第一条铁路

――――――――――

① 法国名毯。
② 美国中西部，尤指密西西比河西部地区。

1819 年，佛罗里达并入了这块新领地，1848 年，又从墨西哥划来了得克萨斯、新墨西哥、亚利桑那、加利福尼亚、内华达和犹他州。在此前不到 100 年，美洲大陆的北半部还被认定将成为两个拉丁强国的后院。然而，今天，这块土地已经彻底易手，成了欧洲北部大平原的延续。

巴拿马运河

由于战争，当然首先是因为这些土地原来主人的冷漠和缺乏远见，使得这些地方有机会在随后的经济发展中呈现出前所未有的繁荣。随着第一条铁路的开通，第一艘汽轮的建成，成千上万的移民蜂拥而至，他们或是由水路来到大湖区或是翻越阿勒格尼山进入大平原。他们努力垦荒，准备久居此地，他们还种植了小麦，使芝加哥日后成为世界上最重要的粮食贸易中心。

当人们发现位于大湖区、阿勒格尼山脉和落基山麓之间的三角地带蕴藏着储量空前的煤、石油、铁和铜时，这里很快成为这个新合众国的大工业区，匹兹堡、辛辛那提、圣路易斯、克利夫兰、底特律和布法罗这些城市吸引了来自世界各地的大批劳工，他们和那些早期移民一起开发这里的财富。而且，因为这些城市需要港口来出口它们的钢铁、石油和汽车，所以，大西洋沿岸的老殖民地，诸如纽约、波士顿、费城、巴尔的摩，也因此声名大振，地位空前显赫。

同时，南方各州终于走出了重建时期的黑暗岁月（比内战本身还要让人痛苦万分），积聚了足够的资金，开始在没有奴隶的情况下种植棉花。加尔维斯顿、萨瓦纳和新奥尔良又恢复了生机。公路、电报、电话线把整个国家变成了一个巨大的农场和工厂。在不到半个世纪的时间里，6000万欧洲人远渡重洋，加入到开拓者的行列当中和他们一起规划、建设、生产、出售，将这个国家建成了世界上前所未有的一个大工厂。造物主从未给过任何其他国家像我们美国这样无限的机会——一片无人居住的广阔平原，不仅土壤肥沃、气候宜人，两旁还有高山为屏，此外还有几乎取之不尽、用之不竭的资源和便利的航道，除此之外，历史还馈赠给我们一件更重要的礼物——同一民族、同一语言、没有过去。

对一个国家来说，这些优势到底意味着什么呢？只要我们再向南走走，看看中美洲，答案就不言自明了。除了古代玛雅人居住过的尤卡坦半岛之外，墨西哥境内到处是高山，从里奥格兰德开始向南，地势逐渐升高，直到马德雷山脉和阿纳海克高原达到最高点——16000至17000英尺。大多数像波波卡特佩特山（17543英尺）、奥里萨巴山（18564英尺）和伊克斯塔华特山（16960 英尺）这样的高山原来都是火山，但科利马山（13092 英尺）是目前唯一的一座活火山。

太平洋沿岸，马德雷山脉像是从岸边冒出来似地耸立在那里，而在大西洋沿岸，山坡逐渐趋于平缓。因为欧洲的入侵者来自东面，所以他们很容易进入内地。他们的"先头部队"于 16 世纪初到达这里时，正值西班牙最灰心丧气的时候——该死的热那亚人①的那些新发现最终被证明是彻底的失败，极其惨痛的失败——没有黄金和白银，只有全裸的野人，如果你命令他们干活，他们就倒下去死掉，而且，这里还有无数的蚊子。

接下来有传言道，在山那边住着一位阿兹特克人②的皇帝，他住在黄金铸造的城堡里，睡觉用金床，吃饭用金盘。1519 年，费迪南德·科斯特兹③和他的 300 名勇士在墨西哥登陆。他依靠 12 门大炮和 13 支大口径霰弹短枪控制了可怜的蒙特朱马④的全部领地。接着，以哈布斯堡国王的名义，蒙特朱马被绞死，没能目睹他不久前还秩序井然的王国覆灭。

此后 300 年中，确切地说，直到 1810 年，墨西哥一直是西班牙的殖民地，一直遭受殖民地的待遇。许多当地的农作物被禁止种植，恐怕与宗主国不太受欢迎的产品展开竞争。农产品的大部分收入流入了少数富裕地主的口袋，还有一部分留给了宗教机构，直到今天，这些宗教机构仍不依不饶地试图保留对这里公有土地的控制权。

接着，在 19 世纪中期，也就是可怜的奥地利人马克西米利安⑤（他想凭借法国人的帮助成为蒙特朱马的继承人）那次荒唐的冒险后不久，

----

① 此处指的是哥伦布。
② 墨西哥印第安人。
③ 费迪南德·科斯特兹（1485—1547）：西班牙殖民者，建立了西班牙在墨西哥的统治。
④ 蒙特朱马：墨西哥阿兹特克人的皇帝。
⑤ 马克西米利安（1832—1867）：奥地利大公、墨西哥皇帝（1864—1867），由墨西哥保守派和法皇拿破仑三世扶助称帝，遭到墨西哥人民反对，法军撤离墨西哥后被捕处死。

人们发现，墨西哥不仅是一个富裕的农业国，而且它蕴藏的铁和石油储量和美国一样多，甚至可能还超过了美国。而当时的 1500 万墨西哥人（其中近 40% 仍是纯粹的印第安血统）却极度贫穷，几乎和科斯特兹初来此地时看到的没什么两样。于是，大财阀插手墨西哥的内部事务，图谋策划革命，而当地人则予以反击。这样直到世界大战之前，他们打破了百年战争纪录（每年平均进行 20 场革命）。似乎整个国家都卷入血雨腥风之中。值得庆幸的是，世界大战期间，各大财团都在为这样那样的事忙碌（那场战争花费了大量的金钱），墨西哥得到了喘息的机会。如今，几个铁腕人物正在努力医治三个世纪以来怠惰、积弊和愚民政策给墨西哥造成的创伤，并显然获得了成功。韦拉克鲁斯和坦皮科（墨西哥湾的两个港口）的出口量与日俱增。在短短几年中，墨西哥城和华盛顿已经不仅从友好到了可以对话，而且实际上彼此已经几乎是礼貌地、微笑着交谈了。

中美地峡连接着两片大陆，土地十分肥沃。咖啡、香蕉、甘蔗以及外国投资者想要的任何农产品都可以在这里种植。但是白人难以忍受这里的气候，而黑人又不乐意给白人干活。另外，这里火山众多，对白人黑人都不是件轻松的事。

对大多数人来说，危地马拉、洪都拉斯、尼加拉瓜和哥斯达黎加仅仅是些浪漫的名字，除非他们集邮。因为有一条规律是适用于全世界的："一个国家的国库越空虚，其邮票的制作就越精细。"但下面要谈到的巴拿马共和国对我们美国来说却意义重大。她是我们的孩子，我们只能接受她。因为我们是唯一可以保卫这个太平洋兼大西洋海防的独立国家。如果等着哥伦比亚把巴拿马卖给我们，让他们在投降保证上签字，我们可能现在还在和哥伦比亚参议员们讨价还价。

当巴尔博亚①站在巴拿马地峡的巴尔博亚峰顶同时看到两大洋之后，西班牙人就知道这条地峡只是一条非常狭窄的陆地。早在 1551 年，西班

---

① 巴尔博亚（约 1475—约 1517）：西班牙探险家。

牙人就有过挖一条自己的运河的念头。从那以后，每一代人都会听说新
的计划。在这方面稍有点名气的科学家每人都至少拿出过一套图纸，提
出解决这个难题的最好办法。但是，凿穿近 30 英里厚的坚硬岩石挖条运
河简直难上青天，最后，还是诺贝尔发明的炸药解决了这个难题。诺贝
尔当年研究、发明炸药的初衷是为了帮助农民清除田地里的树桩和巨砾，
从未想到他的发明更常见的用途是人类自相残杀。

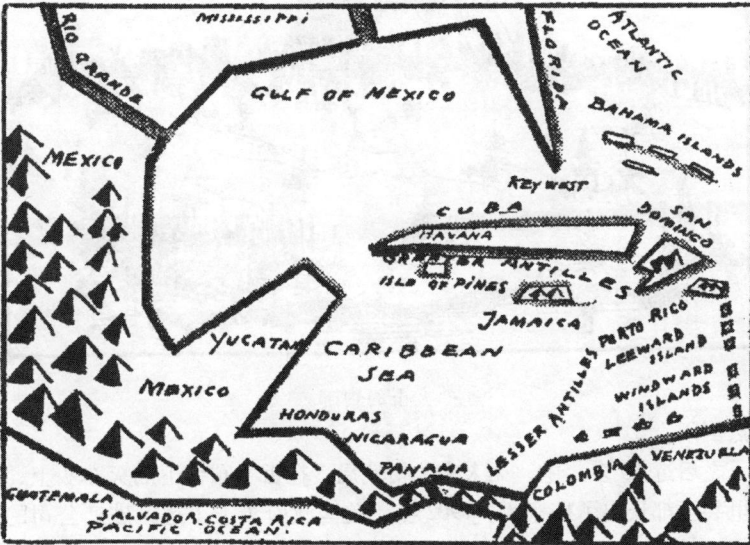

加勒比地区

在后来的加利福尼亚淘金热中，成千上万的人匆匆涌向巴拿马，为
的是抄近路而不必长途跋涉绕道合恩角。1855 年，跨越地峡的铁路通
车。15 年后，苏伊士运河意想不到的成功举世皆知。运河的设计者费迪
南德·雷赛布又决定尝试连接太平洋和大西洋。但由于他的公司管理如
此不善，工程师们在计算中错误百出，工人们身患疟疾和黄热病，非常
悲惨地死去，在经过了八年与大自然艰苦的抗争，以及与巴黎交易所那
场不太直接却更为损失惨重的交锋之后，这家法国公司最终声名狼藉，

火山的内部

悄然倒闭。

　　之后近 10 多年中，无人来收拾残局。在雷赛布留下的火车头上，烟
囱里甚至都长出了棕榈树。1902 年，美国政府买下了这家破产公司的所
有权，接着，华盛顿和哥伦比亚共和国开始了旷日持久的讨价还
价——美国得付多少钱才能买下一块足够用于修建运河的土地。西奥
多·罗斯福对这种无限期的拖延失去了耐心，决定主动扭转局势。他在
这块人迹罕至的地方策划了一起小政变，而且在不到 24 小时的时间里就
承认了这个新诞生的独立的巴拿马共和国。1903 年，运河开挖，1914 年
完工。

　　运河的开通，不仅使加勒比海由一个内陆海变成了欧亚之间的商业
要道，而且大大提高了那些位于加勒比海和大西洋之间的岛屿的地位。
英属巴哈马和古巴远离航道，地处纽约和佛罗里达中间的英属百慕大也是同样的境遇。而牙买加（英属）、海地和圣地亚哥（名义上独立的，实际呢，只有华盛顿明白！）位置则较优越，可以从运河获利。另外受惠于运河的还有波多黎各、小安的列斯群岛及其以东和南面对着大安的列斯群岛、古巴、海地、牙买加和波多黎各的小岛。

对于17世纪的欧洲各国，小安的列斯群岛要比美国大陆更有价值。小安的列斯群岛气候炎热、湿润，非常适合种植甘蔗，而且奴隶只要一上岸就无法逃遁。如今岛上仍然种植甘蔗、可可和咖啡，但是作为欧洲前往巴拿马运河船只的中间站，如果能额外赚些钱，是大多数岛上居民求之不得的事情。这些岛屿依次是：背风群岛、对托马斯岛、圣克鲁斯岛、圣马丁岛、萨巴岛、圣约翰岛、圣尤斯塔塔蒂尤斯岛（一个小岩石岛，大革命时期走私物品的主要集散地）、瓜达卢佩岛、多米尼加岛、马提尼克岛（像其他地方一样火山活动频繁，1902年差点毁于培雷火山喷发）、圣卢西亚岛、圣文森特岛和巴巴多斯岛。

向风群岛由布兰基亚岛（属委内瑞拉）、博奈尔岛、库拉索岛和奥鲁巴岛（属荷兰）组成。这些岛屿曾经是连接圭亚那山脉（属委内瑞拉）和马德雷山脉（属墨西哥）的山系外延的一部分。后来，那座大山消失了，而个别地势高的地方成了岛屿。

从工业角度来看，这些岛屿中没有一个算得上比较发达的。奴隶制的废除带走了它们以往的富裕，如今，这些岛屿是世界闻名的冬季旅游胜地，也是轮船加煤港和石油集散地。只有与奥里诺科河三角洲相对的特立尼达岛仍可见几分昔日的繁荣，火山喷发赐予了这里大量的沥青沉积，过去是奴隶们在这里干活，现在是印度人在这里开矿，他们的人数占到了这里总人口的三分之一。

世界大战期间，我们学到了更多的地理知识，而且花费的学习时间比以前短得多（当我们没有必要知道库特埃勒阿马拉或是伊索佐在什么位置的时候，我们忘得也一样快）。年轻人们很自然地放弃了德语（因为这种语言很快就会消亡），而转学西班牙语，理由是"西班牙语在南美洲前程似锦，不可估量"。当战争在实实在在进行的时候，这种前景并未有什么特别的表现，而事实上世界各国与这块广阔大陆的生意往来却在严重滑坡。

如果麦哲伦海峡干涸

后来我们发现了其中的原因。在秘鲁、巴西、厄瓜多尔以及其他一些南美国家，所有的对外贸易的技术细节都被委托给了那些耐心细致的德国小职员，人们认为这些德国人熟悉这类工作。而老板们远远没有想到这却成了最不幸的事情：当南美洲加入协约国后（因为这里多数国家的海港里都只泊着几艘德国船，而这些国家需要贷款），那些可怜的日耳曼办事员被送入了集中营，南美各商业机构与国外的来往也就马上中断了。一旦宣布战争结束，和平到来，德国职员们立刻返回他们的岗位，一切就恢复正常了。

渐渐地，我们开始明白了真相。虽然南美大陆拥有不计其数的自然财富，但人口稀少，而且在许多方面远远落后于世界其他地区。所以，对任何人来说，至少得再过半个世纪，情况才能有所改观。当然，这里不包括少数几个豪门显贵，他们或是在西班牙殖民统治时期发了大财，或是以叔叔或是外甥的名义，从走马灯似的轮换的南美洲总统亲戚那里获得了家产。

如果我在本章中对南美洲花费笔墨不多，不要怀疑我有反拉美情绪。相反，我作为一个北美人，我能比南美人自己更好地去欣赏他们的许多优秀品质。但是，在本书一开始，我就说过我所写的是关于"人的"地理。因为我坚信，任何一块土地的重要性都完全取决于这方土地上的人民以科学或是商业或是宗教或某种艺术形式对人类幸福所做的不论大小的一切贡献。从这个角度来看，南美到目前为止几乎和澳大利亚和蒙古一样一无所有。这一点，我已反复说过，可能是因为人口稀少，而人口稀少的原因又可能是南美洲的大部分地区正好位于赤道地带，在许多地方白人从未能够取代土著人，或是因为不同肤色的混血儿（比如黑白混血儿，西班牙或葡萄牙人与印第安人的混血儿，拉美黑人与印第安人的混血儿）把他们搞得晕头转向，致使他们从未能够发挥其政治和智力潜能。

很久以来，南美一直是个政治实验地。巴西帝国虽然持续了不到一个世纪，但绝对是个新事物。还有巴拉圭独特的耶稣会自由邦，我相信研究乌托邦实践的学术著作中会经常恭敬地提到它。南美洲至少还产生了一位杰出人物，那就是玻利瓦尔。像我们的华盛顿一样，他不仅解放了自己的国家而且直接或间接地推动了整个南美大陆大多数革命运动的成功。我一点也不怀疑，在乌拉圭和玻利维亚本国历史上还有许多著名人物，但他们从未扬名整个世界。我正在认真考虑，在深入了解他们之后，有必要把他们归入世界名人之列。不过，就这本书的写作目的而言，我只需简明地介绍一下山川、河流和国家就足够了。我真诚地保证，我将把此后1000年的人类活动添补进去。

整个南美西海岸是美国的落基山脉和墨西哥的马德雷山脉的延续，被称为安第斯山脉。安第斯是个西班牙名字，是西班牙占领者们对印第安人在他们居住的山坡上修建的灌溉水渠的叫法。仅破坏水渠和堤坝这一项，西班牙人就使许多土著部落死于饥饿。既然征服者远渡重洋历尽艰险来到这里，是为了快速致富而不是要在新世界建立永久家园，那么

APPALACHIANS
230 000 000 YEARS
OLD
6.7000 FEET HIGH

HIMALAYAS
45.000 000 YEARS
OLD
29.000 FEET HIGH

ROCKIES
100.000.000 YEARS
OLD 14.000 FEET HIGH

最古老的山脉并不意味着海拔最高

这无疑是掠夺土著人财产的一个最好办法。

　　安第斯山脉在快接近南极圈时变成了许多岛屿，其中最著名的是火地岛。智利和火地岛之间有一条海峡，当年白人第一次环球航行时，麦哲伦历尽千辛万苦才通过此海峡，该海峡是以麦哲伦的名字命名的。火地岛的最南端叫合恩角，是以发现它的那个人的家乡来命名的（荷兰一个小镇合恩镇），这个由来鲜为人知。麦哲伦海峡当然具有重要的战略意义，保卫麦哲伦海峡的是福克兰群岛①，属英国领地。

---

　　① 即马尔维纳斯群岛，阿根廷与英国对该岛属权存在争议。

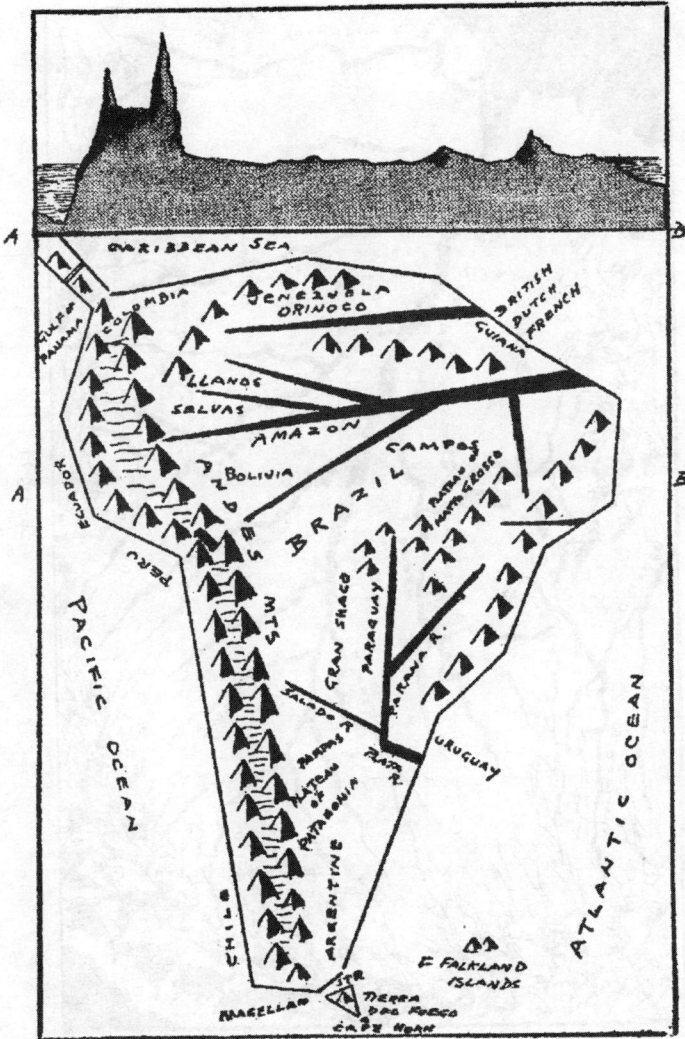

南美洲

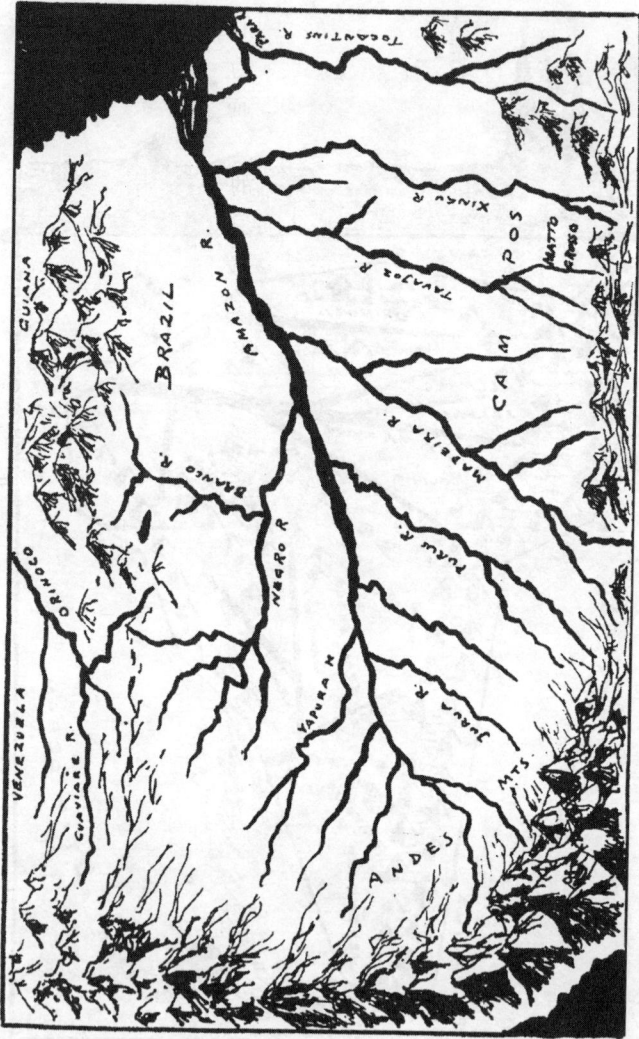

　　和这列从北极延续到南极的山系的其他山脉一样，安第斯山脉也是多火山区。厄瓜多尔的钦博拉索山（现已成为死火山）高达20702英尺，阿根廷的阿空加瓜山最高，有22834英尺，而海拔19550英尺的科托帕希（也在厄瓜多尔）是全球最高的活火山。

　　南美洲的安第斯山脉和它们北美洲的姐妹山脉有两点相似之处——首先，高大的山系环绕着宽广的高原，为诸如玻利维亚、厄瓜多尔之类的国家提供了天然的屏障；其次，因为没有便利的要隘，所以，唯一一条穿越安第斯山脉的铁路也就是阿根廷—智利铁路，得翻山越岭才能进入隧道，其攀登的高度远胜于瑞士的圣伯纳山口和哥达山口。

穿越安第斯山脉的铁路

431

委内瑞拉平原

东海岸的主要山脉——南美洲的阿巴拉契亚山脉——由北部的圭亚那山和东部的巴西高原组成。它们各自都有独立的山脉，形成了一个巨大山系的余脉，整个山系逐渐被亚马孙河流域分成两部分。亚马孙河虽不是世界上最长的河流，但其流量居世界首位，它有数百条支流，其中长度与莱茵河相当的支流至少有15条，而其他许多河流，如马代拉河和塔帕若斯河，则比莱茵河还要长许多。

圭亚那山的北麓是奥里诺科河流域。奥里诺科河实际上经由内格罗河（想想看，俄亥俄河既是密西西比河的一部分同时又是波多马克河的一部分）与亚马孙河相通，而且比亚马孙河更适于航运。因为，它不像亚马孙河那样在入海之前必须穿山越岭，再者，它的河口几乎有20英里宽，水量充沛，内陆长达数百英里的水道，水深稳定地保持在300英尺，非常有利于海轮的航行。

　　巴拉那河是南美洲一条南北走向的河流，在入海途中汇入巴拉圭河和乌拉圭河，然后形成拉普拉塔河。乌拉圭的首都蒙得维的亚就坐落在这条河上。与奥里诺科河一样，巴拉那河也是一条优良的内陆航道。

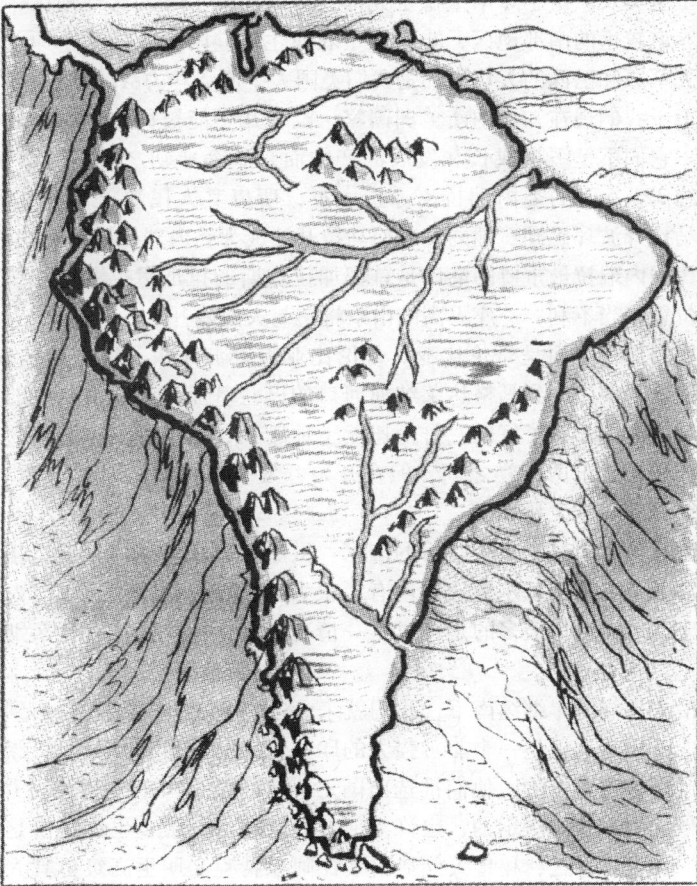

南美洲

就某一特定的方面而言，除了欧洲，南美洲比大多数大陆都占优势——南美洲几乎没有沙漠。除智利北部外，其余大部分地区雨量充足。亚马孙地区和巴西东部边界地区地处赤道附近，受热带雨林气候影响，降水量格外丰沛。因此，亚马孙地区树木茂盛，而且分布均匀，就连刚果也望尘莫及。由于降水量稳定充沛，所以南美大陆的其他地区，尤其是离赤道较远的南部地区，非常适于农业生产。阿根廷的大草原、奥里诺科大草原和巴西的大草原都是我们美国大平原势均力敌的竞争对手。

至于我们现在知道的南美洲国家，没有几个能被称作是历史的必然产物。它们不是缓慢成长和发展的产物而是革命成功之后的偶然结果。人口约321.6万的委内瑞拉离赤道太近，所以其人民缺乏活力。不过，北部马拉开波环礁湖石油的发现使马拉开波成为委内瑞拉最重要的港口。此前，委内瑞拉最重要的港口是首都加拉加斯的拉瓜伊拉港（加拉加斯地理位置相当不利，一座不高的山系将它与大海隔开）。

委内瑞拉西面是哥伦比亚。哥伦比亚首都波哥大，地处内陆腹地，交通极其不便。直到马格达莱纳河河口的巴兰基亚有了通往这里的定期航班后，情况才有了好转。哥伦比亚土地肥沃，自然资源丰富，而且与美国一样，位于两大洋之间，但在开始开发其任何一种自然资源之前，它都得先从北欧大量移民。

厄瓜多尔也是个贫穷落后的国家。虽然自巴拿马运河开通以来，首都基多的港口瓜亚基尔港比以前有了很大的发展，但除了它以前大量出口奎宁，现在出口最多的是可可这一情况，这个国家就没有什么别的可介绍了。

沿太平洋海岸继续南下，我们就来到了秘鲁。西班牙人最初到达新世界的时候，这里是一个非常强大的印第安人国家所在地，由贵族即太阳的子孙印加人统治。他们推选出国王，然后授予国王专制的权力。也许是他们的封建性决定的，也许与他们的封建性无关，也许恰恰是克服了这一弱点，总之，秘鲁人创造出了比阿兹特克文明更高级更具人文特征的文明。

当皮萨罗①来到这里的时候，印加帝国已有400年的历史了，这对任何一个政府来说，都是一段不短的时间。当时的印加帝国有许多政治党派，不同派别的贵族之间彼此敌对。皮萨罗挑拨离间各派力量，煽动印加人内讧。1531年，他坐收渔利控制了整个印加帝国。他把印加头领投入监狱，把印第安人变成奴隶。所有一切能偷来能抢来的东西都被运回了西班牙。古印加帝国的废墟、从的的喀喀湖直到安第斯山（的的喀喀湖面积为3300平方英里，海拔为12875英尺）一路的城堡遗迹、废弃的道路、无数的陶器碎片，以及所有其他残破的艺术品告诉我们——当一个强悍睿智的民族一夜之间沦为痛苦麻木的土著人，或是漫无目的地徘徊在旧都库斯科的大街小巷或是卷入某场革命斗争，这对于人类历史是多么惨痛的损失！

利马是一座现代化都市，秘鲁的银、铜和石油等宝藏的未来命运都将在此决定，除非共和国的总统和他的外国银行家朋友们很久以前转移了这些矿藏，并把它们存入了法国银行的保险库里。这类事情是有可能发生的，这也是为什么本章可以简略些的原因。

玻利维亚是个可怜的内陆国，但它并非从一开始就是个内陆国，其首都拉巴斯曾经有一个直接的出海口。但是，在1879年至1882年发生的智利与秘鲁为争夺阿里卡地区著名的硝石之战中，玻利维亚愚蠢地站在了智利的对头一方，结果智利获胜了，而玻利维亚失去了其沿海地区。玻利维亚又是一个非常富裕的国家，它是世界第三大产锡国。但是，玻利维亚人口稀少，平均每平方英里不到5人，总人口不足300万，而且大部分是印加帝国灭亡后留下来的印第安人——所以，要使这块不幸的土地有所发展需要很长很长的时间。

智利和阿根廷是南美大陆最南端的两个国家，也是目前整个南美最重要的两个国家，但其繁荣完全归功于它们的地理位置。它们地处温带

---

① 皮萨罗（约1475—1541）：西班牙殖民者。1531年，率远征队入侵秘鲁，1533年，擒获并处死印加皇帝。

（所以印第安人很少，印第安人在热带繁衍迅速），吸引了层次较高的移民。

废弃的矿井

智利的自然资源要比阿根廷丰富。智利的阿里卡（你可以从这里坐火车到玻利维亚）、安托法加斯塔、伊基克和瓦尔帕莱索是南美西海岸最重要的四个港口，而首都圣地亚哥是整个南美最大的城市。智利南部养牛，牛宰杀、冷冻后经由麦哲伦海峡上的蓬塔阿雷纳斯运往欧洲。

阿根廷是南美重要的养牛国。巴拉那河沿岸平坦的土地几乎有欧洲三分之一大，是整个南美最富裕的地方。肉、羊毛、皮革和黄油的大量出口直接影响着这些货物在我们美国的价格。在过去 10 年中，源源不断来到这里安家落户的意大利劳工和农民使阿根廷成为西半球最重要的粮食和亚麻产地，养羊业的发展使巴塔哥尼亚成为澳大利亚最危险的竞争对手之一。

阿根廷首都布宜诺斯艾利斯也坐落在拉普拉塔河上，与之隔河相望的是乌拉圭这个小国家。乌拉圭的土壤和气候与阿根廷完全相同。现在，在乌拉圭的印第安人已经消亡了，国家发展缓慢，但很成功。而阿根廷虽然发展规模宏大，却经常因过于投机和财政管理不善而面临危机。

巴拉圭是第三个位于拉普拉塔河流域的国家，而且在许多方面都是三个国家中条件最好的。要不是 1864 年至 1870 年那场灾难性的战争，巴拉圭如今会相当繁荣。当年那个成为总统的无知狂人，平白无故向三个强大的邻国宣战，而且战争一直继续到全国六分之五的男人被杀。这场屠杀结束的时候，这个国家的悲惨情况无法形容。巴拉圭不得不恢复一夫多妻制，以便使国家人口得以增长。尽管如此，要使这个富裕的小国从那场大灾难中完全恢复过来至少还需要一个世纪的时间。

还有一个需要介绍的国家——巴西。作为一个殖民地，它受尽了歧视，先是荷兰人横行霸道，后来又是葡萄牙人为所欲为。葡萄牙人规定当地人和移民只能同少数几个里斯本授权的商人交易，不许和其他任何人有商业往来。于是，整个地区的经济处于窒息状态。这种境况一直持续到 1807 年，葡萄牙王室为了躲避拿破仑逃到了里约热内卢。于是，乾坤扭转，备受歧视唾弃的殖民地统治了其宗主国近十几年。1821 年，葡萄牙国王返回里斯本时，把他的儿子彼得罗留下来作为他的代表。一年后，彼得罗宣布自己为独立的巴西皇帝。从此，葡萄牙语成了连接殖民地和前宗主国的唯一纽带。布拉干萨王朝建立的巴西政府可能是南美洲国家中最好的政府，但是，1889 年，因一次军事政变，美洲的最后一位皇帝被迫退位，之后他去了巴黎，并死在那里。

　　巴西领土面积是 328.5 万平方英里，和美国一样大，占南美大陆的一半之多。同时，巴西也是赤道以南所有国家中最富裕的国家。全国分为三部分：亚马孙低地或亚马孙河流域、大西洋沿岸地区和高原地区。提供了世界日用咖啡一半数量的小镇桑托斯就位于高原地区。除了咖啡，巴西还盛产橡胶，橡胶产地帕拉和贝伦地区正好位于亚马孙河口南面。此外，内格罗河与亚马孙河的交汇处马瑙斯也种植橡胶。东海岸的巴伊亚种植烟草和可可，马托格罗索的高地是放牧草场。巴西还出产钻石和其他珍贵的宝石，这些宝藏开采难度相当大，所以至今没有得到充分的利用。铁矿和其他许多金属矿藏也面临同样的情况，只有建起更多的铁路，开采条件才能进一步改善提高。

　　最后还要提一下欧洲在南美的三块小殖民地——17 世纪、18 世纪旧殖民地的残留部分。它们是英属圭亚那或称德梅拉拉、荷属圭亚那或称苏里南（它是荷兰用新尼德兰和新阿姆斯特丹换来的），还有法属圭亚那，或称卡宴。要不是法国把卡宴选作其囚犯流放地，要不是美国人偶尔得知一些从那个非人之地传出的种种丑闻，而且把它披露在美国报纸上的头版头条，我们可能早已忘记了圭亚那岛的存在。当然，这可能也没什么，因为这些地方的存在对人类的繁荣和幸福几乎没什么贡献。对于海外的观光者来说，它们只是提醒人们想起整个南美洲的过去——一个被任意掠夺的富庶仓库。

47 一个新世界

我想知道乞力马扎罗山的确切高度。一本书被修改了五六次之后，那一行行的数字就容易出问题了。一次又一次地抄写，四周全是改动的痕迹，它们好像在和自己捉迷藏，一会儿是这样，一会儿又是那样。如果你患过雪盲症，你就明白我的意思了。

"但是，"你会回答，"这其实不是什么大问题。查阅一下权威的地理手册或者百科全书或者地图册，摘抄下来不就行了？"

如果这些该死的地理书、百科全书和地图册能就任何特定的事实达成一致意见的话，事情也就简单多了。但显然它们各有一套说法。大部分规范的地理书籍我都有，乍一看去，让人欣喜，但它们读起来却没那么有趣。地理学不是一种非常有趣的学科。当讲到高山海洋时，这些书就摆起架子来了。江河和内陆海的流域面积一会儿扩大，一会儿缩小；世界某一地区的平均气温也从未稳定过，使得不同的气象台里的水银柱变化无常，就像股市恐慌时的股市行情自动收录机；海底也忽高忽低，就像一个傻子玩命地追完猫后呼呼喘气时的肚子。

我不想再打破人们的幻想了，这个世界已经在许多方面失去了人们的信任。我从中得出的结论是：许多地理事实的重要统计数字都值得怀疑。我猜想，这些不同的数据是不可救药的民族主义恶习制造出来的——每个小国必定要制造一些自己的数据，以此显示其主权的独立。

以上这些不过是些枝节，还有其他一些问题，我在这儿也列举一二。世界上有一半的国家以十进制来计算重量和长度，而另一半国家仍沿用十二进制。把米和公里精确地换算成码和英里可不是件容易的事情，世界大战期间的枪炮制造商们深知其苦。然而，请一位能干的数学助理（在这方面我是外行），必要的计算还是可以完成的。但是那些国家的名称、山脉以及河流的名字怎么办？该怎么拼写？The Gulf of Chili—Gulf of Tjili—Gulf of Tschili—Gulf of Tshi—li①——您自己选择吧，我的朋友！Hindu—Kush—Hindoe—Koesch—Hindu—Kutch—Hindu—Kusj②——您更喜欢哪一个？不过，要是几个大语系能就俄语、汉语、日语和西班牙语中的各种名称拼写方法达成一致的话，情况就不会太糟。但是，每一种主要语言在把外来语翻译成本国语言时至少有两种，有时甚至三种不同的拼写方法。

　　每一块巴掌大的地方都以拥有自己的语言而深感自豪，并要求维护其"祖先神圣语言"的充分平等的权力，这一情况加剧了语言的混乱。战前相当简单的欧洲地图，现在却变得令人眼花缭乱，不同的颜色代表不同的语言区域，这使得读库克先生那本古老但值得信赖的《大陆铁路指南》成了一件苦差事，其艰苦程度足以与商博良③最初研究埃及的象形文字相比。

　　我不是在找借口，我所写的，我已经写成的，无论写得怎样，请你们对我书中出现的有关高度和深度的数字宽容些。就连著名的百科全书和统计手册都在三四页中出现三四次自相矛盾的地方，作为一个非专业作者，我又能怎样呢？

　　我猜商博良最终也会走我的路。他将祈求让灾难降临到那些博大精深的碑文上，然后为自己买一本《世界年鉴》，说："我要以这本书为准，如果有谁想告我，说我把乞力马扎罗的高度变成了 19710 英尺高（在《大英百科全书》中是 19321；在安德鲁的《地理志》中是 19000；

----

① 指直隶湾，即今渤海。
② 指兴都库什山。
③ 商博良（1790—1832）：法国历史学家、埃及学家，根据罗塞塔石碑铭文译解了埃及象形文字。

在塔尔和麦克穆的书里是 19780；在《牛津高级地图册》里是 19320；在《世界年鉴》中是 19710），就让他去找世界电信公司的出版商们去争辩是非曲直吧。"

而当我开始着手这个 Kilimanjaro—Kiliman'djaro—Kilimamantscharo—Kilimansjar① 主题时，我想说的也是这些。我在从一大堆地图册里找我的《世界年鉴》时，发现了前不久别人寄给我的一个小册子。它讲述的是罗纳德·罗斯爵士的生平和事迹，作者以非常委婉的方式暗示道，罗纳德先生即使不非常贫困，也离富裕差得很远，我们应该为他做些事情，至少能使他的晚年过得舒适些——如果他还能活上许多年的话。当然，他的要求并不高，科学家们极少用金钱来计算他们的回报。但是，长年累月钻研科学彻底损坏了他的健康，如果有一张合适方便的轮椅，他就心满意足了。

我把小册子放在一边，想起我们美国的沃尔特·里德。我已经记不起我们感激涕零的国家为他的遗孀做了些什么了。如果我没记错的话，这位善良的夫人只获得了一项"免费邮递权"，而这项待遇，每个国会参议员都享有。当然，她还得到了一笔抚恤金，医疗机构官员的遗孀们也都有。再就是某个地方的一所医院以里德的名字命名。

我一边默想着这一切，一边寻找着一本有关传染病史的书，突然，我心头一震。他们两人——里德和罗斯——似乎没人听说过他们，但他们对人类社会所作出的贡献远远超过了小学低年级学生所熟识的数百个探险家。里德和罗斯发现了疾病和黄热病的发病原因，为人类找到了可以免受瘟疫折磨的方法，他们所开辟的领地，我们再开发数百年也无法超越。谋杀了成百万人类生命的蚊子终于被制住了，虐蚊终于被逼得走投无路，被迫接受死刑的判决。

在本章中就"医药对世界地理的影响"再加上几页，并不难办，只有征服了天花、脚气病、昏睡性脑炎等许多疾病，我们这个世界的大多

---

① 指乞力马扎罗山。

数地方才能成为人类的永久居住地。但这一切有点儿超出了我的"领域"。关于这方面我知道得太少。虽说如此，里德和罗斯这两位医生的名字还是值得我认真去思考。

我们的许多土地就是这样肥沃起来的

这个世界上还有许多不安定因素。打开地图，你会发现到处都是小红点。不满就像严重的麻疹病那样到处是疹子。为了解决这些问题，人们写了数以万计的书。我在写本书之前，从未仔细考虑过这些问题（作者过的是与世隔绝的生活），突然，所有的问题都变得非常简单，这是因为有罗斯和里德。

对着一张地图幻想确实是种愉快而且有教育意义的消遣。这儿是罗得西亚——一个自成一体的世界。塞西尔·罗得斯是一个发起人，他让少数人富裕起来，却残杀了大量土著人。他做了土匪，打了几次小仗，全失败了。他当上了政治家，打了个大仗，并且赢得了胜利。无数被害妇女和儿童的墓碑上都刻着"塞西尔·罗得斯所作",但有个国家却忽视了这些小事,用他的名字来命名一个辽阔的新省。

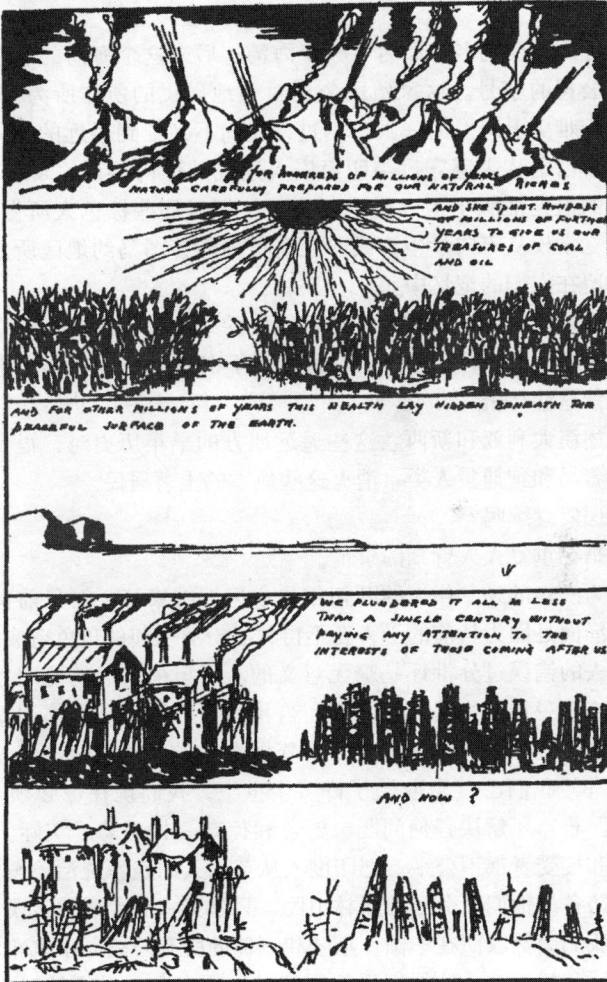

答案在哪里?

再往北一点是刚果，它有斯坦利维和利奥波德维尔两个城市，还有大量没有标志的墓地，无数的土著人因没能及时交足橡胶和象牙被折磨至死。

哈得孙用自己的名字命名了一个海湾，后来这个海湾的名字又成为一家殖民公司的字号。这家殖民公司对当地居民的所作所为令人发指，成为人类殉难史上悲惨的一页。不过，我们不必扯到遥远的国外去。我们美国人自己也从未遵守过与印第安人达成的任何协议。300年前，我们荷兰人的祖先征服了遥远的香料岛，他们对那些棕色人所做的一切，荷兰的公立学校从不向学生讲授。在南美洲的普图马约地区所发生的一切至今仍留在人们的记忆中。

非洲形形色色的土著统治者和阿拉伯的奴隶贩子在沉默的塞内冈比亚森林里所犯下的罪行，使得人们希望但丁在他的"地狱"中专门留出一层来囚禁这些坏蛋。

在讲述澳大利亚和新西兰这些遥远地方的早年历史时，很少提及殖民者曾带着马和狗捕猎人类，消灭这些地方的土著居民。

难道还要继续吗？

我只是在重复人人皆知的事情。

但鲜为人知的是，伟大的开拓年代永远地结束了，而目前世界多数的不安定局面是因为从前的受害者不再甘心扮演从前的角色造成的。

对过去的错误过分批评是毫无意义的。而集中我们的聪明才智，设法避免将来再犯错误才是明智之举。给我们领路的正是里德和罗斯这样的男男女女。沉湎于乌托邦式的光荣梦想之中只会使我们一事无成，只是口头上讲"我们已'索取'了许多个世纪，我们现在也必须'奉献'几个世纪"根本不解决任何问题。施舍和掠夺一样可恶。实际上施舍对于捐赠者和接受者都不公平。把印度人从英国人的残暴统治下解放出来，又让毫无防备的他们听命于穆斯林山民，只是又一个荒谬的错误。

如果我们突然收回在中国、爪哇和缅甸的所有公路、小汽车和飞机，拆除电话厅和加油站，让他们重新回到甘地腰布和小舢板的时代，对那里的人民没有任何好处。机器已经成为永久性的东西。当地居民们已经适应了交通和通讯的快捷便利。他们养成了许多好习惯：当孩子患白喉时去请白人医生，而不是请巫婆；去看朋友的时候，他们更喜欢乘坐票价低的小公共汽车，而不是长途跋涉走上 10 个小时。

一个已习惯了硬币钞票的世界不会再回到一桶蜜、一匙盐等等古老的物物交换的时代。无论如何，我们这个星球已经发展成为一个巨大的贸易实体，入口处的时间是 1932 年，不是 932 年，也不是公元前 32 年。

里德和罗斯的工作为我们指出了前进的方向，这两个人既没有"拿走"也没有"给予"——他们是"合作"。如果没有成千上万人的合作，他们永远不可能完成他们所做的一切。他们消灭了疟疾和黄热病，不单单是为了黑人或是白人或是黄种人的利益，他们摈弃了任何肤色与信仰的偏见，将幸福送给全人类。当戈特尔斯和戈加斯博士开凿巴拿马运河时（戈特尔斯绘出了蓝图，戈加斯组织人力，将蓝图变为现实），他们所考虑的既不单纯是太平洋或大西洋，也不单纯是美洲，而是整个世界。马可尼发明了无线电后，并没有规定"只有意大利的船只才能在遇到危险时使用无线电"，桑给巴尔岛上的不定期货船同穿梭于大西洋上的特快海轮一样受益于他的发明。

你们可能明白了我的用意。

千万别误解，我不是在暗示建立一个新社会，那是不必要的。问题自会迎刃而解。如果问题现在解决不了，那么，200 年后也就没有什么问题了，因为到那时，已经没有幸存的人类成员去思考这些问题了。

我们不再生活在一个听之任之的世界里。当蒸汽、电力问世，巴塔哥尼亚高原和拉普兰，波士顿和汉口成了邻居，用不了两分钟大家就能交谈的时候，这一法则就消亡了。我们不再只为自己生产产品，或者只为自己的村庄种植粮食。日本能生产火柴，其价格大大低于我们美国人所能做到的，阿根廷能种出足够的小麦使整个德国免于饥荒，而且成本很低。

我们没法再像以前那样，付给中国苦力和南非黑人相当于白人二十分之一的工资。因为莫斯科有个广播电台覆盖面很广，通晓数种语言的播音员会告诉黑人和黄种人，本应属于他们的许多东西被骗走了。

　　我们美国人不能再像我们的父辈们那样尽情地偷抢劫掠了，因为——如果你真想知道——因为我们的良知不允许我们这样做，即使我们碰巧生来就没有一种精神上的罗盘；因为人类集体的良知最终会达到一定的高度，人们必将意识到诚实和言行一致的品德在国际事务中和在私人交往中都是不可缺少的。

　　我不打算说教，我也不打算用"预言"把你们打发回老家。但如果你们已经读到了这里，我希望你们能静静坐上半个小时，得出自己的结论。

　　迄今为止，我们好像总是以一种偶然的方式生存着——好像我们在这个星球上只能生存数年，或者最多数个世纪。我们的所作所为，就像是一列旅客列车上，知道自己下车前只有 10 分钟时间来享用三道正餐大菜的贪婪乘客。

　　我们渐渐开始认识到，我们不仅在此很久了，而且我们还将几乎无限期地在这里继续生存下去。为什么要匆忙呢？当你搬到一个村镇，并且打算在那里度过余生，这时，你就会计划未来。你的邻居们也是这样，不论他是屠夫、面包师、杂货店老板、医生还是殡葬事宜承办人。否则，整个地方必然混乱不堪，至少一个星期里没法居住。

　　当你想到这一点，你是否觉得整个世界和你老家的村庄确实存在着巨大的差别？如果存在什么差别的话，那只是量的差别而不是质的差别。这就是我要说的一切。

　　你会说，我的这一章有点漫无边际，从乞力马扎罗山到里德和罗斯医生，又到未来家园的规划，游得太远了。

　　"但是，"艾丽斯可能会发问，"如果不旅游，地理又有什么用处呢？"

巴黎 1931 年 4 月

新奥尔良 1932 年 5 月